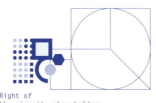

Right of
the minority shareholders

勁草書房

少数株主権等の理論と実務

上田純子・植松 勉・松嶋隆弘 [編著]

勁草法律実務シリーズ

勁草書房

はしがき

1　会社法制は、平成17年の会社法典の制定により、抜本的見直しがなされて以降、同26年改正により、制度のオーバーホールがなされ、そして、また次の改正へ向かっている。会社法制は、必ず次の改正が予定される「永遠の未完成」ともいうべき制度である。そして、改正の方向性は、社会や経済の動向により大きく左右され、その帰趨はとらえがたい。

　ただ、会社法典の制定以来の会社法制の歩みを通覧する限り、個々の株主権が、実体、手続の双方の面から、拡大・充実しつつあるのをみることができるように思われる。運用を含めた「現実の会社法」は、これらの個々の株主権の行使と、それに対する会社側の対抗手段の積み重ねの上に築かれ、それらは今後も続いていくに違いない。したがって、会社法に携わる者は、いずれの側に立つ者であれ、このような実務の蓄積につき、十分理解しておく必要がある。

2　本書は、上記のような問題意識の下、株式会社の少数派株主が、当該会社を相手方として、会社法に基づき権利行使をする場合における、理論上、実務上検討すべきポイントを解説する実務書である。書名には、「少数株主権」の名称が付されているが、本書の内容が少数株主権に限られていないのは、1に述べた問題意識からであると理解されたい。

　本書は、まず総論（第1編）の後、会社運営（第2編）につき、株主総会（第1章）、会社の業務執行（第2章）、役員の責任（第3章）、会社の解散（第4章）に関する制度の概要と実務上の問題点を、それぞれ少数株主の観点から述べ、その後、株主権行使の典型的場面である買取請求・価格決定（第3編）につき、行使される場面ごとに詳述する。そして最後に、株主権行使がなされる場合において問題となる個別株主通知に関する問題（第4編）につき解説する。これらから明らかなとおり、本書は、講学上の体系にとらわれず、もっぱら実務的な観点から、「使い勝手」を考慮し、行使される場面ごとに解説を行っている。

　かかる目次だては、本書の利用者として想定される「士業」実務家の実務

i

の役に立つことを願ってのものであるとともに、我々共編者の会社法に対する問題意識を示すものでもある。

3　ここで、本書の成り立ちにつき一言しておきたい。われわれ共編者は、かつて平成26年会社法の解説書（上田純子＝菅原貴与志＝松嶋隆弘編『改正会社法 解説と実務への影響』（平成27年、三協法規出版）、改正会社法研究会編「平成26年改正会社法のポイントと実務—施行規則完全対応」（平成27年、財経詳報社））の執筆、会社法典制定以来の会社判例の整理（石山卓磨監修『検証 判例会社法』（平成29年、財経詳報社））に共同で参画する中で、1. に述べたような問題意識を培ってきた。幸い、我々の問題意識は、本書の版元である勁草書房に容れられ、ここに本書に結実した次第である。

　執筆にあたっては、我々と問題意識を共有する親しい研究者・実務家にご担当いただいた。また、可能な限り、次期会社法改正として予定される内容についても、執筆に盛り込んでいただいた。

4　末筆ながら、本書の編集にあたっては、勁草書房編集部の山田政弘氏に多大なるご配慮をいただいた。ここに深謝申し上げる次第である。

令和元年7月

上田　純子
植松　勉
松嶋　隆弘

目次

第 1 編　総論

Ⅰ　はじめに：本書のねらい …………………………………… 2

Ⅱ　単独株主権の一覧と少数株主権の一覧 …………………… 4

Ⅲ　自益権 …………………………………………………………… 3

　1　株式買取請求権 …………………………………………… 3

　2　価格決定申立て …………………………………………… 3

　3　Case の検討 ………………………………………………… 7

Ⅳ　共益権 …………………………………………………………… 9

　1　はじめに …………………………………………………… 9

　2　会計帳簿閲覧請求権、業務執行検査役選任請求権 …… 9

　(1)　両制度の異同 …………………………………………… 9

　(2)　Case の検討 ……………………………………………… 10

　3　取締役の解任の訴え ……………………………………… 11

　(1)　制度の概要 ……………………………………………… 11

iii

（2） Case の検討 …………………………………………………… *11*

第2編　会社運営にかかる少数株主権

第1章　株主総会に関する少数株主権

I　株主による招集の請求（法297条） …………… *18*

1　少数株主と株主総会の招集 ………………………………… *18*

（1）総説 ………………………………………………………………… *18*
（2）制度趣旨 …………………………………………………………… *18*

2　少数株主による株主総会招集の手続 ……………………… *19*

（1）株主総会の招集請求 ……………………………………………… *20*
　（A）招集請求の要件　*20*
　　（a）議決権要件　*20*
　　（b）保有期間要件　*21*
　（B）招集請求の手続　*22*
　　（a）招集請求　*22*
　　　（ア）株主総会の目的である事項　*23*
　　　　（ⅰ）計算書類の承認　*23*
　　　　（ⅱ）役員等の改選　*24*
　　　　（ⅲ）役員等の解任　*24*
　　　（イ）招集の理由　*24*
　　（b）取締役が株主総会を招集する場合　*25*
（2）株主総会招集許可の申立て ……………………………………… *25*
　（A）招集許可の申立ての手続　*25*
　　（a）申立適格　*25*

　　　　（b）申立要件　*25*
　　　　（c）申立ての方式　*26*
　　　　（d）裁判所の許可の対象　*26*
　　（B）審理　*27*
　　　　（a）非訟事件　*27*
　　　　（b）審理の対象　*28*
　　　　（c）申立権の濫用　*28*
　　　　（d）審理の進行と審問期日　*29*
　　（C）裁判　*30*
　　　　（a）許可決定　*30*
　　　　（b）却下決定　*30*
　　（D）株主総会が競合する場合　*30*
　　　　（a）許可申立後に会社が株主総会を招集した場合　*30*
　　　　（b）株主総会が競合する場合の決議の効力（許可決定の効力）　*31*

3　少数株主が招集する株主総会に関する規律 …… *31*

(1)　招集手続 …… *31*
(2)　株主総会の議事と決議 …… *32*

4　総会検査役選任の申立てとの関係における実務上の問題点 …… *33*

II　株主提案権（法303条〜305条）──「株主総会の活性化」から「建設的な対話の場の形成」へ── …… *34*

1　はじめに──約40年間の株主総会の問題状況の移り変わりを踏まえて …… *34*

2　上場会社の株主総会の問題状況と最近の株主提案権の運用実態 …… *35*

(1)　約40年間にわたる上場会社の株主総会の問題状況の概観 … *35*

(2) 直近5年間の上場会社の株主総会における株主提案権の運用実態 …………………………………………………………………… 38

3 「会社法制（企業統治等関係）の見直しに関する中間試案」における株主提案権に関する改正の趣旨 ……………………… 39

(1) 株主提案権に関する改正提案の趣旨 …………………………… 39
(2) 56年改正の株主提案権の導入 …………………………………… 40
(3) 「株主総会の活性化」から「建設的な対話の場の形成」へ … 40

4 中間試案において採用された株主提案権についての数と内容の制限 ………………………………………………………………… 41

(1) 株主提案の数についての改正提案の内容 …………………… 41
　（A）中間試案の提案　41
　（B）中間試案の検討　41
(2) 株主提案の内容についての改正提案の内容 ………………… 42
　（A）中間試案の提案　42
　（B）中間試案の検討　43

5 中間試案において見送られた株主提案権についての数と内容の制限 ………………………………………………………………… 44

(1) 議題提案権・議案提案権の区別 ………………………………… 44
　（A）中間試案における制限の見送り　44
　（B）議題提案権と議案提案権の区別　44
(2) 議題提案権についての数と内容の制限 ……………………… 45
　（A）議題提案権についての数の制限　45
　（B）議題提案権についての内容の制限　47
　　（a）もともとあった議題提案権に関する解釈上の問題　47
　　（b）阪神電鉄事件　47
　　（c）定款変更による株主総会の決議事項の範囲の拡張を巡る諸見解　48
(3) 株主総会の議場における議案提案権についての数の制限 …… 50

（A）株主総会の議場における議案提案権についての数を制限しない趣旨　50
　　　（B）一般予測範囲の原則　50
　　　（C）剰余金処分の議案　53
　　　（D）役員の選任・解任議案　54
　　　（E）定款変更議案　55

  6　まとめ──一般予測範囲の原則の確立 ……………………………56

Ⅲ　総会検査役の選任請求 ………………………………………57

  1　総論 ………………………………………………………………………57

  2　申立て ……………………………………………………………………57

　(1)　管轄 ……………………………………………………………………58
　(2)　申立ての要件 ………………………………………………………58
　　（A）当事者　58
　　　（a）株式会社　58
　　　（b）株主　58
　　　　（ア）公開会社ではなく取締役会設置会社でもない場合　58
　　　　（イ）公開会社でない取締役会設置会社の場合　59
　　　　（ウ）公開会社である取締役会設置会社の場合　59
　　　　（エ）複数の当事者からの申立て　59
　　　　（オ）注意点　59
　　（B）株式保有期間　60
　　　（a）公開会社ではなく取締役会設置会社でもない場合　60
　　　（b）公開会社でない取締役会設置会社の場合　60
　　　（c）公開会社である取締役会設置会社の場合　60
　　　（d）注意点　60

（C）申立時期　*60*

　(3) 申立ての費用 ……………………………………………………………… *60*

　　　（A）申立ての方式　*60*

　　　（B）予納金　*60*

　(4) 添付書類 …………………………………………………………………… *62*

3　総会検査役選任の裁判等 ……………………………………………………… *63*

　(1) 審理・打合せ ……………………………………………………………… *63*

　(2) 裁判 ………………………………………………………………………… *64*

4　総会検査役の地位・職務等 …………………………………………………… *64*

　(1) 検査役の地位等 …………………………………………………………… *64*

　(2) 調査対象 …………………………………………………………………… *65*

　(3) 調査権限 …………………………………………………………………… *66*

　(4) 報告 ………………………………………………………………………… *66*

　(5) 検査役の報酬 ……………………………………………………………… *67*

5　裁判所による株主総会の招集等 ……………………………………………… *67*

　(1) 総論 ………………………………………………………………………… *68*

　(2) 取締役の開示・報告 ……………………………………………………… *68*

第2章　会社の業務執行に関する少数株主権

I　業務執行に関する検査役の選任請求（法358条）…*72*

1　制度の趣旨・目的 …………………………………………………………… *72*

2　形式的要件 …………………………………………………………………… *73*

　(1) 管轄 ………………………………………………………………………… *73*

(2) 当事者 ………………………………………………………… 73
　　(A) 申立人要件　73
　　　(a) 申立人要件一般　73
　　　(b) 持株比率が変動する場合　74
　　　(c) 取締役・監査役（役員）が保有する株式に基づいて検査役選任の申請する場合　74
　　(B) 相手方要件　77
　(3) 申立ての方式・趣旨 ………………………………………… 77

3　実体的要件 …………………………………………………………… 79
　(1) 実体的要件一般 ……………………………………………… 79
　(2) 権利濫用 ……………………………………………………… 83

4　検査役の地位・権利義務 …………………………………………… 83
　(1) 資格等 ………………………………………………………… 83
　(2) 検査役の調査権限 …………………………………………… 84
　(3) 検査役の義務 ………………………………………………… 84
　(4) 検査役の報酬等 ……………………………………………… 84

5　裁判および不服申立て等 …………………………………………… 85
　(1) 検査役選任に関する審理 …………………………………… 85
　(2) 検査役選任の裁判 …………………………………………… 85
　(3) 検査役による調査結果報告とその後の措置 ……………… 85

Ⅱ　株主による取締役の行為の差止請求（法360条）……87

1　会社法上の差止制度 ………………………………………………… 87

2　違法行為差止制度の意義・沿革 …………………………………… 88

ix

3　制度の概要………………………………………………………………89

　4　差止請求の当事者・請求方法………………………………………90

　5　差止事由…………………………………………………………………91
　　(1)　目的の範囲外の行為………………………………………………93
　　(2)　法令・定款違反の行為……………………………………………93
　　(3)　差止対象となる取締役の行為の具体例…………………………95
　　　（A）法令違反　　95
　　　（B）善管注意義務違反ないし忠実義務違反　　97
　　(4)　「著しい損害」と「回復することができない損害」…………98

　6　責任追及等の訴えの規定の類推適用…………………………102

　7　違法行為差止仮処分の申立て…………………………………103

　8　担保………………………………………………………………………103

　9　仮処分命令に違反してなされた取締役の行為………………104

　10　罰則………………………………………………………………………104

Ⅲ　株主による執行役の行為の差止請求…………………………105

Ⅳ　会計帳簿の閲覧請求（法433条）………………………………110

　1　会計帳簿を巡る紛争の実態……………………………………110

　2　制度趣旨…………………………………………………………………110

3　会計帳簿閲覧請求権の効果と諸問題……………………111

(1) 前提 …………………………………………………………111
(2) 会計帳簿またはこれに関する資料 ………………………112
 （A）開示対象文書　*112*
 （B）「会計帳簿及びこれに関する資料」　*112*
  （a）限定説　*112*
  （b）非限定説　*113*
  （c）対象文書の範囲等が問題となった主な裁判例　*113*
   （ア）東京地決平成元年6月22日判時1315号3頁　*113*
   （イ）横浜地判平成3年4月19日判時1397号114頁　*114*
   （ウ）大阪地判平成11年3月24日判時1741号150頁　*115*
   （エ）名古屋地決平成24年8月13日判時2176号65頁　*116*
  （d）実務上の留意点　*116*
 （C）保存期間満了後の会計帳簿等　*117*
(3) その他 ………………………………………………………117

4　閲覧等請求の要件と諸問題 ………………………………118

(1) 請求権者 ……………………………………………………118
 （A）原則　*118*
 （B）複数株主による共同請求の可否　*118*
 （C）請求認容時点までに持分比率を失った場合の原告適格　*119*
 （D）親会社社員の会計帳簿閲覧請求権　*120*
(2) 具体的な閲覧謄写請求の理由および対象文書の明示 ………120
 （A）請求理由および対象文書の明示が必要であること　*120*
 （B）理由の明示が問題となった裁判例　*120*
  （a）最判平成2年11月8日集民161号175頁　*120*
  （b）最判平成16年7月1日民集58巻5号1214頁　*121*
 （C）対象文書の特定が問題となった裁判例　*122*
  （a）仙台高判昭和49年2月18日高民集27巻1号34頁　*122*

　　　　（b）高松高判61年9月29日判時1221号126頁　*122*
　　（D）実務上の留意点　*123*
　（3）保全処分を申し立てる場合の注意点 …………………………*124*

5　対象会社の拒絶事由 ……………………………………………*125*

　（1）拒絶事由法定の趣旨 …………………………………………*125*
　（2）個別の拒絶事由と諸問題 ……………………………………*125*
　　（A）株主の権利の確保・行使に関する調査以外の目的の請求（1号）
　　　　125
　　（B）会社の業務遂行を妨げ株主共同の利益を害する目的の請求（2号）
　　　　126
　　（C）会社と実質的競争関係にある場合（3号）　*126*
　　（D）会計帳簿等の閲覧で知り得た事実で第三者から利益を受ける場合（4号）　*127*
　　（E）過去2年以内に会計帳簿閲覧で知り得た事実で第三者から利益を得た場合（5号）　*127*
　（3）複数株主等による請求の場合 ………………………………*128*
　（4）実務上の留意点 ………………………………………………*128*

第3章　役員の責任に関する少数株主権

I　役員の解任の訴え（法854条）……………………………*132*

1　制度の概要 ………………………………………………………*132*

2　手続 ………………………………………………………………*132*

　（1）訴えの性質 ……………………………………………………*132*
　（2）管轄 ……………………………………………………………*132*

(3) 原告適格 ································· *133*
　　(A) 保有要件一般　*133*
　　(B) 派生論点　*133*
　(4) 被告適格 ································· *134*
　(5) 訴えの利益 ······························· *135*
　(6) 提訴期間 ································· *136*

3　株主総会における解任議案の否決等 ········· *136*

　(1) 要件一般 ································· *136*
　(2) 具体例 ··································· *137*
　　(A) 株主総会が流会となった場合　*137*
　　(B) 緊急動議で役員解任が議題として上程された場合　*138*
　　(C) 解任決議がされる見込みが乏しい場合　*139*

4　解任事由 ································· *139*

　(1) 要件論 ··································· *139*
　　(A)「職務の執行に関し」　*139*
　　(B)「不正の行為」　*139*
　　(C)「法令もしくは定款に違反する重大な事実」　*140*
　(2) 解任事由の発生・発覚時期 ················· *141*
　　(A) 取締役でなかった時期の事情　*141*
　　(B) 過去の任期中の発生した事情で、現在の任期前に判明したもの　*141*
　　(C) 解任議案が否決された時点までに生じた事情　*142*
　(3) 解任事由についての審議の要否 ············· *143*

5　判決の効力 ······························· *143*

6　職務執行停止・職務代行者選任の仮処分 ····· *144*

xiii

(1) 制度の概要 …………………………………………………… 144
(2) 手続 …………………………………………………………… 144
(3) 被保全権利 …………………………………………………… 145
(4) 保全の必要性 ………………………………………………… 145
(5) その他 ………………………………………………………… 146

II　株主代表訴訟 ……………………………………………… 147

1　概要 …………………………………………………………… 147

2　原告適格 ……………………………………………………… 147

(1) 総説 …………………………………………………………… 147
(2) 要件 …………………………………………………………… 148
　（A）①について　148
　（B）②について　148

3　提訴前の手続 ………………………………………………… 149

(1) 提訴請求（法847条1項）………………………………… 149
(2) 提訴請求の内容 ……………………………………………… 149
(3) 提訴請求の相手方 …………………………………………… 150
　（A）監査役設置会社において　150
　（B）指名委員会等設置会社　150
　（C）監査等委員会設置会社の場合　150
　（D）提訴請求の名宛人を誤った場合　151

4　取締役の責任の範囲 ………………………………………… 151

5　訴訟参加 ……………………………………………………… 151

(1) 会社の取締役に対する責任追及の訴えに株主が参加する場合
　…………………………………………………………………… 151

（2）株主代表訴訟に会社が参加する場合 152

6　担保提供命令（法847条の4第2項3項） 153

　　（1）概要 153
　　（2）要件 153

7　和解 154

　　（1）総説 154
　　（2）和解の効力 154
　　　（A）会社の承認がある場合　154
　　　（B）会社の承認がない場合　155
　　　（C）会社が異議を述べた場合　155

8　費用等の請求（法852条） 155

Ⅲ　多重代表訴訟 157

1　概要 157

2　原告適格 157

　　（1）総論 157
　　（2）最終完全親会社等 158
　　（3）議決権または株主の保有要件 159

3　特定責任 160

　　（1）総論 160
　　（2）発起人等 161
　　（3）特定責任 162

4　特定責任追及の訴えの提起にかかる手続 163

（1） 提訴請求 ……………………………………………… *163*
（2） 訴えの提起 …………………………………………… *164*
（3） 訴訟告知 ……………………………………………… *164*
（4） 提訴請求が認められない場合 ……………………… *165*
（5） 管轄及び訴訟の目的の価値の算定 ………………… *166*

5　訴訟参加 …………………………………………………… *166*

（1） 株主による訴訟参加 ………………………………… *166*
（2） 最終完全親会社等による訴訟参加 ………………… *166*

6　和解、担保提供および費用の請求 …………………… *167*

7　再審の訴え ………………………………………………… *167*

8　特定責任の免除 …………………………………………… *167*

（1） 総株主の同意による免除 …………………………… *167*
（2） 株主総会決議による一部免除 ……………………… *167*
（3） 取締役等による一部免除 …………………………… *168*
（4） 責任限定契約 ………………………………………… *169*

第4章　会社の解散の訴え（法833条）

1　意義 ………………………………………………………… *172*

2　要件 ………………………………………………………… *172*

（1） 持株要件（原告適格）……………………………… *172*
（2） 1号解散事由と2号解散事由 ……………………… *173*
　（A） 1号解散事由　*173*
　（B） 2号解散事由　*174*

（C）1号解散事由と2号解散事由の関係　*176*

　(3)「やむを得ない事由」 ·· *176*

　　（A）2つの類型　*176*

　　（B）近時の裁判例　*178*

3　手続 ·· *179*

　(1) 訴訟手続 ··· *179*

　(2) 処分権主義・弁論主義の適用排除 ······························ *179*

4　判決後の法律関係 ··· *180*

　(1) 請求認容判決（解散判決）が確定した場合 ····················· *180*

　(2) 請求棄却判決が確定した場合 ···································· *180*

第3編　買取請求、価格決定

第1章　組織再編等における反対株主による株式買取請求権と価格決定

I　反対株主による株式買取請求権の意義、趣旨、法的性質 ······ *184*

1　株式買取請求権の意義 ·· *184*

2　株式買取請求権の趣旨 ·· *184*

　(1) 会社法の制定と株式買取請求権制度の改正 ···················· *184*

　　（A）株式買取請求権の行使権者　*185*

　　（B）買取価格　*185*

　(2) 買取価格に関する規制 ··· *185*

　(3) 株式買取請求権の制度趣旨 ······································ *186*

3　株式買取請求権の法的性質 …………………………………… *189*

（1）最決平成24年2月29日民集66巻3号1784頁………… *189*
　（A）事実の概要　*189*
　（B）決定要旨　*190*
　（C）本件決定と公正な価格　*191*

（2）最決平成23年4月19日民集65巻3号1311頁………… *191*
　（A）事実の概要　*191*
　（B）決定要旨　*192*
　（C）本件決定と公正な価格　*192*

（3）公正な価格に関する裁判例の分析 ………………………… *193*

II　反対株主による株式買取請求権の要件 ………………… *196*

1　総説 ………………………………………………………………… *196*

2　各制度に共通する要件 ………………………………………… *196*

（1）要件②：「反対株主」に該当すること …………………… *196*
　（A）決議を要する場合　*197*
　　（a）議決権を行使できる株主　*197*
　　（b）議決権を行使することができない株主　*197*
　（B）決議を要する場合以外の場合　*198*
　（C）株式取得時期の限界　*198*
　　（a）決議を要する場合　*198*
　　　（ア）組織再編公表後の株式取得　*198*
　　　（イ）基準日前に株式を取得したが基準日までの名義書換を懈怠した場合　*199*
　　　（ウ）基準日後の株式取得　*199*
　　　（エ）株主総会決議後の株式取得　*199*
　　（b）決議を要する場合以外の場合　*199*

（ｃ）株主総会の承認が必要であるにもかかわらず、それを受けずに対象となる行為（事業譲渡等）がされた場合　200
　（D）株式買取請求権の行使について基準日を設定することの可否　200
（2）要件③：一定の期間内における株式買取請求（法116条5項等）……………………………………………………………200

3　要件①（対象となる会社の行為）：法116条（一定の定款変更等の場合の買取請求）……………………201

（1）総説 ……………………………………………………………201
（2）譲渡制限の定めを設ける定款変更（法116条1項1号・2号）…201
　（A）対象となる会社の行為　201
　（B）株式買取請求の対象となる株式　201
（3）全部取得条項付種類株式の定めを設ける定款変更（法116条1項1号・2号）……………………………………………202
　（A）対象となる会社の行為　202
　（B）対象とならない会社の行為　202
　（C）株式買取請求の対象となる株式　202
（4）一定の行為について種類株主総会の決議を排除している場合（法116条1項3号）……………………………………203
　（A）対象となる会社の行為　203
　（B）「ある種類の株式を有する種類株主に損害を及ぼすおそれ」　203
　（C）株式買取請求の対象となる株式　204

4　要件①（対象となる会社の行為）：法182条の4（株式併合により端株が生ずる場合の株式買取請求）…………204

（1）対象となる会社の行為 ………………………………………204
（2）沿革・趣旨 ……………………………………………………204
（3）株式買取請求の対象となる株式 ……………………………204
（4）その他 …………………………………………………………204

xix

5　要件①（対象となる会社の行為）：法469条（事業譲渡等） 205

(1) 事業譲渡等 205
(2) 対象とならない行為 206
　（A）事業譲渡等のうち例外的に対象外となる行為（法469条1項本文各号）　206
　（B）その他　206

6　要件①（対象となる会社の行為）：法785条（吸収合併等における消滅会社等に対する株式買取請求） 206

7　要件①（対象となる会社の行為）：法797条（吸収合併等における存続会社等に対する株式買取請求） 207

8　要件①（対象となる会社の行為）：法806条（新設合併等における消滅会社等に対する株式買取請求） 208

(1) 新設合併等（法806条1項） 208
(2)「反対株主」に該当すること 208

9　要件④：対抗要件 208

(1) 振替制度を利用している場合 208
(2) 振替制度を利用していない場合 209

10　その他 209

(1)「自己の有する株式」の範囲（請求後の株式の継続保有） 209
(2) 財源規制 210

Ⅲ　反対株主による株式買取請求権の手続 (撤回を含む) …… 211

1　はじめに …… 211

2　買取価格の決定の協議 …… 211
(1) 協議の手続 …… 211
(2) 協議後の手続 …… 213

3　裁判所に対する価格決定の申立て …… 213
(1) 価格決定の申立て …… 213
(2) 非訟事件手続 …… 214
(3) 数個の申立ての同時係属 …… 215
(4) 鑑定費用等の負担 …… 215
(5) 給付訴訟との関係 …… 216

5　撤回の手続 …… 217
(1) 撤回の制限 …… 217
(2) 撤回と費用負担 …… 218
(3) 撤回の効果 …… 219

6　買取請求に係る株式の買取りの効力発生日 …… 219
(1) 株式の移転時期 …… 219
(2) 買取に伴う情報開示など …… 220
(3) 財源規制 …… 221

7　代金および利息の支払い …… 221
(1) 代金および利息の支払い …… 221
(2) 利息の法的性質、起算日および利率 …… 223
(3) 法廷期間経過後の裁判外の合意と利率・利息の支払い …… 224

IV　個々の類型 …………………………………………………… 225

1　株式の種類の変更（法 116 条、117 条） ………………… 225

(1) 株式買取請求権が認められる場合 ……………………… 225
(2) 株式買取請求権を行使できる「反対株主」の意義 ………… 226
(3) 会社による株主に対する通知・公告 ……………………… 226
(4) 反対株主が株式買取請求権を行使しうる時期 …………… 227
(5) 株式買取請求にかかる手続きの中止・撤回 ……………… 227
(6) 株主の請求による株主名簿記載事項の記載又は記録に関する規定の不適用 …………………………………………… 227
(7) 価格決定の申立て …………………………………………… 227
(8) スケジュール ………………………………………………… 228

2　事業譲渡における反対株主による株式買取請求権と価格決定（法 469 条、470 条） ……………………………………… 229

(1) 事業譲渡とは ………………………………………………… 229
(2) 事業譲渡等に関するその他の行為 ………………………… 230
　（A）重要な子会社の株式の譲渡（法 467 条 1 項 2 号の 2・309 条 2 項 11 号）　230
　（B）他の会社の事業全部の譲受け（法 467 条 1 項 3 号・309 条 2 項 11 号）　230
　（C）事業全部の賃貸等（法 467 条 1 項 4 号・309 条 2 項 11 号）　230
(3) 反対株主の株式買取請求権 ………………………………… 231
　（A）趣旨　231
　（B）反対株主の株式買取請求権が発生しない場合　231
　　（a）簡易の事業譲受け（法 468 条 2 項）　231
　　（b）会社の解散決議（法 471 条 3 号）　231
　（C）反対株主の範囲　232
　　（a）株主総会の特別決議が必要な場合　232

（ア）当該株主総会に先立って当該事業譲渡等に反対する旨を当該株式会社に対し通知し、かつ、当該株主総会において当該事業譲渡等に反対した株主（当該株主総会において議決権を行使することができるものに限る）（法469条2項1号イ）　*232*

　　　（イ）当該株主総会において議決権を行使することができない株主（法469条2項1号ロ）　*232*

　　（b）(a) 以外の場合（法469条2項2号）　*232*

　（D）手続（買取請求権行使の要件）　*232*

　（E）買取請求権行使の効果　*233*

(4) 買取価格の決定 ……………………………………………*233*

　（A）買取価格決定の基準日　*233*

　（B）「公正な価格」の意義　*234*

　（C）「公正な価格」の評価手法　*235*

　　（a）独立当事者間の取引の場合　*235*

　　（b）利害関係のある当事者間の取引の場合　*236*

(5) 裁判例 ……………………………………………………*236*

　（A）事案の概要　*237*

　（B）評価　*237*

　（C）会社法が適用となる場合　*238*

3　吸収合併、吸収分割、株式交換の場合（法785条、786条、797条、798条）、新設合併、新設分割、株式移転の場合（法806条、808条）……………………………………*239*

(1) 組織再編行為に対する株式買取請求権 ……………………*239*

　（A）行使できるのはどのような場合か（行使要件）　*239*

　　（a）組織再編の類型および対象会社と例外　*239*

　　（b）財源規制　*240*

　　（c）一部請求　*240*

　（B）何を請求できるのか　*241*

　　（a）「公正な価額」　*241*

　　　　（b）遅延損害金　*241*

　　　　（c）税制（みなし配当課税）　*242*

　（2）組織再編による企業価値の増加が生じない場合………………*242*

　　　（A）「ナカリセバ価格」とは　*242*

　　　（B）非上場企業の場合　*243*

　　　（C）上場企業の場合　*244*

　（3）組織再編が企業価値を増加させる場合 …………………………*245*

　　　（A）シナジーの分配　*245*

　　　（B）非上場企業の場合　*245*

　　　（C）上場企業の場合　*246*

　（4）価格決定請求権申立ての理由をどのように構成するか ……*249*

　　　（A）価格決定の申立権　*249*

　　　（B）申立ての趣旨　*249*

　　　（C）申立ての理由　*249*

　（5）他の権利行使との関係 …………………………………………………*251*

4　新株予約権の買取請求 …………………………………………………*251*

　（1）総論 ……………………………………………………………………………*251*

　　　（A）少数株主の権利と新株予約権買取請求　*252*

　　　（B）新株予約権付社債の新株予約権および社債の買取請求　*252*

　　　（C）取得条項付新株予約権　*252*

　（2）各論1──定款変更において認められる新株予約請求権買取
　　　　請求 ……………………………………………………………………………*253*

　　　（A）買取請求ができる場合　*253*

　　　（B）手続・価格の決定　*254*

　（3）各論2──組織変更・組織再編において認められる新株予約
　　　　請求権買取請求 ……………………………………………………………*254*

　　　（A）買取請求ができる場合　*254*

　　　（a）組織変更　*254*

　　　（b）組織再編　*254*

（ア）合併の場合　*255*
　　　（イ）会社分割、株式交換・株式移転の場合　*255*
　　　　（ⅰ）新株予約権がそのまま残存する場合　*255*
　　　　（ⅱ）承継会社等の新株予約権を交付する場合　*255*
　　　　（ⅲ）新株予約権の内容と異なった取扱いがなされる場合　*256*
　（B）手続・価格の決定　*256*

第2章　キャッシュ・アウトと価格決定

Ⅰ　キャッシュ・アウトの意義、必要性 …………*260*

(1) キャッシュ・アウトの意義 …………*260*
　（A）平成17年会社法　*260*
　（B）平成26年会社法改正　*261*
　（C）平成29年税制改正　*262*
　（D）キャッシュ・アウトの利用　*263*

(2) キャッシュ・アウトの必要性 …………*265*
　（A）キャッシュ・アウトによる会社経営の合理化　*265*
　（B）キャッシュ・アウトを正面から認めることについて　*266*
　（C）キャッシュ・アウトの正当性　*267*

Ⅱ　個々の類型とその異同 …………*269*

1　全部取得条項付種類株式の取得（法171条、177条）…………*269*

(1) 全部取得条項付種類株式の意義 …………*269*
　（A）概要　*269*
　（B）制度の特殊性　*269*
(2) キャッシュ・アウトの手法としての活用事例の拡大 ………*270*
(3) 少数株主の締出しとその保護の必要性 …………*271*
(4) 少数株主を保護するための規制と解釈論 …………*272*

（A）株主総会決議および理由の説明　*272*
　　（B）事前・事後の情報開示　*273*
　　（C）公正な価格　*274*
　　　（a）株式取得価格の決定申立て　*274*
　　　（b）公正な手続と取得価格　*275*
　　　（c）小括　*277*
　　（D）少数株主による差止請求　*277*
　　（E）株主総会決議の瑕疵と決議取消し　*279*
(4) まとめ …………………………………………………*279*

2　特別支配株主の株式等売渡請求（法 179 条、179 条の 8）……*280*

(1) 制度創設の理由 ………………………………………*280*
(2) 法的性質 ………………………………………………*282*
(3) 主体 ……………………………………………………*282*
　　（A）「特別支配株主」の要件　*282*
　　（B）特別支配株主完全子法人が保有する議決権の合算　*283*
　　（C）特別支配株主であることの確認　*284*
(4) 請求の相手方 …………………………………………*284*
(5) 対象となる株式等 ……………………………………*284*
　　（A）新株予約権　*284*
　　（B）清算株式会社発行の株式　*286*
(6) 具体的手続 ……………………………………………*286*
　　（A）特別支配株主による決定　*286*
　　（B）特別支配株主による対象会社への通知　*288*
　　（C）対象会社における承認　*288*
　　（D）対象会社から特別支配株主への通知　*289*
　　（E）対象会社から売渡株主等への通知・公告　*289*
　　（F）事前備置書類の備置等　*290*
　　（G）売渡株式等の取得　*291*
　　（H）事後備置書類の備置等　*291*

（I）売渡請求等の撤回　*292*

（7）救済手段 ……………………………………………………………*293*

　（A）差止請求　*293*

　（B）売買価格決定の申立て　*294*

　（C）無効の訴え　*295*

　（D）取締役に対する損害賠償請求　*296*

　（E）債務不履行解除の可否　*297*

（8）さいごに ……………………………………………………………*297*

3　株式併合（反対株主による株式買取請求権：法180条、182条の4）……………………………………………………*311*

（1）株式併合とは ………………………………………………………*311*

　（A）株式併合の定義　*3131*

　（B）株式併合をめぐる法規定の沿革　*312*

　　（a）旧商法（平成13年改正前）の規定　*312*

　　（b）旧商法（平成13年改正）の規定　*312*

　　（c）会社法の規定　*312*

　（C）株式併合の手続　*312*

　　（a）株主総会の特別決議　*312*

　　　（ア）決議事項　*312*

　　　（イ）株主総会参考書類　*313*

　　　（ウ）取締役による株式の併合をすることを必要とする理由の説明　*313*

　　（b）情報開示　*313*

　　　（ア）総説　*313*

　　　（イ）事前開示（法182条の2第1項、規33条の9）　*313*

　　　（ウ）事後開示（法182条の6第1項、規33条の10）　*314*

　　（c）通知・公告　*314*

　　（d）併合の効力の発生　*314*

　（D）株式の併合における少数株主権　*314*

　　　　（a）差止請求　*314*

　　　　（b）反対株主による株式買取請求権　*315*

　　　　　（ア）総論　*315*

　　　　　（イ）反対株主　*315*

　　　　　（ウ）株式の価格の決定　*315*

　　　　　（エ）財源規制との関係　*316*

（2）株式併合と他の少数株主締出しのための制度との比較 …… *316*

　　（A）他の少数株主締出しの制度　*316*

　　　　（a）全部取得条項付種類株式　*316*

　　　　（b）特別支配株主による株式等売渡請求（法179条以下）　*317*

　　（B）株式併合と他の少数株主締出しのための制度との比較　*317*

　　（C）平成29年度税制改正の影響　*317*

4　単元未満株主による買取請求（法192条、193条）……… *320*

（1）制度趣旨 …………………………………………………… *320*

（2）概要 ……………………………………………………… *321*

　　（A）法的性質　*321*

　　（B）買取価格の決定　*321*

　　（C）具体的手続　*322*

　　　　（a）買取請求の方式　*322*

　　　　（b）請求の内容　*322*

　　　　（c）撤回の制限　*323*

　　（D）買取価格の決定　*323*

　　　　（a）市場価格のある株式である場合　*323*

　　　　（b）市場価格のない株式である場合　*325*

　　（E）効力発生時期　*325*

　　（F）株券の交付と株式代金の支払の同時履行　*326*

（4）価格決定の申立て（会社非訟事件）…………………… *326*

　　（A）申立て　*326*

　　　　（a）当事者・申立期限　*326*

（b）管轄　*326*

　　　（c）申立ての方式・費用　*327*

　　　（d）申立書記載事項　*327*

　　　（e）添付書類　*328*

　　（B）審理　*329*

　　　（a）「申立ての理由」の審理　*329*

　　　（b）審問　*329*

　　　（c）鑑定　*329*

　　　（d）価格決定　*330*

　　　（e）審理の終結日　*330*

　　（C）裁判・和解　*331*

　　　（a）決定　*331*

　　　（b）和解　*331*

第3章　価格の決定方法

I　反対株主の株式買取請求の場合 …………*336*

1　楽天TBS事件およびテクモ事件 …………*336*

（1）楽天TBS事件（最決平成23年4月19日民集65巻3号1311頁）の概要 …………*336*

　（A）事実の概要　*336*

　（B）決定要旨（抗告棄却）　*340*

（2）テクモ事件（最判平成24年2月29日民集66巻3号1784頁）の概要 …………*343*

　（A）事実の概要　*343*

　（B）決定要旨　*343*

（3）小括 …………*350*

2 反対株主の株式買取請求に基づく価格決定方法 …………351

- (1) 反対株主の株式買取請求に基づく価格決定方法──前提状況の説明 …………351
- (2) 反対株主の株式買取請求に基づく価格決定方法──価格決定の基準日 …………352
- (3) 反対株主の株式買取請求に基づく価格決定方法──ナカリセバ価格とシナジー価格 …………353
- (4) 反対株主の株式買取請求に基づく価格決定方法──独立当事者間価格 …………356

II キャッシュ・アウトの場合 …………360

1 レックス事件からジュピター事件へ、ジュピター事件後 …………360

- (1) レックス事件最高裁決定（最決平成 21 年 5 月 29 日金判 1326 号 35 頁）…………360
  - （A）事案の概要　360
  - （B）判旨　363
- (2) ジュピター事件最高裁決定（最決平成 28 年 7 月 1 日民集 70 巻 6 号 1445 頁）…………364
  - （A）事案の概要　364
  - （B）判旨　367
- (3) ジュピター事件後 …………369
  - （A）大阪地決平成 29 年 1 月 18 日金判 1520 号 56 頁　369
    - （a）事案の概要　369
    - （b）判旨　370
  - （B）大阪高決平成 29 年 11 月 29 日金判 1541 号 35 頁、京都地決平成 29 年 6 月 9 日金判 1541 号 43 頁　371
    - （a）事案の概要　371
    - （b）判旨　374

（C）東京高決平成 31 年 2 月 27 日金判 1564 号 14 頁、東京地決平成 30 年
　　　　1 月 29 日金判 1537 号 30 頁　*376*
　　　（a）事案の概要　*376*
　　　（b）判旨　*379*

2　価格の決定 or 市場価格 …………………………………………*381*

(1)　ジュピター事件最高裁決定の枠組み …………………………*381*
　　（A）レックス事件最高裁決定田原補足意見との関係　*381*
　　（B）テクモ事件との整合性　*384*

(2)　ジュピター事件決定後の価格決定の枠組み …………………*385*
　　（A）①一般に公正と認められる手続　*385*
　　（B）②公開買付価格と同額で全部取得条項付種類株式を取得した場合の
　　　　要件　*387*
　　（C）③取引の基礎となった事情に予期しない変動が生じたと認めるに足
　　　　りる特段の事情　*388*
　　（D）ジュピター事件最高裁決定の射程　*388*

3　特別委員会（第三者委員会）の重要性 …………………………*389*

(1)　キャッシュアウトにおける特別委員会と公正な M&A の在り
　　　方に関する指針 ………………………………………………………*389*
(2)　特別委員会の機能と役割 …………………………………………*390*
(3)　本指針における特別委員会の実務 ………………………………*391*
　　（A）特別委員会設置の時期　*391*
　　（B）特別委員会の委員構成と選定プロセス　*392*
　　（C）交渉過程への関与　*393*
　　（D）アドバイザー等と情報の取得　*393*
　　（E）報酬　*394*
(4)　特別委員会の取扱いと社内検討体制 ……………………………*394*

第4編　少数株主権と個別株主通知

Ⅰ　個別株主通知の意義 …………………………………………398

Ⅱ　個別株主通知の法的性質 ……………………………………400

Ⅲ　個別株主通知の要否 …………………………………………401

1　全部取得条項付種類株式の取得価格決定申立権（法172条1項）──必要 …………………………………………401

2　株式の種類についての定款変更決議等に反対する株主の株式買取請求権（法116条1項）──必要 …………………402

(1)　株式買取請求 ……………………………………………402
(2)　買取価格決定の申立て …………………………………403

3　役員の解任の訴え（法854条）──必要 …………………403

4　代表訴訟における提訴請求（法847条1項）および多重代表訴訟における提訴請求（法847条の3第1項）………404

(1)　代表訴訟における提訴請求──必要 …………………404
(2)　多重代表訴訟における提訴請求──不要 ……………404

5　議題提案権および議案通知請求権（法303条、305条）──必要 ……………………………………………………405

6　議案提案権（法304条）、質問権（法314条）──不要……405

 7 特別支配株主の株式等売渡請求権（法179条）――不要 *406*

 8 簡易組織再編等の通知・公告に対し反対する旨の株主通知（法206条の2第4項、468条3項、796条3項）――必要 *406*

 9 役員等の責任を一部免除する取締役会決議に対する株主の異議（法426条3項）――必要 *407*

 10 単元未満株主による株式買取請求権（法192条、193条）――不要 *407*

 11 各種書類の閲覧・謄写請求権――必要／不要 *407*

Ⅳ　個別株主通知の時的限界 *409*

 1 全部取得条項付種類株式の取得価格決定申立権（法172条1項）――審理終結時まで *409*

 2 反対株主による株式買取請求権――審理終結時まで *410*

 (1) 株式の種類についての定款変更決議に反対する株主の株式買取請求権（法116条1項） *410*

 (2) 組織再編等における反対株主の株式買取請求権、振替新株予約権の買取請求権 *411*

 (3) 株式併合における反対株主の株式買取請求権（法180条、182条の4） *412*

 3 役員の解任の訴え（法854条）その他の各種訴え――口頭弁論終結時まで *412*

4 総会招集請求権(法297条)——審理終結時まで ……… *412*

5 総会検査役の選任請求権(法306条)、業務執行に関する検査役の選任請求権(法358条)——審理終結時まで… *413*

6 議題提案権および議案通知請求権(法303条、305条)——株主総会の日の8週間前まで……………………………… *414*

7 会計帳簿閲覧請求権(法433条)その他の各種書類の閲覧・謄写請求権、違法行為差止請求権(法360条、422条)——裁判外の請求の場合は現実の権利実現時まで、裁判上の請求の場合は審理終結時または口頭弁論終結時まで
……………………………………………………………………… *414*

8 代表訴訟における提訴請求(法847条1項)——口頭弁論終結時まで ……………………………………………………… *415*

9 簡易組織再編等の通知・公告に対し反対する旨の株主通知(法206条の2第4項、468条3項、796条3項)——通知・公告から2週間経過時まで ………………………………… *415*

10 役員等の責任を一部免除する取締役会決議に対する株主の異議(法426条3項)——異議申出期間の終期経過時まで
……………………………………………………………………… *416*

凡例

【法令等】

会社法
　→　法

会社法施行規則
　→　規

社債、株式等の振替に関する法律
　→　振替法

社債、株式等の振替に関する法律施行令
　→　振替法施行令

会社法の施行に伴う関係法律の整備等に関する法律
　→　整備法

会社非訟事件等手続規則
　→　会社非訟規則

【文献】

上柳克郎・鴻常夫・竹内昭夫編集代表『新版注釈会社法（5）株式会社の機関1』（有斐閣、1986）
　→　新版注釈5巻

上柳克郎・鴻常夫・竹内昭夫編集代表『新版注釈会社法（6）株式会社の機関2』（有斐閣、1987）
　→　新版注釈6巻

上柳克郎・鴻常夫・竹内昭夫編集代表『新版注釈会社法（9）株式会社の計算2』（有斐閣、1988）
　→　新版注釈9巻

上柳克郎・鴻常夫・竹内昭夫編集代表『新版注釈会社法（12）株式会社の定款変更・資本減少・整理』（有斐閣、1990）
　→　新版注釈12巻

上柳克郎・鴻常夫・竹内昭夫編集代表『新版注釈会社法（13）株式会社の解散・清算、外国会社，罰則』（有斐閣、1990）
　→　新版注釈13巻

酒巻俊雄・龍田節編集代表『逐条解説会社法（第3巻）株式・2／新株予約権』（中央経済社、2009）

凡例

　　→　逐条解説 3 巻
酒巻俊雄・龍田節編集代表『逐条解説会社法（第 4 巻）機関・1』（中央経済社、2008）
　　→　逐条解説 4 巻
酒巻俊雄・龍田節編集代表『逐条解説会社法（第 5 巻）機関・2』（中央経済社、2011）
　　→　逐条解説 5 巻
山下友信編『会社法コンメンタール（第 3 巻）株式（1）』（商事法務、2013）
　　→　コンメ 3 巻
山下友信編『会社法コンメンタール（第 4 巻）株式（2）』（商事法務、2009）
　　→　コンメ 4 巻
岩原紳作編『会社法コンメンタール（第 7 巻）機関（1）』（商事法務、2013）
　　→　コンメ 7 巻
落合誠一編『会社法コンメンタール（第 8 巻）機関（2）』（商事法務、2009）
　　→　コンメ 8 巻
岩原紳作編『会社法コンメンタール（第 9 巻）機関（3）』（商事法務、2014）
　　→　コンメ 9 巻
江頭憲治郎・弥永真生編『会社法コンメンタール（第 10 巻）計算等（1）』（商事法務、2011）
　　→　コンメ 10 巻
落合誠一編『会社法コンメンタール（第 12 巻）定款の変更・事業の譲渡等・解散・清算（1）』（商事法務、2009）
　　→　コンメ 12 巻
森本滋編『会社法コンメンタール（第 17 巻）組織変更、合併、会社分割、株式交換等（1）』（商事法務、2010）
　　→　コンメ 17 巻
森本滋編『会社法コンメンタール（第 18 巻）組織変更、合併、会社分割、株式交換等（2）』（商事法務、2010）
　　→　コンメ 18 巻
奥島孝康・落合誠一・浜田道代編『新基本法コンメンタール　会社法 2（第 2 版）』（日本評論社、2016）
　　→　新基本法コンメ 2 巻
奥島孝康・落合誠一・浜田道代編『新基本法コンメンタール　会社法 3（第 2 版）』（日本評論社、2015）
　　→　新基本法コンメ 3 巻

岩原紳作・神作裕之・藤田友敬編『会社法判例百選(第 3 版)』(有斐閣、2016)
　→　百選
江頭憲治郎『株式会社法(第 7 版)』(有斐閣、2017)
　→　江頭
神田秀樹『会社法(第 20 版)』(弘文堂、2018)
　→　神田
伊藤靖史・大杉謙一・田中亘・松井秀征『LEGAL QUEST　会社法(第 4 版)』(有斐閣、2018)
　→　リークエ
田中亘『会社法(第 2 版)』(東京大学出版会、2018)
　→　田中
大隅健一郎・今井宏『会社法論　中巻(第 3 版)』(有斐閣、1992)
　→　大隅今井
相澤哲・葉玉匡美・郡谷大輔編著『論点解説　新・会社法──千問の道標』(商事法務、2006)
　→　論点解説新会社法
坂本三郎編著『一問一答平成 26 年改正会社法』(商事法務、2014)
　→　一問一答平成 26 年
坂本三郎編著『一問一答平成 26 年改正会社法(第 2 版)』(商事法務、2015)
　→　一問一答平成 26 年(第 2 版)
坂本三郎編著『立案担当者による平成 26 年改正会社法の解説』(商事法務、2015)
　→　立案担当者平成 26 年改正解説
東京地方裁判所商事研究会編『類型別会社非訟』(判例タイムズ社、2009)
　→　類型別会社非訟
東京地方裁判所商事研究会編『類型別会社訴訟Ⅰ(第 3 版)』(判例タイムズ社、2011)
　→　類型別会社訴訟Ⅰ
東京地方裁判所商事研究会編『類型別会社訴訟Ⅱ(第 3 版)』(判例タイムズ社、2011)
　→　類型別会社訴訟Ⅱ
松田亨・山下知樹『実務ガイド新会社非訟──会社非訟事件の実務と展望(増補改訂版)』(金融財政事情研究会、2016)
　→　松田山下

第1編　総論

I　はじめに：本書のねらい

　本書は、少数株主に代表される株式会社の少数派の株主が、当該会社を相手方として、会社法に基づき権利行使をする場合において、理論上、実務上検討すべきポイントを解説する実務書である。書名には、「少数株主権」の名称が付されているが、本書の内容は、少数株主権に限られていない。後で述べるとおり、ある権利を単独株主権とするか少数株主権とするかは、当該株主による濫用の危険性、会社の事務処理上の便宜等、諸般の事情を考慮して決められる立法政策上の問題である。単独株主権、少数株主権という確固とした上位概念があって、そこから当然に演繹的に導かれるといったものではない。ある株主権を、単独株主権とするか少数株主権とするかは、国によって異なるのみならず、同じ国であっても、時代により異なりうる。例えば、わが国において代表訴訟（法847条）は、単独株主権であるが、平成26年改正により導入された多重代表訴訟（法847条の3）は、少数株主権であり「総株主の議決権の100分の1」という制約が付されている。後者は、親会社株主にとって子会社に生じた損害が、自社に生じた損害に比べ間接的であること、濫訴の危険がありうることを考慮して、政策的にこのように立法化したものである。前者と後者との間の差異は、政策的なものにすぎない。

　もう1つ、株主提案権（法303条～305条）についてみてみる。株主提案権中、議題提案権については、現行法上、取締役会設置会社では少数株主権（法303条2項）、取締役会非設置会社では単独株主権（法303条1項）とされている一方、株主総会における議案提案権（法304条）については、かかる区別はなされていない。その代わり、実質的に同一議案の再提案につき、「総株主の議決権の10分の1」以上の賛成を得られなかった日から3年間は行使できないという行使制限が付されており、この行使制限中に、あたかも少数株主権的要素が入れられている（同条ただし書）。株主提案権については、現在、法改正が議論されており、濫用的提案権行使を防ぐための方策が導入される見込みであるが、立法論としては、株主提案権を全て少数株主権として規定し直すことも、もちろん可能なのである。

以上のとおり、ある権利を単独株主権とするか少数株主権とするかは、株主の権利行使の便宜と会社の負担との間で、どのように調整するかという立法政策の問題にすぎない。したがって、検討にあたって重要なのは、ある権利が単独株主権か少数株主権かという総論ではなく、理論的には、当該立法政策を支える個別の立法事実の合理性・妥当性であり、実務的には、個別の権利行使にあたって、どのような作戦を立案するか、権利行使に際して付された制約たる個々の要件をどのようにクリアしていくかといったことである。そして、本書においては、少数株主権をキーワードの1つとして、このようなことを検討していこうと試みているのである。

　ここでは総論として、本書が検討の対象とする株主の権利をリストアップした上で、それらを自益権、共益権という伝統的区分ごとに、若干のコメントを付しておきたい。

Ⅱ　単独株主権の一覧と少数株主権の一覧

　検討のはじめに、現行会社法において、株主が行使する権利の主たるものにつき、単独株主権と少数株主権とに分けて、一覧しておこう。

　冒頭述べたとおり、ある権利を単独株主権とするか少数株主権とするかは、立法政策の問題である。ただ、上記表を一瞥すると、みえてくるものがないではない。すなわち、株主の権利たる株主権（社員権）は、会社の経済的リターンに与ろうとする自益権と会社運営にかかわろうとする共益権とに大別されるところ、投下資本回収という制度の根幹にかかわる前者の権利は、概ね単独株主権とされる一方、後者については、より一層政策的考慮が働き、少数株主権とされることが多いということである。もちろん、当該権利を、自益権・共益権とスパッと分けることは難しく、両者が混じり合った権利というものもありうるので、あくまでも「原則的にそうなっている」という程度のことに留まる。しかし、そのような留保をおいたうえであれば、それなりに有用な分析視角ということができる[1]。以下、自益権と共益権とに分け、やや立ち入ってみてみたい。

【単独株主権】

株主の議題提案権（取締役会非設置会社の場合：会社法303条1項）	
株主総会における議案提案権（法304条）	・実質的同一議案の再提案について、行使要件として、総株主の議決権の10分の1という制約あり
取締役・執行役の違法行為差止請求（法360条、422条）	・6か月保有要件あり
役員の解任の訴え（法854条）	・解任議案の否決要件あり ・不正行為の要件あり ・総会の日から30日以内という提訴期間制

---

1)　共益権については、かつての社員権論争において、国家における選挙権になぞらえて理解する学説も有力に主張されていた。それらは、もっぱら、共益権たる株主の議決権を念頭に置いたものであった。しかし、共益権はそれらに尽きるわけではない。

Ⅱ　単独株主権の一覧と少数株主権の一覧

	限あり
代表訴訟（法847条）	・6か月保有要件あり
株式買取請求権（法116条等）	・行使しうる状況が限定されている
価格決定申立権（法144条2項等）	・行使しうる状況が限定されている

【主な少数株主権の一覧】

株主総会招集権（法297条1項）	・総株主の議決権の100分の3
株主の議題提案権（取締役会設置会社の場合：法303条2項）	・総株主の議決権の100分の1または300個
総会検査役選任請求権（法306条1項）	・総株主の議決権の100分の1
業務執行検査役選任請求権（法358条1項）	・総株主の議決権の100分の3
会計帳簿閲覧請求（法433条）	・総株主の議決権の100分の3
多重代表訴訟（法847条の3）	・総株主の議決権の100分の1 ・6ヶ月保有要件有り
会社の解散の訴え（法833条）	・総株主の議決権の10分の1

III 自益権

　株主が自益権を行使する場面の典型である、会社からの退出（exit）においては、投下資本の回収がダイレクトに問題となりうる。具体的には、反対株主の株式買取請求権が行使される場面と価格決定の申立てがなされる場面がありうる。

1 株式買取請求権

　前者は、組織再編等会社にとって基本的事項の変更がなされる場合に、反対株主に対し、投下資本回収の機会を与え、円満な退出の機会を与えようとするものである（本書第3編第1章）。平成17年改正前商法が、株式買取請求権の行使価格につき、「決議ナカリセバソノ有スベカリシ」公正な価格（シナジーを含まない価格というところから、これをナカリセバ価格という）で買い取ることを請求する権利と定めていたのを、会社法が、「　」の部分を削除し、シナジーの配分を反対株主にも分配しうるようにした。いかなる場合に反対株主に対しシナジーが分配されるかについては、多くの裁判例が出され（例えば、最決平成23年4月19日民集65巻3号1311頁、最決平成24年2月29日民集66巻3号1784頁等）、その結果、それらをある程度定式化しうる状態に至ったものと評してよいだろう。現在における実務上の関心事は、具体的な価格算定方法をどうするか（より立ち入ると、「市場価格」を用いることができる条件如何）にあるといえよう。

2 価格決定申立て

　後者は、株式買取請求権の場合以上に多様である。ここでは、裁判例が多く出された「キャッシュ・アウト」の場面について述べてみたい（本書第3編第2章）。要は、少数株主の締め出しである。締め出しが利用されはじめた初期の頃は、よりドグマティックに、少数株主の権利侵害を声高に主張する声もみられたところである。しかし、所詮は財産権である株主権において、国政におけるような少数派の権利の貫徹を議論してもはじまらず、結局のところ、退出

にあたって支払われるべき株価をどう算定するかといった問題に収斂されざるをえない。この分野においても、株式買取請求権における以上におびただしい判決が登場した結果（例えば、最決平成28年7月1日民集70巻6号1445頁等）、現在では、株式買取請求権におけると同様、具体的な価格算定方法をどうするか（より立ち入ると、「市場価格」を用いることができる条件如何）に議論が集約されつつある。

3　Caseの検討

　株主が、自益権を行使して、自己の投下資本の回収を図るためには、上記の見取図を頭に置いた上で、それらをどう活用していくかを考えていかなければならない。

　例えば、次のような事例はどうか。

【Case 1】

> 甲株式会社は、非上場の同族的株式会社（公開会社でない会社）であり、多数の不動産を有している。甲社の株式の9割は、乙一族が有しており、同一族の$乙_1$が同社の代表取締役社長を務めている。丙は、残りの1割の株式を有している。丙は、甲社の運営には関心がなく、自身の老後設計のため、この株式の換金を考えている。

　丙は、典型的なマイノリティ株主である。甲社が組織再編をする場合には、反対株主の株式買取請求権を行使すればよいし、甲社がキャッシュ・アウトを試みた場合には、価格決定の申立てをすればよい。いずれの場合にも、最終的には、裁判所が価格を算定することとなる。この場合、市場価格を使うことはできず、各種算定方法を用い、株価を算定する必要が生じる。各種の算定方法をどうミックスしていくかについて問題とされることとなろう。

　では、その他の場合、丙は、どうすればよいであろうか。乙一族が、丙の退出を望むのであれば、乙一族または$乙_1$が支配する甲社との間で、丙の株式の処分につき、何らかの合意ができる可能性がある。後者の場合は、自己の株式の買受（法156条以下）であるので、自己株式の取得規制がかかってくること

になる。

　ただ、甲社・乙₁としては、それを望まない場合もあり得る（望んでも、資金繰りにつき折り合いがつかない場合も含む）。その場合、例えば、丙が第三者丁を見つけられれば、丁へ株式譲渡（法127条）することを前提に、丙は、甲社に対し譲渡承認請求（法136条）を行うこととなろう。甲社が譲渡承認しない場合（法139条）、甲社は、指定買取人を見つけ、その者に買い取らせるか、そうでない限り、甲社自身が当該株式を買い取らなければならない（法140条1項）。そのいずれの場合においても、買取価格が折り合わなければ、ここで価格決定の申立ての問題となり、最終的には、裁判所が価格を決定する（法144条）。

　以上の全体像を理解した上で、丙としては、甲社・乙₁と接触し、任意の買取りにつき交渉する一方、第三者丁を探していくこととなろう。場合によっては、丁の可能性を材料として、甲社・乙₁と交渉していくというテクニックも必要になってこよう。

Ⅳ　共益権

1　はじめに

　次に共益権についてみてみる。共益権は、会社のガバナンスに関わりうるものであるので、少数派の株主が共益権的権利を行使しようとする場合には、当然のことながら、多数派の株主が支配する会社サイドからのカウンターアクションがあるわけで、それを予想しつつ、着地点を見据えて権利行使をすることを考えなければならない。個々のトピックについては本論をみていただくことにして、ここでは、いくつかのCaseをあげて、若干のコメントをしておく。

2　会計帳簿閲覧請求権、業務執行検査役選任請求権

(1)　両制度の異同

　会計帳簿閲覧請求（法433条）、業務執行検査役選任請求権（法358条1項）は、いずれも、会社財務に関する調査権であり、多数派の株主・会社経営陣の不正を懸念する少数派の株主が、不正を解明すべく調査するために行使する権利である。いずれも少数株主権であり、その要件も「総株主の議決権の100分の3」と同一である。後者は、非訟事件とされ、検査役選任の申立ては、会社の本店所在地を管轄する地方裁判所に対しなされなければならない（法868条1項）。検査役として通常選任されるのは、会社と特別な利害関係がない弁護士であり、時として、公認会計士や不動産鑑定士が補助者として選任される。利害関係がない検査役により、きちんとした検査がなされるという利点があるものの、申立てた株主は、もはや手続をグリップしていくことができない。

　他方、前者は、非訟事件ではないが、不正の隠蔽を防ぐため、迅速に行使する必要があるところから、通常、仮処分（仮の地位を定める仮処分：民事保全法23条2項）として申し立てられる。こちらは、会計帳簿の開示を受け、株主自らが不正を暴くべく調査していくわけであり、株主は手続をグリップし続けていくことができる。ただ、その反面、閲覧対象たる会計帳簿の範囲につ

き、裁判例・学説上見解が分かれており（横浜地判平成3年4月19日判時1397号114頁、東京地決平成元年6月22日判時1315号3頁、大阪地判平成11年3月24日判時1741号150頁、名古屋地決平成24年8月13日判時2176号65頁等）、不透明性があるほか、保全の必要性の疎明という立証上のハードルをクリアする必要もある。会計帳簿閲覧の仮処分は、満足的仮処分であるので、疎明といっても、事実上証明に近い立証が求められるといえよう。加えて、会社側からは、抗弁として、閲覧拒否事由（法433条2項）の主張がなされるのが通常なので、この点への用意も怠りなくしておく必要がある。

(2) Case の検討

【Case 2】

> 乙は、甲株式会社の総株主の議決権の3.2%を保有する株主であった。乙は、甲社の業務の不正を解明すべく、裁判所に対して、業務執行検査役の選任を申し立てた。その後、会社は、新株を発行したため、乙の保有株式は、甲社の総株主の議決権の2.97%となった。

Case 2における会社サイドからのカウンターアクションは、少数株主の持株要件を否定しようとするものである。同様のカウンターアクションは、同様の持株要件を持つ会計帳簿閲覧請求権行使に際しても問題となりうる。

最高裁は、このような事案において、株主が「裁判所に当該会社の検査役選任の申請をした時点で、当該株主が当該会社の総株主の議決権の100分の3以上を有していたとしても、その後、当該会社が新株を発行したことにより、当該株主が当該会社の総株主の議決権の100分の3未満しか有しないものとなった場合には、当該会社が当該株主の上記申請を妨害する目的で新株を発行したなどの特段の事情のない限り、上記申請は、申請人の適格を欠くものとして不適法であり却下を免れないと解するのが相当である」旨判示しており（最決平成平成18年9月28日民集60巻7号2634頁）、これによるかぎり、甲の前記カウンターアクションは、効果を有すると考えざるをえない。乙としては、他

---

2) 松嶋隆弘・判批・判タ1274号190頁

の株主と連携し、「100分の3」要件の維持に努めるか、当該新株発行に対し差止仮処分を申し立てるといった対抗策を講じる必要があろう。

3　取締役の解任の訴え

(1) 制度の概要

　株式会社の取締役の選任・解任に関する権限は、株主総会が有するのが原則であるところ（法329条1項、339条1項）、会社法は、少数派株主保護の観点から、これに加え、所定の要件を満たす株主にも、取締役の解任の「訴え」を提起することができる旨規定する（取締役の解任の訴え：法854条）。同条が、取締役の解任の訴えの要件として掲げるのは、①取締役の職務の執行に関し不正の行為または法令もしくは定款に違反する重大な事実があったこと、および、②それにもかかわらず当該取締役を解任する旨の議案が株主総会において否決されたこと、の2つである。

　ここで注意しておくべきは、②の要件の建付けが、第1ラウンドたる、株主総会の場で、解任決議が否決されることが、第2ラウンドである裁判所への取締役の解任の訴えの提起の要件となっていることである。すなわち、第1ラウンドで資本多数決により負けた場合でも、裁判所における第2ラウンドで、取締役の解任を争うことが認められ、第2ラウンドで争点となるのは、資本多数決ではなく、Justiceの観点から定められた①の要件の有無なのである。

(2) Caseの検討

【Case3】

> 1. Yは、レストランの経営及び運営管理等を目的とする株式会社であり、非取締役会設置会社である。Yの株主総数は、Z、X_1およびX_2の3名であり、いずれも取締役であり、代表権を有している。彼らの持株数は、次のとおりである。
>
> | Z | 150株 |
> | X_1 | 75株 |

| X₂ | 75 株 |

2．Zは、自己単独で平成26年5月19日、下記のとおり、臨時株主総会を招集した（本件株主総会）。

日時	平成26年5月26日午前10時
場所	Y本店
議題	・X₁の取締役解任について ・X₂の取締役解任について ・その他

　Yは、本件株主総会においてX₁及びX₂の取締役解任の件を、いずれも否決する決議をした。
3．Zは、これを受け、X₁及びX₂の取締役解任の訴えを提起した（本件取締役解任の訴え）。
4．これに対し、X₁およびX₂は、Yを被告として、本件株主総会の取消しを求める訴えを提起した（本件訴え）。Yは、議案を否決した決議からは、取消訴訟によって変動させるべき法律関係は生じていないから、本件訴えには訴えの利益はないと主張している。

　Case3におけるZ対X₁、X₂の対立構図は、150株対150株と同数のため、資本多数決で決着をつけることができず、膠着状態である。そのような折、Zは、X₁およびX₂を排除すべく、X₁およびX₂の解任を議題とする臨時株主総会を招集し、解任決議を否決し、②の要件を具備したうえ、裁判所に対し、取締役の解任の訴えを提起した。これに対し、X₁およびX₂は、①の要件を争うのではなく、本件株主総会の取消を求める訴えを提起し、前記否決決議を取り消し、②の要件の具備を消そうと争っているのである。
　かかる事案に対し、最判平成28年3月4日民集70巻3号827頁[3]は、次のとおり判示した。
　「会社法は、会社の組織に関する訴えについての諸規定を置き（同法828条以下）、瑕疵のある株主総会等の決議についても、その決議の日から3箇月以内に限って訴えをもって取消しを請求できる旨規定して法律関係の早期安定を図り（同法831条）、併せて、当該訴えにおける被告、認容判決の効力が及

---

[3]　松嶋隆弘「議案を否決する株主総会決議の取消しと訴えの利益（中小企業法講話第8回）」税理62巻2号142頁

者の範囲、判決の効力等も規定している（同法834条から839条まで）。このような規定は、株主総会等の決議によって、新たな法律関係が生ずることを前提とするものである。

　しかるところ、一般に、ある議案を否決する株主総会等の決議によって新たな法律関係が生ずることはないし、当該決議を取り消すことによって新たな法律関係が生ずるものでもないから、ある議案を否決する株主総会等の決議の取消しを請求する訴えは不適法であると解するのが相当である。このことは、当該議案が役員を解任する旨のものであった場合でも異なるものではない。」

　否決決議を取り消したとしても決議が可決されるわけではないという素朴な発想からして、否決決議を取り消す実益はなく、訴えの利益なしという最高裁および原審の立場は、大方の支持を得られることであろう。ただ、悩ましいのは、否決決議が法律効果の発生の要件とされているいくつかの場面が、あり得ることである。(i) 1つは、Case3のような取締役の解任の訴えの場合である。(ii) もう1つは、株主提案権の場合である。すなわち、法304条ただし書は、「当該議案が法令若しくは定款に違反する場合又は実質的に同一の議案につき株主総会において総株主の議決権の十分の一以上の賛成を得られなかった日から三年を経過していない場合」に、株主が株主総会において議案提案権を行使できない旨規定しており、賛成を得られなかった否決決議を取り消せば、かかる制約が外れうるのである。

　しかし、(i) と (ii) のいずれも、否決の決議それ自体から当該法律効果が発生するのではなく、他の法的な定めにおいて議案が否決されることを要件として法的効果を発生させる仕組みであると理解すべきである。この点に関連し、前掲最判平成28年3月4日における千葉勝美裁判官は、効果の発生を争うのであれば、当該定めの適用においては、取消事由となるような手続上の瑕疵のある否決の決議がされても、それは効果発生要件としての否決の決議には当たらない、あるいは否決されたとみるべきではない等といった合理的で柔軟な解釈をして適用を否定し、法律効果の発生を否定するといった処理が可能である旨述べており、妥当な認識であると解される。

　本件で本来争われるべきは、取締役の解任の訴えにおける①の要件の存否であるはずである。それを避け、否決決議の取消により、②の要件外しを図った

第1編　総論

戦術は、奇策であり、正攻法として評価するわけにはいくまい。

第2編
会社運営にかかる少数株主権

第1章　株主総会に関する少数株主権

I 株主による招集の請求（法297条）

1 少数株主と株主総会の招集

(1) 総説

　取締役が株主総会を招集するという原則の例外として、少数株主による招集が一定の場合に認められる。総株主の議決権の100分の3以上の議決権を有する株主は、取締役に対し、株主総会の目的である事項および招集の理由を示して、株主総会の招集を請求することができる（法297条1項）。そのうえで、取締役が一定期間内に株主総会を招集しない場合には、その株主は、裁判所の許可を得て、株主総会を招集することができる（法297条4項）。

　本節では、少数株主による株主総会の招集についての理論的および実務的な論点を検討していく。まず、次の1(2)において制度趣旨を確認する。次に、2では、株主総会の招集請求から、招集許可申立てまでの手続の流れ、および手続段階ごとの論点について検討を行う。3では、招集許可がなされた場合に、少数株主が、株主総会招集に関しとるべき手続およびその株主総会の議事と決議についてみていく。4では、少数株主が招集する株主総会に関し、総会検査役の選任を申し立てる際の実務的な問題点を指摘したうえで、その解決方法を筆者の知見・経験をもとに提言する。

(2) 制度趣旨

　株主総会は、取締役会設置会社では、取締役会が招集を決定し、代表取締役がその決定に基づき招集を行う（法296条3項、298条4項）。取締役会設置会社以外の会社では、取締役が招集を決定し、招集を行う（法296条3項、298条1項）。

---

1) 公開会社の場合、保有期間要件がある（法297条1項・2項）。
2) 沿革につき、コンメ7巻46頁〔青竹正一〕、逐条解説4巻46頁〔潘阿憲〕参照。

I　株主による招集の請求（法 297 条）

　しかし、取締役に重大な不正が発覚したり、放漫経営が行われ会社の業務に支障が生じている場合に、取締役を解任する等のために株主総会を開催すべきであるにもかかわらず、取締役が株主総会の招集を怠ることがありうる。支配権争いが生じている場合にも、株主総会の開催を怠ることが想定される。また、とりわけ中小規模の会社においては取締役が株主総会の招集を怠ることがある。

　このような株主総会開催の不当な遅滞や不開催に対処し、また、株主に株主総会における意思決定のイニシアティブをとる機会を与えるために、少数株主に株主総会を招集する権利が認められている。他方、会社法は、この権利が株主に濫用されることを防止するため、少数株主権と位置付け、手続的制約も課している。

2　少数株主による株主総会招集の手続

　株主総会を開催すべきと考える株主は、まず取締役に株主総会を招集するよう請求することを要する（後記 2 (1)）。招集請求が前置されているのは、取締役が招集権者であるという原則をできるだけ維持し、かつ裁判所に許可申立

---

3)　なお、前田庸『会社法入門（第 13 版）』（有斐閣、2018）372 頁は、株主総会の招集は業務執行であり、かつ会社代表である側面を有する。そして、指名委員会等設置会社においては代表執行役が会社を代表する。このように述べたうえで、株主総会の招集権者は代表取締役または代表執行役であると指摘する。江頭 322 頁も参照。
　　これに対し、論点解説新会社法 468 頁は、執行役には株主総会の招集権は与えられていないとして、執行役は株主総会を招集することはできないとする。

4)　江頭 322 頁。反対、論点解説新会社法 468 頁。

5)　役員の解任の訴えも、解任議案の否決等が要件となっているため（法 854 条 1 項）、株主総会の開催が前提条件となる。

6)　髙橋美加他『会社法（第 2 版）』（弘文堂、2018）117 頁〔久保大作〕。

7)　敵対的買収によって会社の支配株式を取得した株主が、現在の取締役を速やかに交代させたい場合にも利用される。田中 163 頁。

8)　リークエ 143 頁〔松井秀征〕。

9)　コンメ 7 巻 55 頁〔青竹〕。また、鈴木竹雄「少数株主の定時総会招集請求権について」同『商法研究Ⅲ　会社法 (2)』（有斐閣、1971）68 頁参照。
　　なお、株主総会でのイニシアティブをとるための制度としては、利用上の便宜性から株主提案権を利用することが多い。コンメ 7 巻 55 頁〔青竹〕、龍田節・前田雅英『会社法大要〔第 2 版〕』（有斐閣、2017）192 頁。
　　ただ、株主総会が招集されない場合には、株主提案権を行使する機会もないため、少数株主として株主総会の招集を行わざるをえない。

10)　新基本法コンメ 2 巻 12 頁〔後藤元〕。

てがされるコストを節減するためである。[11]

　株主の招集請求後、一定期間内に株主総会の招集・開催が行われない場合には、その株主は裁判所に株主総会招集の許可を申し立てることとなる（後記2(2)）。

(1) 株主総会の招集請求

(A) 招集請求の要件

(a) 議決権要件

　株主総会の招集請求を行うことができる株主は、総株主の議決権の100分の3以上の議決権を有する株主である（法297条1項）。[12]この議決権要件は、定款で引き下げることが可能である（法297条1項括弧書）。この要件は複数の株主の有する議決権の合計により満たされれば足る。[13]招集請求を行う株主総会の目的である事項について議決権行使ができない株主が有する議決権の数は、総株主の議決権の数に算入されない（法297条3項）。[14]

　この権利が少数株主権とされているのは、他の少数株主権と同様に、権利の濫用を防止するためである。[15]株主総会の開催には一定のコストがかかることから、一定量以上の利害関係を有する株主に権利行使を限定し、零細な株主により頻繁に権利行使がなされるのを防止する必要がある。[16]

　この議決権要件は、招集請求の時点ではもちろん、株主総会招集許可申立てを行う場合には、許可決定の裁判が確定する時まで満たしていることを要する。[17]

---

[11] 新基本法コンメ2巻13頁〔後藤〕。
[12] 特例有限会社においては、定款に別段の定めのない限り、総株主の議決権の10分の1以上を有する株主が招集を請求できる（整備法14条1項、2項、5項）。
[13] コンメ7巻58頁〔青竹〕。
[14] 本条に関する利害関係は、当該議題との関係で測られるべきためである。新基本法コンメ2巻12頁〔後藤〕。
　議決権のない株式としては、①議決権制限株式（法108条1項3号）、②単元未満株式（法189条1項）、③自己株式（法308条2項）、④相互保有株式（法308条1項本文括弧書、規67条）がある。また、会社が自己株式を特定の株主から取得する場合の当該株主は、自己株式の取得に係る承認決議に関し、議決権行使できない（法140条3項、160条4項、175条2項）。
[15] コンメ7巻58頁〔青竹〕。
[16] 新基本法コンメ2巻12頁〔後藤〕。
[17] コンメ7巻2号60頁〔青竹〕。大決大正10年5月20日民録27輯947頁参照。

招集許可申立事件の審理中に、新株発行等により議決権要件を満たさなくなった場合には、原則として、申立適格を欠く[18]。

許可決定がなされた場合に、さらに招集された株主総会が閉会されるまで議決権要件を満たしている必要があるかは問題となる。①株主総会終結時まで保有していることを要するとする見解[19]、②招集許可の裁判が確定したときまででよいとする見解[20]がある。本条の権利は裁判所の許可をもって終了するものではなく、権利濫用防止のためという上記趣旨からすると、①の見解を支持すべきである[21]。許可決定後、株主総会の終結時までに、議決権要件を欠いた場合には、招集権限がない者によって招集された株主総会となり、その決議は不存在となる[22]。

(b) 保有期間要件

公開会社では、上記議決権数を、6か月前から引き続き有する株主のみが、株主総会の招集請求を行うことができる（法297条1項）。保有期間要件については、定款でこれを下回る期間を定めることができる（法297条1項括弧書）。権利行使のために一時的に株式を取得しようとすることを抑制する趣旨である[23]。

6か月の保有期間は、請求の日から逆算して丸6か月の期間を意味する[24]。6か月の間に総議決権数に変動が生じた場合、要件の充足性をどう判断するか問

---

18) 会社が申立てを妨害する目的で新株を発行した等の特段の事情がある場合はこの限りではない。最決平成18年9月28日民集60巻7号2634頁。
19) 大隅今井25頁、龍田節「株主の総会招集権と提案権（一）」法学論叢71巻1号（1962）63頁、新版注釈5巻111頁〔河本一郎〕。
20) 逐条解説4巻49頁〔潘〕。前田・前掲注3) 375頁は、いったん裁判所の許可を得て適法になされた招集が、その後の事情で効力が否定されるのでは、出席株主の期待を損なうとする。
21) 新版注釈5巻111頁〔河本〕、コンメ7巻61頁〔青竹〕。
22) 佐賀義史「少数株主による株主総会招集許可の申請」山口和男編『裁判実務大系 第21巻 会社訴訟・会社非訟・会社整理・特別清算』（青林書院、1992）200頁、本間健裕「少数株主権による株主総会招集許可申請」門口正人編『新・裁判実務大系（11）会社訴訟・商事仮処分・商事非訟』（青林書院、2001）299頁、類型別会社非訟15頁〔小川雅敏〕。
　一方、龍田・前掲注19) 63頁、新版注釈5巻111頁〔河本〕、大隅今井25頁は、決議取消しの対象となるとする。
23) コンメ7巻59頁〔青竹〕。
　公開会社でない会社では、株主の権利濫用は考えにくいため、保有期間要件は課されていない。新基本法コンメ2巻13頁〔後藤〕。

題となる。①法が継続的な保有要件と定めていることから、請求時から遡って6か月間のいかなる時期においても、その時々における総株主の議決権の100分の3以上を保有していなければならないとする見解[25]、②保有期間要件の上記趣旨から、請求時における総株主の議決権の100分の3以上にあたる議決権を請求時から遡って6か月間保有していればよいとする見解[26]、③①②のいずれでもよいとする見解[27]がある。①の見解が多数説である。[28]

(B) 招集請求の手続

(a) 招集請求

株主総会の招集の請求は、招集請求の要件を満たす株主が、取締役に対し[29]、株主総会の目的である事項[30]および招集の理由を示して行う（法297条1項括弧書）。

招集請求の方法について、会社法上の定めはなく、口頭でも可能であるが[31]、実務上は書面（内容証明郵便等）で、会社の代表者宛に送付するのが通常である[32]。この書面は、招集許可申立ての際に疎明方法または添付書類として提出することとなることも意識する必要がある。

なお、招集請求を行い得る株主総会は、臨時株主総会に限られると解される（法296条1項、2項参照）[33]。定時株主総会は、一定期間内のどの時点に招集す

---

24) 新版注釈5巻110頁〔河本〕。東京地判昭和60年10月29日金判734号23頁参照。
25) 大隅今井18頁。
26) 龍田・前掲注19) 65頁。
27) 前田・前掲注3) 375頁。
28) コンメ7巻59～60頁〔青竹〕は、①の見解によると、6か月の期間中に発行済株式総数の増加により議決権総数が増加する場合、保有期間要件を満たし続けるためには株式を買い増す必要があるが、保有期間要件の趣旨や「引き続き」という文言から①の見解を支持したいとする。
　計算方法の具体例については、新基本法コンメ2巻13頁〔後藤〕参照。
29) 取締役会設置会社や取締役会設置会社以外の会社で代表取締役を定めた場合は、代表取締役に対して行う（法349条4項）。大隅今井18頁。
　大阪地裁商事部では、代表取締役が不存在の場合、それ以外の取締役全員に請求すべきとの運用を行っているようである。松田山下366頁〔松田亨・河野仁志〕。
30) その株主が議決権を行使できる事項に限る（法297条1項括弧書）。
31) 逐条解説4巻49頁〔潘〕。
32) 許可申立ての際、招集請求の時期が問題となり（法297条4項）、その疎明責任は株主にある。新基本法コンメ2巻13頁〔後藤〕、中村直人編著『株主総会ハンドブック〔第4版〕』（商事法務、2016）591頁〔山田和彦〕。

るか会社に裁量があるため、この期間内に定時株主総会の招集の可能性が残されている場合には、少数株主はその招集をすることができない。[34]

　（ア）株主総会の目的である事項

　株主総会の招集請求には、株主総会の目的である事項（議題）を示す必要がある。[35]議題について、条文上の制限はない。しかし、（ⅰ）計算書類の承認、（ⅱ）役員等の改選、（ⅲ）役員等の解任を議題とする場合には、以下の問題がある。

　　（ⅰ）計算書類の承認

　計算書類等は、取締役・代表取締役（法348条1項、363条1項）[36]が作成するため（法435条2項）、株主が計算書類等を作成して株主総会に提出・提供することはできない（法438条）。そのため、株主は、計算書類の承認を議題とする株主総会の招集請求はできないとも考え得る。しかし、計算書類等が既に作成され、監査も受けている場合もあり得るし、招集請求後にその作成および監査がなされ、株主総会に間に合わせられる可能性もある。したがって、株主に計算書類等の作成権限がないことをもって、事前に株主総会の招集を拒否することはできない。[37]

　ただし、取締役会設置会社では株主総会の2週間前の日まで（法437条参照）、取締役会設置会社以外の会社では株主総会の1週間前の日まで（法442条1項1号参照）に、計算書類の作成・監査等を経る見込みがない限り、株主総会を招集しても無意味となる。[38]この場合、有効な株主総会の実施が困難であることを理由に、招集許可申立事件の審理では、裁判所がこの議題を削除する

33）　コンメ7巻56～57頁〔青竹〕。反対、逐条解説4巻47頁〔潘〕。
34）　コンメ7巻57頁〔青竹〕、大江忠『要件事実会社法（2）』（商事法務、2011）20頁。
35）　具体的な議案まで示すことは要求されておらず、議案を示すかは株主の裁量に委ねられる。新基本法コンメ2巻13～14頁〔後藤〕。
　一方、株主総会の招集通知に議案の概要を記載することが求められる（法299条1項、298条1項5号、規63条7号）として、結局、少数株主は、議案を具体的に示して請求することを要するとの見解もある。逐条解説4巻54頁〔潘〕。
　実際上、既に議案の内容まで確定している場合には、招集請求の際に議案の内容まで示すこともあると考えられる。
36）　指名委員会等設置会社においては、執行役（法418条）。
37）　コンメ7巻57頁〔青竹〕、新版注釈5巻108頁〔河本〕、鈴木・前掲注9）72頁。
38）　類型別会社非訟16頁〔小川〕。

よう求めることが多い。[39]

（ⅱ）役員等の改選

株主は、役員等の改選のための株主総会の招集請求もなし得るが、その任期との関係から問題が生じる。例えば、取締役の任期は、原則、選任後2年以内に終了する事業年度のうち最終のものに関する定時株主総会の終結の時までである（法332条1項本文）。このような規定振りから、定時株主総会の終結がない限り、役員等の任期は満了せず、役員等の改選を議題とする株主総会の招集請求はできないとも考え得る。

これに関し、定款で定めた一定の時期に定時株主総会が招集されない場合、その一定の時期の経過とともに役員等の任期は満了すると解される。さもなくば、取締役は定時株主総会を招集しないことで、任期の満了を阻止し得ることとなる。[40][41]

以上から、株主は、定時株主総会を通常であれば開催すべき時期以降、役員等の改選を目的とする株主総会の招集請求をなし得る。[42]

（ⅲ）役員等の解任

例えば取締役権利義務者（法346条1項）については解任を観念し得ず、この解任に係る議題は不適法となる。この場合、例えば「取締役Aの任期満了による後任取締役選任」を議題として招集請求すべきとなる。[43][44]

取締役の任期中にその取締役の解任を議題として招集請求を行った後、招集許可決定を得て当該決議を行うまでの間に、その取締役の任期が満了している場合もあり得ることにも留意して、スキームを組み立てる必要がある。

（イ）招集の理由

株主総会の招集請求には、株主総会の目的である事項に加え、招集の理由も示す必要がある。

---

39) 類型別会社非訟16頁〔小川〕。
40) 東京高決昭和60年1月25日判時1147号145頁、横浜地決昭和31年8月8日下民7巻8号2133頁参照。
41) コンメ7巻58頁〔青竹〕。
42) 類型別会社非訟17頁〔小川〕、大江・前掲注34）20頁。
43) 最判平成20年2月26日民集62巻2号638頁参照。
44) 類型別会社非訟17頁〔小川〕、大江・前掲注34）20頁。

内容について、例えば役員等の改選を議題とする場合には役員等の任期満了の事実のみを記載するなど、必要最小限の事実関係の記載にとどめるのがよいと思われる。取締役解任の事案において、解任を求めるに至った背景事情等を詳細に記載すれば、会社側と不要な争いが生じ、会社側が株主総会の招集に応じにくくなることも想定される。

　(b) 取締役が株主総会を招集する場合

　株主から株主総会の招集請求を受け、会社側が株主総会を招集すると決定した場合には、取締役は株主総会の招集手続を行う[46]。この場合、株主総会の招集通知に、少数株主の請求に基づく招集であることや招集請求にて示された招集の理由を記載する必要はない[47]。

(2) 株主総会招集許可の申立て

　株主の招集請求に会社側が応じなかった場合、その株主は裁判所に株主総会招集許可の申立てを行い、裁判所の許可を得て株主総会を招集することとなる。

(A) 招集許可の申立ての手続

　(a) 申立適格

　招集請求の要件を満たす株主が、株主総会招集請求を行っていることを要する[48]。

　(b) 申立要件

　招集請求を行った株主は、①その請求後遅滞なく招集の手続が行われない場合、または、②その請求があった日から8週間以内の日を株主総会の日とする

---

45) 類型別会社非訟18頁〔小川〕。
46) 新版注釈5巻113頁〔河本〕。
　なお、代表取締役の職務代行者が、裁判所の許可（法352条1項）を得ずに、少数株主の招集請求に応じて、取締役の解任を目的とする臨時株主総会を招集して、決議がなされた場合には、決議取消事由となる。最判昭和50年6月27日民集29巻6号879頁。
47) 大隅今井19頁、コンメ7巻62頁〔青竹〕。
　株主が通知した理由およびそれに反対する会社側の理由を招集通知に記載することは許されるが、公平な取扱いが求められよう。新版注釈5巻114頁〔河本〕。
48) 上場会社の場合、原則として、振替機関から会社に対して個別株主通知がされた後、4週間以内に申立てを行うことを要する（振替法154条、振替法施行令40条）。

株主総会の招集の通知が発せられない場合には、裁判所の許可を得て、株主総会を招集することができる（法297条4項）。②の期間は、定款でそれを下回る期間を定めることができる（法297条4項2号括弧書）。

①に関して、遅滞なく招集手続がなされたかは、株主総会の招集の決定、招集通知の発送等、必要な手続の各段階において判断され、いずれかの段階において遅滞があれば要件を満たす[49]。

②は①の要件を明確化させたものであり、取締役が遅滞なく招集通知を発した場合であっても、株主の請求から8週間を超えた日を株主総会の開催日とする場合には、遅滞なく招集の手続がなされたとはされない[50]。取締役が形式的には招集手続をとりながら、株主総会の開催時期を先に設定することにより株主総会の開催を実質的に阻害することを防止する要件である[51]。

(c) 申立ての方式

申立ては、書面によってしなければならない（法876条、会社非訟規則1条）。株主総会招集許可申立書には、申立ての趣旨および原因（非訟事件手続法43条2項）のほか、申立ての理由および会社非訟規則2条所定の事項を記載する[52][53][54]。

申立ては、会社の本店所在地を管轄する地方裁判所に対して行う（法868条1項）。

(d) 裁判所の許可の対象

裁判所の許可の対象は、株主総会招集請求に示された株主総会の目的である事項である。裁判所は、議案の内容等、議題の範囲を超える記載が申立ての趣旨にある場合は、その削除を促しているようである[55]。

---

49) 大隅今井21頁、コンメ7巻62〜63頁〔青竹〕、類型別会社非訟18頁〔小川〕。
50) コンメ7巻62頁〔青竹〕、龍田節「株主の総会招集権と提案権（二）」法学論叢71巻2号（1962）27頁。
51) 新基本法コンメ2巻14頁〔後藤〕。
52) 申立ての趣旨の記載例につき、大江・前掲注34）17頁参照。
53) 松田山下358〜359頁〔松田・河野〕。
54) なお、疎明方法・添付書類に関して、類型別会社非訟13〜14頁〔小川〕、松田山下359〜360頁〔松田・河野〕、池田浩一郎他『改訂 会社非訟申立ての実務＋申立書式集』（日本加除出版、2018）114頁参照。
55) 類型別会社非訟17頁〔小川〕。

I　株主による招集の請求（法297条）

　なお、例えば、「取締役A解任の件及び後任取締役選任の件」を議題として株主総会の招集請求を行った後に、当該取締役Aが任期満了となった場合には、取締役権利義務者の解任は観念し得ないから、申立ての趣旨をどのように記載すべきか問題となる。取締役解任と取締役選任は別議題であるから、裁判所は、取締役選任の件を議題とする招集請求に関してのみでも許可をし得ると考えられる。したがって、取締役選任の件のみを議題として申立てがなされた場合には、招集請求における議題の記載とは一部異なるとしても、裁判所は許可すべきとなる。他方、申立ての趣旨に取締役解任の件および取締役選任の件の記載がある場合には、裁判所としては、取締役解任の件については削除を促したうえで、取締役選任の件を議題とする招集に関して許可を行うこととなろう。[56]

(B) 審理

(a) 非訟事件

　株主総会招集許可の申立てに係る裁判は非訟事件である。

　申立人は、その原因となる事実として、取締役が株主総会の招集を怠っている事実を疎明しなければならない（法869条）。裁判所は、職権で事実の探知および必要と認める証拠調べをすることができる（非訟事件手続法49条1項）。[57]

　株主総会の招集許可申立事件では、取締役等の陳述の聴取は要求されていない（法870条参照）。[58]しかし、裁判実務では、代表取締役等を呼び出して審問期日を開き、会社側の意見を聴取する機会を設けるのが一般的である。[59]実質的には対立当事者に近い会社側に意見を述べる機会を与えるべきこと、招集許可をする場合に会社側の協力を得られるほうが円滑に進行すること、会社が任意に株主総会を開く可能性があること等がその理由である。[60]

---

56) 招集請求における株主総会の目的である事項と申立書におけるそれとの同一性が問題となる例について、類型別会社非訟17〜18頁〔小川〕、松田山下366〜367頁〔松田・河野〕参照。
57) 実際には、裁判所が裁判資料を収集することはほとんどなく、資料は当事者および会社から提出されているのが実情である。松田山下364頁〔松田・河野〕。
58) 会社および取締役は利害関係参加許可の申立てができる（非訟事件手続法21条2項）。松田山下474頁〔松田亨・中矢正晴・柴田義明〕。
59) 類型別会社非訟19頁〔小川〕、松田山下362頁〔松田・河野〕、本間・前掲注22) 294頁。
60) 松田山下362頁〔松田・河野〕。

(b) 審理の対象

株主総会招集許可の要件は法定されていない。したがって、裁判所は、申立適格および申立要件を満たす場合で、株主総会の目的である事項が株主総会の権限に属し、かつ申立人が議決権を行使しうる事項であるときには、申立権の濫用に該当しない限り、株主総会の招集を許可しなければならない。裁判所は、これらの形式的要件を満たしているかのみを審理し得るのであり、株主総会の目的事項についての実質的判断は行えない。

(c) 申立権の濫用

株主総会の招集許可申立てが権利の濫用に該当する場合には、裁判所は申立てを却下できる。ただ、株主総会の目的事項の適否は、株主総会にて判断されるべき事項であるため、招集許可の段階で権利濫用とされる場合は限定される。

申立てが権利の濫用と認められるには、①客観的要件として、株主総会を招集することに実益がなく、かえって有害であること、②主観的要件として、申立人に害意があることが必要となる。

①に関し、実益がない場合として、分配可能額がないのに剰余金の配当を議題とする場合等、議題自体が無意味な場合があげられる。株主の期待する決議

---

61) コンメ7巻63頁〔青竹〕、大阪株式懇談会編『会社法 実務問答集Ⅰ（上）』（商事法務、2017）102頁〔北村雅史〕。

　これに対し、淵邊善彦他「少数株主による株主総会招集請求をめぐる諸問題」商事法務1668号（2003）27頁は、招集の理由が合理的なものとはいえない場合には、許可申立ての前提を欠くとする。また、藤原俊雄「少数株主による総会招集の問題点」静岡大学法経研究44巻1号（1995）4頁は、抽象論としては、会社側に総会招集の必要性ありと認めさせるに足る理由を記載しなければならないとする。

　しかし、招集の理由の合理性を許可の要件と捉えることは文理上無理があり、株主の権利を著しく制約するものとして妥当とはいえない。逐条解説4巻55頁〔潘〕。

62) コンメ7巻64頁〔青竹〕、大阪株式懇談会・前掲注61) 102頁〔北村〕。

　なお、持株数に争いがあり、その確定が困難な場合には、裁判所は、株主権確定の訴え等により、まず持株数を確定することを求め、申立てに対する決定を留保するか、いったん申立てを取り下げるよう勧告することも少なくない。類型別会社非訟19頁〔小川〕。

63) コンメ7巻64頁〔青竹〕。

64) 類型別会社非訟19頁〔小川〕。

65) 龍田・前掲注50) 32頁、大隅今井21～22頁、大江・前掲注34) 19頁。

　なお、淵邊他・前掲注61) 28頁は、①客観的要件が備わっている場合には、②の害意が推定され、少数株主側が害意の不存在を疎明しなければ、申立ては許可されないとする。

66) 類型別会社非訟20頁〔小川〕、コンメ7巻63頁〔青竹〕。

の成立見込みがないとの理由で申立てを却下できるかについては、決議の成否は申立ての当否を判断するにあたって考慮すべきでなく、この理由のみでは却下できない[67][68]。

有害な場合として、会社の信用を害する場合、経営が混乱に陥る場合等があげられるが、その認定は困難であり、慎重になされるべきである[69]。

②に関しては、会社に金銭を要求する目的等の株主の資格と関係なく個人的な利益を図る場合や、会社の信用を傷つける目的を有する場合等があげられる[70]。

(d) 審理の進行と審問期日

裁判実務においては、審問期日を開き会社側の意見を聴取する機会を設けるのが一般的である。審問期日では、原則、実体的な審理は行われず、形式的な要件の充足性の調査が行われる[71]。

審問期日に会社側が出席した場合には、裁判所は会社側の意見を聞きつつ、和解的解決として、会社側が株主総会を任意に開催する可能性も探る。裁判実務では、裁判所が会社側に対して、株主総会を開催するよう勧告し、会社側がこれに応じて株主総会を開催した場合、会社側が開催後にその議事録を裁判所に提出し、少数株主が招集許可の申立てを取り下げる[72]、または申立ての利益が失われたとして裁判所が申立てを却下するという経過をたどっており、その間、

---

67) 東京地決昭和 63 年 11 月 2 日判時 1294 号 133 頁、江頭 324 頁注 (8)、類型別会社非訟 20 頁〔小川〕。
　　権利濫用にあたるとされた事例として、神戸地尼崎支決昭和 61 年 7 月 7 日判タ 620 号 168 頁がある。
68) 株主提案権が否定され、実質的に同一の議案につき総株主の議決権の 10 分の 1 以上の賛成が得られなかったときから 3 年経過していない場合（法 304 条ただし書、305 条 4 項参照）には、権利濫用と評価される可能性がある。大阪株式懇談会・前掲注 61）103 頁〔北村〕、コンメ 7 巻 64 頁〔青竹〕。
69) 龍田・前掲注 50）32 頁、コンメ 7 巻 64 頁〔青竹〕。
70) コンメ 7 巻 64 頁〔青竹〕。長崎地判平成 3 年 2 月 19 日判時 1393 号 138 頁参照。コンメ 7 巻 64 頁〔青竹〕は、取締役に対する嫌がらせ目的があることを権利濫用とするのは慎重とすべきとする。招集請求がなされるのは、取締役との対立がある場合が多く、そこにはその株主の個人的動機・意図があることが少なくないためとする。
71) 裁判所が申立人に株主総会開催のための必要な期間も尋ねることがある。松田山下 368～369 頁〔松田・河野〕。
72) 類型別会社非訟 19 頁〔小川〕。
　　会社側が株主総会の開催を約しても、必ずしも株主総会を開催するとは限らないため、株主が申立てを取り下げるのは株主総会が開催された後となろう。

裁判所は申立てに対する判断を留保する扱いがされている[73]。

（C）裁判

許可申立ての裁判は決定をもってなし、裁判を受ける者に対する告知によってその効力を生ずる（非訟事件手続法54条、56条2項、3項）。

（a）許可決定

許可決定の場合には、理由を付す必要はない（法871条ただし書、874条4号）。許可決定に対する不服申立ては許されない（法874条4号）。

許可決定がなされる場合、1～2か月程度の招集期限が定められることが多い[74]。

（b）却下決定

却下決定の場合には、理由を付す必要がある（法871条本文）。却下決定に対しては、申立人に限り、即時抗告できる（非訟事件手続法66条2項）。

（D）株主総会が競合する場合

（a）許可申立後に会社が株主総会を招集した場合

株主の許可申立後、決定の前に、会社側が株主総会を招集した場合に裁判所はどのような判断をすることとなるか。

会社が招集する日が招集請求から8週間以内である場合には、裁判所は許可申立てを却下する（法297条4項参照）[75]。

これに対し、会社が招集する株主総会の日が招集請求から8週間を超える場合には、会社法297条の株主総会開催の不当な遅滞を防止するという趣旨から、招集許可決定をしても会社が招集する株主総会より前に株主が株主総会を開催できる見込みのない等の特別な事情がある場合に限り、申立ての利益が失われると解するべきである[76]。

---

73) 類型別会社非訟20頁〔小川〕。佐賀・前掲注22）199頁参照。
74) 類型別会社非訟21頁〔小川〕、松田山下369頁〔松田・河野〕、池田・前掲注54）114～115頁、淵邊他・前掲注61）24頁参照。
　　「招集」の意義について、招集通知を発することを意味するのか、株主総会の開催を意味するのかにつき、淵邊他・前掲注61）24頁以下参照。
75) 類型別会社非訟20頁〔小川〕。
76) コンメ7巻65頁〔青竹〕、類型別会社非訟20頁〔小川〕。前掲東京地決昭和63年11月2日、横浜地決昭和54年11月27日金判606号34頁参照。

(b) 株主総会が競合する場合の決議の効力（許可決定の効力）

　許可決定により少数株主が招集した株主総会と許可決定後に会社が招集した株主総会が競合した場合の決議の効力が問題となる。許可決定がなされた場合には、会社は同一の議題については、株主総会を招集する権限を失うと解される[77]。株主の招集した総会と会社の招集した総会が、時期を接して開かれることにより、同一の議題について内容の異なる2つの決議が成立し得るからである[78]。したがって、この場合の会社による株主総会の招集は、無権限者による招集として、その決議は不存在となる[79]。

3　少数株主が招集する株主総会に関する規律

(1)　招集手続

　少数株主が、裁判所から株主総会招集の許可を得た場合は、その株主は株主総会を招集することができる。裁判所が招集期限を定めた場合には、その期限までに招集をすることを要する[80]。

　招集許可に基づいて株主総会を招集する場合、その株主は当該株主総会の招集について機関的地位に立つ[81]。その株主は、自身の名義で、株主総会の招集の決定、招集通知の発出等、通常の場合と同様の招集手続を行う（法298条1項、2項、299条ないし302条）[82]。その株主は、株主総会の招集のために必要な資料として、株主名簿以外にも、招集すべき株主を確知するために必要な会社の書類を、総会招集権に基づき閲覧・謄写できる[83]。

　　　なお、学説の対立について、荒谷裕子「少数株主の株主総会招集権」福岡大学法学論叢37巻1号（1992）292～300頁、藤原・前掲注61）7～10頁参照。
77）　通説。江頭325頁注（8）、佐賀・前掲注22）199～200頁。
78）　大隅今井24頁、逐条解説4巻53頁〔潘〕。
79）　類型別会社非訟20頁〔小川〕、大隅今井24～25頁、新版注釈5巻117頁〔河本〕。
80）　招集の期限が設けられなかった場合でも、相当の期間内に招集を行わなければならない。龍田・前掲注50）34頁、大隅今井23～24頁、新版注釈5巻117～118頁〔河本〕。鹿児島地決昭和42年5月18日判時489号72頁参照。
81）　コンメ7巻66頁〔青竹〕。
82）　株主が招集手続を行う際には、開催日時や開催場所等に関し、可能な限り会社側と打合せを行う必要が生じる。
83）　東京地決昭和63年11月14日判時1296号146頁、江頭325頁注（8）。

株主総会の招集に要する費用は、少数株主の負担であるが、会社にとって有益な費用であったときは、合理的な範囲で会社に求償できる（民法702条）。[84]

(2) 株主総会の議事と決議

少数株主が招集する株主総会においては、議長となる者を選任しなければならない。定款で取締役社長が株主総会の議長を務める等の規定がある場合でも、この規定は、取締役が招集する通常の場合を想定したものであり、少数株主が招集した総会ではこれらの者が公正に議事を運営することも期待しがたいから、適用されない。その他の手続については通常の株主総会の場合と同様である。[85]

少数株主が招集する株主総会では、裁判所が許可した目的事項のみ決議できる。許可された議題の範囲を超える決議を行った場合のその決議の効力につき、取消し得べき瑕疵があるとする見解[86]、当該議題について招集権限がない以上、その決議は不存在と解する見解[87]がある。

例外として、許可された議題に含まれていなくとも、決議により、株式会社の業務および財産の状況を調査する者を選任することはできる（法316条2項）。

なお、少数株主が招集した株主総会においては、会社側との対立により、取締役が出席の機会を与えられたにもかかわらず、あえて欠席をすることも想定されるが、この場合に決議の効力が左右されることはないと解される。[88]

---

[84] コンメ7巻66頁〔青竹〕。江頭325頁注（8）は、会社にとり有益な費用であったとされる場合として、決議が成立した場合または取締役解任議案が否決された後に解任請求が認容された場合等を掲げている。
　　株主総会の招集・開催に要する費用の負担については、大阪株式懇談会・前掲注61) 103～104頁〔北村〕も参照。

[85] 大隅今井82頁、龍田・前掲注50) 40頁、コンメ7巻66～67頁〔青竹〕、江頭憲治郎・中村直人編著『論点大系　会社法　2　株式会社II』（第一法規、2012) 415頁〔松井秀樹〕、東京弁護士会会社法部編『新・株主総会ガイドライン〔第2版〕』（商事法務、2015) 75～76頁、横浜地決昭和38年7月4日下民14巻7号1313頁。
　　なお、議長選任のための会議においては、招集通知を発した者が議長となる。大隅今井82頁、松田山下371頁〔松田・河野〕、広島高岡山支決昭和35年10月31日下民11巻10号2329頁。

[86] 江頭325頁注（8）、龍田・前掲注50) 42頁、大隅今井22頁、松田山下372頁〔松田・河野〕、金沢地判昭和34年9月23日下民10巻9号1984頁。

[87] 類型別会社非訟22頁〔小川〕。

[88] 大隅今井85頁。

4 総会検査役選任の申立てとの関係における実務上の問題点

　株主が株主総会招集請求をする場合には、会社において内紛が生じているケースが多い。この場合、株主総会開催に会社側の協力が得られないばかりか、適法に開催されたかが事後的に争われる可能性もある。

　このようなケースでは、総会検査役（法306条）選任の申立てが検討される。ただ、総会検査役選任の申立ては、ある特定の株主総会に先立ち行わなければならず（法306条1項）、招集許可申立ての段階では、申立株主に招集権限はないため、特定の株主総会の開催が予定されているとはいい難い。そのため、許可決定が出る以前の段階で、当該株主は、総会検査役選任の申立ては行い得ないこととなる。

　しかし、これでは招集許可決定後に検査役選任のために要する期間も考慮してスキームを検討しなければならなくなり、迅速な株主総会の開催が困難となる。また、招集許可決定に招集期限が付される場合には時間的制約の問題もある。

　そこで、裁判所としては、株主総会招集許可の申立てと同時に、総会検査役選任の申立てもされた場合には、後者も受理したうえで、両者の審理を並行して行い、必要に応じ検査役候補者を探すという運用をすべきと考える。このような運用は、非訟事件手続法の趣旨にも適うといえ（非訟事件手続法4条）、招集許可決定がなされた場合には、引き続き総会検査役選任の申立てに対する判断もでき、迅速な株主総会の開催が実現できよう。[89]

---

[89] 総会検査役選任申立書には、いったん総会開催予定日を記載し、招集許可決定がなされた後に総会開催日の記載を補正すれば足ると思われる。

II　株主提案権（法303条～305条）
── 「株主総会の活性化」から「建設的な対話の場の形成」へ──

1　はじめに──約40年間の株主総会の問題状況の移り変わりを踏まえて

　株主は、会社の招集する株主総会において、取締役に対し、一定の事項を株主総会の目的とすることを請求することができ（法303条、議題提案権）、また、会社の招集する株主総会において、株主総会の目的である事項について議案を提出することができる（法304条、議案提案権）。さらに、株主は、取締役に対し、所定の期日までに、株主総会の目的である事項について当該株主が提出しようとする議案の要領を株主に通知することを請求することができる（法305条、議案通知請求権）。この3つの権利を株主提案権という。

　この株主提案権は、形骸化した株主総会の活性化を企図した昭和56年の商法改正（以下、「56年改正」という）によって、企業に寄生する総会屋等を根絶するための利益供与の禁止規定（法120条）[90]とともに、一般株主の株主総会への参加意欲を向上させるために導入されたものである。[91]

　本稿は、まず、公益社団法人商事法務研究会が年度ごとに発行する『株主総会白書』（以下、「白書」という）および著名な商法・会社法学者等がその年度の白書を読み、これを総括した『株主総会白書を読んで』（以下、「読んで」という）を手掛かりに、昭和52年から今日までの約40年間にわたる上場会社の株主総会の問題状況を概観し、あわせて上場会社の株主総会における株主提案権の最近の運用実態を簡単に整理する（2）。次に、会社法制（企業統治等関係）の見直しに関する中間試案（以下、「中間試案」という）の株主の濫用的な株主提案権の行使を制限する趣旨は、現在の上場会社の株主総会の機能から

---

[90]　稲葉威雄「商法等の一部を改正する法律の概要（上）」商事法務907号2頁。

[91]　当時の利益供与の禁止規定等の総会屋等の根絶の対策については、林則清「商法改正と特殊暴力対策」商事法務955号2頁以下が詳しい。平成9年の野村証券・味の素の利益供与事件を契機に利益供与の禁止規定等について検討したものとして、久保利英明「利益供与禁止規定の意味──再発防止のために──」商事法務1454号2頁がある。

みて適切であることを確認する（3）。

そして、中間試案において採用された株主提案権に関する議案の数および内容による提案の制限について検討し（4）、その一方で、中間試案において採用されなかった議題提案権の数と内容の制限については定款変更による株主総会の権限の範囲の拡張という機関権限分配の問題があることおよび株主の議題提案権と株主の議案提案権が不分離な場合もあることに留意する必要があること、また、中間試案において採用されなかった議場における議案提案権については、会社提案に対する修正動議の形をとる株主総会の議場における株主提案権は、招集通知に記載された決議の目的事項から一般に予見できる範囲を超えることはできないとの解釈論を確立すべきであることを確認する。これらによって、中間試案において議題提案権についての数と内容の制限及び議場における議案提案権の数の制限については見送られたとしても、これらの権利の濫用的行使を抑制することができる場合があることを明らかにし（5）、まとめをする（6）。

2　上場会社の株主総会の問題状況と最近の株主提案権の運用実態

(1)　約40年間にわたる上場会社の株主総会の問題状況の概観

上場会社の株主総会の実態を把握するには、白書が有益である。それぞれの年度の白書には「副題」が付けられており、「読んで」の中でそれぞれの執筆者は、「サブテーマ」を表している。これらを整理して昭和52年から10年ごとに区切ると、それぞれの時代の株主総会のテーマが見えてくる。[92]

昭和52年から昭和61年までの10年間は、株主総会の形骸化の原因となっている企業に寄生する総会屋の根絶を果たし、「社会の窓としての株主総会の活性化を目指す時代」ということができる。しかし、56年改正当時の株主総会活性化論は、企業の反社会的行動を機縁として起こった企業の社会的責任論を背景として、株式市場の株式を公開している株式会社の「社会に対して開く窓」としての象徴的な意味に重点があったということができ、新たに導入された株主提案権が実際に株主にどのように利用され、株主総会の運営にどれほど[93]

---

92)　白書は、昭和46年から発行されているが、最初の6年間、副題はつけられていなかった。

の影響があるのかについては、十分な分析と期待があったとはいえないように思われる。[94]

　昭和62年から平成8年までの10年間は、「コーポレート・ガバナンスにおける株主総会の意味を問う時代」といえる。すなわち、日本におけるコーポレート・ガバナンスの歴史を紐解くと、平成4年に、雑誌「商事法務」に「米国のコーポレート・ガバナンス」についての論考が掲載され、そこでは、米国のコーポレート・ガバナンス論においては、株主権を一層強化し、株主総会やその他の機会をとおして年金基金を始めとする機関投資家の声を経営により確実に反映させようという、「所有と経営の分離」を縮小する方向が示されているという。[95]また、同じころ、経団連の関連団体が内外の識者を招いてコーポレート・ガバナンスに関するセミナーを開催したことが紹介された。その中の新聞報道においては、アメリカの株式会社は、インベスター・リレーションズを掲げて少数株主と交流を図り、その意見を尊重するとされているが、インベスター・リレーションズは少数株主の対策ではなく、機関投資家等の大口株主対策のためにあると紹介されている。[96]平成8年の「読んで」において、宍戸善一は、「コーポレート・ガバナンスにおける株主総会の意義」とのサブタイトルをつけて、わが国の株主総会活性化論は、一般株主または大衆株主の役割を重視し、一般株主による経営コントロールを期待する者が多いが、資本多数決を原則とする限り、「一般株主によって経営がコントロールされることはありえないし、

---

93)　56年改正に先行する昭和49年の商法改正を審議した衆議院法務委員会の附帯決議においては、会社の社会的責任、大小会社の区別、株主総会のあり方、取締役会改革等について早急に検討すべきであるとの項目があり、同参議院法務委員会においても同趣旨の附帯決議がなされており、その背景には、買占め、売り惜しみ、石油危機の際の便乗値上げ等の企業の反社会的行動を機縁として起こった企業の社会的責任論があったとされる（稲葉威雄『改正会社法』（金融財政事情研究会、1982）3頁）。

94)　56年改正の後の株主提案権の行使状況について、実際には大株主によって行使されることが多く、「お家騒動型」、「住民運動型」または「経営参加型」に分けることができ、かつ、同じような提案の繰り返しもあり、提案権の濫用の恐れがあるのではないか、との問いに対し、稲葉威雄は、こうした提案権の行使には「ガス抜き的機能」もあり、これを神経質に抑えつけることがよいとはいえない、と述べている（龍田節他【座談会】56年改正商法施行5年を振り返って（上）」商事法務1124号15頁）。

95)　吉川満「米国のコーポレート・ガバナンス（上）」商事法務1299号22頁。

96)　商事法務トピック「コーポレート・ガバナンスの検討に本腰を入れ始めた経済界」商事法務1321号32頁。

Ⅱ　株主提案権（法 303 条～305 条）

また、適当なこととも思われない」という。そして、「上場企業のコーポレート・ガバナンスの中で、株主総会がそれほど大きな重要性を持つはずはない」[97]と言い切る。[98]

　平成 9 年から平成 18 年までの 10 年間は、「機関投資家の議決権行使に備える株主総会の時代」ということができる。上場会社における株主総会活性化論に対する疑問が呈されつつも、一方で、平成 11 年の「読んで」においては、「株主そして株主総会の復権」が白書のサブテーマとして掲げられ、また、平成 16 年の「読んで」においては、株式会社間での株式の相互保有の持株の減少傾向が定着し、他方で、機関投資家の議決権行使が注目されていると指摘し、白書のサブテーマを「『議決権の覚醒』と株主総会」としている。[99][100]

　平成 19 年からの約 10 年間は、「株主との建設的な対話の場としての株主総会の時代」である。平成 19 年の「読んで」においては、近藤光男は、機関投資家や投資ファンドを中心に株主提案権が行使される会社が増え、買収防衛策の議論も活発になされた一方で、個人株主についても、株主総会は会社の経営者の話を聞くことができる場、自己の株主権を行使することができる場として、参加に少なからぬ意義を見出す株主が広がっており、今まで徐々に進んできた株主活動の活発化の傾向がより明確な形で現れた、と指摘する。[101]

　平成 21 年、企業内容等の開示に関する内閣府令（以下、「開示府令」という）が改正され、株主総会の関係では、臨時報告書において、株主総会における議決権行使結果（当該決議事項（役員の選任または解任に関する決議事項である場合は、当該選任または解任の対象とする者ごとの決議事項）に対する賛成、反対および棄権の意思の表示に係る議決権の数、当該決議事項が可決されるための要件ならびに当該決議の結果）の開示が義務付けられたこと（開示府

---

97)　宍戸善一「コーポレート・ガバナンスにおける株主総会の意義─1996 年版株主総会白書を読んで─」商事法務 1444 号 4 頁。
98)　宍戸・前掲注 97) 6 頁。
99)　宮島司「株主そして株主総会の復権─1999 年版株主総会白書を読んで─」商事法務 1547 号 4 頁。
100)　片木晴彦「『議決権の覚醒』と株主総会─2004 年版株主総会白書を読んで─」商事法務 1718 号 4 頁。
101)　近藤光男「対立と対話の株主総会─2007 年版株主総会白書を読んで─」商事法務 1820 号 4 頁。

37

令19条2項9号の2ハ）が、株主総会実務に影響を与えたものとして重要である。この改正の趣旨は、上場会社について、株主の意思を明確化することで市場を通じた経営陣への牽制効果を期待するものである。

　平成27年は、「コーポレート・ガバナンス元年」とされ、東京証券取引所の上場規則の「コーポレート・ガバナンス・コード」（以下、「CGコード」という）の適用が開始され、前年2月に確定した「スチュワードシップ・コード」（以下、「SSコード」という）とともに上場会社の株主総会に影響を与えることになった。このCGコードの基本原則1は「株主の権利・平等性の確保」を掲げ、補充原則1-2「株主総会における権利行使」においては、「上場会社は、株主総会が株主との建設的な対話の場であることを認識し、株主の視点に立って、株主総会における権利行使に係る適切な環境整備を行うべきである。」としている。

　そして、平成28年の「読んで」の副題は、「建設的な対話の場としての株主総会とその環境整備の進展」とされている。[102]

(2) 直近5年間の上場会社の株主総会における株主提案権の運用実態

　2013年から2017年の各白書から、直近5年間の株主提案権の運用実態を[103]まとめると、次のとおりの傾向を指摘することができる。

① 提案された会社数と株主別件数は、2013年白書の34社（8社）45件（17件）から2017年白書の52社（9社）59件（15件）へと増加傾向にある（カッコ内は電力会社）。

② 連続提案は、2013年白書の9社から2017年白書の18社と、これも増加傾向にある。

③ 提案内容は、定款変更（2013年白書の20社59個、2017年白書の36社196個）、剰余金の処分（2013年白書の6社、2017年白書の12社）および役員の選任解任（2013年白書の20社、2017年白書の22社）が多い。

---

102) 髙橋美加「建設的な対話の場としての株主総会とその環境整備の進展─2016年版株主総会白書を読んで─」商事法務2121号4頁。
103) 商事法務2016号、2051号、2085号、2118号及び2151号。

定款変更は電力会社を中心に提案され、剰余金の処分は、機関投資家の提案が多く、役員の選任解任議案は、会社の支配権争奪を巡るものである。
 ④ 実際に可決されるのは、役員の選任解任議案が大部分であり、毎年1、2社から数社である。

 以上のような上場会社の株主総会の問題状況と最近の株主提案権の運用実態を踏まえ、中間試案は、株主の濫用的な株主提案権の行使を制限することを企図した。以下、その趣旨、中間試案において採用された株主提案権の制限の部分と採用されなかった株主提案権の制限の部分について論じていく。

3 「会社法制(企業統治等関係)の見直しに関する中間試案」における株主提案権に関する改正の趣旨

(1) 株主提案権に関する改正提案の趣旨

 中間試案の補足説明書(以下、「補足説明」という)において、まず、株主提案権の制度は、「制度上株主が自らの意思を株主総会に訴えることができる権利を保障することにより、株主の疎外感を払拭し、経営者と株主との間または株主相互間のコミュニケーションを良くして、開かれた株式会社を実現しようとするものである」という。
 しかし、補足説明によれば、近年、「株主提案権が濫用的に行使されることにより、株主総会における審議の時間等が無駄に割かれ、株主総会の意思決定機関としての機能が害されたり、株式会社における検討や招集通知の印刷等に要するコストが増加したりすることなどが弊害として指摘されている」とする。[104]
 そして、「どのような場合に株主提案権の行使が権利濫用に該当すると認められるかは必ずしも明確でなく、実務上、株主提案権が行使された場合には、株式会社が株主提案権の行使を権利濫用に該当すると判断することは難しい」

---

 104) 補足説明は、ある株主が一時は提案件数を競うように114個の提案をした事案において、株主提案権の行使が、株式会社を困惑させる目的のためにされるなど、株主としての正当な目的を有するものでない場合等には権利濫用として許されない、と判示した裁判例(東京高判平成27年5月19日金判1473号26頁)を引用している。

ことから、株主提案権の濫用的な行使を制限するための措置として、株主が同一の株主総会において提案することができる議案の数を制限したり、株主による不適切な内容の議案を制限したりする規定を新たに設けるものとしている。

(2) 56年改正の株主提案権の導入

株主提案権の導入の際にも、実務界では、株主の意識等に照らしてその実効性を疑問視するとともに一部株主による権利濫用のおそれを危惧する向きが少なくなかったという。[105] 昭和59年当時の株主提案権の利用状況を見て、56年改正に関与した河本一郎は、お家騒動的なものに利用されることは念頭になく、むしろ企業の社会的責任を問う形での利用を想定していたとのことであり、また、当時の立法担当者(法務省民事局参事官)の稲葉威雄も現実に総会屋が株主提案権を利用したという報告もなく、かなり濫用的な利用を懸念する意見もあったが、結果的には、今の利用状況は、立法の意図からしておかしなものではないという。[107] 稲葉威雄は、「経営に素人の株主の出す提案であるから、経営者としては噴飯ものの場合もありえようが、真摯に対応することが望ましい」、また、「特殊株主による提案があったとしても、それが不合理なものであれば、多数決で否決してしまえばそれまでである」、[108] と説明しており、株主提案権の濫用的な利用について鷹揚な姿勢が窺われる。

(3) 「株主総会の活性化」から「建設的な対話の場の形成」へ

時代は変わった。昭和52年から昭和61年までの10年間は、「社会の窓としての株主総会の活性化を目指す時代」ということができた。しかし、その後、昭和62年から平成8年までの10年間の「コーポレート・ガバナンスにおける株主総会の意味を問う時代」と平成9年から平成18年までの10年間の「機関投資家の議決権行使に備える株主総会の時代」を経て、平成19年からの約10年間は、「株主との建設的な対話の場としての株主総会の時代」に入った。も

---

105) 河本一郎他「【座談会】株主提案権の行使をめぐる諸問題」商事法務1021号4頁。
106) 河本他・前掲注105) 5頁〔河本発言〕。
107) 河本他・前掲注105) 6頁〔稲葉威雄発言〕。
108) 稲葉・前掲注93) 131頁。

はや「株主総会の活性化」を掲げて総会屋の根絶と一般株主の参加意欲向上のために、株主提案権の行使について鷹揚な姿勢を示す時代ではないといえる。株主、とりわけ機関投資家の議決権の覚醒を踏まえ、CGコードとSSコードを備えた上場会社においては、株主との建設的な対話の場を目指すことができる環境が整っている。

そこで、株主提案権の行使に対する鷹揚な姿勢だけではなく、株主との建設的な対話の場としての株主総会を阻害しうる株主提案権の濫用的な行使については合理的な規制が必要である。

4　中間試案において採用された株主提案権についての数と内容の制限

(1) 株主提案の数についての改正提案の内容

(A) 中間試案の提案

取締役会設置会社において、議案通知請求権（法305条1項）に基づいて株主が同一の株主総会において提案することができる数につき、中間試案においては、次のような2つの改正提案が示される。

【A1案】取締役会設置会社においては、法305条1項の議案の数は、5を超えることができないものとする。この場合において、役員（取締役、会計参与および監査役をいう）および会計監査人の選任に関する議案については、選任される役員等の人数にかかわらず一の議案と数えるものとし、役員の解任に関する議案についても、同様とするものとする（この「5」の数字を「10」とするのが【B1案】である）。

【A2案】取締役会設置会社においては、法305条1項の議案（役員等の選任または解任に関する議案を除く。）の数は、5を超えることができないものとする（この「5」の数字を「10」とするのが【B2案】である。）。

(B) 中間試案の検討
[109]
上場会社においては、一部株主から数多くの議案要領の通知が提出されれば、参考書類のボリュームも大きくなり、株主総会における議案処理に時間を要し、

迷惑と感じる他の株主も多く、株主との建設的な対話の場の形成を阻害するものであるということができる。そのため、議案通知請求権の議案の数は一定数を超えることができないものとする制限は、合理的な規制ということができる。

　この場合、この一定数を「5」とするか「10」とするかについては、中間試案でも定まっていない。しかし、議案の数の数え方は、一義的に明確ではない。会社は、不適法な数え方によって提案が不適法に拒絶されたとして将来決議方法の瑕疵となりうることを慮って議案の数の数え方については保守的になり、[110] あり得る数え方の解釈の幅の中で最も提案株主にとって有利な数え方をすると考えるのが現実的である。そうであるとすれば、株主提案権の濫用的な行使を防止し、株主との建設的な対話の場を形成するという見地からすると、一定数を「10」では制限の効果は乏しく、「5」を一定数とするのが合理的ではないかと考える。

(2) 株主提案の内容についての改正提案の内容

(A) 中間試案の提案

　法304条および法305条の各規定は、次のいずれかに該当する場合には、株主提案権を行使することができないものとする提案である。これらに該当する提案はいずれも株主との建設的な対話の場の形成を阻害するものであるということができ、一部株主の株主提案権の濫用的行使といえ、適切な立法と考える。

① 株主が専ら人の名誉を侵害し、または人を侮辱する目的で法304条の規定による議案の提出または法305条の規定による請求を行ったとき。
② 株主が専ら人を困惑させる目的で株主提案を行ったとき。
③ 株主が専ら当該株主または第三者の不正な利益を図る目的で株主提案を行ったとき。

---

109) 本稿は、上場会社の株主総会を考察の対象としており、厳密に立法論を検討するのであれば、非上場の取締役会設置会社についても検討をする必要があるが、機会を改める。
110) 株主提案権を不適法に拒絶した場合の効果については、稲葉威雄は、議案通知請求権の規定違反は、招集方法の瑕疵として決議取消しの訴えとなり、議題提案権の規定違反は、取り消すべき決議が存在しないから、損害賠償、解任請求および過料という取締役の責任追及しかないという（稲葉・前掲注93）136頁）。

④　株主提案により株主総会の適切な運営が妨げられ、株主の共同の利益が著しく害されるおそれがあるとき。

(B)　中間試案の検討

　中間試案は、1号から3号の事由について、「専ら」で範囲を強く限定することは厳格にすぎるためこれを削除する、またはより緩やかな「主として」とする、との意見もあると紹介されている。この点、補足説明は、「主として」という要件は不明確であり、どのような場合に要件を充足するかという判断が難しく、また、株主提案権の重要性に鑑みれば、拒絶事由の要件を緩めることについては慎重に考えるべきであるから、試案においては、「専ら」という要件を採用したと説明している。

　しかし、人の名誉を侵害する目的、人を侮辱し、もしくは困惑させる目的、または当該株主もしくは第三者の不正な利益を図る目的の提案は、そもそも表現として保護に値せず、株主総会において多数の賛同を得て採用される余地はないということができる。また、所定の拒絶事由に該当するか否かは一義的に明確ではなく、会社は、不適法な拒絶として将来決議方法の瑕疵となりうることを慮って保守的になり、解釈の幅の中で最も提案株主にとって有利な考え方を採用すると考えるのが現実的である。そうであるとすれば、株主提案権の濫用的な行使を防止し、株主との建設的な対話の場を形成するという見地からすると、「専ら」の要件は厳しすぎると考える。同じことは、「主として」にも妥当するため、「専ら」や「主として」の絞り込みは不要と解するのが合理的ではないかと考える。

　また、中間試案は、4号の事由については、株式会社が株主提案に株主の共同の利益が害されるおそれが安易に判断されて、株主提案を拒否することができるようになってしまうと適切ではないということで、「著しく」害されるおそれがあることを要求したとする。しかし、「専ら」や「主として」は不要とするのが合理的と解すべきと同様の理由から、「著しく」の絞り込みは不要とするのが合理的ではないかと考える。

5 中間試案において見送られた株主提案権についての数と内容の制限

(1) 議題提案権・議案提案権の区別

(A) 中間試案における制限の見送り

議題提案権について、株主が同一の株主総会において提案することができる数について議案通知請求権（法305条1項）と同様に数の制限をすべきか、という点と、不適切な内容の提案を制限すべきか、という2つの点について検討され、いずれも制限は見送られている。ここで、議題提案権と議案提案権の区別について整理する。

(B) 議題提案権と議案提案権の区別

両者の区別は、56年改正の株主提案権の導入に始まる。旧商法232条ノ2第1項は、「……一定ノ事項ヲ総会ノ会議ノ目的ト為スベキコトヲ請求スルコトヲ得……」とし、同第2項は、「……会議ノ目的タル事項ニ付其ノ株主ノ提出スベキ議案ノ要領ヲ前条ニ定ムル通知及公告ニ記載スルコトヲ請求スルコトヲ得」とした。前者は、議題提案権、後者は、議案通知請求権である。後者の議案通知請求権は、株主総会に先立つ議案提案と会社に対して会社の通知等に株主自らの議案を記載させることを内容とするものであって、株主総会の議場において、株主が議案提案をすることができることは当然とされていた。[111]

そして、2005年（平成17年）の商法改正において、取締役会設置会社では、所定の要件を備えた株主について、法303条において議題提案権を、法304条において議案提案権をそれぞれ規定した。そして、法305条1項本文において、株主の会社に対する議案通知請求権を定めた。

議題提案権と議案提案権の区別の具体例としては、「定款の一部変更の件」が議題提案権の対象となり、「定款第何条をどのように変更するかの趣旨」を招集通知に記載することが議案提案権と説明されたり、また、「取締役選任の[112]

---

111) 江頭は、平成17年法304条を説明するにあたり、「会議体の構成員が審議事項につき自己の議案を提出できることは当然であるから、規定の意義は、むしろこの拒絶事由の点にある。」と説明している（江頭333頁）。

件」が議題であり、「○○を取締役候補とする」が議案であるとも説明される[113]。

しかし、56年改正の当初には、森田章は、本質論的に議題提案権・議案提案権は一体として株主提案権を構成するものであり、両者を分離することができないと論じた[114]。すなわち、議案提案権は、アメリカの例を見ても議案の提案権をその本質とし、議題の追加は付加的なものであり、両者を別個の権利として認めるという旧商法232条ノ2の規定は、「立法上の技術的欠陥」にすぎず、解釈上、株主が議案を提出し、その要領が招集の通知または公告に記載されることを認めるのが株主提案権の本質であるという（以下、「不分離問題」という）。この見解は、当時も現在も少数説に留まるが、確かに、議案には、議題に「取締役選任の件」、議案に「○○を取締役候補とする」というように、両者を区分できるものもあるが、「会社解散の件」のように「議題だけあって議案のないもの」または「議題と議案が一致しているもの」と説明せざるをえないものもあり[115]、後に紹介するように、議場における修正動議の範囲の限界を考えるうえでもこの少数説は参考になる。

また、株主提案権の行使については、議題提案権と議案提案権を常に同時かつ一体的に行使する必要があるのかという問題（以下、「一体的行使問題」という）[116]もある。すなわち、議題提案権と議案提案権とが分離できるとして、株主は、議案提案権のみを行使することができるか、これとは逆に、議題提案権のみを行使することができるか、という問題である。

この2つが議題提案権に関する解釈上の問題として残されていた。

(2) 議題提案権についての数と内容の制限

(A) 議題提案権についての数の制限

補足説明によれば、議題提案権は、株主の基本的権利であるとして、実質的に同一の議案の制限（法305条4項）と同様の制限が設けられていないことや、

---

112) 北沢正啓『会社法（第6版）』（青林書院、2000）312頁。
113) 森田章「提案権による株主提案の範囲─勧告的提案の可能性─」河本一郎他編『上柳克郎先生還暦記念　商事法の解釈と展望』（有斐閣、1984）59頁。
114) 森田・前掲注113）60頁。
115) 森田・前掲注113）59頁。
116) 岩崎恵一「改正商法下の株主総会における二、三の問題点（3）」判タ500号79頁。

実務上、株主提案権の濫用的な行使が問題となっている株主総会参考書類を交付等しなければならない株式会社においては、株主が議題提案権を行使した場合において、議題に対応する議案の要領を追加しなかったときは、株式会社はその株主の提案を拒否することができると解されていることから、議題提案権に基づいて株主が同一の株主総会に提案することができる議題の数については制限していない。

　この理由のうち後者の議題に対応する議案の要領を追加しないとの問題は、一体的行使問題に関係する。会社提案の議題に関する議案提案権の行使があれば、当然に、会社提案の議題についての会社提案の議案に対する修正提案または反対提案ということができるので、議題の前提は成立している。また、会社提案と無関係な議案が提案された場合であっても、株主が提案した議案の内容から論理的にその前提となる議題は確定できるわけであるから、議題と議案が設定されたということができる。[117] そして、議案については、議案通知請求権の数についての規制があるのであるから、これとは別個に議題提案権について数の制限をする必要性は乏しいと思われる。

　これに対し、議題のみの株主提案については、会社は、書面による議決権行使ができるとした場合には、株主総会参考書類と議決権行使書面を株主に交付しなければならず（法301条1項）、その招集通知には議案、提案の理由等を記載する必要があるので（規65条1項、73条以下）、議題のみの株主提案はできないことになる。[118] 議題のみの株主提案は、他の株主との建設的な対話もできず、その賛同を得られる見通しも立ち難いことから、会社としては、特別の事情がない限り、議題提案権として採用する必要はない。これを株主の議題提案権の濫用の問題とするまでもなく、議題提案権について数の制限をする必要性は乏しいと思われる。

117）　前田重行「株主提案権について」平出慶道他編『北澤正啓先生還暦記念　現代株式会社法の課題』（有斐閣、1986）195頁。
118）　前田・前掲注117）195頁。

II 株主提案権（法303条～305条）

(B) 議題提案権についての内容の制限

(a) もともとあった議題提案権に関する解釈上の問題

　取締役会設置会社において、株主総会は、会社法および定款で定めた事項に限り、決議することができる（法295条2項）。この株式会社における機関権限分配の原則を前提に、株主の議題提案権は、当該株主が議決権を行使することができる事項に限られるとしている（法303条1項。なお、旧商法232条ノ2第1項）。したがって、経営政策の決定に関する事項や業務執行に関する事項（以下、単に「業務執行事項」という）等、株主総会の権限ではなく、取締役会の権限とされている事項については、株主提案の対象とはならないと解されている。

　しかし、これらの事項についても、法295条2項の前身の旧商法230条ノ10の解釈論として、定款の定めにより株主総会の権限とすることができると解されていることから、定款変更についての株主提案という形を取る、言い換えれば、定款変更を前提条件とすることによって株主提案をすることができると解されており、結果として、業務執行事項についても、株主は、定款変更の議題として提案することができることになる[119)120)]。これがまさに問題となったのが、阪神電鉄事件である。

(b) 阪神電鉄事件

　阪神電鉄事件とは、昭和59年6月に予定されていた阪神電鉄の株主総会に向け、阪神電鉄の子会社が神戸市中央区の駅前に計画中の建物内に場外馬券売り場を設置することに反対した地元商店街などの反対期成同盟が、第5号議案として、会社の「重要な業務執行」を株主総会の決議事項とするよう定款を変更すること、第6号議案として、これに基づいて計画中の建物内に場外馬券売り場を設置させないことを求める株主提案を行ったものである[121)]。

---

119) 新版注釈5巻68～69頁〔前田重行〕。
120) 平成29年6月の電力会社の各社の定時株主総会の各招集通知においても、株主提案として、定款中に新たな「章」として「核燃料再処理事業からの撤退」、「原子力関連企業への出資禁止」、「○○原子力発電所再稼働に向けた立地自治体等の連絡協議会の設立」、「福島第一原子力発電所事故現場の公開」、「原子力発電からの撤退」、「CSRに基づく事業運営」等を新設するとの各提案がなされている。定款変更の形式をとってこのような業務執行の提案が行われるのは、ここに理由がある。

この問題は、株主提案権そのものよりも従来からある旧商法230条の10の解釈論であるが、見解は分かれる。[122]

(c) 定款変更による株主総会の決議事項の範囲の拡張を巡る諸見解

定款変更による株主総会の決議事項の範囲の拡張については、これを自由に広げることができるとする見解(以下、「無限定説」という)[123]、代表取締役の選任・解任だけは取締役会の専決事項であり、株主総会の決議事項とすることはできないとする見解(以下、「限定説」という)[124]および定款変更による株主総会の決議事項の範囲の拡張は中小規模の会社の実情に応じた機関の権限分配を可能とするものであるから、商法特例法の大会社については、株主総会決議により業務執行事項についての取締役を拘束することはできず、決議したとしても勧告的な性格に留まるとする見解(以下、「勧告説」という)[125]があった。

ところが、無限定説の立場に立つ稲葉威雄も、株主総会の権限を限定した昭和25年の商法改正の趣旨は、業務執行は専門家である取締役が善管注意義務をもって処理するという考え方を採用しており、定款変更により株主総会の権限を拡大するには一定の限度があるべきではないかという議論は当然あってよい。しかし、「実定法的な解釈からいって、230条の10は、定款で25年改正前の姿に戻せない趣旨だとまでいえるかどうかは、ちょっと疑問でしょうね」と説明しており[126]、いささか歯切れが悪い。また、前田重行は、56年改正前の旧商法230条の10の通説的解釈を前提とするとしても「やはり取締役会等の他の機関の存在を無意味とするような定款規定を置くことは株式会社の機関構成を根本から破壊するものであり、株式会社の本質に反するものとして許され

---

121) ニュースNEWS「株券等振替決済法、衆議院で成立」商事法務1008号43頁。続報は、商事法務トピック「業務執行に関する提案権行使例とその問題点―阪神電鉄における株主提案によせて―」商事法務1009号48頁。この二つの株主提案は、結局いずれも否決されたが、その顛末については、この株主総会の業務を担当された当時の阪神電鉄の顧問弁護士が詳細な報告をしている(河合伸一「株主提案権を行使されて―阪神電鉄株主総会からの報告―」商事法務1021号32頁以下。

122) 河本他・前掲注105)8頁〔河本発言〕。

123) 北沢は「会社は、それぞれの需要に適した支配形態をとりうるべきである」ことを理由とする(北沢・前掲注112)295頁)。

124) 大隅健一郎・今井宏『新版会社法論 中巻Ⅰ』(有斐閣、1983)190頁。

125) 森田・前掲注113)63頁。

126) 河本他・前掲注105)9頁〔稲葉発言〕。

ないと考えられる」という。[127]

　そして、江頭は、解釈論としては無限定説が正当であるが、「立法論として見た場合、その当否は甚だ疑わしい」[128]という。その理由として、限定説が指摘するとおり、取締役会が代表取締役の解任権限を保有しない事態が生じると取締役会の代表取締役の監督機能が形骸化して好ましくない事態になるという。また、「公開的な会社の総会は個別の業務執行に関し決定をなすにふさわしくない機関」であって、取締役は総会決議に拘束されずに自己の責任において業務執行をなすことが望ましいことは勧告説の指摘するとおりだという。こうして、江頭は、公開会社については、定款の定めにより総会の決議事項とすることができる事項に制限を加え、業務執行事項については、総会における提案権者を限定するか、勧告説のように決議の効力を勧告的なものに留める等の措置が検討されてしかるべきという。[129]

　中間試案においては、定款変更の形をとることにより、業務執行事項について議案とすることの制限についての検討はなされていない。[130]今回の中間試案の趣旨が、株主の議決権行使の濫用を抑止するという趣旨であることからすると、会社法の権限分配規定の根本部分に関わる法303条1項の改正に深く立ち入ることはなくて当然かもしれない。そうして見ると、無限定説の立場はそのまま動かず、業務執行事項についても、株主は、定款変更の議題として提案することができることになる。そして、中間試案においては、議題提案権については、不適切な内容の提案を制限しないものとされている。

　しかし、限定説や勧告説の主張するところは、上場会社の株主総会の議題提案権の限界を検討する上で重要な意味を持つ。限定説や勧告説が疑問を呈する

---

127) 前田・前掲注119) 69〜70頁。
128) 上柳他編・前掲注119) 26頁〔江頭〕。
129) 上柳他編・前掲注119) 27頁〔江頭〕。なお、江頭は、株主の多くが機能資本家である閉鎖的な会社においては、業務執行の決定機関として株主総会が不適当な機関とは必ずしもいえないから、現行法の規制にも合理性があるし、有限会社の場合と同様に定款の定めがなくても総会はいかなる事項も決議することができると法改正をすることも考えられるという。この点、最近の最高裁判決は、取締役会設置会社である非公開会社において、取締役会の決議によるほか株主総会決議によっても代表取締役を定めることができる旨の定款の定めは有効であるとする（最判平成29年2月21日民集71巻2号195頁）。
130) HPから法制審議会会社法制（企業統治等関係）部会第2回会議（平成29年5月24日開催）の議事録・部会資料を読む限り、この点が論じられていない。

代表取締役の選任・解任や業務執行事項に関する提案権の行使については、提案の根拠が危ういものも多々あり、およそ多数派の賛同は得られないため、株主との建設的な対話の場を形成するという見地からすると議題提案権の濫用的な行使、つまり不適法として会社はこれを拒絶すべきものがあると認められうる。この点、神崎克郎は、定款変更の議案の提出が株主の権利利益に重大な影響を及ぼすものでない定款規定の新設、変更もしくは削除を求めるものまたは多数の定款規定の新設、変更もしくは削除を求めるものであり、かつ、それが会社を困惑させる等の正当な権利行使に出たものでないと認められるときには、株主提案権の行使は権利の濫用として許されないとしており、解釈論として参考になる。[131]

中間試案において議題提案権についての内容の制限が採用されなかった。しかし、株主との建設的な対話の場を形成するという見地からすると議題提案権の濫用的な行使といえる場合には、不適法として会社はこれを拒絶すべきものがあることは変わることはないと解される。

(3) 株主総会の議場における議案提案権についての数の制限

(A) 株主総会の議場における議案提案権についての数を制限しない趣旨

補足説明によれば、取締役会設置会社においては、株主総会は、招集通知に記載された目的事項以外の事項については、決議をすることができないこと（法309条5項）や、議案の修正動議の範囲も目的事項から一般的に予見することができる範囲を超えることはできないと解されていること、議場における議案提案権の行使の態様等によっては、その議案や修正動議を取り上げなければならないものではないと解されていることを理由として、議場における議案提案権（法304条）に基づいて株主が提案することができる議案の数については、制限しないと説明されている。

(B) 一般予測範囲の原則

この補足説明の理由のうちの「議案の修正動議の範囲も目的事項から一般的

---

131) 神崎克郎「株主提案権行使の法的問題」商事法務1070号7頁。

II 株主提案権（法303条〜305条）

に予見することができる範囲を超えることはできない」との点については、大隅健一郎・今井宏は、特定の株主総会において決議することができる事項は、当該招集通知または公告に会議の目的たる事項（旧商法232条2項。法299条2項1号、法298条1項2号）に限られ、それ以外の事項を決議しても決議取消原因になることから（旧商法247条1項1号。法831条1項1号）、修正動議の範囲は、「会議の目的たる事項から一般的に予見しうべき範囲を超えることはできない。」と解している（以下、「一般予測範囲の原則」という）。[132][133]

大隅・今井は、一般予測範囲の限界の具体的な判定は困難な問題であるとして、例えば、取締役の報酬の額を定める議案においては、その金額を減少することは妨げないが、これを増額する修正は許されず、取締役何名選任の件という議案においても、累積投票の請求がなされていないときはその員数を減少することは妨げないが、これを増加することは許されないと解すべきという。また、後に詳しく検討するが、利益処分案を修正して株主への配当額の増額を修正動議とすることはできるが、これを減少することは、長期的には株主の利益になるにしても、株主の当然に予想するところとは言い難いから、修正の範囲を超えると説明している。[134]

そして、修正動議は、原案に対する一部反対と対案追加を含むものであり、当然に、原案の存在が前提となっており、原案は、議題と議案から成立しているが、議題と議案が一体となって原案が成立している。議題と議案の関係も株主提案ごとにさまざまであり、議題の外延が狭く議題が直ちに議案となっているようなものもあれば（例えば、後に紹介する「役員の選任・解任の件」）、議題の外延が広く議題から議案が全く見えてこない場合もある。

---

132) 株主総会の議場においては、会社および提案株主からすでに議題と議案は与えられている。そこで、議場における株主提案はこの議題と議案の修正動議又は反対動議の形で提供される。修正動議は、原案に対する一部反対と対案追加であり、反対の要素を含む。また、反対動議も、単なる反対は反対意見に過ぎないので、動議として成立させるためには、原案に対する一部反対と対案追加が必要であり、修正の要素を含む。修正動議と反対動議の区別は明確ではなく、以下、両者を修正動議と概念でまとめて修正動議という。前田も「修正動議と反対動議の区別は論者によって異なり、必ずしも共通の境界が存在するわけではない」という（前田・前掲注119）73頁）。

133) 大隅・今井・前掲注124）96頁。森田・前掲注113）56頁も、一般予測範囲の原則の根拠としてこの文献を引用している。

134) 大隅・今井・前掲注124）96頁。

実際には、上場会社の株主総会においては、株主総会参考書類が提供されているので、このような場合には、それによって提供された情報ももとに、予想される範囲を判断されることとなる。[135)][136)]

　もっとも、56年改正当時、稲葉が指摘するように株主提案権には「ガス抜き的機能」があるとか、「特殊株主による提案があったとしても、それが不合理なものであれば、多数決で否決してしまえばそれまでである」との見解もある。また、実務においては、一般予測の範囲内にあるかどうか一義的に明確でないことから、これを十分に検討するまでもなく、株主の提案はともかく修正動議として取り上げ、多数決で否決してしまえばよいという現実的な考え方もある。この立場をとれば、一般予測範囲の原則の解釈論の確立については熱心になれないかもしれない。

　しかし、もはや株主総会は株主のガス抜き的機能を許容する場ではなく、会社と株主との建設的な対話の場としての株主総会という見地からすると、株主総会における議事進行のルールは明確にしておかなければならない。そのためには、古くからある問題の一般予測範囲の原則の限界についての解釈を確立しなければならない。そうすることで、中間試案が指摘するように、一般予測範囲の原則によって、議場における議案提案権の数を制限しなくても、株主総会の議場における議案提案権の濫用的行使を制限することができる。

　そして、一般予測範囲の原則は、会議体の一般原則から導かれるものであるが、中間試案に相応する法改正後の法文上の根拠は、4号の「株主提案により株主総会の適切な運営が妨げられ、株主の共同の利益が著しく害されるおそれがあるとき。」ということができる。

　以下、最近5年間の上場会社の株主総会において多くみられる株主提案権を例に検討する。

---

135) 中村直人『株主総会ハンドブック（第4版）』（商事法務、2016）395頁。
136) 56年改正の当時から、議場における株主提案権としての修正動議について、事前の株主提案権の行使が少数株主権であるのに対し、株主は議場において修正動議の形で無条件に株主提案をすることができることはバランスがとれない、せめて議場における株主提案権も事前の株主提案権と同様の少数株主権とすべきではないか、動議提出権も取締役の説明を拒絶することができる場合の4類型のように濫用防止策を講じる必要があるとの見解もあった（横田正雄「総会における動議提出権について」商事法務988号33頁）。

(C) 剰余金処分の議案

剰余金の処分議案の原案は、次のような形で成立している。

決議事項「剰余金の処分の件」

株主総会参考資料には、「平成○年度の剰余金の処分につきましては、以下に記載のとおりといたしたいと存じます。平成○年度から平成○年度を対象とする『中期経営戦略2018』では、株主還元については配当を基本とし、持続的な利益成長にあわせて増配していく累進配当を基本方針としています。当年度の期末配当につきましては、連結業績等を勘案し、前年度の○円から○円増額し、1株につき○円といたしたいと存じます。これにより、中間配当○円を合わせた当年度の配当は、前年度から○円増額の、1株につき○円となります」（以下、配当に関する事項およびその他の剰余金の処分に関する事項が記載される）。

この議案を見ると、議題は、「剰余金の処分」であり、議案の骨子は、「1株につき○円の配当をする」というものである。原案は、「1株につき○円を配当する」という内容であり、この原案に対して配当の増額を求めることは、一般の予測の範囲内ということができるから、議場において、配当の増額を求めることは株主提案権の行使として認められると解するのが一般的である。[137]

これに対し、配当の減額を求めることは、株主は一般により多くの配当を望むのが通常であるから、一般の予測の範囲内ということはできず、議場において株主は配当の減額の株主提案をすることができないとの見解もある。[138] しかし、会社の財務体質の健全性を考慮し、会社により多くの内部留保を求める株主もいると考えられるので、「株主は一般により多くの配当を望むのが通常である」との前提に立つことはできず、株主の提案としては、配当の減額も一般の予測の範囲内ということができ、適法な株主提案権の行使であると解される。[139]

---

137) 大隅・今井・前掲注124) 97頁注 (1)。これに対し、森田は、利益処分の増額について、配当可能利益の制限との関係から安易に株主提案権の行使を認めることができないとして、利益処分についての株主提案の大半は、勧告的なものとしか認められないとする（森田・前掲注113) 73頁)。

138) 大隅・今井・前掲注124) 97頁注 (1)。

(D) 役員の選任・解任議案

次に、役員の選任議案の原案は、次のような形で成立している。

決議事項「第○号議案　取締役○名選任の件」

　株主総会参考資料には、「現任取締役は、今回の株主総会終結のときをもって全員が任期満了となりますので、取締役○名の選任をお願いいたしたく、その候補者は次のとおりです。」（以下、候補者番号、候補者氏名、生年月日、略歴、重要な兼職の状況、所有する会社の株式の種類および数、社外取締役候補者については社外取締役とした理由等が記載される）。

　役員選任案は、所定の役員の選任をするものであり、原案は、所定の役員の選任である。ただし、その役員の任期の満了に伴うものが多く（他に、辞任・解任・死亡による欠員もある）、「誰かを選任する」ことが議題であり、株主から適切な人物の提案があることは一般の予測の範囲内ということはできるから、株主が会社提案以外の者を役員候補とする修正動議は、適法な株主提案権の行使である。

　ただし、議案通知請求権の行使もなく、このような提案をすることは、自薦であれば自己顕示欲の顕れというときもあり、また、他薦であっても当該他人が役員に就任することについて同意しているか否かも確認できず、およそ当選の可能性はない。株主提案権の濫用的な行使を防止し、株主との建設的な対話の場を形成するという見地からすると、中間試案の内容の制限である「株主提案により株主総会の適切な運営が妨げられ、株主の共同の利益が著しく害されるおそれがあるとき」に該当するとして、議場における株主提案権の行使を拒絶することができる場合もあると解される。

　これに対し、役員の解任議案の原案は、株主提案の例でみると、次のような形で成立している。

決議事項「第○号議案　取締役解任の件」

139）　最近の文献として、江頭憲治郎・中村直人編著『論点体系会社法 2　株式会社 II』（第一法規、2012）442頁〔松井秀樹〕。

II　株主提案権（法303条〜305条）

株主総会参考資料には、提案の内容として、対象となる取締役の氏名、提案の理由、取締役会の意見が記載される。

役員解任案は、所定の役員の解任をするものであり、原案には、対象となる役員の名が特定され、解任理由も示されている。この場合、当該解任対象者の解任が原案であり、「誰かを解任する」ことが議題ではない（議案名に「取締役解任の件」とあっても、「取締役○○解任の件」とあっても同じことと解される）。不分離問題と関連し、森田章が、議題と議案が一致している例として指摘しているものであるが、議場において、他の役員を解任対象として俎上に載せることはおよそ想定されていない。したがって、株主が会社提案以外の役員を解任候補とする修正動議は、一般予測範囲の原則に照らし、不適法な株主提案権の行使と解され、会社は、修正動議として取り扱う必要はないと解される。

(E) 定款変更議案

最後に、定款変更を含む業務執行事項に関する議案は、株主提案の例でみると、次のような形で成立している。

決議事項「第○号議案　定款一部変更の件」

株主総会参考資料には、「当社の定款に以下の「○○」の章を新設する」。第○章○○第○条として条文の内容が記載される。

この議案は、所定の業務執行事項について株主総会において決議することができるように、所定の定款変更を求めるものである。不分離問題と関連するが、定款変更が議題であって、所定の業務執行を株主総会決議に付することを議案として区別することは、観念的には可能である。しかし、株主は、定款一部変更の議題として、所定の業務執行事項以外の業務執行事項を（株主総会決議に付することを）株主総会の俎上に載せることを想定していない。例えば、定款一部変更の件の議題のもと、（議案としては）定款上に「環境委員会設置の件」の章を設置するという株主提案に基づく議案を討議する議場の議事の中で、「本会社は、経営の透明性の確保を図るため、相談役、顧問および参与の役職

を廃止する」との条項を設置する（取締役会の決議により相談役、顧問および参与を置くことができる会社が前提である）との修正動議を出されたとしたら、議場の株主一般予測の範囲を超えてしまう。したがって、（修正動議として）株主提案の内容とする業務執行事項以外の業務執行事項について株主総会において決議する旨の議場における株主提案は、不適法な株主提案権の行使と解され、会社は、修正動議として取り扱う必要はないと解される。

6　まとめ――一般予測範囲の原則の確立

　本節においては、昨今の上場会社における株主総会の果たす役割が、「株主総会の活性化」を掲げ、総会屋の根絶と一般株主の参加意欲向上のために、株主提案権の行使について鷹揚な姿勢を示す時代から、株主、とりわけ機関投資家の議決権の覚醒を踏まえてCGコードとSSコードを備えた上場会社においては「株主との建設的な対話の場」の時代へと移り変わり、そのような時流を踏まえたうえで、株主との建設的な対話の場としての株主総会を阻害しうる株主提案権の濫用的な行使については合理的な規制が必要であると論じた。そのうえで、議案通知請求権の数および内容を制限する中間試案の立場を支持し、残された立法上のいくつかの課題について意見を述べた。

　他方で、見送られた議題提案権の数と内容の制限については、定款変更による株主総会の権限の範囲の拡張という機関権限分配に根本的な問題があることおよび株主の議題提案権と株主の議案提案権が不分離な場合があることにも留意する必要があることを指摘した。また、議場における株主提案権は、招集通知に記載された決議の目的事項から一般に予見できる範囲を超えることはできないとの解釈論を確立し、中間試案に相応する法改正後の法文上の根拠としては、4号の「株主提案により株主総会の適切な運営が妨げられ、株主の共同の利益が著しく害されるおそれがあるとき」に該当すると解釈するべきであり、そう解釈することで、議場における議案提案権の数の制限をしなくても、その権利の濫用的行使を抑制することができる場合があることに言及した。

III　総会検査役の選任請求

1　総論

　会社法は、株式会社または一定数以上の議決権を有する株主が、株主総会に係る招集手続および決議方法を調査させるため、当該株主総会に先立ち、裁判所に対し、検査役の選任を請求できることおよび検査役の裁判所に対する報告義務を定めている（法306条）。

　会社が株主総会を開催したものの、その決議に瑕疵があるとして、後日、株主総会決議取消の訴え（法831条）や無効・不存在確認の訴え（法830条）を提起される可能性がある。

　このような紛争を未然に防止するため、および紛争となった場合に備えてあらかじめ証拠を確保しておくため、総会検査役の制度が規定された。

　したがって、総会検査役制度は、①事後に招集手続および決議方法が訴えで問題となる場合に、検査役の報告書が重要な証拠資料になるという証拠保全目的、および、②裁判所によって選任され、後に裁判所に報告書を提出する検査役が事実調査を行っていることから、違法ないし不公正な手続が事前に防止されるという違法抑止目的、の2つの目的があるとされている。[140]

　上記目的から、総会検査役が少数株主の請求により選任された場合でも、検査役は少数株主のために調査を行うものではない。

　なお、法306条は、種類株主総会にも適用されるが、特例有限会社には適用されないため注意が必要である（整備法14条5項）。[141]

2　申立て

　総会検査役の選任申立ては会社非訟事件に該当する。そのため、会社非訟事件特有の部分は会社法第7編第3章「非訟」の規定に、他の非訟事件と共通する部分は非訟事件手続法の規定に従うことになる。また、手続の細則は非訟事

---

[140]　類型別会社非訟152頁〔鈴木謙也〕。
[141]　コンメ7巻116頁〔青竹〕。

件手続規則、会社非訟事件等手続規則の規定に従うことになる。

そこで、総会検査役の選任申立てにあたって、その要件、方法、費用等について具体的に述べる。

(1) 管轄

検査の対象となる株主総会を開催する株式会社の本店の所在地を管轄する地方裁判所の管轄に属する（法868条1項）。

(2) 申立ての要件

申立てにあたっては、後述する（A）当事者、（B）株式保有期間、（C）申立ての時期、の各要件を満たす必要がある。

もっとも、（A）（B）（C）の各要件を満たせばよく、その他総会検査役選任の必要性などの実質的要件（招集手続や決議方法に瑕疵が生じるおそれがある等）は不要である。[142]

(A) 当事者

申立てをすることができる者は、株式会社および一定の要件を満たす株主である（法306条1項・2項）。具体的には次のとおりである。

(a) 株式会社

会社にも申立人適格が認められる。近時では、会社からの申立てが増えているようである。

(b) 株主

株主による申立の場合、検査対象となる会社がどのような会社であるかによって、次のとおり定められている。

(ア) 公開会社ではなく取締役会設置会社でもない場合

総株主（株主総会において決議をすることができる事項の全部につき議決権を行使することができない株主を除く）の議決権の100分の1（これを下回る割合を定款で定めた場合にあっては、その割合）以上の議決権を有する株主

---

142) 松田山下150頁〔松田・河野〕。

(法 306 条 1 項)

　(イ)　公開会社でない取締役会設置会社の場合

　総株主（株主総会の目的である事項があるときは、当該事項の全部につき議決権を行使することができない株主を除く）の議決権の 100 分の 1（これを下回る割合を定款で定めた場合にあっては、その割合）以上の議決権を有する株主（法 306 条 1 項・2 項後段）

　(ウ)　公開会社である取締役会設置会社の場合

　総株主（株主総会の目的である事項があるときは、当該事項の全部につき議決権を行使することができない株主を除く）の議決権の 100 分の 1（これを下回る割合を定款で定めた場合にあっては、その割合）以上の議決権を 6 か月（これを下回る期間を定款で定めた場合にあっては、その期間）前から引き続き有する株主（法 306 条 1 項・2 項前段）

　(エ)　複数の当事者からの申立て

　申立てにおいては、複数の株主による申立てや株主と会社それぞれから申立てがされる場合がありうる。この場合に、検査役をどう選任するかが問題となる。

　この点、総会検査役の制度は、申立てをした特定の株主や会社の権利保障のための制度ではなく、会社および株主一般のために総会の公正を担保するための制度であるから、複数の申立てがあっても別々に検査役を選任する必要はない。そのため、裁判所は、先行の申立ての決定前に後行の申立てがされたときは、審理を併合して検査役を選任し、また、選任後に別の申立てがされたときは、申立ての利益を欠くとして新たな申立てを却下することになる。[143]

　(オ)　注意点

　(ア)(イ)(ウ)いずれの場合にも、議決権を行使することができない株主が除かれることから、相互保有株式（法 308 条 1 項括弧書）、自己株式（法 308 条 2 項）、単元未満株式（法 189 条 1 項）および議決権制限株式（法 108 条 1 項 3 号）を有する株主は算入されない。[144]

---

143)　コンメ 7 巻 118 頁〔青竹〕。
144)　類型別会社非訟 156 頁〔鈴木〕。

(B) 株式保有期間

申立人が株主である場合には、検査対象となる会社がどのような会社であるかによって、次のとおり定められている。

(a) 公開会社ではなく取締役会設置会社でもない場合

申立て時より検査役選任までの間、前記（A）(b)（ア）の株式を保有していること

(b) 公開会社でない取締役会設置会社の場合

申立て時より検査役選任までの間、前記（A）(b)（イ）の株式を保有していること

(c) 公開会社である取締役会設置会社の場合

申立て時の6か月前より検査役選任までの間、前記（A）(b)（ウ）の株式を保有していること

(d) 注意点

（A）(b)（ア）（イ）の場合には、検査役選任申立時から、（A）(b)（ウ）の場合には、検査役選任申立ての6か月前の当初から、いずれも選任決定時まで、議決権保有要件を満たしていなければならない（最決平成18年9月28日民集60巻7号2634頁参照）。もっとも、検査役選任後に議決権保有要件を欠くに至っても、選任の効力に影響はない。[145]

また、検査役の選任申立てが権利濫用に当たる場合には、申立ては却下されると考えられるが、権利濫用に該当する場合は少ないと考えられる。[146]

(C) 申立時期

株主総会の前に申し立てなければならない（法306条1項）。検査役選任の審理中に、株主総会が終了した場合には、選任の利益が失われて、申立ては却下される（東京高決昭和59年7月20日判タ540号317頁）。

また、上場会社では、検査役選任申立権は振替法上の「少数株主権等」（振替法147条4項）に該当するため、上場会社の株主総会に関して総会検査役の選任申立てをするには、口座管理機関に個別株主通知の申出を行い、振替機関

---

145) 類型別会社非訟155頁〔鈴木〕。

から会社に通知がなされる必要がある（振替法154条3項。最判平成22年12月7日民集64巻8号2003頁）。株主から申出を受けて会社に通知がなされるまで、原則として4営業日かかるとされている。[147]そして、株主は、会社に通知がなされてから4週間が経過するまでに権利行使しなければならない（振替法154条2項）。

よって、上場会社の株主総会に関して総会検査役の選任申立てをする場合、上記個別株主通知の申出と会社への通知にかかる期間を想定して速やかに申立てを行う必要がある。

(3) 申立ての費用

(A) 申立ての方式

申立てにあたっては、申立書を提出して行う（非訟事件手続法43条1項、会社非訟規則1条）。

その際の申立手数料は1000円である。

ただし、申立人が複数いる場合の申立手数料については、①申立人が集まって初めて持株要件を満たす場合には1000円、②申立人各人が持株要件を満たす場合には1000円×申立人数となるようである。

また、株式会社呼出用の特別送達費用として、郵券の予納が必要となる。大阪地裁では5000円の予納が求められるようである。[148]したがって、株式会社申立ての場合、郵券の予納は必要ない。[149]

(B) 予納金

検査役の選任前に、申立人は、検査役の費用および報酬の見込額合計を予納する。

---

146) 類型別会社非訟156頁、森・濱田松本法律事務所・弁護士法人淀屋橋・山上合同編『書式会社非訟の実務　申立てから手続終了までの書式と理論（全訂版）』（民事法研究会、2019）107頁。
147) 川島いづみ「個別株主通知と少数株主権等の行使」百選39頁。なお、裁判例によれば会社への通知に1週間前後要しているものもあるようであり、このような実態も念頭に入れて申立てをする必要があろう。
148) 松田山下152頁〔松田・河野〕。
149) 類型別会社非訟153頁〔鈴木〕。

検査役の報酬は会社が支払う（法306条4項）ものであるが、実務上は、検査役選任前に費用および報酬額に見合う予納金を申立人に納付させる扱いになっている。[150]

予納金額の決定にあたっては、ビデオ撮影に要する費用、会社の規模、株主数、総会に要する時間等から、調査のために必要な事務処理の内容および量、必要な人員等の見通しを立てたうえで、それに応じて金額が決められる。検査役候補者や予納金の決定にあたり、申立書が参考にされることから、申立書には検査役選任に至った事情等を具体的に記載することが望ましいといえる。

予納金の金額は数十万円から数百万円程度と事案によって区々であり、一定の基準を見出すのは難しい。[151] ただし、検査役選任申立ては10万円、20万円程度の予納金でできるようなものではなく、決して安価ではないところが申立てを行うべきかどうか判断を悩ませるところである。特に、個人株主が申し立てる場合には予納金の負担は大きいといえる。

もっとも、株主から申し立てる場合の視点となるが、後述する4(5)にあるとおり、検査役の報酬は会社が負担するものであり（法306条4項）、予納金から検査役の報酬を支出した後、申立人から会社に対して求償する扱いが一般的であることから、高額であっても一時的に納めるだけならば問題ないという株主であれば、証拠収集手段として申立てを行うべきかどうか検討に値するだろう。

なお、株主と会社からそれぞれ申立てがなされた場合、総会検査役の報酬は会社が負担することから、会社だけに予納させることも考えられるが、会社が申立てを取り下げる可能性もあるため、株主にも予納させるのが通常と思われる。

(4) 添付書類[152]

申立ての際に必要な添付書類としては主に以下のようなものがあげられる。

---

150) 松田山下158頁〔松田・河野〕。
151) 松田山下176頁〔松田・河野〕。同書に事例とその場合の予納金等が掲載されているため参照されたい。
152) 類型別会社非訟154頁〔鈴木〕。

株式会社の登記事項証明書、会社の定款、(株主申立ての場合)要件を満たした株主であることを証する書面(会社の発行する証明書、株券、株主名簿等)、(上場会社の場合)口座管理機関に対し個別株主通知の申出をしたことを証する受付票等、株主総会の開催を証する書面(招集通知、総会招集を決議した取締役会議事録)。

申立てにおいては、申立書および添付書類の写しが検査役用として1通、株主申立ての場合にはさらに1通必要になる。[153]

3 総会検査役選任の裁判等

(1) 審理・打合せ

裁判所は検査役選任の申立てがあると、会社に反論の機会を与え、検査役への理解・協力を求めるため、審問を行うのが通常である。[154]

そして、当事者要件に争いがあり、さらに審理が必要な場合はともかく、特に争いがない場合には、審問期日当日に検査役選任決定を行い、続いて、裁判所、検査役、申立人および会社の4者(会社が申立人の場合には3者)で、検査役による検査の具体的な手順等の打合せを行う。[155]

打合せにおいては、検査役から申立人、会社それぞれに聴取が行われ、申立人の要望、それに対する会社側の対応方法等が聴取される。そして、上記打合せにおいては、以下にあるような事項が確認される。

なお、審理・打ち合わせの方法・日程等については各裁判所によってやり方が異なる点もありうるため、裁判所に確認する必要があろう。

① 招集手続関係の確認事項

申立書の添付書類(履歴事項全部証明書、定款、招集通知およびその添付書類、基準日時点の株主名簿等)の内容・形式、取締役会議事録、議決権

---

153) 類型別会社非訟154頁〔鈴木〕、松田山下152頁〔松田・河野〕。
154) 類型別会社非訟157頁〔鈴木〕。主として議決権保有要件に関して会社に反論の機会を与えるようである。
155) 類型別会社非訟157頁〔鈴木〕。

行使書面および委任状、招集通知の発送状況等
② 決議方法関係の確認事項
出席株主の確認方法、株主の届出印簿の確認および委任状の印鑑照合等の作業の必要性の有無、議案の採決方法、会場の設営・検査役の席等

(2) 裁判

裁判所は検査役選任の申立てを不適法として却下する場合を除き、検査役を選任しなければならない（法306条3項）。検査役を選任する裁判には理由を付する必要はない（法871条2号、874条1号）。

裁判所は検査役が調査結果を報告すべき期限を定めることができる（会社非訟規則10条）。期限は原則として総会後30日から40日程度が多い。

決定は、当事者、利害関係人および裁判を受ける者に対し、告知しなければならないこととされており、検査役を選任する旨の決定は、申立人および検査役に対し、告知しなければならない。また、申立人が株主の場合、法律上会社に対して告知する必要はないが、実務では会社に対しても告知する取扱いである[156]。

却下決定には、理由を付する必要があり（法871条）、この裁判に対しては、申立人は即時抗告ができる（非訟事件手続法66条2項）。

検査役の選任は、申立人および選任された検査役に対する裁判の告知、ならびに検査役の就任承諾によって、その効力が生じる。申立人は、効力発生前であれば申立てを取り下げることができる（非訟事件手続法63条1項）[157]。

4 総会検査役の地位・職務等

(1) 検査役の地位等

検査役は株式会社の臨時の機関であり、検査役と株式会社との関係は準委任関係にあると解される。

---

156) 松田山下159頁〔松田・河野〕。
157) 森・濱田松本法律事務所他・前掲注146) 114頁。

検査役の資格については特に規定がない。

通常、申立人と利害関係がなく、ある程度の知識・経験を有する弁護士がなることが多い。また、申立人による検査役の推薦は認められないのが通常である。

検査役の員数についても特に規定がなく、裁判所は適宜１人または複数の検査役を選任できる。

(2) 調査対象

検査役の調査対象は、株主総会の招集手続および決議方法である。

具体的な調査対象は、招集手続については、総会招集を決定する取締役会決議、招集通知および添付書類（株主参考書類・議決権行使書面）の記載内容・様式、招集者である取締役による招集通知の発送および株主総会の一定の期間前までの招集通知の全株主への発送等である。

決議方法については、出席株主の資格・株式数、委任状・議決権行使書面の内容、定足数、議事運営の状況、行使された議決権の行使内容およびその計算、株主の提案権行使がある場合の株主提案の処理等である。[158)159)]

検査役の調査範囲については、申立人が調査を求めた点に限って調査をするのか、それとも、申立人が求めた点にかかわらず、招集手続および決議方法の両方を調査するのかについて見解が分かれている。検査役の制度が会社および株主一般のために総会の公正を担保するためのものであることからすると、後者が相当である。[160)]申立書においても検査の目的や対象を限定して記載する必要はなく、検査役選任が必要な事由の存在も要件とされていない。

もっとも、検査役の立場からすれば、申立書は目的や対象を限定して記載されていた方が検査役選任の意図が把握しやすいし、どの点を重点的に調査すべきか判断できるようになる。また、申立人においても特に調査を希望する点を有していることもあろう。

---

158) 類型別会社非訟160頁〔鈴木〕、コンメ7巻122頁〔青竹〕。
159) 総会検査役の具体的な調査方法等については、川村英二「総会検査役に期待される役割」商事法務1812号70頁、阿部信一郎「総会検査役の任務と実務対応」商事法務1973号62頁を参照されたい。
160) 類型別会社非訟154頁〔鈴木〕。

そのため、申立人としては、検査役選任の目的、対象、調査を希望する点が分かるように申立書を作成すべきである。申立書からでは上記の点が明確に分からない場合には、上記の点が書かれた書面の提出を求められる場合がある。[161]

(3) 調査権限

検査役がその職務を遂行するために有する権限については特に規定がない。

しかし、検査役は、事実調査のため、総会会場への入場、株主から返送された委任状や議決権行使書面その他関係書類の閲覧、総会招集を決議した取締役会議事録、株主名簿の閲覧を行うことができる。もっとも、招集手続・決議方法の調査に関係のない会社の帳簿等の書類を調査することはできない。

検査役は調査のために補助者を使用することができ、必要があるときは、総会議長に補助者の入場を要請できる。[162]

取締役または監査役が検査役の調査を妨げたときは、過料に処せられる（法976条5号）。

(4) 報告

検査役は、検査の結果を記載または記録した書面もしくは電磁的記録を裁判所に提出して報告しなければならない（法306条5項）。報告にあたっては、ビデオ撮影等をしている場合、議事を記録または撮影したDVD等を添付することがある。

裁判所は、検査役の報告について、その内容を明瞭にし、またはその根拠を確認するため必要があるときは、検査役に対し、さらに報告を求めることができる（法306条6項）。

なお、検査役は招集手続および決議方法に違法がないかどうか判断するための基礎となる事実について調査を行い、報告書には事実の経過を記載することとなる。そのため、検査役の報告書に検査役の意見や法的判断が記載されることは相当でない。報告書に検査役の意見や法的判断が記載されている場合には、裁判所から削除を求められることが通常である。[163]

---

161) 類型別会社非訟158頁〔鈴木〕。
162) 類型別会社非訟160頁〔鈴木〕、コンメ7巻122頁〔青竹〕。

検査役は株式会社（検査役選任の申立人が当該会社でない場合にあっては、当該会社および申立人）に対し、報告書の写しを交付する（法306条7項）。もっとも、実務上は、検査役が株式会社等に直接写しを交付するのではなく、裁判所が検査役から報告書及びその写しの提出を受け、裁判所から株式会社等に写しを交付している。[164]

(5) 検査役の報酬

　裁判所は、検査役を選任した場合には、会社が当該検査役に支払う報酬額を定めることができる（法306条4項）。すなわち、検査役の報酬は会社が負担する。具体的には、検査役が報告書を提出した後、報酬を決定する。裁判所が検査役の報酬額を決定する場合、当該会社および報酬を受ける検査役の陳述を聴かなければならない（法870条1項1号）。

　報酬額の決定に対しては、当該会社および検査役は即時抗告をすることができる（法872条4号）。

　決定された検査役の報酬は申立人の予納金から支出し、その後、申立人から会社に対して求償するのが一般的である。

5　裁判所による株主総会の招集等

(1) 総論

　裁判所は、検査役の報告があった場合において、必要があると認めるときは、取締役に対し、①一定の期間内に株主総会を招集すること、②検査役の調査の結果を株主に通知することの全部または一部を命じなければならない（法307条1項）。

　「必要があると認めるとき」とは、調査された株主総会決議に瑕疵があり、取消し、無効、不存在の事由があると裁判所が判断し、会社をして、早期に決議のやり直し等の是正措置を講じさせることが妥当な場合と考えられる。[165]

---

163)　松田山下161頁〔松田・河野〕。
164)　類型別会社非訟161頁〔鈴木〕。
165)　類型別会社非訟162頁〔鈴木〕、阿部・前掲注159) 62頁。

①の株主総会の招集は、裁判所の命令を受けていることから、取締役会の決議を要せず、代表取締役限りで総会を招集できると考えられる[166]。代表取締役等が裁判所の命令に違反して総会を招集しなかった場合には、過料に処せられる（法976条18号）。

また、②の通知によって、株主が招集手続や決議方法に瑕疵があると判断した場合には、決議取消しの訴え等の手段で決議の効力を争うことが可能となる。なお、②の通知は、株主名簿に記載・記録された住所または株主から別に通知を受けた場所・連絡先に発すれば足りる（法126条1項）[167]。

(2) 取締役の開示・報告

裁判所が総会の招集を命じた場合には、取締役は、検査役の裁判所に対する報告の内容をその総会において開示しなければならない（法307条3項）。開示を怠った場合には、取締役は過料に処せられる（法976条3号）。

また、取締役（監査役設置会社の場合には、取締役および監査役）は、検査役の報告の内容を調査し、その結果を招集を命じられた総会で報告しなければならない（法307条3項）。

この総会の目的事項は、決議の瑕疵の存否および再決議の要否についての報告となる[168]。仮に、取締役が再決議の必要なしと報告した場合には、これに反対する株主は、決議取消しの訴え等を行うことになる。

書式1　総会検査役選任申立書

```
                総会検査役選任申立書

   平成○○年○○月○○日
   ○○地方裁判所第○民事部　　御中

                    申立人代理人弁護士　○　○　○　○
```

---

166) コンメ7巻125頁〔青竹〕、阿部・前掲注159）63頁。
167) コンメ7巻125頁〔青竹〕。
168) 阿部・前掲注159）63頁。

〒〇〇〇-〇〇〇〇　〇〇市〇〇区〇〇町〇〇番地〇〇号
申　立　人　　〇　〇　〇　〇

（送達場所）〒〇〇〇-〇〇〇〇　〇〇市〇〇区〇〇町〇〇番地〇〇号
上記代理人弁護士　　〇　〇　〇　〇
TEL　〇〇-〇〇〇〇-〇〇〇〇
FAX　〇〇-〇〇〇〇-〇〇〇〇

申立ての趣旨

　検査の目的記載の事項を調査させるため検査役の選任を求める。

検査の目的

　株式会社〇〇（本店　〇〇市〇〇区〇〇町〇〇番地〇〇号）の平成〇〇年〇〇月〇〇日開催の第〇〇回定時株主総会の招集の手続及び決議の方法

申立ての理由

1　株式会社〇〇（以下「本件会社」という。）の発行済株式総数は〇〇株である。
2　申立人は、本件会社の総株主の議決権数の100分の1以上にあたる〇〇個の議決権を6か月前から引き続き有する株主である。
3　本件会社は平成〇〇年〇〇月〇〇日に定時株主総会（以下「本件総会」という。）の開催を予定している。
4　本総会においては、「取締役Xの解任」及び「取締役選任」が決議事項とされているが、申立人は上記決議事項に反対する予定のところ、反対票は相当数に及ぶことが予想される。したがって、株主総会が紛糾するおそれがあり、招集手続及び決議方法が公正になされない可能性がある。
5　よって、申立人は、会社法306条1項2項に基づき、本件総会の招集の手続及び決議の方法を調査させるため、総会検査役の選任を求める。

疎明方法

甲1号証　　履歴事項全部証明書

甲2号証　　定款
甲3号証　　株主名簿の写し
甲4号証　　株主総会招集通知

添付書類

1　申立書副本　　　　　　2通
2　甲号証写し　　　　　　各3通
3　履歴事項全部証明書　　1通
4　委任状　　　　　　　　1通

第2章　会社の業務執行に関する少数株主権

I 業務執行に関する検査役の選任請求（法 358 条）

1 制度の趣旨・目的

　検査役とは、株式会社の設立・現物出資等、会社の業務財産の状況の調査や、株主総会の手続等の調査（総会検査役：第 2 編第 1 章 3 節参照）を主な職務とし、裁判所によって一時的に選任される会社の機関である[1]。調査結果の報告を受け、裁判所が決定や命令等の必要な措置をとることで企業の適正な運営を促進する仕組みとなっている。中でも、本節の取り扱う業務財産検査役（「業務執行検査役」ともいう。以下、本節において「検査役」とはこれを指す）[2]は、会社の業務執行に関して不正等を疑う株主が任意のタイミングで裁判所に請求をすることで選任され、当該事項に関し会社を調査する役割を担う。所有と経営の分離を採用した株式会社では、経営に関する情報の多くは取締役側にある。これら情報に株主が常時触れる必要はないが、役員等の任務懈怠責任（法 423 条・429 条）や株主代表訴訟（法 847 条）、取締役の違法行為差止請求（法 360 条。第 2 編第 2 章 2 節）、役員の解任の訴え（法 854 条、第 2 編第 3 章 1 節）等、株主が監督是正権の行使を検討し、また行使するとした場合に主張立証責任を果たすための資料となる情報を取締役側から収集する手段が重要となる。これに関して、株主は計算書類等（法 435 条、442 条）や会計帳簿等（法 432 条、433 条）の閲覧謄写請求権（第 2 編第 2 章 4 節参照）の行使による情報収集も可能である。これら閲覧権は、直接かつ迅速に情報を収集できるメリットがあるが、これら権利によって入手できるのは会社の経理・会計に関わる情報に限られる。また、守秘義務を負わない株主からの情報漏洩をおそれ、会社は情報開示に消極的になる場合も多い[3]。これに対して、本節で紹介する検査役は、行使要件が厳しく、費用や時間も多くかかり、また、検査役が会社経営に必ずしも通じているとは限らないなど短所も存する。もっとも、会計情報に限られ

---

1) 江頭 594 頁。
2) 江頭 594 頁以下、田中 357 頁、リークエ 276 頁、コンメ 8 巻 106 頁以下〔久保田光昭〕。
3) 中村直人『会社訴訟ハンドブック』（商事法務、2017）84 頁。

Ⅰ 業務執行に関する検査役の選任請求（法 358 条）

ない会社の業務財産状況の調査まで行わせることができる。また、裁判所の選任した業務財産検査役を、中立の立場で守秘義務を負わせて介在させる情報収集手段であるので、取得された情報の漏洩や濫用的目的による請求はしにくいという特長がある。いわば、検査役は株主に必要な情報と株主に知らせてはいけない情報をえり分ける「フィルター」の役割も果たす。他に、同族株主間やM&Aにおける支配権奪取紛争で用いられることも多い[5]。なお、会社法制定時にも大幅な変更は加えられておらず、原則として、旧商法（平成 17 年法律第 87 号による改正前の商法を指す。以下同じ）下の事例は現在でも参照可能である。

2　形式的要件

(1) 管轄

非訟事件（法 868 条以下）にあたり、検査の対象となる株式会社の本店の所在地を管轄する地方裁判所の管轄に属する（法 868 条 1 項）。

(2) 当事者

(A) 申立人要件

(a) 申立人要件一般

検査役が会社を調査する権限は強力なものとなるため、濫用防止のために持株比率要件が定められており、①総株主（株主総会の決議事項の全部につき議決権を行使できない株主を除く）の議決権の 100 分の 3 以上の議決権（法 358 条 1 項 1 号）、②発行済株式（自己株式を除く）の 100 分の 3 以上の数の株式（法 358 条 1 項 2 号）のいずれかを満たす必要がある。いずれの要件も定款によって緩和することが可能であるが、逆に引き上げることはできない[6]。複数人の持株数を合計して持株比率要件を満たすことが可能である[7]。

---

4) 申立人である株主の代理人としてではなく、あくまで中立の立場で会社を調査する（中村・前掲注 3）81～82 頁参照）。
5) 中村・前掲注 3）84 頁。
6) コンメ 8 巻 111 頁〔久保田光昭〕。
7) コンメ 8 巻 110 頁〔久保田〕。

73

(b) 持株比率が変動する場合

申請時に満たした持株比率をいつまで維持する必要があるか。申請時に満たしていた当該要件につき[8]、株主自ら株式を譲渡した（大決大正10年5月20日民録27輯947頁）、株主が払込未了により失権した（長崎控決昭和5年12月23日新聞3217号11頁、東京控決昭和9年9月3日評論全集23巻商法587頁）など、株主側の事情で裁判時には満たさなくなっていた場合には申請は却下される。

一方、株主側の事情によらずに持株比率が低下した場合には見解が分かれうる。申請時には要件を満たしていたが、新株発行により持株比率が低下し、裁判時には当該要件を満たさなくなった事件について、最高裁決定（最決平成18年9月28日民集60巻7号2634頁[9]）は、「会社が当該株主の上記申請を妨害する目的で新株を発行したなどの特段の事情のない限り、上記申請は、申請人の適格を欠くものとして不適法であり却下」されると判示している[10]。なお、「会社が株主の申請を妨害する目的で新株を発行した」など、「特段の事情」の主張立証責任は株主側が負うこととなる[11]。申請者たる株主の側としては、持株比率・持株数要件の維持に特に気を付ける必要がある。

(c) 取締役・監査役（役員）が保有する株式に基づいて検査役選任の申請をする場合

取締役は取締役会のメンバーとして会社の内情を知りえる立場にあるし、監査役も業務財産状況調査権を持つ（法381条2項）にもかかわらず、これら役員が（株主でもあり）業務財産検査役による調査を申請する場合がある。このような事例は、企業内・役員間において内紛が生じており、取締役・監査役の権限を用いた情報収集に限界があるようなものがほとんどである。認めるか否かにつき、下記のとおり裁判例は分かれている。

---

8) なお、平成11年改正商法までは、持株比率要件は発行済株式の「十分ノ一」であった。
9) 中村康江「検査役選任と持株要件」百選122頁、絹川泰毅「最高裁判所判例解説」曹時59巻12号321頁。
10) なお、原審決定（東京高決平成18年2月2日民集60巻7号2643頁）は、新株の発行といった株主らが何ら関与しない事情によって検査役選任請求権が左右されることの不合理性や、（可能と解さないと）少数株主権を認めた法の趣旨に沿わなくなる点を指摘し、検査役の選任請求権が可能である旨判示しており、学説にはこれを支持する見解も多い。
11) 大江忠『要件事実会社法（2）』（商事法務、2011）382頁。

I　業務執行に関する検査役の選任請求（法358条）

　まず、否定（申請を認めなかった）例としては、2名の共同代表取締役のうち、1名が他の1名の法令定款違反等の調査のためなした検査役選任の申請を却下した千葉地裁佐倉支決昭和49年3月11日判時743号100頁がある。この決定は、業務財産検査役の制度趣旨を「会社の業務の執行に関与しない株主の保護を図るためのもの」であると解釈し、会社の代表取締役であって、株式の全部を保有していると主張する申請人による申請に「（検査役の）選任請求権を認める必要がないというよりは、むしろその選任請求権を取得しえない」と判示した。一方、肯定（申請を認めた）例としては、株主でもある監査役が同じ会社の代表取締役の不正等を疑い、業務財産検査役の選任申請をした事件（なお、有限会社の事例）に関する広島高裁岡山支決昭和49年10月11日判時765号103頁がある。同決定では、すでに代表取締役に法令に違反する重大な事実があることが認定されたうえで、監査役のした申請に権利の濫用はないという理由で申請が認められているが、積極的に監査役に業務財産検査役の申請権を与えるべきとする理由は述べていないことからすると、先例としてはあまり参考にはならない。次に、肯定例として大阪高決平成元年12月15日判時1362号119頁がある。主に、株主でもある取締役による検査役選任申請を制限すべき合理的な理由を見出だし難いことを理由としているが、重ねて、「実際上、ことに小規模で閉鎖的な会社（中略）においては、取締役の地位にある者であっても会社の業務財産の状況を調査しこれを把握することができない事態を生ずることがあることは否定しがたい」点も理由としており、こちらは参考になる。

　以上のとおり、肯定例と否定例とが併存する状態であるが、決定的な理由付けには欠ける状況である。否定例の前掲千葉地裁佐倉支決昭和49年3月11日に関しては、規定の文言上、上記のような限定解釈を導き出すことは必然では

---

12)　他に和歌山地田辺支決平成元年10月2日金判840号19頁（大阪高決平成元年12月15日判時1362号119頁の原審）。

13)　なお、決定は申請人が少なくとも検査役申請のための持株比率要件を満たすという点しか認定していない。

14)　原審決定である岡山地決昭和49年9月7日判時765号100頁の段階で、会社の帳簿について、「逐一これを指摘することが不可能なくらい全般的にわたり、整然かつ明瞭な記載を欠いていたことが認められ」ることなどから「法令に違反する重大な事実がある」という点が認定されているが、結論として、株主でもある監査役による申請を権利濫用として却下している。

ないとの批判ができるだろう。既述のとおり、企業内・役員間で紛争が起きている場合には取締役・監査役にも情報が入手困難な事態が生じうるのであり、業務財産の状況を直接調査できない事態は（役員ではない）株主だけに生ずるものではない。取締役・監査役が持つ調査権と業務財産検査役を介した調査は意義や性質が異なるし[15]、「裁判所を通して」検査役が調査に来れば、内紛状態にあっても情報開示に応じざるをえない状況も考えられ、そのような申請を一律に不合理であるとも断定できないと思われる。最高裁による判断もなされていない状況で、肯定例もあることから、申請が濫用に該当しない限り[16]、取締役・監査役からの検査役選任申請が一律に却下されるとは考えにくく、申請をする価値はある。

　ここで、申請をする役員株主側としては、肯定例である前掲大阪高決平成元年12月15日を引用するなどして理由付けすることになるであろうが、気になるのは当該決定が「小規模で閉鎖的な会社」という限定を付している点であろう。確かに、ここを強調すれば、「小規模で閉鎖的」ではない会社において、役員株主による検査役の申請をする場合の理由付けとしては使いにくい。もっとも、同決定の理由付けは小規模閉鎖会社以外にも及ぶ旨主張する解説が参考[17]になるので以下紹介する。同解説によれば、まず株主である監査役の申請に関して「法上取締役会の業務執行の決議そのものにはそれが取締役の多数決によって決せられたものであるから決議自体の調査は論理矛盾としてできないはずであるし、監査役も取締役会の決議自体調査ができる（中略）としても、その性質は消極的でもともと妥当性の監査には及ばないと解されるから、監査役である株主が監査権限を発動して積極的に取締役の著しい不当な行為を摘発して解任まで追いやるには不十分なものがあるし、いわゆる会社ぐるみといわれる不正もしくは著しく妥当でないものの行為の追及には無力なものがある[18]。」。ま

---

15) 取締役の権限に基づく調査と業務財産検査役による調査との意義・機能の違いを強調して通説は肯定説をとる（森淳二朗「判批」法セミ433号126頁、久保田光昭「判批」ジュリ1027号129頁参照）。

16) 取締役の地位によって既に十分な調査を経たにも関わらず、重ねて業務財産検査役の申請をするような場合が該当する（森・前掲注15）126頁）。

17) 生田治郎「株主兼取締役と商法二九四条所定の検査役選任請求権の有無（平成2年度主要民事判例解説）」判タ762号226頁以下。

18) 生田・前掲注17）227頁。

た、「取締役や監査役の調査権には制裁の規定はなく担保はないが、商法二九四条（現行会社法358条（筆者注））にもとづく検査役の調査にはその違反に対する過料の制裁の裏付けがなされている（商法四九八条一項四号（現行会社法976条5号（筆者注）））。」[19]。その他、定款上代表取締役に取締役会の招集権を与えている場合が多いが、「代表取締役派の多数派の取締役が結託すれば、少数派は機動的に取締役会が招集開催される立場ではなくなり、監査役も多数派の結託にあえば違法行為等の客観的事実があっても業務監査が適切になされる保障はないことになりがちである。」[20]。同解説は、これらの理由付けにより、「本決定（前掲大阪高決平成元年12月15日（筆者注））がいう小会社にとどまらず（中略）大会社においても法上ないし事実上の制約から、役員の調査権限とは違う業務検査役による調査は必要であり（中略）法の趣旨が直接調査する手段を有しない株主を保護するための制度であるとしても、そのことから取締役ないし監査役を兼任する株主に業務検査役選任を認めないとする解釈は合理的とはいえず、説得力に乏しいということになる。」[21]と結論付けている。

(B) 相手方要件

相手方は調査対象となる「株式会社」である。

(3) 申立ての方式・趣旨

申立ては書面によってする（会社非訟規則1条）。非訟事件にあたり、申立手数料は1000円（民事訴訟費用等に関する法律3条1項、別表1第16項）である。その他、検査役選任前に、検査役に費用・報酬相当額を予納するのが実務である。申立ての趣旨は「〇×会社（※調査対象会社名）の業務および財産の状況を調査するための検査役の選任を求める」等とするのが一般的である。なお、調査の対象は会計情報に限定されない。

---

19) 生田・前掲注17) 227頁。
20) 生田・前掲注17) 227頁。
21) 生田・前掲注17) 227頁。

書式例2　業務財産検査役申立書

|収入|

業務財産検査役選任申立書

［元号］○○年○月○日

○○地方裁判所第○民事部　御中

　　　　　　　　　　　　　申立人代理人弁護士　○○○○　㊞
　　　　　　　　　　　〒○○○―○○○○　○○市○○区○○町○○番地○号
　　　　　　　　　　　　　　　申　立　人　　○　○　○　○
　　　　（送達場所）○○市○○区○○町○○○丁目○番○号
　　　　　　　　　　　　　　上記代理人弁護士　○　○　○　○
　　　　　　　　　　　　　　　TEL：○○―○○○―○○○○
　　　　　　　　　　　　　　　FAX：○○―○○○―○○○○

申立ての趣旨
　株式会社○○○○（定款記載の本店　○○市○○区○○町○○○丁目○番○号、代表者○○○○）につき、下記記載の検査事項を調査させるため検査役の選任を求める。

記
1　第○○期事業年度（［元号］○○年○月○日から［元号］○○年○月○日）の業務の状況、具体的な収支の状況及び現在の経営の状況
2　上記事業年度期間中の財産の状況

申立ての原因
1　株式会社○○○○（以下、本件会社という）は、○○○○を定款記載の目的とする株式会社であり、発行可能株式総数○○○○○株、発行済株式総数○○○○株、資本の額○○○万円の会社である。
2　申立人は、申立時に本件会社の株式○○○○株を有する株主である。
3　本件会社の代表取締役○○○○及び取締役○○○○・・・は、本件会社の業務執行に関して以下のような［不正な行為・法令若しくは定款に違反する行為］をしている疑いがある。
　　（1）株主総会の不開催・計算書類の不作成

---

22)　松田山下206頁参照。なお、具体的な記載事項は会社非訟事件手続規則2条、添付書類は同3条等を参照。

　　　　　［例えば、一定の期において開催されるべき株主総会が開催されておらず、株主総会における計算書類の承認を経ていない事実等を具体的に記入］
　　(2)　代表取締役選任手続の不存在
　　　　　［例えば、代表取締役が、取締役としての任期を満了したにも関わらず、株主総会決議なしに代表取締役の地位にとどまっている点を具体的に記入］
　　(3)　会社財産の不正支出
　　　　　［どのような不正支出か、その金額はどの程度か等、具体的に記入］
　　(4)　役員報酬の不当支給
　　　　　［例えば、会社が赤字であるにも関わらず不相応な役員報酬が不正支給された事実などを具体的に記入］
4　以上の通り、上記3 (1) ～ (4) 記載の不正の事実が存在することが疑われるので、本件会社全体の業務・財産状況などを調査する必要がある。
　　［その他、明らかにすべきこと、役員に対する責任追及訴訟が必要な点などを記入］
5　よって、申立ての趣旨記載の業務及び財産の状況等を調査させるために本件申立てに及んだものである。

　　　　　　　　　　　　添　付　書　類

1　本件会社の登記事項全部証明書
2　定款写し
3　・・・・・
4　・・・・

3　実体的要件

(1)　実体的要件一般

　会社の業務執行に関し「不正の行為又は法令若しくは定款に違反する重大な事実があることを疑うに足りる事由がある」ことが実体的な要件である（法358条1項）。「業務の執行」とは広く会社の経営を意味し、取締役会の意思決定や取締役の業務執行行為、支配人その他の使用人の行為が含まれる[23]。「不正

の行為」とは、会社の利益を害する悪意の行為、取締役が自己または第三者の利益を図って会社を害する行為（忠実義務違反）[24]などが該当する。「法令違反」とは、商法や会社法だけでなくわが国法令一般への違反が問題とされる[25]。「重大な事実」に当たるかどうかは、業務財産状況の調査を検査役にさせることを相当とする程度のものであるかどうかが基準となる[26]。検査役選任を請求する株主は「不正の行為」「法令違反」そのものではなく、「疑うに足りる事由」を主張立証するが[27]、漠然と「不正の行為や法令定款違反の事実があるらしい」というだけでは足りない。では、どのような事実がこの実体要件を満たすに足りるか。「不正の行為」「法令違反」「定款違反」自体に相当なバリエーションがあるため、実体要件に関して、さまざまな事例に適用できる一般的な判断基準（規範）を抽出することは困難であり、蓄積した事例から類推して考えるしかない。以下では、参考となる事例を紹介しながら、裁判例を理由付けに利用したり書類を起案する場合に注意すべき点を述べる。

　１つ目は、特に旧商法下の事例を参照する場合の注意点である。例えば、東京高決昭和40年4月27日下民集16巻4号770頁（総会決議不存在の調査のための検査役選任申請）のように、会社の経理と関係のない申請を却下する例が旧商法下の事例には多い[28]。これらの多くは、旧商法での検査役の規定（旧商法294条）が、「会社ノ計算」に関する節に置かれていたことを大きな論拠としている。これに対して、会社法制定後は検査役の条文は「会社ノ計算」ではなく「取締役」に関する箇所（法358条）に移され、株主権の観点からみたコーポレート・ガバナンスの規定の１つに位置付けられており、実体要件を「経理・会計ないし会社財産に影響を及ぼす」重大な事実に限定解釈する上記論拠は会社法では失われている。実質的に考えても、このような限定を付さない方が制度趣旨に適合するであろう。現行法上は、個々の株主には損害が生ずる疑

---

23)　コンメ８巻115頁〔久保田〕。
24)　コンメ８巻115頁〔久保田〕。
25)　コンメ８巻115頁〔久保田〕。
26)　コンメ８巻115～116頁〔久保田〕。
27)　コンメ８巻117頁〔久保田〕。
28)　他に、東京地裁八王子支決昭和35年1月30日判時218号31頁、仙台高裁秋田支決昭和54年1月12日判タ387号139頁等。

いのある「株主平等原則に違反する剰余金の配当（法109条1項、454条3項）」「株主以外の者に対する新株・新株予約権の有利発行（法199条2項、3項、201条1項、238条2項、3項、240条1項、309条2項5号・6号）」「合併条件の不公正（法749条1項、753条1項）」等の場合、さらに、個々の株主に損害が生じていなくとも取締役の解任事由があると疑われる場合など、広く検査役選任の実体要件を満たすと考えられている。旧商法下の事例でも、例えば、①株主総会の不開催・計算書類の不作成（一定の期において、開催されるべき株主総会が開催されておらず、また、計算書類の作成・承認を欠いている）、②代表取締役選任手続の不存在（代表取締役が、取締役としての任期を満了したにも関わらず、株主総会決議なしに代表取締役の地位にとどまっている）、③会社財産の不正支出（当該代表取締役が自分の治療費・手術費用を会社財産から支出した）、④役員報酬の不当支給（会社が赤字であるにも関わらず、不相応な役員報酬を支出した）など多様な法令違反・不正の疑いがあることを根拠にした検査役選任申請を認めた大阪高決昭和55年6月9日判タ427号178頁などは参考になる。

　2つ目は、「定款所定の目的の範囲外」を理由とする場合である。そもそも、取引安全の観点から、会社の定款所定の目的そのものに包含されない行為であっても、目的遂行のために必要な行為であれば目的の範囲内の行為と解され、その必要性は客観的・抽象的に必要かどうかによって決するというのが一般的である。検査役選任申請時の「定款違反」の解釈についても同様のことが妥当すると考えられ、裁判例をみても、例えば、「石炭採掘及び販売、電気機器、造船、印刷」など多様な事業が定款に書き込まれていた会社が台湾の会社に機械を輸出し、未収売掛金を生じさせ、株主が「定款の目的の範囲を逸脱した」と主張し検査役の選任を申請した事件に関して、東京高決昭和60年5月21日判時1157号153頁は、厳密に「貿易業」「建設機械」という文言が当時定款に書かれていなかったとしても、もともと定款所定の目的が多角的でその諸般の

---

29) 本文でも紹介した大阪高決昭和51年4月27日判時836号107頁は、法律上の手続を欠いた第三者への新株有利発行も争点となっている。
30) コンメ8巻116頁〔久保田〕。
31) 江頭33頁、田中33頁、最判昭和27年2月15日民集6巻2号77頁、最大判昭和45年6月24日民集24巻6号625頁など参照。

拡充発展を意図がうかがえる点などから、上記輸出等は定款所定の目的を達成するのに必要または有益な行為と認め、申請を却下した。一方、申請を認めた事例として、大阪高決昭和51年4月27日判時836号107頁がある。これは、「麻糸、麻布、麻袋その他繊維工業品の製造加工及び販売」とそれの「附帯関連事業」を目的とする定款を有する会社で、突如ボーリング場の建設を行ったことが法令・定款に違反する重大事実を疑うべき事由に該当するとして、株主が検査役選任申請をした事案であるが、大阪高裁は申請を認容した。

　結局、これらの結論の違いは「定款に記載された目的」の広狭に依存する。前掲大阪高決昭和51年4月27日では、もともと定款所定の目的を狭く書いていた会社が定款変更を経ずに全く違う事業をしたことの不当性が評価された例外的な事例であると考えられる。既述のとおり、定款所定の目的が拡大解釈されうる余地があり、また、多くの会社はもとから広く多様な目的を定款に書き込むので、裁判所は前掲東京高決昭和60年5月21日のような解釈をとることが多いと推察される[32]。検査役選任申請を考える株主側としては、対象会社の定款も確認することが必要であるが、「定款の目的の範囲外」という主張は、逸脱が甚だしい前掲大阪高決昭和51年4月27日のような場面に限られるであろう。

　3つ目に注意が必要なのは「経営判断原則」との関連性である。「子会社への貸付・融資」の事例であるが、経営者の裁量的判断を尊重する観点から、当該融資等が善管注意義務に違反するかどうかの判断に関しては経営判断原則[33]が適用されることを示したうえで、検査役の実体要件についても、経営判断原則同様の判断基準を及ぼして、申請を却下した事例がある（東京高決平成10年8月31日金判1059号39頁[34]）。通説は、少数株主に情報収集の権利を保障するという制度趣旨を重視して、役員等の損害賠償責任そのものが問題となる場面よりも慎重に同原則を適用すべき、検査役の選任を容易に認めたうえで調査権限や調査事項の限定などにより柔軟に対処すべき[35]等の理由付けにより、同決定の考え方を直接に他の事例に及ぼすことに関して消極的である。検査役調査の段階で経営判断原則の考え方に照らして取締役の責任発生の確証が持てる場合

---

32) なお、久保田光昭「判批」ジュリ916号112頁参照。
33) 最判平成22年7月15日裁時1512号1頁参照。

はほとんどなく、もしこの考え方が他の事例に拡張されてゆくと、検査役による調査は極めて使いにくいものとなってしまう。慎重に事例の蓄積を見守る必要があろう。

(2) 権利濫用

条文上明記されていないが、権利濫用に当たる申請は却下されることがある。例えば、検査役の選任に関して、株主が会社の株式を買い集め、最終的に当該株式を当該会社に高値で買い取らせるなどして困惑させる目的が認定され、それが株主としての正当な権利行使の域を超えた権利濫用に該当するとして、検査役の選任を認めなかった事例がある（東京高決昭和59年3月23日判時1119号144頁）。

4　検査役の地位・権利義務

(1) 資格等

資格制限はないが、職務の性質上、取締役・監査役や支配人その他の使用人はなれない[36]。会社との関係は準委任契約（民法656条）である。実際には弁護士が選任され、補助者として公認会計士が使用されることが多いが[37]、公正な検査実施確保の観点から、申立人たる株主が推薦することはできない[38]。

---

34) なお、同様に「法令に違反する重大事実」の疑いを認めなかった事例としては、東京地決昭和59年9月7日判時1148号147頁がある。これは、構造的不況業種（当時）たる製糖業界で、厳しい経営環境で長年損失を計上していた会社において、営業譲渡をせずに個々の資産に分割して売却する方法、またその価格が低かったこと等につき、「法令違反の重大事実」等を理由として検査役の選任が申請された事件である。東京地裁は、直ちに法令違反・不正行為に該当しない等の理由によって却下しているが、その判断の過程で、（経営判断原則そのものではないが）当時の取締役の裁量判断を尊重するような判示がなされている。もっとも、資産等の売却後に解散決議を行い、検査役申請時には清算手続中であったなど、若干特殊な事例である。

35) コンメ8巻117頁〔久保田〕、上田純子「株式会社における経営の監督と検査役制度—イギリスにおける展開を機縁として—（二・完）」民商116巻2号32〜33頁、藤原俊雄「判批」金判1080号58頁。

36) 江頭594頁。

37) 田中357頁。

38) 中村・前掲注3) 82頁。

(2) 検査役の調査権限

　調査権を制限する明文規定はなく、既述の通り株主の疑う「不正の行為」「法令定款違反」の全般に及びうるが、裁判所はその調査事項を限定することができ（大阪高決昭和36年7月10日下民集12巻7号1640頁、前掲大阪高決昭和51年4月27日など）、実務上そうするのが通例である。検査役は必要があれば、子会社の業務・財産状況まで調査できる（法358条4項）。また、過去の事実についても調査可能である[39]。なお、取締役等がその調査を妨げた場合は申立株主に損害賠償責任を負い（法429条）、過料に処せられる（法976条5号）[40]可能性がある。

(3) 検査役の義務

　裁判所の選任要請に対し検査役候補者が承諾することで検査役に就任するが、承諾をする義務はない[41]。検査役は株主や裁判所の指示に従った調査をする義務を負う。また、調査の過程で知りえた情報を不必要に漏洩しない義務を負い、弁護士が選任された場合は弁護士法23条がその根拠となる他[42]、情報漏洩防止等に関する関する細かい制約は、選任時に裁判所がつけることができる[43]。その他、収賄等（刑罰：法967条1項1号）、裁判所に対して虚偽の報告や事実の隠蔽をすること（過料：法976条6号）等が禁止される。

(4) 検査役の報酬等

　非訟事件として検査役の報酬を裁判所が定め[44]、この報酬は最終的に会社が負担する[45]。なお、検査役には意見陳述の機会がある（法870条1項1号）。

---

39) コンメ8巻122頁〔久保田〕。
40) 中村・前掲注3) 82頁。
41) コンメ8巻120頁〔久保田〕。
42) なお、公認会計士が選任される場合は、公認会計士法27条が根拠となる。吉村信明「業務財産状況検査役に関する一考察」志學館法学1巻1号89頁参照。
43) 山田弘之助「株主の会計帳簿閲覧権と検査役選任請求権」鈴木忠一ほか編『会社と訴訟（上）』（有斐閣、1968）568頁。
44) 新基本法コンメ2巻170頁〔丸山秀平〕。
45) コンメ8巻122頁参照〔久保田〕。

5　裁判および不服申立て等

(1) 検査役選任に関する審理

先述の通り、非訟事件に当たる（法868条）。審問期日や関係者の意見陳述は必要ではなく、会社に対する申立書等の写しの送付も法律上は必要ではない（法870条の2第1項）が、実務上は申立株主と会社、検査役候補者を呼び出して審理を行うのが通例である。[46] 株主は358条所定の「重大な事実があることを疑うに足りる事由」を証明（疎明では足りない。前掲千葉地裁佐倉支決昭和49年3月11日）しなければならず（法869条）、形式的要件も含め適法な申請に対しては、裁判所は必ず検査役の選任をせねばならない（法358条2項）。なお、実務上は裁判所が申立書の段階で要件を満たす見込みがあると判断すれば検査役候補者を確保した上で審問期日が開かれることも多い。[47]

(2) 検査役選任の裁判

株主からの検査役選任申立てに対する裁判は「決定」によってなされる（非訟事件手続法54条）。決定の告知は申立株主と検査役に対してなされ（同法56条）、実務上は会社に対してもなされる。[48] 検査役を選任する決定に対しては理由は必ずしも付されず（法871条2号、874条1号）、会社からの不服申立てはできない（法874条1号）。この決定後も裁判所の職権で取り消しや変更がなされる場合がある（非訟事件手続法59条）。一方、株主からの選任申立てを却下する決定には必ず理由が付され（法871条）、株主側は2週間の不変期間内に即時抗告が可能である（非訟事件手続法66条2項、67条、69条）。

(3) 検査役による調査結果報告とその後の措置

検査役の調査結果は裁判所や会社、申立株主に報告される（法358条5項、7項。なお、追加報告につき6項）。これを受けて、裁判所は必要があると認

---

46) 中村・前掲注3) 86頁、松田山下209頁。
47) 中村・前掲注3) 86頁、松田山下209頁。
48) 中村・前掲注3) 87頁、松田山下212頁。

めるときは、「一定の期間内に株主総会を招集する」か、または「調査の結果を全株主に通知する」の一方または双方を会社に対し、決定（非訟事件手続法54条）の方式で命じなければならない（法359条。理由は必ず付される；871条）。この命令に対して、会社は2週間の不変期間内に即時抗告ができる（非訟事件手続法66条1項、67条）が、執行停止の効力はない（別途申立て必要：同法72条1項）。命令への違反には過料の制裁がある（法976条2号・3号、18号）。

【参考文献】

上田純子・松嶋隆弘編『会社非訟事件の実務』（木精舎、2017）

中村直人『会社訴訟ハンドブック』（商事法務、2017）

松田亨・山下知樹『実務ガイド　新・会社非訟【増補改訂版】』（きんざい、2016）

大江忠『要件事実会社法（2）』（商事法務、2011）

山口和男『〔改訂版〕会社訴訟非訟の実務』（新日本法規、2004）【旧商法下文献】

山口和夫ほか『商事非訟・保全事件の実務』（判例時報社、1991）【旧商法下文献】

II 株主による取締役の行為の差止請求（法360条）

1 会社法上の差止制度

　平成26年会社法改正においては、会社法中に差止請求制度が積極的に導入されたが[49]、明治期のオリジナルの商法典に存在していたのは、物権的妨害排除請求型の商号使用差止めの制度のみであった。

　明治17年のロェスレル商法草案は、他人の屋号を妄用する者に対する被害者の傷害所為の停止および損害賠償の規定（31条）を起草し[50]、明治23年の旧商法典も登記商号のみを保護対象とするほかはほぼ同一の規定を有し（30条）[51]、明治32年の商法においても、文言の修正を図りつつ、登記商号の専用権に基づく差止めおよび損害賠償の制度を設けた[52]。したがって、現在の会社法総則（8条2項）および商法総則（12条2項）に見出される商号使用の差止めの制度は最も古いといえるが、第三者との関係での商人のアイデンティティとそのブランド価値の維持、あるいは、競争上の利益保護という会社法上の他の差止制度とは異なる——むしろ、知的財産法、不正競争防止法、あるいは独占禁止法上の差止制度に近い——趣旨に出（い）でたものである[53]。本節で取り上げる

---

49)　平成26年会社法改正前には、①本差止請求権および次節で取り上げる執行役の行為の差止請求権（360条、422条）に加え、②募集株式・募集新株予約権発行差止請求権（210条、247条）、および、③略式の吸収型組織再編行為の差止請求権（旧784条2項、796条2項）が株主に付与されていたところ、同改正により、④全部取得条項種類株式の取得の差止請求権（法171条の3）、⑤特別支配株主の株式等売渡請求の差止請求権（法179条の7）、⑥株式併合の差止請求権（法182条の3）、⑦組織再編行為の差止請求権（法784条の2、796条の2、805条の2）が新たに加えられた。インジャンクションに関する先駆的研究として、田中和夫「英法における差止命令（Injunction）」法政研究2巻2号、柳川俊一「英米法における仮処分（Injunction）の研究」司法研究報告書9輯2号など。

50)　司法省『ロェスレル氏起稿商法草案（上、下）』（新青出版、1884）参照。

51)　他人の屋号の妄用とは、自己を標示すべきため、自己に使用権のない屋号を使用し、理由なく、他人の権利を侵害するものをいうと同草案31条には注釈が付されている。同注釈では、他人は必ずしも商人に限定されないとも記載されている。同条の差止めおよび損害賠償の制度は、他人の屋号妄用のほか、営業および屋号の譲渡の際の譲渡人および譲受人の負担すべき得意先付随移転義務（29条）、営業廃止の約束の期間および地理的適用制限（30条）にも及び、立法意図として、救済は一般的な民事訴訟手続によるべきである旨が注記されている。

52)　現行法は、保護対象を登記商号に限定していない。

差止請求制度は、第二次世界大戦後接ぎ木されたアメリカ衡平法上の差止命令制度（injunction；以下「インジャンクション」という。）に相当する制度であり、古典的な商法上の差止制度とは何ら連関性がないことをまず確認する次第である。

2　違法行為差止制度の意義・沿革

株主および同様に各監査役・各監査等委員・各監査委員に付与される違法行為差止請求権（法360条、385条、399条の6第1項、407条1項）は、株主総会開催禁止・決議禁止の仮処分など、会社法に直接の根拠規定がない、会社における多くの業務執行上の差止仮処分の被保全権利の根拠になりうる、実体法上の差止請求権として意義を有する。

株主による取締役の違法行為差止請求制度は、冒頭でも触れたように、昭和25年商法改正[54]の際にアメリカ衡平法上のインジャンクション制度に倣い、新株発行差止めの制度と同時に導入されたものである[55]。取締役および取締役会には監督権限があり（法348条2項、362条2項2号・3号）、監査役設置会社にはさらに監査役にも監査権限がある（法381条以下）。したがって、第1次的には、これらの内部機関の適切な権限行使により、取締役の違法行為を事前に阻止することが期待されるが、現実には馴れ合い・情実等により、それらの権限が発動されないことが大いに想定されうる。昭和25年の商法改正は、そのような考慮のもと、株主代表訴訟制度（会社法上の用語としては、責任追及等の訴え）とともに、本制度を導入したのである[56]。従前は、取締役の個々の具体的行為を阻止する制度としては、職務執行停止および職務代行者の選任の仮処分申立て（民事保全法56条、法352条）の制度しかなかった。

---

53) 英米法上の cease and desist order に相当するものといえる。

54) 昭和25年の商法改正は、英米法専攻の高柳賢一教授をヘッドとしてなされたことから窺い知れるように、アメリカ法の影響を強く受けてなされ、その結果、アメリカ法上の概念や制度が数多く移入された。詳細については、中東正文「GHQ相手の健闘の成果―平成25年・26年の改正―」浜田道代編『日本会社立法の歴史的展開』（商事法務研究会、1999）218頁以下、中東正文編著『商法改正［昭和25年・26年］GHQ/SCAP文書』（信山社、2003）解20頁など。

55) もっとも、この規定自体は、イリノイ州事業会社法8条を母規定とするとされる（田中誠二『三全訂　会社法詳論［上］』（勁草書房、1993）707頁）。

56) 江頭504頁注（13）。

ちなみに、監査役による違法行為差止請求権は、監査役の権限強化の一環として昭和49年改正によって新設された。会社法は、平成17年改正前商法272条および275条ノ2を基本的には360条および385条1項として承継した。さらに、平成14年に、「株式会社の監査等に関する商法の特例に関する法律」が改正されて委員会等設置会社制度が設けられ、監査委員および株主による執行役の差止請求制度が規定された（同法21条の10第5項、21条の36第2項）。法407条は、同法21条の10第5項を書き下ろしたうえ承継するものである（なお、この点については、本章Ⅲにてやや詳しく述べているので、そちらも併せて参照されたい）。また、平成26年の会社法改正により、監査等委員会設置会社に関する諸規定が導入されたことに伴い、監査等委員にも同様の差止請求権が規定された（法399条の6第1項）。後述するように、本制度はしばしば責任追及等の訴えの制度に比肩されうるが、責任追及等の訴えの場合とは異なり、緊急性があるため、会社に対して差し止めるべきことを請求するという第1段階を踏む必要はない。

　本節においては、必要に応じて、監査機関に付与される同様の制度との比較の視座をも併有しつつ、株主権としての取締役の違法行為差止請求制度に絞って概説する。指名委員会等設置会社における株主による執行役の違法行為差止請求制度については、節を改めて取り上げる。なお、清算株式会社における清算人に対しても、株主の違法行為差止請求権に関する規定が準用される（法482条4項、360条）。

　差止めは、株主の監督是正権および救済の方途の1つとしてその理論的効用は大きいと思われるものの、株主が取締役の違法行為等を知ることが困難であるという現実的な制約から、実務的にはあまり利用されていないようである。[57]

3 制度の概要

　法360条1項は、6か月前から引き続き株式を有する株主は、取締役が株式会社の目的の範囲外の行為その他法令もしくは定款に違反する行為をし、またはこれらの行為をするおそれがある場合において、当該行為によって当該株式

---

57) 例えば、逐条解説4巻455頁〔高橋英治〕。

会社に著しい損害が生じるおそれがあるときは、当該取締役に対し、当該行為をやめることを請求することができると規定する。6か月の継続保有期間は、定款の定めによって短縮することができる。非公開会社（法2条5号反対解釈）にあっては、株主は6か月以上の保有期間制限を受けない（法360条2項）。さらに、監査役設置会社、監査等委員会設置会社または指名委員会等設置会社にあっては、当該行為によって当該株式会社に回復することができない損害が生じるおそれがあるときに、本請求権を行使できることとされる（同条3項）。ここでいう監査役設置会社とは、定款によって監査役の監査範囲を会計監査に限定していない会社であり（法2条9号括弧書）、逆に、監査役が定款の定めにより会計監査権限しか有しない場合（監査役会および会計監査人非設置の非公開会社に限られる（法389条1項））には、当該監査役に差止請求権はなく（同条7項、385条）、株主は、株式会社に「著しい」損害が生じるおそれをもって、違法行為差止請求権を行使しうる。

　個別の要件について、以下、詳説する。

4　差止請求の当事者・請求方法

　上記規定の文言から明らかなように、差止請求をなしうるのは、公開会社では6か月前から引き続き当該会社の株式を有する株主であるが（法360条1項）、非公開会社では保有期間制限はなく、請求時点で株主であればよい（同条2項）。非公開会社について、株式の継続保有要件を外したのは、会社法制定にあたり、旧有限会社法と平仄を合わせたものである。議決権を有しない株主にも請求権が与えられる。会社法の下では、定款自治による少数株主要件の緩和を認めており、本制度においても公開会社の株式の継続保有期間を定款で短縮できる。とはいえ、差止請求期間を通じて1株以上を保有する株主である必要はある。単元株採用会社における単元未満株主については、責任追及等の訴えの場合とは異なり、定款で単元未満株主による権利行使ができない旨が定められている場合を除く旨が明文で規定されているわけではないものの（法847条1項本文第二括弧書参照）、定款上、単元未満株主が本差止請求権を行使することができない旨の定めを設けることは可能である（法189条2項、同項6号、規35条）。旧商法において、定款をもってしても奪うことができない

II　株主による取締役の行為の差止請求（法360条）

権利とされていたものを、経済界の要望を受けて会社法で改められたものである[58]。相手方は、取締役である（募集株式発行等他の会社法上の差止めの場合には相手方は株式会社となるので注意する必要がある（法171条の3、182条の3、210条、247条、784条の2、796条の2、805条の2））。相手方となる取締役の範囲については、後述のように表見代表取締役（法354条）にあたる場合はもちろんのこと、そうではない場合を含め、代表権を有しない取締役も含まれると解するべきであろう。この点、対象となるのは、代表取締役の違法行為等に限られ、取締役会の議題が法令定款違反に該当するような場合には、そのような決議の成立を阻止することは各取締役の任務であって、株主が決議の成立を差し止めることはできないと解するものがある[59]。しかし、例えば、取締役の利益相反取引の承認（法356条1項2号・3号、365条）のように、取締役会決議に基づいて代表取締役の業務執行がなされるわけではなく、取締役会決議を根拠に対外的法律効果が生じるものもある。そのような場合には、取締役会決議を成立させること（法令定款に適合しない議題に基づく取締役会の招集、および、当該取締役会における取締役の議決権行使）自体を阻止する必要があると考えられる[60]。

裁判上で請求する場合には、これらの要件を満たす者が原告となり、違法行為等を行い、または行おうとしている取締役を被告として、取締役による定款の目的の範囲外または法令・定款違反の行為への「会社の」差止請求権を訴訟物として、差止請求を行うことになる。したがって、株主は法定訴訟担当となると解される[61]。当該行為が終了するまでに差止請求をしなければ差止請求権が消滅するので、当該行為終了後は当該訴えは却下される。したがって、実務的には、差止仮処分申立て（民事保全法23条2項参照）という形をとらざるをえないであろう。

なお、いったん、上記の者が差止請求の訴えを提起した場合、会社や他の株主は別個に訴えを提起することができず、訴訟参加（民事訴訟法42条以下参照）によることとなる。仮処分についても、同様であり、会社や他の株主は別

---

58) 岩原紳作「新会社法の意義と問題点I　総論」商事法務1775号14頁。
59) 大隅今井247頁。
60) コンメ8巻139頁〔岩原紳作〕。

個に仮処分の申立てをすることができない。

5 差止事由

　差止事由は、①取締役（執行役）が、会社の目的の範囲外の行為[62]、その他法令・定款に違反する行為をし、またはこれらの行為をするおそれがある場合に、②当該行為によって会社に「著しい損害」（監査役設置会社、監査等委員会設置会社、または指名委員会等設置会社以外の会社）、または、「回復することが

---

61) 責任追及等の訴え（法847条以下）に類似の性質を有すると解されるので、同訴えにおけると同様に、会社の提訴権を訴訟物とし、株主を訴訟担当と構成するのが通説的理解となると思われる（鈴木正裕＝青山善充編『注釈民事訴訟法（4）』（有斐閣、1997）436～437頁〔伊藤眞〕、伊藤眞『民事訴訟法（第6版）』（有斐閣、2018）192～194頁ほか、参照）。会社に対する請求を要せず株主に直接取締役への請求権行使を認めているのは、本文にも述べたように、手続に迅速性が要求されるゆえである。監査役等の差止請求権についても同様に考えられている。もっとも、そうであるとすると、訴訟物は、「会社の」違法行為差止請求権であり、監査役等は法定訴訟担当となる。もっとも、監査役等が取締役に対し違法行為差止請求を裁判上行った場合、監査役等は会社と取締役との間の訴訟について会社の代表権を有しているので（法386条、399条の7、408条）、仮に、訴訟物が「会社の」違法行為差止請求権であるとすると、監査役等は訴訟担当としてではなく会社代表者として提訴できるはずである。会社法の立案担当者である葉玉匡美氏の下記ブログに、株主の違法行為差止請求権と監査役等の違法行為差止請求権との整合性に悩まれたことが綴られている〈http://blog.livedoor.jp/masami_hadama/archives/50483540.html〉（2018年10月30日最終検索）。ちなみに、昭和25年商法改正に際して東京大学の矢沢惇助教授（当時）は、「商法の一部を改正する法律案要綱」（昭和24年8月13日、法務府から法制審議会に提出）の解説において、「アメリカ法の特色の一は、広汎な範囲で判例法上個人に機関的資格で訴えを提起する権利が認められていることであって、これが強大な権限を与えられた取締役の違法な行為を監督し、大陸法系の監査役に与えられた機能を営むものである」と記されている。矢沢助教授は、ドイツにおいて第二次世界大戦前に発表されたFriß Ernst Schmeyによるアメリカ会社法の紹介論文（F. E. Schmey, *Aktuelle Probleme des amerikanischen Aktienrechts*, Zeitschrift für das gesamte Handelsrecht und Konkursrecht, Bd. 96, 1931, S. 189ff）中の機関的訴権という概念に着目し、株主の機関的訴権には3つのタイプ、すなわち、①配当金請求権や新株引受権のような株主自身の権利に基づく訴え、②能力踰越、違法行為、あるいは会社財産流用行為の差止請求のような株主自身の権利に基づく機関的訴え、および、③取締役の任務違反、これに共謀する株主および第三者に対する損害賠償請求のような会社の権利に基づく機関的訴え、があるとする。興味深いのは、Schmey論文では株主の違法行為差止請求権は、新株発行差止請求権と同じく上記②のタイプに属し、③に属するとされる株主代表訴訟とは画線されていた（今日の通説的理解とは異なる）点である。詳細については、高田晴仁「株主による差止請求制度」法時87巻3号53～55頁。

62) 目的の範囲外の行為が差止事由として条文上明記されたのは、アメリカのデラウェア州会社法（124条1項）の影響によるものとされる（Delaware General Corporation Law §124 (1)；逐条解説4巻450頁〔髙橋〕）。アメリカ州法では、伝統的に、取締役が会社の目的の範囲外の行為をした場合にも、株主は組合契約違反に基づき差止請求することが可能とされている。

できない損害」(監査役設置会社、監査等委員会設置会社、または指名委員会等設置会社)があること、である。会社法の制定に際し、監査役等の監査機関の差止請求権の規定(法385条、399条の6、407条。なお、法399条の6は平成26年の会社法改正の際に同様の文言のもとに新設された)もっとも、法令・定款違反の行為のみならず、「これらの行為をするおそれがある場合」にも差止請求権の対象となることが明確にされた。

(1) 目的の範囲外の行為

一般的には、会社の目的を達成するために必要または有益な行為であると客観的に認められるものが目的の範囲内の行為であると解される。もっとも、そのように解すると、主観的に会社の目的達成に資さない行為、例えば、取締役が自己の遊興費を会社の事業資金として会社の名で銀行から借り入れるような行為は、目的の範囲内の行為となり、本差止請求の要件を満たさないことになる。客観的に目的の範囲を画定し有効とするのは対外的な取引安全の保護を考慮してのことであり、それをそのまま違法行為差止請求権の行使要件の解釈にあてはめるのは適切ではない。[63] 会社や株主共同の利益を内部的に保護するための事前の措置としての本制度が十分に機能しえなくなるおそれがあるからである。したがって、主観的に目的の範囲外となる行為に対しても、株主は違法行為差止請求権を行使しうると解するべきである(主観的目的外の差止請求が認められた事例として、東京高判平成11年3月25日判時1686号33頁)。

(2) 法令・定款違反の行為

法令・定款違反については、取締役の任務懈怠責任の要件と同様に解する必要はないと思われるので、故意・過失という取締役の主観的要件を必ずしも要しないと考えられる。[64] もっとも、現実には後述のとおり善管注意義務違反を理

---

[63] 山口和男編『会社訴訟非訟の実務(改訂版)』(新日本法規、2004)449頁。なお、異論として、田中・前掲注55) 706〜707頁。

[64] 差止請求権の本質に照らせば、取締役による会社財産に対する侵害行為を排除する局面においてそもそも取締役の帰責性は問題とならないはずである。民法上の差止請求権の解釈法理に関するものではあるが、近時の示唆に富む研究として、根本尚徳『差止請求権の理論』(有斐閣、2011) 422頁以下等。

由とする差止請求が通例であろうから、過失の有無の判断がなされることとなろう。法令には会社法のみならず取締役が職務遂行上遵守しなければならないあらゆる法令を含むと解され、これら幅広い法令中の特定の具体的な規定に違反するときはもちろん法令違反となるが、善管注意義務（法330条、民法644条）や忠実義務（法355条）に違反する場合も法令違反となる。5（3）に後掲する東京地判平成8年12月19日判時1591号3頁や東京地決平成16年6月23日金判1213号61頁においては、取締役の善管注意義務違反が問題となっているが、経営判断原則を適用して株主の差止請求が棄却されている。

会社法上必要な手続を欠く、あるいは、手続に瑕疵がある株主総会開催、自己株式取得、競業取引や利益相反取引、会社の重要な財産の処分、事業譲渡、社債発行等が具体的な法令違反の例に含まれよう。なお、全部取得条項付種類株式の取得、株式併合、特別支配株主による売渡請求、募集株式の発行等、募集新株予約権発行、あるいは、組織再編行為のように、会社法上差止請求権の根拠を有するもの（法171条の3、179条の7、182条の3、210条、247条、784条の2、796条の2、805条の2）について、本差止請求権を重畳的に行使しうるかという問題がある。例えば、具体的な法令または定款に違反して、あるいは、善管注意義務に違反して代表取締役により募集株式の発行が行われるような場合には、かかる発行に関与した取締役（取締役会等の決議に基づき代表取締役が業務執行する場面ではあるものの、4に既述したとおり、代表取締役による発行行為のみならず、その前段階である取締役会決議の瑕疵が認められる場合には当該取締役会における募集事項の決定を差し止めることも可能性としてはありうるかもしれない）に対し、株主が違法行為差止請求権を行使できることは当然である。[65] すなわち、上記各差止制度に関しては、そもそも請求の相手方が本請求権とは異なっており、差止めによって保護されるべき利益も相違しうるので、重畳適用を妨げる合理的理由はないと考えられるからである。[66] 組織再編行為の差止めについても、これをとくに否定する理由はないように思われる。

「違反する行為をし」によって、現に違反行為が行われ継続中である場合、

---

[65] 山田敏彦「取締役の違法行為差止を求める訴え」山口和男編『裁判実務大系21 会社訴訟・会社非訟・会社整理・特別清算』（青林書院、1992年）117頁。

また、「これらの行為をするおそれがある場合」によって、いまだ違反行為は行われていないものの、行われる可能性が極めて高い場合が捕捉される。無効な行為であっても、かまわない。ある行為が有効であるか否かは事後的に判断されることに加え、無効と判断された場合の原状回復の手間を考えると事前に差し止めておく実益はあるからである（東京地判昭和37年9月20日判タ136号103頁）（したがって、代表取締役のみならず、代表権のない取締役や表見代表取締役の行為についても対象となると考えられる）。他方、有効な行為については、いったん履行されてしまうと履行行為を差し止めることはできないから、それを履行前に差し止める要請は高い。

(3) 差止対象となる取締役の行為の具体例

（A）法令違反

招集手続に瑕疵がある株主総会開催の差止仮処分の申立てがなされた事例として、東京高判昭和62年12月23日判タ685号253頁および東京地決平成17年11月11日金判1245号38頁がある。

前者は、株主総会開催停止の仮処分命令を無視してなされた株主総会における取締役選任等の決議の不存在確認を株主が求めた事案である。被保全権利を取締役の違法行為差止請求権と構成することの可能性にも触れられているが、「……むしろ、本件仮処分の被保全権利としては［決議取消権ではなく（筆者注）］商法二七二条（360条（筆者注））による取締役に対する違法行為の差止請求権を考える余地があるが（被控訴人ら主張の違法行為の内容は右にみたとおりであって、その主張の事由（当事者間による持株数の争い（筆者注））から株主総会の開催自体が代表取締役の違法行為となり、同条による差止請求権の対象となるかはなお疑問がある。）、仮に本件仮処分が右差止請求権を被保全権利として株主総会開催の禁止を命じたものとしても、取締役の違法行為の差止請求権は、当該取締役に対して単純な不作為義務を課すものにすぎないもの

---

66) 募集株式の発行等、会社法が別途差止めを規定している場合に違法行為差止請求権を行使できないとするものとして、新谷勝『会社訴訟・仮処分の理論と実務（第2版）』（民事法研究会、2011）525〜526頁。差止めに関する明文の規定がない場合にのみ他の差止規定の類推適用等を通じて救済の方途を積極的に模索すべきとの趣旨の主張であるならば、首肯の余地はあるのかもしれない。

であって、義務違反が行われても会社に対する義務違反の責任を生ずるだけで、行為の効力を無効とするものではない。……」としており、非公開会社において株主間に覇権争いがあり、会社代表者が実際の持株数について株券台帳を意のままに書き換え、株主総会において行使しうる各株主の議決権数について実際の議決権数と異なる扱いをすることによって決議を自派に有利に成立させようとする場合にも、判旨は疑念を挟みつつも、法360条が適用される余地がないとはいいきれないことを認めている。

　後者は、株主権の帰属に争いがある場合に真の株主に招集通知をしないでなされた株主総会に招集手続の法令違反（法831条1項1号）または善管注意義務違反（法330条、民法644条参照）があるとして、準共有株主（権利行使者として指定された者（法106条本文参照））から代表取締役に対し商法272条（360条）に基づく差止請求がなされた事案である。

　決定要旨は、株主総会招集における手続違反を次のように認めつつも、株主総会が開催されることによって会社に回復困難な重大な損害を被らせることについては疎明がないとして、結論的には仮処分の申立てを却下している。

　「……以上によれば、その具体的内容を確定するには至らないが、相当数の本件名義株の存在について一応の疎明があり、今後、債権者がY社との間で、債権者ら亡Aの相続人が準共有株主であり、Y社が株主名簿上の株主が無権利者であることを知り、又は重過失により知らなかったことを立証した場合、本件株主総会の決議は、真実の株主でない者に議決権の行使を認めた点において手続上軽微とはいえない瑕疵を帯びることになる余地があることは否定することができないし、少なくとも本件認諾株49株については、真実の株主に招集通知を発しないまま、実質的権利を有しない名義上の株主にその権利を行使させる結果を招来することになり、本件株主総会については手続上の違法が生ずることについて疎明があることを肯定することができる。」

　上記2つの事例からは、招集手続に瑕疵がある株主総会開催について取締役の違法行為と構成し、法360条を根拠に株主が差止めを求めることは可能であることが示唆される。

(B) 善管注意義務違反ないし忠実義務違反

善管注意義務違反ないし忠実義務違反が存する重要な業務執行行為について、株主から違法行為差止請求がなされた事案として、①東京地決昭和56年10月29日判タ476号200頁、②東京地判平成8年12月19日判時1591号3頁、および、③東京地決平成16年6月23日金判1213号61頁がある。

①は、会社の工場跡地をショッピングセンターとして利用する計画を実施することが取締役としての善管注意義務および忠実義務に違反するとして、株主から商法272条（360条）に基づいてなされた取締役の違法行為差止仮処分命令申立てが、保全の必要性の疎明がないとして却下された事案である。

②は、東京電力福島第二原子力発電所運転差止訴訟として耳目を集めた事件である。そこでは、電力会社であるA社の株主らが原告となり、A社の代表取締役2名（以下、「代表取締役ら」という）を被告として、A社が設置・管理する福島第二原子力発電所内第三号機は事故再発の危険性が極めて高く、その運転の継続を命じることは電気事業法39条1項等に違反すると主張し、商法272条（360条）に基づき、同発電機の運転の差止めが請求された。

判旨は、電気事業法39条1項は、文理上、事業用電気工作物の使用を直接に規制するものとなっていないことのほか、同法40条においても同工作物の使用の禁止までは規定されていないのであるから、技術基準に適合しない同工作物の使用の継続が、直ちに、商法272条にいう法令違反を構成するものではないこと、および、原子炉施設を設置・運用する会社の取締役には、原子炉施設の事故の発生を未然に防止する注意義務があるが、原子炉施設の安全性・健全性に関する評価・判断は、極めて高度の専門的・技術的事項にわたる点が多く、原子炉施設を設置・運転する会社の代表取締役としては、特段の事情がない限り、資源エネルギー庁および原子力安全委員会が専門家の調査検討に基づいて下した評価・判断に、通常、依拠することができ、また、依拠することが相当な評価・判断というべきであるから、その評価・判断に基づき、事故防止対策措置を講じたうえで、原子力発電機が安全な状態にあるものと判断して、その運転再開を命じた行為は、善管注意義務違反を認めるべき特段の事情にはあたらないこと、を示し、原告株主らの請求を棄却した。判旨前段は、違法性の解釈に関わる論点である。電気事業法も法360条によって捕捉される法令に

当たることは前述のとおりであるが、根拠条文が禁止規定となっていないことから具体的法令違反行為とまでは解釈できないことが提示されている。そのことを前提として、判旨後段は、被告代表取締役らに善管注意義務違反があるか否かを判断している。経営判断原則を適用して被告代表取締役らの善管注意義務違反が否定されていることが注目される。

③は、リコール隠し等の事実が明るみに出て信用が失墜し業績が悪化していた三菱自動車を、グループ会社である三菱重工（以下、「Ａ社」という）がその優先株を引き受けることによって支援したことに端を発する。Ａ社の株主らが仮処分債権者となり、同社の代表取締役である相手方に対して、同社がリコール隠し等により信頼が急速に失われつつある同一グループの自動車会社の発行する優先株を引き受けることは、取締役としての善管注意義務に違反するとして、同引受けの差止めを求める仮処分を申し立てた。本決定は、経営判断原則および本件仮処分決定の持つ影響を考慮すれば、支援を決定したＡ社の代表取締役の判断について、仮処分決定によって事前差止めを命じなければならないほどの明白な善管注意義務違反が認められるかという観点からの検討が必要であるとの認識を示したうえで、本件では、Ａ社の代表取締役が本件支援決定を行った時点での客観的な情勢についての分析・検討に不注意な誤りがあり合理性を欠いていたとまでは認められず、その結果に基づいて決定した本件支援の時期や規模・内容についても明らかに不合理であって善管注意義務に違反するということはできないとした。③においても、経営判断原則により、取締役の善管注意義務違反が否定されている点が注目される。経営困難に陥ったグループ会社の支援決定はすぐれて経営裁量事項であることに鑑みれば、一般論として、裁判所による差止めの認容はまず期待できないと思われる。

(4) 「著しい損害」と「回復することができない損害」

差止要件として、監査機関の存否によって程度の差はあれど、取締役の違法行為等によって会社に損害が生じていることが規定されている。事後の損害賠償では十分な救済が図られえない場合であるから、損害の程度が高いことを要件とする趣旨である。監査役設置会社、監査等委員会設置会社、または指名委員会等設置会社では、それ以外の会社における損害の程度が「著しい損害」と

II　株主による取締役の行為の差止請求（法360条）

されているのに対し、「回復することができない損害」と、より高度なレベルが要求されている。監査役設置会社、監査等委員会設置会社、または指名委員会等設置会社においては、監査役、監査等委員、または監査委員にも違法行為差止請求権が付与され、「著しい損害が生ずるおそれがあること」を要件として発動することが認められている（法385条1項、399条の6第1項、407条1項）。業務執行の監視に関する株主の役割を監査役、監査等委員、または監査委員に劣後させ、差止めによる会社の損害回避の利益と取締役の円滑な業務執行権の行使（株主による濫用の抑止）とのバランスを図るものといえよう。[67]

「著しい損害」とは、他の手段による救済可能性を衡量しつつ、責任追及等の訴えのような事後的措置によって会社や株主が救済されず、事前的措置を講じることが必要かつ相当と認められる場合に、請求権行使を許容する前提として相対的レベルで観念される損害である。他方、「回復することができない損害」には、性質上あるいは物理的に損害の回復が不可能な場合（処分された財産を取り戻せず、しかもその損害が賠償責任によって償われきれない）のみならず、費用や手数などの観点から回復が相当に困難な場合をも含むと解される。[68]

監査役による差止請求権行使の事例ではあるが、「著しい損害」が認定されたものとして、東京地決平成20年11月26日資料版商事法務299号330頁がある。K社の常勤監査役が、同社の代表取締役に対して、I社への返済期限の猶予およびS社への会社財産の譲渡を禁じる旨の仮処分を求めた。代表取締役の忠実義務ないしは善管注意義務およびK社に著しい損害が生じるおそれが認められ、I社への返済期限の猶予、および、S社への財産の譲渡を禁ずる旨の仮処分命令がなされた。

「著しい損害」の判断に際し、本決定は、「（I社への返済期限の猶予について（筆者注））I社の財務状況は流動比率が98％、当座比率が22％であり、財務的には危険な状況である（証拠略）。そして、K社のI社に対する本件貸付けの金額が大きく、担保も供されていないことから、ただちに回収手段に着手しなければ、回収不能となる危険性が極めて高い。したがって、返済期限を猶

---

[67]　山田・前掲注65) 119頁、逐条解説5巻346頁〔野田博〕、江頭憲治郎・中村直人編著『論点体系会社法（3）』（第一法規、2012) 384頁〔受川環大〕、参照。
[68]　新版注釈6巻427頁〔北沢正啓〕。

予した場合には、K社に著しい損害が発生することは必至である。……（S社への財産譲渡について（筆者注））S社は……度々K社に対し、代金の支払を求めてきているが、K社からの書証提出の求めには一切応じない一方、……S社の代表取締役Gらが K社に押しかけ、……代金を支払え、との主張を執拗に繰り返して居座るなど（証拠略）、通常の商取引を逸脱した行動と評価せざるを得ない。かかるS社の対応からすれば、いかなる名目であっても金銭等の支払い［ママ］がいったんなされてしまえば、その返還を求めるにあたっては非常な困難が生じることは明らかである。……（K社の財務状況について（筆者注））K社は、現在、債務者が代表取締役に就任したことで著しくその信用が毀損されており、取引銀行すべてから融資を断られるという状況にある。また、対内的にも、取締役1名が辞任し、監査役2名も辞表を提出するとの事態が生じている。そして、株価は市場全体の下落率の幅を大きく超えて下落しており、……かかるK社の状況において、I社への貸付けの期限の猶予がなされ、あるいはS社への支払がなされれば、財務状況が取り返しのつかない状態にまで悪化することは必至である。」とする。すなわち、著しい損害を単に相対的に高いレベルにある損害というのみならず、その回復可能性にも言及している点で、むしろ回復することができない損害に近い損害と捉えているようである。「回復することができない損害」にあたるかが一争点となったものとして、東京地判平成11年11月30日資料版商事法務195号44頁、および、会社に関する事例ではないが、法360条1項を準用する「投資信託及び投資法人に関する法律」（以下、「投信法」という）109条5項に基づく差止事例として、東京地決平成22年5月10日金判1343号21頁がある。

前者は、コンクリート製品の製造販売等を目的とする株式会社の監査役が、同社の代表取締役および取締役である被告らに対し、債権の適切な管理を怠ったとして、会社を代表して損害賠償請求訴訟を提起したのに対し、代表取締役である被告が、監査役の訴えの提起は不法行為であるとして、監査役に対し損害賠償請求訴訟を提起したところ、同社の株主である原告が、商法272条（360条）に基づき、同被告に対し、監査役に対する訴えの取下げおよび監査行為の妨害の差止めを求めたものである。判旨は、「……取締役が訴えを提起して訴訟手続を行うことを差止める請求をすることができる場合に当たるとい

II 株主による取締役の行為の差止請求（法360条）

うためには、その差止めにより、会社が権利を訴訟により実現する途をあらかじめふさいでしまうことを考慮すると、取締役が提起した訴えに理由がないことが明らかなために、その訴えの提起及び訴訟手続の続行が不法行為に当たることが明白であって、しかも取締役に対する事後的な損害賠償の請求によっては回復することができない損害が会社に発生するおそれがあるというような、特別な事情がある場合に限られると解すべきであるが、本件においては、被告が取締役として提起した訴えについて、このような特別な事情があるとまでは認められない。」として、株主の請求を認めなかった。判旨は、「取締役に対する事後的な損害賠償の請求によっては回復することができない損害が会社に発生するおそれがある」ことを解釈基準として定立してはいるが、取締役個人の基本権保障の要請との衡量のうえではやむを得ないとしても、株主による取締役の訴訟手続の遂行の差止めが許容される事情をこのように制限的に解すると、株主による差止めが認容される余地はほぼなくなる。本件では、取締役が監査役に対して提起した損害賠償請求訴訟は適法であり、かつ、監査役が会社を代表して訴求したのが事後的な損害回復が可能であることを前提とする損害賠償請求訴訟であったからか、そもそもいかなる場合に「回復することができない損害」が生じるおそれがあるといえるのかについての判断は示されておらず、先例としての意義は乏しい。

　これに対し、後者は、投信法に基づき設立されたZ投資法人の投資主である債権者が、Z投資法人の代表者たる執行役員である債務者に対し、本件新投資口の発行は、その払込金額が投信法82条6条に定める投資法人の保有する資産の内容に照らし公正な金額ではない違法があり、また、本件新投資口発行によりZ投資法人に回復することができない損害が生ずるおそれがある等と主張して、投信法109条5項に基づく違法行為差止請求権を被保全権利として、当該新投資口発行を仮に差し止めることを求めた事例である。投信法109条5項は、法360条1項を準用しつつ、「著しい損害」を「回復することができない損害」と読み替えることを定めている。申立ては、本件新投資口の払込金額が投信法82条6項の公正な金額ということはできない違法なものであると一応認めることができること、また、債務者の本件新投資口発行により、Z投資法人には回復することができない損害が生ずるおそれがあるものと認められる

101

ことから、認容された。

「回復することができない損害」の認定に際し、本決定は、次のように判示している。「……債務者は、『本件特定目的会社が債務者と通じて著しく不公正な払込金額で本件新投資口を引き受けた場合には、本件特定目的会社は、公正な金額と払込金額との差額を本投資法人に支払う義務を負担することになる（投信法84条1項、法212条1項）から、その損害は事後的に回復可能であり、これをもって回復することができない損害であるということもできない。』旨を主張する。しかし、本件新投資口発行によって発生するであろう損害額は、上記のとおり相当多額に及ぶと考えられること、また、「公正な金額」について争いがあるうえ、要件が異なる（「取締役と通じて」、「著しく不公正」）ため、仮に本件特定目的会社が本件新投資口の払込金額のほかに各2億6000万円程度の現金を保有しているとしても、本件特定目的会社が当然に上記支払義務を負うものとはいえず、仮に本件特定目的会社に対して訴訟等の手続をとり、勝訴したとしても判決の確定を待っていては資産が散逸することも考えられるのであり、上記損害額を回復するのに相当の困難を伴うものと一応認められる。」とした。実質的な損害回復可能性（損害額の多寡、回復手段の有無、実現可能性等）を総合的に判断したうえで、回復することができない損害と判断したものである。

6　責任追及等の訴えの規定の類推適用

取締役の違法行為差止めの訴えの性質は、責任追及等の訴えのそれに類似するので、担保提供、訴訟管轄、訴訟参加・訴訟告知、勝訴株主の権利、敗訴株主の責任などの点については、責任追及等の訴えに関する規定（法847条以下）が類推適用されうると解される[69]。もっとも、訴訟管轄については、法848条を類推適用して会社の本店の所在地の地方裁判所を専属管轄とすることも考えられるが、これには異論もある[70]。異論、すなわち、専属管轄に関する規定をみだりに類推適用すべきでないと解する立場をとる場合には、民事訴訟法上の原則により、仮処分申立ての場合も含め、社団の役員に対する訴えに準ずるも

---

69)　山田・前掲注65) 120頁。
70)　大隅今井 250頁ほか。

のとして、会社の本店の所在地を管轄する地方裁判所（民事訴訟法1条、5条8号ロ、4条4項）、加えて、被告である取締役の普通裁判籍の所在地を管轄する地方裁判所（同法1条、4条1項）へ提訴（仮処分の場合には申立て（民事保全法12条1項））も許されることとなろう。法847条1項ただし書の類推適用により本差止請求に謙抑的に対応することも許されないと解する。なお、4に前記したとおり、会社の違法行為差止請求権が訴訟物であり、株主は法定訴訟担当となると解されるので、判決の効力は、会社にも及ぶ（民事訴訟法115条1項2号）。

7　違法行為差止仮処分の申立て

　前述したように、取締役の行為が終了する前に差止請求をしなければならない関係で、通常は、違法行為差止請求権を被保全権利として仮処分申立ての形をとることとなる。債権者は、上述した保有要件を満たす株主（監査機関が申立てを行う場合には、監査役、監査等委員、または監査委員）である。本仮処分は、債務者である取締役に対し当該行為をしてはならないという不作為を命じる仮の地位を定める仮処分であり（民事保全法23条2項）、しかも、差止請求権そのものを実現する満足的仮処分である。

　本仮処分の被保全権利は違法行為差止請求権であり、仮処分債権者は、①取締役が、会社の目的の範囲外の行為、その他法令・定款に違反する行為をし、またはこれらの行為をするおそれがある場合で、②当該行為によって会社に著しい損害または回復することができない損害が生じるおそれがあり、③急迫の危険を避ける必要性があること（保全の必要性（民事保全法23条2項））[71]を疎明することになる。

8　担保

　監査役、監査等委員、または監査委員が仮処分債権者となる場合には、担保を立てる必要がない（法385条2項、399条の6第2項、407条2項）。これを必要とすると、急を要するにも関わらず、その支出をめぐって取締役（監査等

---

71)　②③が保全の必要性に対応する。①②は、会社法上差止要件として組み込まれている。

委員および監査委員を除く）と上記監査役等との間で紛議が生じかねず差止めが困難となる事態を想定しての規定である[72]。

9 仮処分命令に違反してなされた取締役の行為

本差止仮処分命令に違反して取締役が行為しても、仮処分命令は、取締役に不作為義務を課すのみであり、当該義務違反の責任が生じるのは格別、行為自体が当然に無効になるものではないとの見解が有力に主張されている（裁判例として、5（3）（A）に前掲した東京高判昭和62年12月23日判タ685号253頁）[73]。不動産の登記請求権を保全するための処分禁止の仮処分の文脈ではあるが、当該仮処分の登記がなされた場合には、これに抵触する登記後の行為について債権者に対抗することができない（民事保全法58条1項）ので、その解釈として、登記や執行官による公示等がなされないものについては、原則として第三者に対抗できないとする見解もある[74]。また、仮処分命令違反について悪意の取引の相手方に対し、会社は行為の無効を主張できるとの見解もあるが[75]、この点に関しては異論も強い[76]。

10 罰則

法360条の株主の違法行為差止請求権の行使に関し、不正の請託を受けて財産上の利益を収受し、またはその要求もしくは約束をした者は、5年以下の懲役または500万円以下の罰金に処せられる（法968条1項2号）。上記利益を供与し、またはその申込みもしくは約束をした者も同様である（同条2項）。

---

72) 山田・前掲注65) 121頁。
73) 論点解説新会社法411頁。
74) 山田・前掲注65) 123頁。
75) 北沢正啓「株主の代表訴訟と差止権」『株式会社法研究』有斐閣（1976）318頁、コンメ8巻144頁（岩原）。なお、立法論として、仮処分の実効性を確保すべく、仮処分命令違反について、過料等の制裁を課すべきとの主張があるが、実現の見込みは低く、本文に示した理論構成は、解釈によるその実効性確保の代替手段と位置付けられよう。
76) 江頭505〜506頁注（16）。

Ⅲ　株主による執行役の行為の差止請求

　株主による執行役の行為の差止制度は、前節で取り上げた取締役の行為の差止請求制度と、その趣旨や要件等において、ほぼ共通する。

　沿革については、すでに前節において述べたとおりである。この制度のルーツは、昭和25年商法改正の際にアメリカ州衡平法におけるインジャンクションの制度を移入したことにある。平成14年に、株式会社の監査等に関する商法の特例に関する法律が改正されて委員会等設置会社制度が設けられ、監査委員による執行役の行為の差止請求制度（株式会社の監査等に関する商法の特例に関する法律21条の10第5項）とともに、旧商法272条における「取締役」を「執行役」に読み替えただけの規定ではあったものの、株主による執行役の行為の差止請求制度が規定された（株式会社の監査等に関する商法の特例に関する法律21条の36第2項）。[77] 委員会等設置会社（その後会社法制定時に委員会設置会社、さらには平成26年の会社法改正時に指名委員会等設置会社と名称が変更されている）というアメリカ流のモニタリング・モデルを採用し、このモデルでは原則的に執行役に業務執行を担当させていることから、執行役に対する違法行為差止請求制度を創設する必要性があり、また、現に、アメリカにおいては、director だけでなく officer にも行使できる請求権となっていることなどからである。[78]

　指名委員会等設置会社の取締役は、原則的には業務執行を担当しない（415条）が、指名委員会等設置会社の株主にも、取締役に対する違法行為差止請求権（360条）が付与されていることは前節でみたとおりである。なお、執行役の行為の差止請求制度に関しても、前節でみた取締役の行為の差止請求制度におけると同様に、会社法において、新たに、公開会社について株式の継続保有

---

[77]　なお、当時の「株式会社の監査等に関する商法の特例に関する法律」は、監査委員に対し執行役の違法行為等の取締役会への報告義務を課す（同法21条の10第4項）とともに、執行役の同様の行為についての監査委員の差止請求権を規定していた（同法21条の10第5項）。同法上取締役の違法行為等に関する監査委員の差止請求権の規定はなく、取締役が差止請求の相手方に加えられたのは、会社法によってである（法407条参照）。

[78]　コンメ9巻215頁〔岩原紳作〕。

105

期間を定款の定めにより 6 か月より短縮できること、非公開会社について株式の継続保有期間要件を廃止したこと、および、法令・定款違反の行為のみならず、「これらの行為をするおそれがある場合」にも差止請求の対象となることを明確にし、取締役の行為の差止請求制度（360 条）や監査役等の同様の差止請求制度（385 条、399 条の 6、407 条）と文言を揃えた。

要件、手続、救済内容、効果、罰則等については、取締役に対する差止めの場合と大きく異なるところはないので、前節を参照されたい。

2019 年 8 月 1 日現在の上場会社中の指名委員会等設置会社は、新興企業向け市場も含め全国で 78 社に留まるとされる（日本取締役協会調べ）[79]。したがって、本差止請求制度の実務上の影響はそれほど大きいものではないと想定される。

書式例 3　違法行為差止請求の訴え

```
┌─────┐
│ 印紙 │                    訴　状
│ 貼付 │
└─────┘
                                        令和〇年〇月〇日
  〇〇地方裁判所民事部　御中

                     原告訴訟代理人弁護士　　〇　〇　〇　〇　印

                     〒〇〇〇-〇〇〇〇　住　　所
                              原　告　A
                     〒〇〇〇-〇〇〇〇　住　　所
                              〇〇法律事務所（送達場所）
                              上記訴訟代理人弁護士　〇　〇　〇　〇
                              電話　〇〇〇-〇〇〇-〇〇〇〇
                              FAX　〇〇〇-〇〇〇-〇〇〇〇
                     〒〇〇〇-〇〇〇〇　住　　所
                              被　告　B
```

---

[79] 本データに関しては、〈http://www.jacd.jp/news/gov/jacd_iinkaisecchi.pdf〉（2019 年 8 月 20 日最終検索）参照。

違法行為差止請求事件
　訴訟物の価額　　　500万円
　ちょう用印紙額　　30000円

第1　請求の趣旨
1　被告は、C株式会社（本店所在地　住所）の取締役会の決議なくして、前記会社を代表して別紙目録記載の物件を処分してはならない。
2　訴訟費用は被告の負担とする。

第2　請求の原因
1　原告はC株式会社の株式〇〇株を6か月以上前から引き続き所有する株主であり、被告は同会社の代表取締役である。
2　前記会社は、〇〇を目的として昭和〇年〇月〇日に設立された資本金〇〇〇万円の株式会社であり、現在〇〇市〇〇区〇〇町において、〇〇の製造・加工をしている。
3　しかるに、被告は、最近、別紙物件目録記載の会社所有物件の売却を企て、D株式会社と折衝中であるが、これについては会社の主要な財産の処分にあたるにもかかわらず取締役会の承認決議を経ていない。
4　被告の独断により、前記処分行為がなされれば、会社は〇〇の製造・加工手段を失うため、倒産に至る可能性が高く、会社に回復することができない損害を生じるおそれがある。
5　よって、請求の趣旨記載の裁判を求める。

　　　　　　　　　　　証　拠　方　法

1　甲1号証　　株券写　　1枚
1　甲2号証　　陳述書　　1通

　　　　　　　　　　　附　属　書　類

1　会社登記簿謄本　　1通
1　訴訟委任状　　　　1通

書式例4　違法行為差止仮処分命令申立書

印紙
貼付

違法行為差止仮処分命令申立書

令和○年○月○日

○○地方裁判所民事部　御中

債権者代理人弁護士　　○　○　○　○　印

〒○○○-○○○○　住　　所
　　　債　権　者　A
〒○○○-○○○○　住　　所
　　　○○法律事務所（送達場所）
　　　債権者代理人弁護士　○　○　○　○
　　　電話　○○○-○○○-○○○○
　　　FAX　○○○-○○○-○○○○
〒○○○-○○○○　住　　所
　　　債　務　者　B

違法行為差止仮処分命令申立事件
　ちょう用印紙額　　2000 円

申　立　て　の　趣　旨
　本案判決確定に至るまで、債務者は、C株式会社（本店所在地　住所）の取締役会の決議なくして、同会社を代表して別紙目録記載の物件を処分してはならないとの裁判を求める。

申　立　て　の　理　由
1　債権者は、C株式会社の株式○○株を6か月以上前から引き続き所有する株主であり、債務者は同会社の代表取締役である。
2　前記会社は、○○を目的として昭和○年○月○日に設立された資本金○○

○万円の株式会社であり、現在○○市○○区○○町において、○○の製造・加工をしている。
3 しかるに、債務者は、最近、別紙物件目録記載の会社所有物件の売却を企て、Ｄ株式会社と折衝中であるが、これについては会社の主要な財産の処分にあたるにもかかわらず取締役会の承認決議を経ていない。
4 債務者の独断により、前記処分行為がなされれば、会社は○○の製造・加工手段を失うため、倒産に至る可能性が高く、会社に回復することができない損害を生じるおそれがある。
5 よって、申立ての趣旨記載の裁判を求めるため、本申立てに及んだ。

疎 明 方 法

1 株券写　　　　　1通
1 会社登記簿謄本　1通
1 定款写　　　　　1通
1 報告書　　　　　1通

添 付 書 類

1 委任状　　　　　1通

IV　会計帳簿の閲覧請求（法 433 条）

1　会計帳簿を巡る紛争の実態

　筆者の個人的経験に基づく見解になるが、会計帳簿の閲覧・謄写請求（法 433 条 1 項。以下、同条に基づく請求権を単に「会計帳簿閲覧請求権」という）を行う場面は、肌感覚では圧倒的に中小零細企業における内紛または相続問題に関連して生じることが多い。

　これは、従前、株主たる地位を意識してこなかった請求権者である株主（以下、単に「株主側」という）が、会社の実効的支配をしている側（9 割を超えるような支配的株主である場合や、5 割をこえるような多数派株主である場合、非多数派ではないが経営権を握っている代表者の場合など事案によってさまざまである）に対する交渉材料、または、その前提たる資料の入手のため、請求対象である株式会社（以下、単に「対象会社」という）に対し、会計帳簿閲覧請求権を行使するからである。

　もっとも現実に紛争が生じた際には、単純に会計帳簿の閲覧請求権を本案訴訟で行使し、判決を得て強制執行することは多くない。事前の交渉段階で応じるケースもあるし、保全処分を申し立てた段階、または、保全処分での決着が付いた段階で相手方が任意に開示に応じることも相当数ある。

　本節においては、会計帳簿閲覧請求権に関連する論点について、上記のような紛争の実態も踏まえたうえで検討する。

2　制度趣旨

　会計帳簿閲覧請求権は、株主が取締役の責任追及の訴えを提起するため必要な調査をなす場面等で用いるものであり[80]、少数株主の権利として重要な役割を果たすものである。株主は、会社の実質的所有者として、会社の経営方針に関する意思決定へ参加することができ、また、必要に応じて取締役の違法行為等

---

80)　江頭 707 頁。

を是正することができる。しかし、これらの権利を実効的に行使するためには、会社の業務および財産状況に関する正確かつ詳細な情報を入手する必要がある。会社法は、この情報入手の手段として、株主に対し、会計帳簿閲覧請求権を認めている。[81]

他方、会計帳簿や伝票には公表資料にはない、企業秘密に近い情報、または企業秘密そのものが記載されている。[82]そのため、会計帳簿閲覧請求を受ける対象会社としても、企業秘密をいかに保護するかが問題となる。

会計帳簿閲覧請求権で論じられる諸問題は、つまるところ株主側による経営監督の必要性と対象会社の企業秘密保持の必要性とを比較し、どこでバランスをとるのか、という問題なのである。[83]

なお、会計帳簿閲覧請求権は、アメリカ法上の帳簿・記録閲覧請求権(同国においては単独株主権)に倣い導入されたものであるが、わが国固有の事情により、少数株主権とされている。本節では紙幅の関係もあり、かような制度導入の経緯および法改正の経過等については省略せざるをえない。[84]

3　会計帳簿閲覧請求権の効果と諸問題

(1) 前提

会計帳簿閲覧請求権を行使するといっても、具体的に何を開示すべきなのか、また、開示された文書に何が記載されているかがわからなければ、実効的な権利行使および紛争解決はできない。それゆえ、開示対象文書が何かが重要となる。実務上は、できるだけ広く開示を求めたい株主側と、企業の内部情報・秘密に関する情報としてできるだけ開示範囲を狭めたい対象会社とのせめぎ合いとなる点である。

---

[81]　コンメ10巻131頁〔久保田光昭〕。
[82]　龍田節・前田雅英『会社法大要〔第2版〕』(有斐閣、2017) 187頁。
[83]　近藤光男他編『ポイントレクチャー会社法〔第2版〕』(有斐閣、2015) 329頁〔柴田和史〕。
[84]　コンメ10巻131～134頁〔久保田〕等参照。

(2) 会計帳簿またはこれに関する資料

(A) 開示対象文書

会計帳簿閲覧請求権の対象となるのは、「会計帳簿またはこれに関する資料」（法433条1項1号・2号。以下、これらをまとめて記載する場合に「会計帳簿等」という）である。

法433条には会計帳簿の定義について何ら定められていないが、会社法上、株式会社に作成義務が定められている「会計帳簿」（法432条1項）が、法433条の対象たる会計帳簿であることに争いはない。問題となるのは、法432条1項にいう会計帳簿の範囲をいかに解するかである。

(B)「会計帳簿及びこれに関する資料」

「会計帳簿」の範囲については限定説および非限定説の争いがあるものの、限定説が多数説であり、裁判例も同説に立つといわれている。[85] 当該見解の対立は、旧商法下における解釈論の争いであったが、現行会社法においても立法による解決は図られておらず、解釈および今後の裁判例の蓄積に委ねられている。[86]

(a) 限定説

会計帳簿とは、会社計算規則59条3項にいう計算書類およびその附属明細書の作成の基礎となる帳簿をいい、「これに関する資料」とは、会計帳簿の記録材料となった資料、その他会計帳簿を実質的に補充する資料をいうというのが限定説である。

具体的にいうと、ここにいう会計帳簿とは、貸借対照表や損益計算書、株主資本等変動計算書、個別注記表といった「計算書類」（法435条2項、規116条2号、会社計算規則59条1項）およびその附属明細書を作成するために用いた、日記帳、仕訳帳、総勘定元帳、各種補助簿等である。[87] また、「これに関する資料」[88] とは、上記の会計帳簿の原資料となった伝票、受取証、契約書、信

---

85) 類型別会社訴訟 II 667頁。
86) 類型別会社訴訟 II 668頁。
87) 江頭708頁、コンメ10巻137頁〔久保田〕。
88) コンメ10巻137頁〔久保田〕。

書等があたる。

　限定説の根拠は、①検査役による会社の業務・財産状況の調査との対象の振り分け、および、②非限定説の対象範囲が広範に過ぎるため株主による濫用防止を図り難いこと等にある。

　(b) 非限定説

　会計帳簿またはこれに関する資料とは、会社の経理の状況を示す一切の帳簿・資料をいい、会社が法律上の義務として作成する会計帳簿のみならず、任意に作成する帳簿・資料を含むというのが非限定説である。

　非限定説の論拠は、①閲覧対象の意義を会計監査人および定款の定めにより監査範囲が限定された監査役の閲覧・謄写権限の対象と異なるものと解すべき理由はないこと[89]、②会計帳簿閲覧請求権があくまでも会計帳簿・資料の閲覧後に予定される株主権の行使のための手段的権利にすぎないため、閲覧対象を広くし、その権利の実効性を高めておくべきこと[90]等にある。

　非限定説をとる意義は、権利を行使する株主側にとって、限定説では開示対象とならない法人税確定申告書控・案や行政監督上作成が要求される帳簿等[91]、および、会社計算規則59条3項の対象ではない会計帳簿またはその作成材料である資料に該当しない帳簿がアクセス対象になることである。

　(c) 対象文書の範囲等が問題となった主な裁判例

　　(ア) 東京地決平成元年6月22日判時1315号3頁

（事案の概要）

　本件は、アメリカのM&A会社がトヨタ自動車系の部品メーカーに対し、発行済株式総数の2割を取得したうえで、同社に対し、経営内容開示や役員派遣等を要請するという対立構図の中で生じた事件である。

　上記M&A会社は、少数株主権者として会計帳簿閲覧請求権に基づき、法人税確定申告書控および次事業年度の法人税確定申告書案について、閲覧謄写を求める仮処分を申し立てた。

---

89) 江頭708頁。
90) コンメ10巻138頁〔久保田〕。
91) 江頭709頁注(1)。

(判旨)

　東京地裁は、「商法二九三条の六（現行の会社法433条1項（筆者注））は閲覧・謄写の対象を『会計の帳簿及び書類』と規定しており、ここにいう『会計の帳簿』とは、一定時期における営業上の財産及びその価額、並びに取引その他営業上の財産に影響を及ぼすべき事項を記載する帳簿、すなわち、総勘定元帳、日記帳、仕訳帳、補助簿等を意味し、『会計の書類』とは、右の会計の帳簿を作成する材料となった書類その他会計の帳簿を実質的に補充する書類を意味するものと解するのが相当である。」と一般論を述べた上で、債務者（被申請人のこと）における会計処理の流れを詳細に認定し、同社においては、「会計処理において、法人税確定申告書が『会計の帳簿』作成の材料となる余地はなく、むしろ、法人税確定申告書は、損益計算書及び会計の帳簿を材料にして作成される書類であ」り、「法人税確定申告書及びその控や案は」法「所定の『会計の帳簿』及び『会計の書類』に該当しない。」とした。

(結論)

　法人税確定申告書および同控え、並びに、同書らの案は、会計帳簿閲覧請求権の対象とならない。

　　（イ）横浜地判平成3年4月19日判時1397号114頁

(事案の概要)

　本件は、会社の設立メンバーである原告と現経営陣とが対立する中で、原告が被告に対し、Ⅰ決算書類、Ⅱ総勘定元帳、手形小切手元帳、現金出納帳、売掛金に関する売上明細補助簿、会計用伝票、Ⅲ契約書綴り、当座預金照会表、普通預金照会表、手形帳小切手帳の控、普通預金通帳、売掛金に関する請求書控・納品書控・領収書控、経費・固定資産税に関する領収書・請求書等、Ⅳ法人税確定申告書等の閲覧謄写を求めた本案訴訟である。

(判旨)

　横浜地裁は、「『会計ノ帳簿』とは、商法三二条及び企業会計原則に基づけば、通常会計学上の仕訳帳、元帳及び補助簿を意味し、『会計ノ書類』とは、会計帳簿作成に当たり直接の資料となった書類、その他会計帳簿を実質的に補充する書類を意味するものと解するのが相当である。なお、伝票については、これを仕訳帳に代用する場合には『会計ノ帳簿』と同視すべきであるが、それ以外

の場合には、会計帳簿作成の資料となった書類として『会計ノ書類』に該当する」と一般論を述べた上で、原告の請求文書を上記Ⅰ～Ⅳに分類し、Ⅰは別の法規定に基づく閲覧等の対象文書であり法「所定の『会計ノ帳簿及書類』に該当するものではない」、Ⅱは「『会計ノ帳簿』に該当することは明らか」「会計用伝票については被告が会計書類において伝票を仕訳帳に代用していることを認めることはでき」ず「『会計ノ書類』に該当」する、Ⅲは被告の会計処理手続を認定した上で、この処理手続においては「直接会計帳簿作成の資料となることを認めるに足る証拠はない」、Ⅳは「会計の帳簿を材料として作成される書類であって、会計の帳簿作成の資料となる余地はない」とした。
（結論）

　総勘定元帳、手形小切手元帳、現金出納帳、売掛金に関する売上明細補助簿、会計用伝票は会計帳簿閲覧請求権の対象となり、決算書類および法人税確定申告書は対象とならない。その余の文書は、本件における被告の会計処理手続からすれば対象とならない。

　　　（ウ）大阪地判平成11年3月24日判時1741号150頁
（事案の概要）

　本件は、不動産の売買、仲介等を目的とする原告が、被告に対し、過去5年分の税務申告書の写しを要求したが、これに応じないとして、総勘定元帳およびその補助簿、並びに、法人税確定申告書およびその添付書類の閲覧謄写を求めた本案訴訟である。

　なお、本件訴訟においては、後述する閲覧謄写の拒絶事由も争われ、同事由に該当するとして原告の請求は棄却されている。
（判旨）

　大阪地裁は、前述した東京地決（上記①）および横浜地判（上記②）と同様の一般論を述べた上で、総勘定元帳および補助簿は法所定の「『会計ノ帳簿』に該当する」、法人税確定申告書および添付書類は「『会計ノ帳簿』に該当しないから」、「株主総会において承認されるなどして確定した計算書類……及び申告調整に必要な総勘定元帳を材料として作成されるものであって、会計帳簿を作成する材料となった書類その他会計帳簿を実質的に補充すると認めるべき書類には当たらない」として「会計ノ書類」にもあたらないとした。

(結論)

総勘定元帳、補助簿は会計帳簿閲覧請求権の対象となり、法人税確定申告書およびその添付書類は対象とならない。

　　（エ）名古屋地決平成24年8月13日判時2176号65頁

(事案の概要)

本件は、死亡した会社設立者である先代代表取締役の長男が、次男との対立から、同人が代表を務める複数の会社（ただし、内一社については、代表取締役の職務執行停止仮処分が発令されている。）に対し、総勘定元帳および総勘定元帳を作成する材料となった契約書、信書、請求書、覚書、領収書、発注書、納品書、請書等の資料の閲覧謄写を求める仮処分を申し立てた事案である。なお、本件仮処分においては、株主名簿の閲覧謄写も同時に申し立てられており、これらについても認められている。

(判旨)

名古屋地裁は、「総勘定元帳（電磁的記録をもって作成されている場合には電磁的記録を含む。）及び総勘定元帳を作成する材料となった契約書、信書、請求書、覚書、領収書、発注書、納品書、請書等の資料（上記資料が電磁的記録をもって作成されている場合には電磁的記録を含む。）の閲覧及び謄写を求めているが、これらは会社法四二三条一項にいう『会計帳簿またはこれに関する資料』に該当」するとした。

(結論)

総勘定元帳およびこれを作成する材料となった契約書、信書、請求書、覚書、領収書、発注書、納品書、請書等の資料は、会計帳簿閲覧請求権の対象となる。

　　（d）実務上の留意点

現在の多数説および裁判例を前提とした場合、総勘定元帳、補助簿およびこれらを作成する材料となった原資料は閲覧謄写の対象となる。ここにいう、原資料については、個別具体的な事案毎に、会計処理手続をみて判断されることになる。加えて、法人税確定申告書控およびこれに関する案、その他添付資料等は、対象とはならない。以上のようにまとめることができよう。

会計帳簿閲覧請求権を行使して、幅広い情報を入手したい株主側としては、①会計帳簿閲覧請求権と同時または先行して決算書類の開示を求め会計処理手

続を分析し、②上記閲覧謄写の対象となる文書および資料を網羅的に開示請求する、というプロセスを踏むことになろう。

反対に、対象会社としては上記閲覧対象文書として確立したものについては開示する対応をせざるを得ないが、個別具体的に閲覧対象となり得るか争いうる資料については会計の専門家と共同するなどして、会計帳簿等にあたらないことを会計処理手続から説明できるように準備、対応していくことが必要となろう。

(C) 保存期間満了後の会計帳簿等

「株式会社は、会計帳簿の閉鎖の時から十年間、会計帳簿及びその事業に関する重要な資料を保存しなければならない」(法432条2項。なお、会計帳簿の閉鎖とは決算の締切のことである)。では、当該10年間の保存期間を経過した後の会計帳簿等は、閲覧謄写の対象となるか問題となりうる。

この点につき、古い裁判例において、株主は10年の保存期間が経過した書類についてまで閲覧できないとしたものがある(東京地判昭和55年9月30日判時992号103頁)。しかしながら同裁判例は、備置義務の終期が定められていた昭和56年改正前の事案であるから、現行法における先例的価値はない[92]。また、条文(法433条1項)をみても、期間的な制限はなく、保存期間と直接リンクしているとする論拠もない[93]。

それゆえ、閲覧謄写対象の会計帳簿等が現存し、請求権者である株主がその立証をできるのであれば、保存期間満了後の会計帳簿等についても閲覧謄写の対象となると解すべきである。

(3) その他

保全または本案訴訟で、会計帳簿閲覧請求権が認められる場合、株主側としてはどのようにして強制執行を行うか、実務上、問題となりうる。

具体的にいうと、対象会社が任意に開示しない場合、株主側は保全執行また

---

[92] 前田重行「判批」判タ472号198頁においては、「改正前においては実務上重要な意味を有していたが、改正後の現在においては、もはや歴史的意義を有するにすぎない」とされている。
[93] 類型別会社訴訟Ⅱ670頁。

は強制執行を行うことになるが、その場合の文書の謄写方法（コピー機を持って行くか、対象会社にコピー機があるか、借りられるか、株主側で持参するか等）は事前に執行機関その他関係者と協議のうえ、事案に応じて個別具体的に対応していくことにならざるをえない。[94]

なお、会計帳簿等の謄写の費用は、請求者である株主側で負担しなければならない（法442条3項ただし書参照）。[95]

4 閲覧等請求の要件と諸問題

(1) 請求権者

(A) 原則

会計帳簿閲覧請求権は、株主総会で議決権行使が可能な総株主の3%の議決権または発行済株式（自己株式を除く）の3%以上の数の株式を有する株主において、行使することができる少数株主権である（433条1項柱書前段。なお、定款でこれらを下回る特別の定めをすることが可能である）。

なお、対象会社の取締役に閲覧等請求が可能か争われた事例があるものの、現行法上、法的根拠がないため、認められないものと解すべきである。[96]

(B) 複数株主による共同請求の可否

株主1人では100分の3以上の持分比率を有さなくとも、同一目的をもって行動する複数の株主が集まれば100分の3以上の持分比率を有する場合がある。そのような場合であっても、会計帳簿閲覧請求権を行使することは可能とされている。[97]

当該規律は、中小零細企業における内紛問題ではあまり想定できないかもしれない。しかし、上場企業等の大規模な株式会社において上記持分比率をクリアするのは容易ではない。また、複数のグループ会社等を通じて、対象会社の

---

94) 類型別会社訴訟II 691頁。
95) 類型別会社訴訟II 690頁。
96) 田中457頁。裁判例においても取締役に当該権利を認める必要性および相当性はないと判断されている（東京地判平成23年10月18日金判1421号60頁）。
97) 新版注釈9巻208頁〔和座一清〕、類型別会社訴訟II 660頁。

株式を保有するケースも現実的に存在する。そうであれば、単に保有株主が別法人格だからという理由だけで会計帳簿閲覧請求権を行使できないとするのは妥当でなく、上記のように複数株主が共同して持分比率の要件を満たした場合、会計帳簿閲覧請求権を行使できるとするのが相当である。

(C) 請求認容時点までに持分比率を失った場合の原告適格

会計帳簿閲覧請求権は少数株主権であるから、同請求訴訟の口頭弁論終結時までに、株式譲渡や新株発行等で必要となる持分比率を失った場合、特段の事情がない限り、原告適格を失って訴訟要件を満たさず、同請求は認められないことになる。

この点、請求時には持分比率要件を満たしていた原告が、その後の新株発行により持分比率の法定要件を下回るに至った事案において、請求時に法定要件を具備していることで閲覧請求を可能とする判断を下した裁判例があり（高松地判昭和60年5月31日金判863号28頁）、学説上も、同様の見解がみられる。[98]

しかしながら、経営上の必要から適法に新株発行が行われた場合にまで少数株主権としての会計帳簿閲覧請求権を認めることには問題がある。[99]また同じ少数株主権である検査役選任の申請においては、新株発行により100分の3の持分比率を失った場合に、申請人の適格を失うと最高裁が判示している（最判平成18年9月28日民集60巻7号2634頁）。そして上記高松地判は控訴審で（閲覧の目的および閲覧対象の明示等を満たさないという理由ではあるが）破棄されていること（高松高判昭和61年9月29日判時1221号126頁）等からすれば、同裁判例に先例性はなく、見解としても妥当でないと解される。

なお、学説には、会社が株主の権利行使を妨げるために新株発行を行った場合への懸念から、上記見解に反対する見解も見られるが、かようなケースにおいては特段の事情があるとして原告適格を失わないことにするといった解釈論により、十分対応可能である。

---

98) コンメ10巻136頁〔久保田〕。
99) 類型別会社訴訟II 661頁。

(D) 親会社社員の会計帳簿閲覧請求権

　株式会社の親会社社員（親会社の株主その他社員をいう。法31条3項本文括弧書参照）は、その権利を行使するため必要があるときは、裁判所の許可を得て対象会社の株主同様に会計帳簿閲覧請求権を行使することができる（法433条3項）。後述する対象会社の請求拒絶事由も同様に判断されるため（同条4項。同項により拒絶事由に該当する場合、裁判所は許可をすることができない）、請求場面における対象会社の株主との違いは、「その権利を行使するため必要があるとき」で、かつ、「裁判所の許可」を得る必要があることである。親会社社員が会計帳簿閲覧請求権を有するのは、子会社の経営状況について重大な利害関係を有するためであり、裁判所は、原則会社の陳述を聴いたうえで（法870条1項）、決定をもって裁判をする。[100]

(2) 具体的な閲覧謄写請求の理由および対象文書の明示

(A) 請求理由および対象文書の明示が必要であること

　会計帳簿閲覧請求権を行使する者は、「当該請求の理由を明らかにしてしなければならない」（法433条1項柱書後段）。当該理由は、閲覧目的および閲覧させるべき会計帳簿・資料の範囲を会社が認識することができる程度に具体的に示す必要がある。[101] この明示により、対象会社としても拒絶事由の存否を検討することができる。

(B) 理由の明示が問題となった裁判例

　(a) 最判平成2年11月8日集民161号175頁

（事案）

　株主が、「此度貴社が予定されている新株の発行その他会社財産が適正妥当に運用されているかどうかにつき、商法293条の6の規定に基づき、貴社の会計帳簿及び書類の閲覧謄写をいたしたいのでこの旨、請求に及びます。」と記

---

100) コンメ10巻146頁〔久保田〕。なお、親会社社員の子会社に対する会計帳簿閲覧請求許可申立てについては、森・濱田松本法律事務所・弁護士法人淀屋橋・山上合同編『書式　会社非訟の実務―申立てから手続終了までの書式と理論〔全訂版〕』（民事法研究会、2019）67頁に許可申立書等の書式例が記載されている。

101) コンメ10巻139頁〔久保田〕。

載した書面により、被告の会計の帳簿および書類の閲覧等を請求したところ、対象会社としては閲覧の理由（および対象文書）が明らかでないとして争った。
（判旨）
　最高裁は、「本件閲覧請求が閲覧請求書に閲覧等の請求の理由を具体的に記載してされたものとはいえないとした原審の判断は正当として是認することができ」る、とした。
（結論）
　適正妥当な運用といった一般的抽象的記載だけでは、請求の目的を具体的に記載したことにはならない。

　　(b)　最判平成16年7月1日民集58巻5号1214頁
（事案）
　株主側が「対象会社らの無担保融資により、その財務状況が悪化し、本件貸付けの回収が不可能となるおそれが生じた。当該貸付けは、違法、不当なものであり、適正な監視監督を行うために、本件会計帳簿等の閲覧謄写をする必要がある」等として会計帳簿閲覧請求権を行使したところ、原審（東京高判平成15年3月12民集58巻5号1263頁）は理由を基礎付ける事実が客観的に存在していることが必要であるとして株主側の請求を認めなかった。
（判旨）
　最高裁は、「請求の理由は、具体的に記載されなければならないが、上記の請求をするための要件として、その記載された請求の理由を基礎付ける事実が客観的に存在することについての立証を要すると解すべき法的根拠はない」。「上告人が、本件会計帳簿等の閲覧謄写請求をするにあたり、その理由として書面に記載した」「理由」について、「上記の具体的な記載とみることができるか否かについて検討するに」「まず、前記の理由」「の記載についてみると、同記載は、前記被上告人」が「多額の無担保融資である本件貸付けをしたことが、違法、不当であり、本件貸付けの時期、内容（貸付け条件、弁済期等）等を調査する必要があることをいうものと解される」から、「本件貸付けに係る会計帳簿等の閲覧謄写を請求する理由の記載として、その具体性に欠けるところはない」とした。

(結論)

請求の理由の目的を具体的に記載すれば足り、当該理由が客観的に存在することまで立証する必要はない。

(C) 対象文書の特定が問題となった裁判例

(a) 仙台高判昭和49年2月18日高民集27巻1号34頁

(事案)

株主側が、単に「控訴会社は被控訴人らに対し、控訴会社の会計の帳簿及び書類を閲覧謄写させなければならない。」旨申し立てたところ、原審が株主側の請求を認容した。

(判旨)

仙台高裁は、会計帳簿閲覧請求権について「企業の所有と経営の対立した利害得失を直接調整する機能をもつものであることに鑑み、株主が同条に基づき裁判上その請求権を行使する場合は、当事者双方に対し、攻撃、防禦方法を適正に行使させる上から、対象物を単に会計の帳簿及び書類と申立てるのみでは足らず、例えば何年度の如何なる帳簿及び書類であるかを具体的に特定する必要があるものと解するのが相当であり、このことは裁判の既判力、執行力の面からも当然に要請されるところである。これを本件についてみるに被控訴人らは単に『控訴会社は被控訴人らに対し控訴会社の会計の帳簿及び書類を閲覧謄写させなければならない。』旨申し立てたのみで、その対象となる会計の帳簿および書類を具体的に特定しないことは記録上明らかである。」として、株主側の請求を不適法として却下した。

(結論)

請求株主は閲覧請求権の対象文書について、何年度の、どの帳簿、どの資料であるかを具体的に特定する必要がある。

(b) 高松高判昭和61年9月29日判時1221号126頁

(事案)

株主側が具体性のない文書で閲覧謄写を求めたのに対し、対象会社は、対象文書の具体的特定がされていない等と指摘し回答を求めたところ、株主側は何らの回答あるいは釈明を行わず訴訟提起をしたもの。

Ⅳ　会計帳簿の閲覧請求（法433条）

（判旨）
　高松高裁は、「閲覧の対象となる会計の帳簿又は書類は、会社がその企業活動を行うために自ら作成しあるいは他から取得して保管しているものであって、その所有権及び文書の管理権はもとより会社に属するものであるが、法は、株主が会社業務の運営を適正に監督するなどの株主の権利を適切に行使するための前提として会社の経理状況を正確に調査できるようにするため、一定の要件の下で、会社のこれらの会計の帳簿又は書類に対する管理権を制限して、株主に対しその閲覧等をさせるべきことを義務付けたものである。したがって、株主の調査の目的と関係のない会計の帳簿又は書類についてまで、会社が閲覧等を受忍しなければならない実質的な理由は見出だし難く、会社はこのような無関係な帳簿又は書類については株主の閲覧等の請求を拒絶できるというべきである」。「本件閲覧請求は」「閲覧の対象については『貴社の会計帳簿及び書類』としか記載されて」おらず、「なんら具体的に特定されていない」。株主側は、訴訟の場（原審の第17回口頭弁論期日以降）において「閲覧の対象を一応具体的に主張したが」、本件の経緯から「余りにも時機に遅れた補正」であるとした。

（結論）
　請求株主は、いかなる会計帳簿および書類かを特定する必要があり、かつ、訴訟の場で特定しても認められない場合がありうる。

(D)　実務上の留意点
　株主側と対象会社（またはその実効的支配をしている側）との間で、紛争状態にある場合、株主側は、閲覧の請求理由について何らかの理由を明示できることがほとんどであると思われる。対象会社の何らかの経営状態または組織運営に不満があり紛争があることが多いため、一定の行為を切り取り、役員の賠償責任等を行うか否かを検討するとして請求することが多いためである。反対に、対象会社としては、当該一定の行為が役員の責任を追及することに繋がらないと反論しても、前述のとおり請求理由について客観的理由の存否は立証を要しないのであるから、あまり実効的ではない。[102] したがって、対象会社としては、後述する拒絶事由に該当するものがないかを検討するほうが有効な場合が

123

多くなる。

　これに対し、請求対象の文書の特定については、総勘定元帳や補助簿といったレベルなら格別、さらに細かい原資料となると、株主側で特定するのは困難である。裁判所においても、株主側が訴訟提起段階から会計帳簿等の名称等を詳細に特定できないことはある程度やむをえないと認識されているようである。[103] 株主側としては公認会計士や税理士等の専門家の助力も得ながら、対象会社の事業において想定される典型的な資料を洗い出し、開示対象の文書としてできる範囲で特定し、訴訟手続等を含めて対象会社とやりとりする中で、具体的な対象文書を限定していくことになろう。これに対し、対象会社としては、当該文書が会計帳簿等の作成に直接用いられる文書か否か、後述する拒絶事由と併せて企業秘密として保護できないかを検討することになろう。

(3) 保全処分を申し立てる場合の注意点

　会計帳簿閲覧請求権を被保全債権とする仮処分は、いわゆる満足的仮処分であるため、対象会社を保護する必要性がある。そのため、株主側としては、保全の必要性（民事保全法23条2項）を論じるにあたり、対象会社が被るおそれのある損害（具体的には企業秘密等の開示により生じうる損害等になろう）についても十分考慮したうえで、それでもなお株主側において必要性があることを検討していくことになろう。[104]

　反対に、対象会社としては、同社に発生しうる不利益を具体的に提示し、回復が困難な損害に繋がりうることを検討していくことになろう。

102）　伊藤靖史他『事例で考える会社法（第2版）』（有斐閣、2015）329頁〔松井秀征〕は、「会計帳簿閲覧請求権において当該事実〔役員の義務違反の事実（筆者注）〕を——会計帳簿なしに——立証するよう求められるのは本末転倒であって、制度の趣旨を完全に没却することにもなりかねない」とする。リークェ275頁〔伊藤靖史〕も、「請求の理由を基礎付ける事実が客観的に存在することを証明する必要はない（略）。閲覧請求は、そのような証明をこれから行うためにこそ、するものだからである。」とする。田中458頁も同旨。

103）　類型別会社訴訟Ⅱ 675頁、垣内正編・東京地方裁判所商事研究会著『会社訴訟の基礎』（商事法務、2013）209頁〔馬場潤〕。

104）　類型別会社訴訟Ⅱ 687頁。

5 対象会社の拒絶事由

(1) 拒絶事由法定の趣旨

　株主等の会計帳簿閲覧請求権の行使により、対象会社の業務遂行が阻害され、企業秘密漏洩等の危険が生じうるため[105]、法は、一定の拒絶事由に該当する場合に対象会社が会計帳簿閲覧請求を拒むことを認めている（法433条2項、4項）。

　対象会社は、株主側の請求が列挙された拒絶事由に該当することを主張立証しなければならない。なお、各拒絶事由は限定列挙であり、定款で法に定めのない拒絶事由を追加することは許されていない[106]。以下、個別の拒絶事由ごとに検討する（拒絶事由ごとに各号番号で呼称する）。

(2) 個別の拒絶事由と諸問題

(A) 株主の権利の確保・行使に関する調査以外の目的の請求（1号）

　株主側が株主としての利益とは別の純個人的利益を追求する場合や、株主の資格を離れて有する権利（売買契約上の権利や労働契約上の権利等）を行使する目的の場合は本条にいう株主の権利に含まれない[107]。

　問題となるのは、株式買取請求権の行使や譲渡制限株式の売却に向けた価格算定目的での行使といった、自益権の確保・行使のための閲覧請求である。

　しかしながら、株式買取請求権等の行使は、少数株主への圧迫を原因として行使される場合が多いので、このような自益権の行使を会計帳簿閲覧請求権の対象外とする見解には批判がある[108]。現に、最高裁判例（最判平成16年7月1日民集58巻5号1214頁）においても、譲渡につき制限のある株式の価格を算定する目的でした会計帳簿等の閲覧謄写請求について、本号（正確には改正前の同内容の条項）に該当しないと判断されている。

---

105) 江頭710頁。
106) コンメ10巻140頁〔久保田〕。
107) コンメ10巻141頁〔久保田〕。
108) 江頭711頁注(2)。

なお、本号および後述の2号は、拒絶事由のうち株主の権利行使に関する一般条項といえるものであり、3号ないし5号は1号および2号を敷衍して具体例を規定したものと解されている。[109]

(B) 会社の業務遂行を妨げ株主共同の利益を害する目的の請求（2号）

会社の業務遂行を妨げる場合とは、会社に対する嫌がらせ目的で不必要に多数の会計帳簿・資料の閲覧等を求め、これを繰り返す等の場面を想定している。また、株主共同の利益を害する目的とは、あえて会社に不利な情報を流す目的で閲覧等を求めるような場面を想定している。[110]

この点、条項の文言からは主観的要件のようにも読むことができるが、一般的には、客観的に会社の業務遂行や株主共同の利益を害することが認められれば、当該請求株主に加害の意図がなくても、2号に該当するといわれている。[111]

2号該当が争われた事例として、（正確には旧法下であるが）原告が被告代表者の経営姿勢に疑問をもち、批判を繰り返しただけでは2号該当の事由を推認できず、これに該当する事実を認めるに足りる証拠はないとした裁判例（横浜地判平成3年4月19日判時1397号114頁）等がある。

なお、株主側が請求した会計帳簿が、既に株主側が開示を受け、これを有している場合、更なる閲覧謄写は会社の業務の遂行を妨げるものとして2号に該当すると判断されている（東京高判平成28年3月28日金判1491号16頁）。

(C) 会社と実質的競争関係にある場合（3号）

競業者が会計帳簿閲覧請求権を駆使して対象会社の企業秘密等を入手し、これを自己に有利に利用することを防ぐための規定である。[112]

3号該当性をめぐっては、少数株主等が同号で定められた競業者またはその従事者であるという客観的事実だけで足りるか、それとも競業行為に利用する主観的意図も必要であるか争いがある。

---

109) 江頭710頁注(2)。
110) コンメ10巻142頁〔久保田〕。
111) 類型別会社訴訟Ⅱ 679頁、新版注釈9巻222頁〔和座〕。
112) 製品の原価や原材料の仕入れに関する情報などの情報が漏洩することになる（リークエ275頁〔伊藤〕）。

この点、最高裁は、主観的要件を不要との見解を示した（最決平成21年1月15日民集63巻1号1頁）。同条項の文言からも主観的意図を要求するのは困難であること、一般に主観的意図の立証は困難であること、主観的意図がなくとも競業関係がある場合には将来的に競業に利用される可能性は否定できないこと等から、判例の見解は妥当である。[114]

また、実質的競争関係の範囲については、競業避止義務（356条1項1号）と同様に解されるところ、開業準備中や今後開業が予想される潜在的な競業の場合（東京地決平成6年3月4日判時1495号139頁）、請求者がその親会社（競業会社）と一体的に事業を営んでいると評価できる場合（東京地判平成19年9月20日判時1985号140頁）などについても含まれるものと解すべきである。[115]

(D) 会計帳簿等の閲覧で知り得た事実で第三者から利益を受ける場合（4号）

対象会社の企業秘密を第三者に渡し、株主が利益を得る場合を想定した条項である。

当然のことながら、このような権利行使は、株主の権利の確保・行使とはいえないし、会社の業務を妨げ、株主共同の利益を害することになる。それゆえ、拒絶事由の1号・2号にも該当することになろう。

(E) 過去2年以内に会計帳簿閲覧で知り得た事実で第三者から利益を得た場合（5号）

4号に該当する行為を2年以内に行った者に対し、同様の行為が安易にできないようにするための条項である。

職業的ないわゆる情報屋の活動を封じる意味があるとされる。[116]

---

113) 同決定に関連する論点解説は、上田純子「帳簿閲覧請求の拒絶事由」百選160頁を参照されたい。
114) 類型別会社訴訟Ⅱ 682頁。
115) 類型別会社訴訟Ⅱ 683頁、垣内編・前掲注103) 211頁〔馬場〕。
116) コンメ10巻144頁〔久保田〕。

(3) 複数株主等による請求の場合

請求者が、それぞれ総株主の議決権の 100 分の 3 以上を有する株主に当たる場合、拒絶事由の有無については各別に判断すべきであり、同一の手続で本件会計帳簿等の閲覧謄写許可申請をしたことだけで、一方に拒絶事由があれば当然に他方についても同一の拒絶事由があるということはできない（前掲最決平成 21 年 1 月 15 日）。[117]

(4) 実務上の留意点

対象会社として拒絶事由該当性を検討する場合に、株主側に 4 号または 5 号に該当する事実があり、かつ、その情報を事前に知ることは現実的には容易ではない。そのため、株主側について実質的競争関係（3 号）にあるかをまず検討し、1 号または 2 号の一般条項で拒絶することができるかを検討することが一般的であろう。

株主側としては対象会社の拒絶事由の立証状況を吟味し、（事案に応じて）証拠が十分でないことや、それを超えて自らが拒絶事由にあたらないこと等を積極的に反論することになろう。

書式例 5　訴状（会計帳簿等閲覧謄写請求）

訴　状

〇〇年〇月〇日
東京地方裁判所民事部　御中 [118]

原告訴訟代理人弁護士　〇　〇　〇　〇　印

---

117) 江頭 711 頁注 (2)。
118) 管轄は、「会社の組織に関する訴え」（法 834 条）ではないので、会社の本店所在地（法 835 条参照）に限られない。普通裁判籍により、対象会社の「主たる事務所または営業所」の裁判所で提起することができる（民事訴訟法 4 条 1 項、4 項）。

IV　会計帳簿の閲覧請求（法433条）

〒〇〇〇-〇〇〇〇　東京都〇〇区〇〇
　　　　原告　　　株式会社　〇　〇
上記代表者代表取締役　　〇　〇　〇　〇

〒〇〇〇-〇〇〇〇　東京都〇〇区〇〇
　　〇〇法律事務所（送達場所）
　　　　　TEL　(00) 0000-0000
　　　　　FAX　(00) 0000-0000
原告訴訟代理人弁護士　　〇　〇　〇　〇

〒〇〇〇-〇〇〇〇　東京都〇〇区〇〇
　　　　被告　　　株式会社〇〇
上記代表者代表取締役　　〇　〇　〇　〇

　　　　会計帳簿等閲覧謄写請求事件

訴訟物の価額　　　160万0000円
貼用印紙額　　　　1万3000円

第1　請求の趣旨
1　被告は、原告に対し、その営業時間内のいつにても、平成〇年度から平成〇年度までの被告の会計帳簿（日記帳、仕訳帳、総勘定元帳、各種補助簿）[119]を閲覧謄写させよ。
2　訴訟費用は被告の負担とする。
との判決を求める。

第2　請求の原因
1　当事者
　被告は、〇〇及び〇〇並びに〇〇等を目的とする株式会社であるところ、その発行済株式総数は〇〇株（内議決権のある株式数は〇〇株）である（甲1）。原告は、〇〇等を目的とする株式会社であるところ、被告の総株主の議決権の100分の3以上に該当する〇〇株の議決権を有する株主である（甲2）。

---

[119]　東京地判平成28年8月29日判例秘書L07133438参照。なお、類型別会社訴訟II 973頁に、別紙目録を用いて閲覧謄写対象文書を特定する方法が記載されている。

2 会計帳簿等の閲覧謄写請求[120]

　被告は、〜（中略）〜のため、違法行為を行った可能性がある。そこで、原告は、上記行為に関して役員等に対する株主代表訴訟を提起できるかどうか、調査を行う必要がある。

　そのため、原告は、被告に対し、上記理由を付した上で、○年○月○日付「会計帳簿閲覧謄写請求書」（甲3の1）により、最新○年分すなわち○年度から○年度までの会計帳簿（日記帳、仕訳帳、総勘定元帳、各種補助簿）の閲覧及び謄写を求めた（甲3の2）。

　しかしながら、被告は、何ら理由を示さないまま、原告の上記請求に応じていない。

　なお、上記○年度から○年度までの会計帳簿等について、法定の保存期間である10年間（法432条2項）は未だ経過していない。

3 結語

　よって、原告は、被告に対し、会社法433条1項1号に基づき、請求の趣旨記載のとおりの判決を求める。

証　拠　方　法

1	甲第1号証	履歴事項全部証明書
2	甲第2号証	株券[121]
3	甲第3号証の1	会計帳簿閲覧謄写請求書
4	甲第3号証の2	郵便物等配達証明書

添　付　書　類

1	甲号証写し	各1通
2	証拠説明書	1通
3	資格証明書	2通
4	訴訟委任状	1通

---

120) 事案に応じて、具体的に閲覧謄写をする理由を明示する。

121) 株主名簿、定款、税務申告における同族会社の判定明細書、株式引受申込書、株式の払込みに関する書証等でも代用可能である。類型別会社訴訟II 690頁。

第 3 章　役員の責任に関する少数株主権

I　役員の解任の訴え（法854条）

1　制度の概要

　役員（取締役、会計参与および監査役。法329条1項）の職務執行に関し、不正の行為または法令もしくは定款に違反する重大な事実があったにもかかわらず、当該役員を解任する旨の株主総会議案が否決された等の場合には、一定の少数株主は、当該株主総会の日から30日以内に、訴えをもって当該役員の解任を請求することできる（法854条）。

　役員の解任の訴えは、会社の多数派株主が不正な行為や重大な法令定款違反をした役員を支持するため多数決では解任決議が成立しない場合に、判決をもって、多数決原理を修正することを認めた制度である。

2　手続

(1)　訴えの性質

　役員の解任の訴えは役員と会社の間の会社法上の法律関係の解消を目的とする形成の訴えである。後記（4）のとおり、当該役員と会社双方を被告とすべき固有必要的共同訴訟である（法855条）[1]。

(2)　管轄

　株式会社の本店の所在地を管轄する地方裁判所の専属管轄に属する（法856条）。ここでいう本店の所在地は、実質的な営業の本拠地（いわゆる実質的意味の本店）のではなく、定款で定め登記をした本店の所在地（いわゆる形式的意味の本店）をいう。管轄裁判所がどこであるかについての判断が受訴裁判所によって区々になっては専属管轄を定めた目的を達成できないからである[2]。

---

1)　平成17年改正前商法下での最高裁判所の判断として、最判平成10年3月27日民集52巻2号661頁がある。

(3) 原告適格

(A) 保有要件一般

役員の解任の訴えを提起できるのは、公開会社においては、①ⓐ総株主の議決権の100分の3以上を有する株主か、またはⓑ発行済株式の100分の3以上を有する株主で、かつ、②それぞれ提訴日から遡って6か月以上株式を保有する者（ただし、定款で期間を短縮することは可能）である（法854条1項）。公開会社でない株式会社においては、②の継続保有要件が不要とされる（同条2項）。

①ⓐの比率算定では、その母数に、当該解任議案につき議決権を行使することができない株主の株式数および被告役員の保有株式数は含まれない（同条1項1号イ・ロ）。①ⓑの比率算定では、その母数に、被告株式会社の自己株式の株式数および被告役員の保有株式数は含まれない（同条1項2号イ・ロ）。

法854条1項1号と同項2号を比較すればわかるとおり、当該役員の解任議案に係る議決権を有しない株主（例えば、議決権制限株式に係る株主、種類株主総会により選任された取締役が存在する場合（同条3項、108条1項9号）や監査役が存在する場合（法854条4項、108条1項9号）における当該種類株主以外の株主）も法854条1項2号の保有要件を満たせば、当該役員解任の訴えを提起することができる。もっとも、訴訟要件の1つである後記4の解任議案の否決を充足するために、議決権を有しない株主は、他人をして株主総会（種類株主総会）を招集し当該議案を総会に付議しなければならないが、協力者たる議決権を有する株主がいない限り当該訴訟要件を充足できないことから、議決権を有しない株主にとって提訴のハードルは高いといえよう。[3]

(B) 派生論点

単独では上記比率を満たさない株主も、他の株主と合同して保有比率を満た

---

2) 類型別会社訴訟Ⅰ5～6頁。なお、会社法が専属管轄を定めた趣旨は同一の原因により複数の者から提訴される可能性があるので、弁論を併合して判断が区々になることを防止するためである（江頭366頁注（2）参照）。

3) 株主総会招集に係る裁判所の許可（法297条1項、4項）の申請、株主提案権（法303条）いずれも議決権が有することが前提になっているからである。

す場合には、他の株主と合同して訴えを提起することができる。[4]

株主総会において当該役員の解任議案に反対した株主であっても、その一事をもって原告適格を否定されるわけではない、とするのが通説とされる。もっとも、その他の事情により、信義則違反（禁反言）、権利濫用が争われる余地がある。[5]

前記（A）の保有比率は提訴時点だけではなく、訴訟係属中においても継続して充足する必要があるか否かは見解が分かれている。これまでの学説は、主に検査役選任請求権（法358条）の事案において、①株式譲渡など原告側の事情により保有要件比率を満たさなくなった場合、②新株発行など会社側の事情により保有要件比率を満たさなくなった場合にわけ、①の例では申請人適格を失うとされるが、②の例では失わないとする見解が有力であった。[6]しかし、近時、最決平成18年9月28日民集60巻7号2634頁において、②の例でも、当該株主の申請を妨害する目的で新株を発行した場合などの特段の事情がない限り、申請人適格を欠き、当該申請は不適法である旨判断しており、当該決定をもとに、解任の訴えについても同様に解釈される可能性がある旨指摘する見解もある。[7]実際、東京地裁商事部は、前記最高裁決定前に、会計帳簿謄写請求権（法433条）のほか役員の解任の訴えにつき、①、②の例ともに原告適格を失うと考える旨示唆している。実務上の対処としては、提訴後、原告（少数株主）側の保有比率が所定の保有比率を下回る事態になった場合、原告側は、被告たる会社（多数派株主）が解任の訴えを妨害する目的で新株を発行したなどの特段の事情があること、被告側が原告適格喪失を主張することは権利濫用ないし信義則違反であることを主張立証することが求められるであろう。[8]

(4) 被告適格

前記（1）のとおり、役員の解任の訴えは当該役員および会社がいずれも被

---

4) 類型別会社訴訟Ⅰ7頁。
5) 山口和男編『会社訴訟非訟の実務（改訂版）』（新日本法規出版、2004）461頁。
6) 松田二郎・鈴木忠一『条解株式会社法（下）』（弘文堂、1952）465頁。①の例の説明理由としては原告自ら権利を放棄した旨評価できることが指摘する例が多い。
7) 田中357～358頁。
8) 類型別会社訴訟Ⅰ8頁。

告となる（法855条）。

なお、役員権利義務者（法346条）に対する解任の訴えは提起できないとされる。なぜなら、法854条の文言上、役員権利義務者が「役員」に含まれていないほか、仮に役員権利義務者が不正行為等を行っている場合、株主総会を招集して新たな役員を選任するか、仮役員（法346条2項）の選任の申立てを行えば足りるからである（最判平成20年2月26民集62巻2号638頁）。

(5) 訴えの利益

役員の解任の訴えは、現に役員の地位にある者の残存任期を剥奪することがその目的であると理解されている。そのため、被告たる当該役員が退任した場合、当該訴えの目的がなくなるので、訴えの利益を欠くとして当該訴えは却下される（東京地判昭和31年4月13日判タ59号92頁）。

被告役員が役員解任の訴えの係属中に任期満了や辞任により退任したが株主総会で再任された場合も、訴えの利益が失われる旨判断されている。その理由の説明として、①改めて株主の信任を得た以上、特別の事情のない限り、解任の訴えは実益がなくなるとするもの（神戸地判昭和51年6月18日下民27巻5〜8号378頁）と、②当該訴訟が再任前の役員の地位を奪うことを目的とするなら退任により当該目的が喪失しており、再任後の役員の地位を奪うにしても再任後の解任決議の否決（後記3）がないことから訴えが不適法になるとするものがある（大阪高判昭和53年4月11日判時905号113頁[9]）。

このような裁判例の結論、特に取締役が再任がなされた場合における裁判例の結論について、学説は批判的である。例えば、役員の解任の訴えを株主総会が不適格な取締役を解任できない場合に備える制度であると理解するならば、「再任」という株主総会の判断に全面的な信を置くのは矛盾しているのではないかという指摘、あるいは退任して株主総会が選任したからといって当然に訴えの利益を欠くとするのは疑問であるという指摘がある[10]。また、実際上の問題として、当該取締役の任期中に解任判決が確定することは事実上困難であり、

---

[9] なお、当該裁判例では、前掲神戸地判昭和51年6月18日とは異なり、例外を認めていない。
[10] 河内隆史「取締役解任の訴えについて——その目的と訴の利益——」法学新報96巻3・4号132頁。

任期満了退任によって常に訴えの利益がなくなるとすれば、解任の訴えの制度自体が全く意味のないものになってしまうことがあげられよう。

実務上の対応としては、前記①の神戸地判昭和 51 年 6 月 18 日の考え方に依拠して、「特段の事情」を主張立証していくことになろう。当該裁判例も含めて、特別の事情が認められ、訴えの利益が肯定された裁判例は存在しないが、学説の中には、当該取締役の違法行為が再選後も継続しており、かつ、多数者が原告株主らの反対を押し切ってその再選を認めたような事情などを指摘する[11]。後記 4 の解任事由の発生・判明時期とも絡んで種々の議論がなされているので、そちらで再論する。

(6) 提訴期間

株主総会（種類株主総会）の日から 30 日以内に提訴しなければならない（法 854 条 1 項）。役員をいつまでも不安定な地位な立場に置くことが望ましくないためである。

3　株主総会における解任議案の否決等

(1) 要件一般

法 854 条 1 項は、役員解任の訴えを提起するための訴訟要件として、当該役員に不正の行為または法令もしくは定款に違反する重大な事実があることのみならず、当該役員を解任する旨の議案が株主総会で否決されること、または当該役員を解任する旨の株主総会決議が種類株主（法 108 条 1 項 8 号）による拒否が原因で解任決議が効力を生じないこと（法 323 条参照）を要求している。なお、種類株主総会により選任された取締役または監査役がいる場合（法 108 条 1 項 9 号）においては、種類株主総会での解任議案の否決決議を必要となる（法 854 条 3 項、4 項）。

このように、役員の解任の訴えを提起する前提として解任議案の株主総会における否決が要求されるのは、問題の処理をまずもって株主総会の自治に委ね、

---

11) 今井宏「取締役解任の訴の利益、忠実義務など」商事法務 854 号 32 頁。

株主総会における自浄能力に期待することで、国家機関たる裁判所の介入を抑制する趣旨からである旨説明されている。[12]

なお、役員の解任の訴えの提起を妨げるため、当該役員解任議案を否決した株主総会決議の取消しの訴えを提起することは不適法とされる（最判平成28年3月4日民集70巻3号827頁）。当該決議を取り消すことによって新たな法律関係が生ずるものでもないからである（第1編Ⅳ3参照）。

(2) 具体例

(A) 株主総会が流会となった場合

特定の役員を解任する旨の議案が株主総会に付議され、招集されたにもかかわらず、多数派株主が株主総会に出席せず、当該株主総会が定足数不足により流会になることがある。

このような場合、「当該役員を解任する旨の議案が株主総会において否決されたとき」に当たるかどうかにつき、従前の裁判例の中にはこれを否定するものもあった（東京地判昭和35年3月18日下民11巻3号555頁）。[13]しかし、定足数の出席を得て解散議案を上程し、これを審議したうえで決議が成立しなかった場合でなければ要件を満たさないとなると、多数派株主が株主総会をボイコットすることにより、役員の解任の訴えの提起を妨害することが可能となり相当ではない。近時の裁判例では、「当該役員を解任する旨の議案が株主総会において否決されたとき」とは、議題とされた解任の決議が成立しなかった場合を意味し、議案が否決された場合のみならず、定足数に達する株主の出席がないため流会となった場合も含まれると解釈するものがある（高松高判平成18年11月27日金判1265号14頁）。[14]

定足数を満たしている場合でも、例えば、議長が一方的に閉会を宣言するな

---

[12] 酒巻敏雄『取締役の責任と会社支配』（成文堂、1967）76頁、龍田節・前田雅英『会社法大要〔第2版〕』（有斐閣、2017）184頁。

[13] 当該裁判例は流会後に当該取締役の職務執行停止等の仮処分を求めた事案であり、株主総会において当該取締役の解任を否決したことあるいはこれと同視しうる事情が存在することも疎明されていないことを理由に仮処分申請を却下した。単なる「否決」よりも幅を持たせているような判断である。

[14] なお、江頭399頁。

どの妨害により当該役員の解任議案が審議に付されず、流会となる場合もあり得る。このような場合も当該裁判例は同様に「否決されたとき」に含まれる旨解釈している。

(B) 緊急動議で役員解任が議題として上程された場合

株主総会の議事日程において予定されていなかったにもかかわらず、緊急動議で役員解任が議題として上程され、否決された場合にも、「当該役員を解任する旨の議案が株主総会において否決されたとき」に当たるとして、役員の解任の訴えを提起することができるかにつき整理を要する。

会社法では、取締役会非設置会社の株主総会は、招集の際に定められた目的事項（法298条1項2号）以外の事項に関しても決議を行うことができる（法309条5項の反対解釈）。したがって、取締役会非設置会社においては、緊急動議で役員解任が議題として上程され、否決決議がされた場合、法854条1項の「当該役員を解任する旨の議案が株主総会において否決されたとき」に該当し、役員解任の訴えを提起することができる。[15]

他方、取締役会設置会社では、株主総会の招集の際に定められた目的事項以外の事項を決議することができないことが明記された（法309条5項）。当該条文の新設により目的事項以外の事項の決議が単なる取消事由（法831条）ではなく、決議無効ないし不存在事由（法830条）になる旨の見解をとるならば、[16] 緊急動議による否決決議は無効ないし不存在であるため法854条1項の否決決議に当たらないという結論になる。他方、平成17年改正前商法下で有力だった見解を前提にするならば、目的事項以外の事項を決議すると決議方法の法令違反として取消事由になるという見解が有力だったところ、法854条1項にいう否決決議に当たるという結論になりうる。[17] なお、取締役会設置会社の場合に

---

15) なお、京都地宮津支判平成21年9月25日判時2069号150頁参照。本裁判例は、会社法施行後の特例有限会社（取締役会非設置）の少数株主が解任の訴えを提起した事案であり、原告が株主総会の場で提出した解任動議を議長が採りあげ株主総会決議に付されたが、否決されたことが認定されている。

16) 宍戸善一・黒沼悦郎「対談・機関関係」中央経済社編『新『会社法』詳解（企業会計特別保存版）』（中央経済社、2005）66頁。

17) 西岡清一郎・大門匡編『商事関係訴訟（改訂版）』（青林書院、2013）120頁。

おける裁判例は存在しない。

(C) 解任決議がされる見込みが乏しい場合

当該役員の解任議案を付議しても、当該会社の株主構成等から株主総会において解任決議がされる見込みが乏しい場合でも、まずは解任否決決議を経る必要がある。前記（1）で述べたとおり、問題の処理を第1次的には株主総会の自治に委ねる制度設計になっており、仮に否決決議を経ないで提訴した場合、出訴期間の起算点を定められず、出訴期間を定めた意味がなくなるからである。

4 解任事由

(1) 要件論

役員の解任の訴えの実体的要件として、法854条1項は解任事由を定める。その内容は、①職務の執行に関して、②ⓐ「不正の行為」または②ⓑ「法令もしくは定款に違反する重大な事実」があったことである。

(A) 「職務の執行に関し」

「職務の執行に関し」とは、役員としての職務遂行それ自体のみならず、当該職務の遂行に直接に、または間接に関連してなされた場合も含む。例えば、会社の承認を得ない競業取引行為、自己取引なども含む旨解釈されている。[18]

(B) 「不正の行為」

「不正の行為」とは、会社財産の私消等の故意の加害行為をいい、[19] 重大性の要件は不要と解釈されている。「不正の行為」か否かが争われた裁判例としては、有限会社の取締役が、自己と会社との現金出納を区別せず、混同した会計処理をしており、会社収入を私消していることが推認されるとして該当性を認めたものがある（大阪地判平成5年12月24日判時1499号127頁）。

---

[18] 新版注釈6巻74頁〔今井潔〕、江頭憲治郎・門口正人編集代表『会社法大系4』（青林書院、2008）358頁〔福田千恵子〕。

[19] 江頭399頁。

(C)「法令もしくは定款に違反する重大な事実」

「法令もしくは定款に違反する重大な事実」とは、過失によるものも含まれるが重大な違反となり得るものに限定される。これは軽微な違反についてまで裁判所の介入を認めると株主総会の自治を侵しかねないという配慮に基づく。[20]

この要件の該当性が争われた裁判例としては次のものがある。すなわち、①取締役が特段の理由もなく株主総会の招集を怠り、設立以来2〜3年の間に一度も株主総会を開催しなかった場合に、法令に違反する重大な事実があるとされたもの（東京地判昭和28年12月28日判タ37号80頁）。②取締役が自らの解任を議案とする臨時株主総会の開催にあたり、株主に委任状の事前提出を義務付け、かつ、取締役の解任は議決権の3分の2以上の特別決議を要することを通知し、その後、いずれも裁判所の仮処分決定により禁止されたにもかかわらず、同決定を無視して特別決議を行おうとし、最終的には一方的に議案を撤回して臨時株主総会を流会にさせた事案につき、法令に違反する重大な事実があるとされたもの（前掲東京地判昭和35年3月18日）。③取締役が定時株主総会を招集せず、決算書の承認も受けていないことが法令および定款に違反する重大な事実とされたもの（前掲高松高判平成18年11月27日）。④会社分割後、計算書類の作成にあたり会計方針を変更したことが、いわゆる継続性の原則（企業会計原則一般原則第5）に違反するものではなく監査役が当該計算書類について適法意見を記載したことが、監査役の解任事由に当たらないとされた事例（東京地判平成17年9月21日判タ1205号221頁）。

なお、取締役の経営判断に関する任務懈怠行為も善管注意義務（法330条、民法644条）、忠実義務（法355条）に違反する行為であることから、「法令もしくは定款に違反する重大な事実」に該当し得る。前掲神戸地判昭和51年6月18日は、繊維工業製品の製造業を営む会社がボーリング場を建設し、その子会社に賃貸してその経営にあたらせたところ、当該子会社が経営に失敗したため親会社が損害を被ったとして同社（親会社）の取締役の解任請求がなされた事案である。裁判所はボーリング場の建築・賃貸を始めたのは当時の業界の傾向に照らすと無理からぬ経営上の判断であって、善意に基づく管理運営と

---

20) 近藤光男『会社支配と株主の権利』（有斐閣、1993）174頁。

みるのが相当であるとして、取締役の忠実義務違反を否定し、当該解任請求を棄却した[21]。理屈に関する点については賛同する見解が多い。その根拠は、多数決による解任決議の場合と異なり少数株主も提起し得る解任の訴えにおいて、裁判所が取締役の経営判断の是非を軽々しく論じるべきではないという点にある[22]。

(2) 解任事由の発生・発覚時期

法854条1項は、役員に解任事由が「あったにもかかわらず」、当該役員の解任議案が株主総会において否決されることを要件としている。この解任事由がどの時点で生じたものであることを要するかについて、前記2(5)の訴えの利益とも関連して問題となる。

(A) 取締役でなかった時期の事情

裁判例では、取締役でなかった時期の事情をもって解任事由とすることはできない旨判断しているものである（宮崎地判平成22年9月3日判時2094号140頁）。その理由として、法854条の文言から、解任の訴えが取締役としてなされた不正行為等に対するものであること、当該取締役が選任される以前の他の取締役の不正行為等を理由として、当該取締役が現在の地位を奪われるのは不合理である点をあげる。

(B) 過去の任期中の発生した事情で、現在の任期前に判明したもの

裁判例は、原則として解任事由に当たらないとしている。その理由としては、解任の訴えの目的が現に役員の地位にある者の残存任期を剥奪することにあり、当該任期開始前の事由をもって解任を認めるのは法定外の資格ないし欠格事由を認めるのに等しく、解任の訴えが多数派原理の修正・例外のための規定なので抑制的に判断されるべきことを挙げている[23]。

---

21) もっとも、当該事案で会社は定款所定の目的外の事業を行い会社に損失を与えたのであるから、経営判断の原則は妥当せず、結論として取締役の解任を認めるべきであったとの指摘もある（近藤・前掲注20）181頁注96）。

22) 近藤・前掲注20）175頁。

もっとも、前掲京都地判宮津支判平成21年9月25日は、特段の事情があれば、過去の任期中に発生した事情も解任事由となり得る旨示唆する判断をしており、その内容として解任の訴えを回避する目的で辞任と再任がなされた場合を指摘する。他方、前掲宮崎地判平成22年9月3日は「特段の事情」についての判旨はないものの当該任期前の不正行為の有無を認定していることからすれば[24]、「特段の事情」について広く捉えられなくもない。

前掲前記2（5）の訴えの利益でも触れたが、当該役員について辞任と再任が繰り返されて争われた事案が多く、訴えの利益が失われないとする「特別の事情」、現在の任期前に発生・判明した事情でも解任事由とすることができる「特段の事情」については重なる部分が多いと推測されるが、今後の裁判例の積み重ねに期待したい。なお、学説においては、複数の任期を一体として捉えて、その中で現在の任期と関わりの深い違法行為等であれば再任前の事情であっても解任事由となりうるとする見解[25]、重大な違法行為が継続している場合には、現在の任期中のものでなくとも構わないとする見解も主張されている[26]。

（C）解任議案が否決された時点までに生じた事情

裁判例では、法854条1項で不正行為等が「あったにもかかわらず」と定めていることから、当該役員解任議案が否決された後に生じた事情は同項の解任事由に当たらないが、当該役員解任議案が否決された時点までに生じた事由については、同項の解任事由に当たるとしたものがある（前掲高松高判平成18年11月27日）。この事案により、役員解任が議案となった株主総会の開催過程で生じた事由を解任事由として主張すること自体は認められることになる。

当該裁判例を前提にするならば、否決決議後に当該役員に新たな不正行為等が生じた場合には、同事実を前提として改めて役員解任を議案とする株主総会

---

23) 前掲東京地判昭和35年3月18日。なお、前掲大阪地判平成5年12月24日も同じ結論をとる。
24) 当該事案では現在の任期前における公共業務委託の指名競争入札に係る談合行為への関与が問題となった。
25) 三宅新「取締役再任前の事情による解任の訴えの可否」ジュリ1429号138頁。
26) 松嶋隆弘「取締役再任前の事情による解任の訴えの可否」判例セレクト2011（Ⅱ）（法教別冊）18頁。

を開催し、否決決議を得たうえで、新たな解任事由に基づく解任請求を追加することが必要になろう。[27]

(3) 解任事由についての審議の要否

役員解任議案が否決された株主総会において実質的に審議されていない解任事由を、役員解任の訴えで主張できるかについて一考を要する。

先に述べたとおり、法854条1項が株主総会による否決決議を役員解任の訴えの訴訟要件としたのは、役員解任の是非をまずは株主総会の判断に委ねるところに意味があることから、株主総会において実質的に審議されていない解任事由を役員解任の訴えにおいて主張するのは同条項の趣旨に反するように思われる。もちろん、多数派株主によって株主総会そのものが流会となれば否決決議そのものが存在せず、役員解任の訴えそのものが提起できなくなることから、このようなケースでは審議が不要と解釈することもできなくはない。前掲高松高決平成18年11月27日は、取締役解任を議案とする株主総会で審議されなかった解任事由（定時株主総会の未開催、決算書の未承認）についても解任事由として認めているが、当該決定は株主総会が流会になった事実に関するものであり全株主が既に知っていた事実であったという事情があった。今後、この種の裁判において、役員解任を議案とする株主総会を開催できなかった理由、開催できたとして当該解任事由を取り上げることができなかった理由が問われる可能性がある。[28]

5 判決の効力

請求認容の確定判決に対世効がないが、固有必要的共同訴訟であるから、少なくとも会社の構成員ないし機関全体にその判決の効力は及ぶと解釈される。

役員の解任の訴えは請求が認容されれば、当該役員が解任されたことにつき

---

27) 江頭他編・前掲注18) 360頁〔福田〕。
28) なお、当該裁判例に関し、川島いづみ「会社法854条1項の取締役解任事由が『あったにもかかわらず』の意味」金判1271号15頁も、解任議案が否決された時点までに生じた解任事由について、解任の訴えの解任事由とすることが常に可能であるかといえば、解任の訴え提起の前提として株主総会の否決を要求する現行制度の趣旨からして、疑問な場合が生ずる可能性も完全には否定できないとしている。

嘱託登記がなされる（法 937 条 1 項 1 号ヌ）。

6　職務執行停止・職務代行者選任の仮処分

(1)　制度の概要

　役員の解任の訴えを提起したとしても、認容判決が確定するまでの間、当該役員の地位に影響があるわけでない。しかし、その間、当該役員が経営に関与すれば会社に重大な損害が生ずるおそれがある。
　このような損害を回避するためになされるのが、役員の職務執行停止・職務代行者選任の仮処分（以下、「職務執行停止等仮処分」という）である（民事保全法 23 条 2 項。なお、職務執行代行者の権限については法 352 条参照）。もっとも、この仮処分命令が発令されると、会社および当該役員に対する影響が相当大きいことから、被保全権利および保全の必要性についてより具体的に明確にするとともに、その疎明が相当高い客観性をもって行われなければならないとされる（民事保全法 13 条 2 項）。[29]

(2)　手続

　職務執行停止等仮処分は仮の地位を定める仮処分であるから、原則として口頭弁論または債務者が立ち会うことができる審尋期日を開くことが必要である（民事保全法 23 条 4 項本文）。急を要するとか、期日を経ると妨害行為や財産隠匿行為などにより、仮処分の申立ての目的を達することができないときは、期日を開く必要がないとされるが（同項ただし書）、職務執行停止等仮処分において、相手方である会社および役員の審尋を経ずに発令することはまずないとされる。[30]
　債権者の申立てを認容する決定がされた場合、決定正本が当事者に送達され（民事保全法 17 条）、会社の本店所在地において嘱託登記される（民事保全法 56 条、法 917 条）。

---

[29]　類型別会社訴訟 II 873 頁。
[30]　類型別会社訴訟 II 874 頁。

(3) 被保全権利

　法854条1項に定める権利が被保全権利になるが、株主総会で解任決議が否決される前の段階では、職務執行停止等仮処分を発令することができないとされる（東京高決昭和60年1月25日判タ554号188頁）。解任議案が否決されなければ本案たる役員の解任の訴えそのものが提起できないからである。

　もっとも、否決決議の存在は仮処分の発令要件であって申立要件ではないから、否決決議前であっても、すでに当該役員の解任を議案とする株主総会が招集されており、近い将来、株主構成からして解任議案が否決されることが確実である状況であることなど疎明できる状況にしたうえで申立てをする必要がある[31]。なお、解任の否決決議を待っていたのでは、当該役員が違法行為を行ってしまうことが予測される場合には、債権者たる株主は、職務執行停止等仮処分ではなく、当該役員の違法行為の差止仮処分の申立てを検討すべきであろう[32]。

(4) 保全の必要性

　職務執行停止等仮処分においても、仮処分を発令するためには保全の必要性、すなわち「債権者に生ずる著しい損害又は急迫の危険を避けるためこれを必要とする」ことの要件を満たす必要がある。

　本案たる役員解任の訴えは株主の共益権の行使であるから、当該役員がそのまま職務を執行すれば、仮処分債権者ではなく、会社自体に回復不能の損害が生ずることの疎明を要する[33]。そのため、解任の訴えに係る当該役員の違法な職務執行によって、仮処分債権者が会社に対する支配権を失うというような事情は、直ちに保全の必要性を基礎付けることにはならない。役員の解任の訴えを本案とする職務執行停止等仮処分において、会社に生ずる損害の例としては、自称取締役が会社の重要な財産を個人の利益を図る目的で処分しようとしていることなどがあげられよう[34]。

---

31) 類型別会社訴訟 II 876頁。
32) 江頭他編・前掲注18) 362頁〔福田〕。
33) 東京地裁商事部研究会報告⑤「商事保全及び非訟事件の実務研究」判時1287号7頁。
34) 江頭他編・前掲注18) 363頁〔福田〕。

なお、保全の必要性は職務執行停止の部分と代行者選任の部分とでは別々に判断される。例えば、代表取締役が2名選任されていて、その一方についてのみ職務執行停止がなされた場合には、原則として代行者選任の仮処分の必要性はないことになる。

(5) その他

保全命令には通常、担保が要求されるところ（民事保全法14条1項）、当該担保の金額は、事案の内容、会社の規模、会社を取り巻く状況、役員の員数、職務執行を停止される役員の員数などを総合考慮して決定される。

職務代行者を選任する場合、担保決定と同時に、職務代行者の報酬額の予納が命ぜられる（民事訴訟費用等に関する法律12条、民事執行法14条）。実務上、発令前に裁判所が職務代行者の候補者に就任を打診して事実上承諾を得た上で、職務執行停止の仮処分と職務代行者選任の仮処分が併せて発令されるが、そのために職務代行者の6か月分の報酬相当額の予納が必要とされる。[35]

---

35) 類型別会社訴訟 II 882〜883頁。

II　代表訴訟

1　概要

　株主代表訴訟（法847条）とは、個々の株主が、株式会社の利益のために、会社の役員等に対して責任を追及する訴訟である。

　役員等の不正行為によって、会社に損害が生じた場合、会社の当該役員等に対する責任の追及は、会社が追及するのが原則である。しかし、会社は、その取締役を含む役員等によって、会社の経営がなされており、会社に対し責任を負う当該役員等とその他の役員等の緊密な関係がゆえに、会社が当該役員等に対し責任追及をせず、会社の損害が放置されることにより、結果会社の株主が損害を被ることになる。そこで、法は、個々の株主が、会社の利益のために、会社の役員等に対する責任を追及する手段を設け、会社の利益を図り、ひいては株主の利益を確保する手段として株主代表訴訟を設けた。

　株主代表訴訟において株主は、株式会社の代表者ではなく、第三者である株式会社の利益のために原告となり、役員等を被告として訴訟を追行し判決を受けるものであり、第三者の訴訟担当（法定訴訟担当）と解される。株主代表訴訟の判決の効力は、原告である株主だけではなく、本来訴訟を追行すべき立場にある会社にも同一の効力が生じる（民事訴訟法115条1項2号）。

2　原告適格

(1)　総説

　法847条は、「六箇月（これを下回る期間を定款で定めた場合にあっては、その期間）前から引き続き株式を有する株主」（第百八十九条第二項の定款の定めによりその権利は行使することができない単元未満株主を除く。）は、」と規定し、株主代表訴訟の原告適格を定める。

　株主代表訴訟の原告適格に持株数について限定はなく、株主代表訴訟は単独株主権である（なお、法189条2項の定款の定めによりその権利を行使するこ

とができない単元未満株主は、株主代表訴訟の原告適格を有しない)。

(2) 要件

　公開会社における株主代表訴訟の原告適格の要件は、上記のとおり、①6か月前からの株式の保有、②引き続き株式を有することを要する。

　(A) ①について

　公開会社では、濫訴的な株主代表訴訟提起を防止するために①の要件を設けた。公開会社でない会社の場合には、そのような濫用的な株主代表訴訟の提起のおそれがないため、①の要件は不要である（法847条2項）。

　被告である役員等より、①の要件について争われた場合、原告は、単に株式を有するだけでは足りず、会社および第三者に対して、自らが株主であることを対抗できることが必要である。

　具体的には、通常は株主名簿上6か月間引き続いて株主であること（法130条）を主張立証することになる。一方、上場会社の場合、法847条1項の提訴請求は、振替法147条4項の少数株主権等に該当し、同法154条により個別株主通知による立証が必要になる（詳細につき、後記第4編Ⅲ）。

　前記のとおり、株主代表訴訟の濫訴を防止するために原告適格を設けたことからすれば、株主代表訴訟の手続を行う6か月前から訴訟終了の時まで、引き続き株式を有していることを要する。

　提訴請求を経ずに訴訟を提起できる場合（法847条5項本文）には、訴訟提起の6か月前から株式を有していることを主張立証することになる。

　(B) ②について

　訴訟係属中に原告である株主が株式を譲渡して株式を失った場合、原告適格を喪失することになり、当該訴訟は判決により却下される。

　なお、「引き続き株式を有する」は、特定の株式を保有し続ける必要はなく、その間に譲渡等により所有する株式が入れ替わったとしても、6か月間引き続きその会社の株式を有していればよい。

3 提訴前の手続

(1) 提訴請求（法847条1項）

　株主代表訴訟は、株主が株式会社に対し、不正行為を行った役員等に対する責任追及の訴えを起こすことを請求する必要がある。

　この提訴請求は、①株主が株主代表訴訟を提起した場合、株式会社は当該訴訟物について更なる訴えの提起が禁止される（二重提訴の禁止。民事訴訟法142条）。そのため、あらかじめ提訴請求を受けることにより、会社自身の提訴の機会を付与する点、②提訴請求を契機に会社が当該役員等との間で訴訟以外の方法により損害の回復をする機会を付与する点、にある[36]。

　その上で、提訴請求によって、株式会社において役員等に対する追及する機会があったにもかかわらず、会社自身において提訴請求の日から60日以内に責任追及等の訴えを提起しないときは、もはや会社自身で責任追及の訴えを提起し、損害を回復することが期待できず、当該請求をした株主によって、株式会社のため責任追及等の訴えを提起することができることとした（法847条3項）。

(2) 提訴請求の内容

　提訴請求は、前記のとおり、株式会社に一次的な判断の機会を設けるための手続であり、それにより株式会社自身が訴訟の提起等の判断をするに足りる情報の記載が求められる。

　具体的には、書面等には、①被告となるべき役員等の氏名、②請求の趣旨および請求を特定するのに必要な事実、③提訴請求の受領権限を有する名宛人についての記載が必要とされ（規217条参照）、書面等について、これらの事項が記載されていない場合には、会社自身において訴訟提起について判断するに足りる情報が提供されていないのであって、有効な提訴請求があったとはいえないと解される（後掲書式6）。

---

[36] 新基本法コンメ3巻415〜416頁〔山田泰弘〕。

(3) 提訴請求の相手方

　株主が提訴請求を行うべき名宛人については、当該株式会社の機関設計により名宛人が異なるため、注意が必要である（なお、名宛人以外に提訴請求がなされた場合の当該提訴請求の有効性については、後記（D）を参照）。

(A) 監査役設置会社において

　取締役（元取締役を含む）に対する責任追及の訴えに関する提訴請求をする場合、提訴請求の名宛人は監査役となる（法386条2項1号）。

　取締役以外の役員等（監査役、会計参与および会計監査人）に対する責任追及の訴えに関する提訴請求をする場合、提訴請求の名宛人は代表取締役である（法349条4項）。

(B) 指名委員会等設置会社

　執行役または取締役（元執行役または元取締役を含む）に対する責任追及の訴えに関する提訴請求をする場合、提訴請求の名宛人は監査委員となる（法408条5項1号）。

　執行役または取締役以外の役員等（会計参与および会計監査人）に対する責任追及の訴えに係る提訴請求をする場合、提訴請求の名宛人は、代表執行役である（法420条3項、349条4項）。

　なお、監査委員に対する責任追及の訴えに関する提訴請求の場合、提訴請求の名宛人については、当該監査委員以外の監査委員が株式会社を代表することができるため（東京地判平19年9月27日判タ1254号276頁）、当該監査委員以外の監査委員を名宛人とすることができる。

(C) 監査等委員会設置会社の場合

　監査等委員以外の取締役（元取締役を含む）に対する責任追及の訴えに関する提訴請求をする場合、提訴請求の名宛人は監査等委員になる（法399条の7第5項1号）。

　監査等委員及び取締役以外の役員等（会計参与及び会計監査人）に対する責

任追及の訴えに関する提訴請求をする場合、提訴請求の名宛人は代表取締役である（法349条4項）。

(D) 提訴請求の名宛人を誤った場合

監査役もしくは監査委員を名宛人として提訴請求をすべきであったにもかかわらず、誤って代表取締役を名宛人として提訴請求をした場合、会社において当該役員等の不正行為についての判断の機会が付与されていないことから、有効な提訴請求があったとは認められない[37]（東京地判平4年2月13日判タ794号218頁参照）。

しかし、誤った名宛人に対する提訴請求をしたとしても、会社において、提訴請求書の記載内容を正確に認識し訴訟を提起すべきか判断する機会が付与された場合には、適法な提訴請求があったと同視することができるとする（最判平成21年3月31日民集63巻3号472頁参照）。

4 取締役の責任の範囲

取締役等の責任の範囲について、最高裁は、旧商法267条1項の「取締役ノ責任」につき、「取締役の地位に基づく責任のほか、取締役の会社に対する取引債務についての責任も含まれると解するのが相当である。」と判示した（最判平成21年3月10日民集63巻3号361頁）。

5 訴訟参加

(1) 会社の取締役に対する責任追及の訴えに株主が参加する場合

旧商法268条2項の訴訟参加の性格について、多くの議論がなされていたが、

---

[37] 提訴請求欠缺の瑕疵の治癒を認める裁判例（大阪地中間判昭和57年5月25日判タ487号173頁）もある。「原告が本訴提起の後改めて会社に対する同法条所定の手続を履践し、その後同法条所定の期間である三〇日内に会社が被告に対する責任追及の訴えを提起していないのであるから、これにより右の二つの目的は実質的に充たされており、かつ、仮に本件訴えを不適法のものとして却下したとしても、原告は改めて直ちに本訴と同一の訴えを適法に提起することができるのであって、これを却下する実益に乏しく、また、訴訟経済にも合致しないものといわざるをえない。」と判示している。

法849条1項本文は、株主または会社は共同訴訟参加（民事訴訟法52条）または補助参加（同法42条）できることを明示した。

会社の株主は、会社法所定の手続を履践した場合に、当事者適格を満たすことになるのであり、会社法所定の手続を履践しない限り、当事者適格は認められない。

したがって、会社が責任追及の訴えを提起した場合の株主や会社法所定の手続を履践していない株主は、当事者適格を有しない以上、共同訴訟人の要件である当事者適格を有しないため、民事訴訟法上、当該株主は補助参加しかできない。

しかるに、会社法は、会社法所定の手続を履践しない株主も（補助参加人ではなく）共同訴訟人として訴訟参加することを許容した。法が補助参加人ではなく、共同訴訟参加人として訴訟参加を認めたのは、補助参加人よりも訴訟追行に制限のない、共同訴訟参加人としての参加を認めることで、法847条1項の前身である旧商法268条2項の趣旨である会社と当該役員等との間の馴合訴訟の防止の実効性をより高めるためのものである。

一方で、訴訟参加する株主は、法847条1項の規定する株式保有や提訴請求の手続を経ずに参加が可能であり、株主代表訴訟に多数の株主が参加することや口頭弁論終結直前の訴訟参加等が訴訟遅延を招来する危険性がある。そのため、このような不利益を防止するため株主の訴訟参加が「不当に訴訟手続を遅延させることとなるとき、裁判所に対し過大な事務負担を及ぼすこととなるとき」（法849条1項ただし書）には、訴訟参加はできない。

(2) 株主代表訴訟に会社が参加する場合

旧商法下では、被告である取締役等に会社が補助参加をする場合、「専ら訴訟の結果につき法律上の利害関係を有する場合に限られ、単に事実上の利害関係を有するに留る場合は補助参加は許されない」（最判昭和39年1月23日集民71号271頁）との要件を満たすかにつき、争いとなることが多く、訴訟遅延の原因となっていたことから、民事訴訟法52条の特則として、会社が共同訴訟参加することを認めた。[38]

会社の取締役（監査等委員および監査委員を除く）、執行役、清算人および

これらの者であった者に補助参加するには、①監査役設置会社である場合には監査役（監査役が二人以上ある場合にあっては、各監査役）、②監査等委員会設置会社である場合には各監査等委員、③指名委員会等設置会社である場合には各監査委員の同意を要する（法849条3項1号〜3号）。[39]

6　担保提供命令（法847条の4第2項3項）

(1) 概要

担保提供命令は、被告である役員に損害を与える場合において、悪意である原告株主に対して有する損害賠償請求を担保するために原告株主に担保の提供を命ずる制度であり、「被告である役員」の保護の制度であるが、不当な代表訴訟を却下するための方策の1つとして運用されてきた。[40]

そのため、本来の趣旨は、損害賠償請求の担保であるが、運用として担保提供命令が濫訴的な株主代表訴訟の提訴を防止する役割を果たしてきたのである。

(2) 要件

担保提供命令の申立てにあたっては、責任追及等の訴えの提起が悪意によるものであることを疎明する必要がある。

この悪意の意義につき、①取締役である被告が会社に対して負うべき責任のないことを知りながら、専ら被告を害する企図をもって提起した訴えであることが必要であると解すべきであるとする裁判例（名古屋地決定平成6年1月26日判時1492号139頁）、②「請求原因の重要な部分に主張自体失当の点があり、主張を大幅に補充あるいは変更しない限り請求が認容される可能性がない場合、請求原因事実の立証の見込みが低いと予測すべき顕著な事由がある場

---

38)　相澤哲編『一問一答　新・会社法（改訂版）』（商事法務、2009）251頁。
39)　職務の範囲を会計監査に限定された監査役は、法849条3項1号の同意権者には該当しない。その理由は、監査の範囲が会計に限定されている監査役（法389条1項）は「監査役設置会社」（法2条9号）に該当しないこと、②会計に関するものに限定されている監査役の権限は、会計監査に限られるのであって、会計監査と関係のない補助参加の同意についての権限は有しないと考えられるからである。
40)　相澤編・前掲注38）247頁。

合、あるいは被告の抗弁が成立して請求が棄却される蓋然性が高い場合等に、そうした事情を認識しつつあえて訴えを提起したものと認められるときは、『悪意』に基づく提訴として担保提供を命じ得ると解するのが相当である。」とする裁判例（東京地決平成 6 年 7 月 22 日判時 1504 号 121 頁）、③「事実的、法律的根拠のないことを知りながら、又は株主代表訴訟の制度の趣旨を逸脱し、不当な目的をもって被告を害することを知りながら訴えを提起した場合をいうものと解するのが相当である。」とする裁判例（大阪高決平成 9 年 11 月 18 日判時 1628 号 133 頁）がある。

7 和解

(1) 総説

役員等の責任追及等の訴えの審判対象は、事実関係が複雑であることが多く、通常の民事事件と比較して、多くの時間と費用を要し、相当程度の負担になる場合も多い。そのため、判決による解決だけでなく、和解による解決が適切なケースも少なくない。

そこで、株主代表訴訟においても、原告である株主と被告である役員等との間で和解をすることができる（法 850 条 1 項本文）。

(2) 和解の効力

しかし、株主代表訴訟の原告は、会社の利益のために訴訟追行をする者であるが、会社法所定の手続を履践した会社の株主にすぎず、会社や他の株主から特別の授権がある者ではない。

そのため、会社が和解の当事者となっていない場合、当該和解の効力は会社に及ばない（民事訴訟法 267 条は適用されない。法 850 条 1 項本文）

(A) 会社の承認がある場合

会社が和解を承認した場合は、民事訴訟法 267 条が適用され和解に確定判決と同一の効力が生じる（法 850 条 1 項ただし書き）。

ここで「会社等の承認がある」とは、会社が共同訴訟参加人、補助参加人ま

たは利害関係人として訴訟参加し和解に承諾した場合、法850条2項に応じて和解の承諾をした場合、法850条2項の催告後2週間以内に異議を述べなかった場合（法850条3項）を指す。

(B) 会社の承認がない場合

会社の承認がない場合、法は民事訴訟法267条の適用を否定するにとどめ、原告と被告の和解を禁止する規定を設けなかったことからすれば、原告と被告の和解も適法になしうると解する。

(C) 会社が異議を述べた場合

法850条2項に基づく裁判所からの催告に対して、会社が異議を述べた場合に、和解をすることができるかにつき、①和解をすることができず、判決に至るまで訴訟を続けるほかないとの見解[41]、②他の株主または会社との間で、再訴禁止の効力が生じないが、和解自体は可能であるとの見解がある[42]。

もっとも、会社が異議を述べた場合、同和解の効力が会社や他の株主に及ばないのであれば、被告側は、和解に応じる実益が乏しく、被告が和解に応じることは想定しがたい。結果として判決まで訴訟追行をすることになるであろう。

8 費用等の請求（法852条）

株主代表訴訟の原告たる株主が、勝訴（一部勝訴、和解を含む（東京高判平成12年4月27日金判1095号21頁））した場合、株主は、必要な費用（訴訟費用を除く）または弁護士報酬を支払わなければならないときには、株式会社に対し、その費用の額の範囲内またはその報酬額の範囲内で相当と認められる額の支払を請求することができる（法852条1項）。

また、法849条の規定に基づき、訴訟参加した株主についても、法852条1項が準用され、必要な費用等の支払いを請求できる（法852条3項）。

---

41) 前田庸『会社法入門（第13版）』（有斐閣、2018）471頁。
42) 江頭憲治郎『株式会社法（第7版）』（有斐閣、2017）501頁。

書式6　訴え提起請求書

○○県□△市□区☆☆
株式会社×○
代表者　監査役　日本太郎　殿

訴　え　提　起　請　求　書

　当職は、◇□□◇氏を代理して、会社法847条1項の規定に基づき、次のとおり、取締役××××氏に対し、5000万円の損害賠償請求等の責任を追及する訴えを提起するよう請求いたします。

1　被告となるべき者
　　取締役××××
2　請求の趣旨
　　取締役××××は、株式会社×○に対し、金5000万円及び☆☆年☆月☆☆日から支払済みまで年5％の割合による遅延損害金を支払え。
3　請求を特定するのに必要な事実
(1)　貴社××取締役は、平成○○年□月、貴社と☆☆株式会社との●●に関する売買契約につき、同契約の担当取締役として、☆☆株式会社が●●を所有しているかについて十分に調査すべきであったにもかかわらず、同調査義務を怠り、漫然と☆☆株式会社と契約を締結し、同契約に基づき5000万円を支払いました。
(2)　しかしながら、真実☆☆株式会社は、●●の所有者ではなく、☆☆株式会社自体も書類上存在するペーパーカンパニーであったことから、●●の引渡し等の債務の履行がされることなく、よって、貴社に5000万円の損害が生じました。
(3)　同損害は、××××が取締役としての善管注意義務違反により生じたものであり、××××は会社に対する5000万円を賠償する責任があります。

以上

△□年☆月☆日

○○県○○市■■
株主　　　　　△　□　□　△
東京都千代田区●●
右代理人弁護士　法　曹　太　郎

III　多重代表訴訟

1　概要

　多重代表訴訟とは、企業グループの頂点に位置する株式会社の株主が、一定の要件を満たす子会社の発起人等の責任ついて、子会社に対する提訴請求を経た上で、特定責任追及の訴えを提起できる制度である（法847条の3）。この多重代表訴訟制度は、平成27年5月1日に施行された「会社法の一部を改正する法律」（平成26年法律第90号）により創設された制度である。

　改正前の会社法では、株主代表訴訟（法847条）により、取締役等の責任を株式会社に代わって追及することができたのは、当該株式会社の株主だけであった。しかしながら、親子関係にある会社間において、子会社の役員等が当該子会社に対して負っている責任については、親会社と子会社との仲間意識や人的関係性から、株主である親会社が責任追及を懈怠するおそれが類型的かつ構造的に存在するため、親会社の株主が不利益を被るおそれがある。そこで、会社法の改正により、このような地位に置かれる親会社の株主を保護するため、多重代表訴訟の制度が創設された。

　通常の株主代表訴訟制度は、1株しか保有していない株主でも訴訟提起を請求することが可能である単独株主権であるが、多重代表訴訟制度は、後述のとおり、株式の保有要件が課せられており、少数株主権に位置付けられる。

2　原告適格

(1)　総論

　多重代表訴訟を提起することができるのは、最終完全親会社等の株主であり、かつ、6か月前から引き続き最終完全親会社等の総株主の議決権または発行済株式の100分の1以上を有するものである（法847条の3第1項）。6か月前という期間および100分の1という割合は定款で引き下げ可能である（法847条の3第1項括弧書）。最終完全親会社等が、非公開会社である場合には、6

か月前という保有期間の要件はないため、保有期間にかかわらず特定責任追及の訴えを提起することができる（法847条の3第6項）。

これら株式の保有要件は、多重代表訴訟における原告適格を定めるものであると解されているため、通常の株主代表訴訟制度と同様に、株式会社に対する提訴請求の6か月前から事実審の最終口頭弁論の終結時まで維持する必要がある[43]。

(2) 最終完全親会社等

最終完全親会社等とは、株式会社の完全親会社等であって、その完全親会社等がないものを指す（法847条の3第1項本文）。いわゆる企業グループの頂点に位置する株式会社がこれにあたる。

完全親会社等とは、①完全親会社（特定の株式会社の発行済株式の全部を有する株式会社その他これと同等のものとして法務省令で定める株式会社。法847条の2第1項）、②株式会社の発行済株式の全部を他の株式会社およびその完全子会社等または他の株式会社の完全子会社等が有する場合における当該他の株式会社（完全親会社を除く）を指す。

①について、ある親会社が直接に子会社の株式すべてを保有している場合だけでなく、中間子会社も含めると子会社の株式すべてを保有することとなる場合も当該親会社が完全親会社に該当することとされている（規218条の3第1項）。②については、親会社が、中間子法人も含めると、子会社の株式全てを保有することとなる場合である。具体的な例としては、親会社が全ての持分を保有している投資事業有限責任組合が子会社株式の全てを保有しているようなケースが該当する。このように①と②の違いは、子会社の株式を保有している中間子法人に株式会社以外の法人が含まれるかどうかという点にある。

特定責任追及の訴えが、完全親会社等の株主に限られているのは、子会社に少数株主がいる場合は、当該少数株主による責任追及を期待することが可能であり、あえて親会社の株主に責任追及する権利を認める必要がないからである。また、完全親会社等のうち、最終完全親会社等に限られているのは、子会社と

---

[43] 塚本英巨「株主代表訴訟に関する平成26年改正会社法の逐条解説（第2回）」金法2037号57頁。

最終完全親会社等の間に中間完全子会社が存在する場合、当該中間完全子会社に特定責任追及の訴えを請求する権利を認めたとしても、当該中間完全子会社の経営が最終完全親会社等に支配されているため、実際上は権利行使が期待し難いからである。

　条文の文言からは、完全親会社等に該当するためには、子会社の株式を親会社が直接的または間接的に全て保有している必要がある。そのため、子会社が自己株式を保有しており、親会社が当該自己株式を除いた全ての子会社株式を保有している場合は形式的には完全親会社等に該当しないこととなりそうである。しかしながら、このような場合であっても子会社の役員の責任追及が懈怠される可能性があることに変わりがないため、完全親会社の株主は子会社の役員の責任追及をすることができると解されている[44]。

　発起人等の責任の原因となった事実が生じた日において最終完全親会社等であった株式会社が、その後別の株式会社の完全子会社等となった場合、新たに最終完全親会社等になった株式会社は、責任の原因となった事実が生じた日において最終完全親会社等ではなかったのであるから、形式的には特定責任の要件を満たさなくなる。そこで、このような場合においては、最終完全親会社等であった株式会社を最終完全親会社等であるとみなして特定責任の要件が判断されることとなる（法847条の3第5項）。

　なお、最終完全親会社等の株主による提訴請求後に、少数株主が生じたことにより、最終完全親子会社関係が崩れた場合は、当該少数株主による株主代表訴訟の提起が可能となるため、当該最終完全親会社等の株主の原告適格が失われることにより、訴えは却下されることになる[45]。

(3) 議決権または株式の保有要件

　多重代表訴訟制度においては、6か月前から引き続き最終完全親会社等の総株主の議決権または発行済株式の100分の1以上を保有することが要件とされている。

---

[44]　塚本英巨「株主代表訴訟に関する平成26年改正会社法の逐条解説（第1回）」金法2035号68頁
[45]　江頭510頁注(23)。

通常の株主代表訴訟制度では、公開会社においては、権利濫用の防止のため、6 か月前から引き続き株式を有する株主が責任追及等の訴えの提起を請求することができるとされているが（法 847 条 1 項）、多重代表訴訟制度においても同様に権利濫用の防止の趣旨が当てはまるため、公開会社では 6 か月前から株式を保有していることが要件とされている。なお、特定責任追及の訴えを提起しようとする最終完全親会社等の株主が、当該最終完全親会社等の株式を 6 か月前から保有していたとしても、最終完全親子会社関係になってから 6 か月が経過していなければ提訴請求は認められないと解されている。[46]

通常の株主代表訴訟制度においては、1 株しか有しない株主でも責任追及等の訴えを提起することが可能であるが、多重代表訴訟制度においては、最終完全親会社等の株式につき、総株主の議決権または発行済株式の 100 分の 1 以上を保有することが要件とされている。これは、多重代表訴訟制度においては、責任を追及する最終完全親会社等の株主と責任を追及される完全子会社の発起人等との間の関係が間接的なものであるため、より強い利害関係を有する場合に責任追及を認めるのが適切であるからである。

なお、特定責任追及の訴えの提起を請求しようとする最終完全親会社等の株主は、この保有要件を単独で満たす必要はなく、他の株主が有する議決権または株式と併せて保有要件を満たすのであれば、他の株主と共同で請求することも可能である。[47]

3　特定責任

(1) 総論

通常の株主代表訴訟制度とは異なり、多重代表訴訟制度の対象となるのは、発起人等に対する特定責任を追及するものに限定されており、企業グループの中でも重要な地位を占める子会社における一定の責任だけがその対象となる。

---

46)　塚本・前掲注 43) 57 頁。
47)　一問一答平成 26 年（第 2 版）181 頁。

(2) 発起人等

　発起人等とは、発起人、設立時取締役、設立時監査役、取締役、会計参与、監査役、執行役、会計監査人、清算人である（法847条1項）。なお、株式会社の外国の子会社の役員は多重代表訴訟制度の対象とならない。[48]

　多重代表訴訟制度は発起人等に対するものに限定されているため（法847条の3第1項本文、4項）、通常の株主代表訴訟制度では対象となる（法847条1項参照）以下の訴えについては、多重代表訴訟制度の対象には含まれない。

① 不公正な払込金額で募集株式を引き受けた者等の責任を追及する訴え（法212条1項）
② 不公正な払込金額で新株予約権を引き受けた者等の責任を追及する訴え（法285条1項）
③ 払込みを仮装した設立時募集株式の引受人の責任を追及する訴え（法102条の2第1項）
④ 出資の履行を仮装した募集株式の引受人の責任を追及する訴え（法213条の2第1項）
⑤ 新株予約権に係る払込み等を仮装した新株予約権者等の責任を追及する訴え（法286条の2第1項）
⑥ 株主等の権利の行使に関して財産上の利益の供与を受けた者に対して当該利益の返還を求める訴え（法120条3項）

　これらが多重代表訴訟制度の対象に含まれていないのは、これらの訴えにおいて責任追及される者は、最終完全親会社等との間に特別な人的関係があるわけではないことから、当該最終完全親会社等がこれらの者に対する代表訴訟の提起を懈怠するおそれが類型的かつ構造的に存在するとはいえないからである。

---

[48] 一問一答平成26年（第2版）189頁。

(3) 特定責任

　特定責任とは、発起人等の責任の原因となった事実が生じた日において、最終完全親会社等およびその完全子会社等における株式会社の株式の帳簿価額が当該最終完全親会社等の総資産額の5分の1（これを下回る割合を定款で定めた場合はその割合）を超える場合における発起人等の責任いう（法847条の3第4項、規218条の6）。これは、多重代表訴訟制度の対象となる責任の主体を一定の要件を満たす株式会社の発起人等に限定するものである。

　多重代表訴訟制度の対象が、特定責任に限定されているのは、最終完全親会社等を有する株式会社では、取締役であっても実質的には最終完全親会社等の事業部門の長である従業員に留まる場合もあり、そのような者に対する責任追及が懈怠されるおそれが高いとはいえず、また、単なる従業員の責任までその対象とすることは、従業員の責任を対象としない通常の株主代表訴訟制度と均衡を失するからである。

　最終完全親会社等およびその完全子会社等における株式会社の株式の帳簿価額が当該最終完全親会社等の総資産額の5分の1を超える場合とは、発起人等の責任の原因となった事実が生じた日においてこれを満たせば足り、その後、提訴請求をする時点や特定責任追及の訴えを提起する時点で満たしている必要はない[49]。

　また、発起人等の責任の原因となった事実が生じていた日においては、総資産額の5分の1を超えていなかったが、その後の提訴請求の時点や特定責任追及の訴えを提起する時点で5分の1を超えるに至った場合は、多重代表訴訟制度の対象とはならない。

　発起人等の責任の原因となった事実が生じていた日においては、総資産額の5分の1を超えていなかったが、その後に損害が生じた時点では5分の1を超えるに至った場合も、原則として多重代表訴訟制度の対象とはならないが、監視義務違反や内部統制システム構築義務違反等の役員の継続的な行為が問題となる場合は、継続している間のいずれかの時点で5分の1を超えていれば多重

49）　一問一答平成26年（第2版）187頁。

代表訴訟制度の対象となると解されている[50]。

4　特定責任追及の訴えの提起にかかる手続

(1) 提訴請求

　株式会社の最終完全親会社等の株主が、特定責任追及の訴えを提起するためには、通常の株主代表訴訟と同様、まず当該株式会社に対し、特定責任追及の訴えを提起することを請求する必要がある（法847条の3第1項）。特定責任追及の訴えを提起するよう請求する際には、書面その他法務省令で定める方法によりすべきものとされており（同項）、①被告となるべき者、②請求の趣旨および請求を特定するのに必要な事実、③最終完全親会社等の名称および住所ならびに当該最終完全会社等の株主である旨を記載した書面の提出、または当該事項の電磁的方法による提供によるものとされている（規218条の5）。

　振替株式の株主が特定責任追及の訴えの提訴請求をするにあたっては、個別株主通知（振替法154条3項）を行う必要はない。これは、特定責任追及の訴えは、完全子会社の株主の地位に基づいて行うものではなく、当該株式会社の最終完全親会社等の株主の地位に基づいて行うものあるからであり、実際上も個別株主通知の申出を行ったとしても、最終完全親会社等にされ、完全子会社に対してされるわけではないため、意味がないからである[51]。

　特定責任追及の訴えの提起には、原告適格として最終完全親会社等の株式の議決権または発行済株式の1%を6か月前から継続して保有していたことが必要であるが、その立証するための資料として、個別株主通知の申出後に交付される個別株主通知済通知書や、親会社に対する情報提供請求（振替法277条）が考えられる[52]。また、6か月前から保有していた点の立証については、最終完全親会社等から送付される議決権行使書の写しや大量保有報告書、変更報告書の写しを利用することが有用であることが指摘されている[53]。

---

50) 内田修平「多重代表訴訟の被告適格にかかる基準時」商事法務2115号49頁。
51) 立案担当者平成26年改正解説161頁。
52) 塚本・前掲注43）57頁。
53) 塚本・前掲注43）57〜58頁。

株式会社は、最終完全親会社等の株主による提訴請求がされた日から60日以内に特定責任追及の訴えを提起しない場合において、提訴請求をした最終完全親会社等の株主、または当該請求に係る被告となることとなる発起人等から請求を受けたときには、当該請求をしたものに対し、遅滞なく特定責任追及の訴えを提起しない理由を通知しなければならない（法847条の3第8項）。この通知は、①株式会社が行った調査の内容、②被告となるべき者の責任または義務の有無についての判断およびその理由、③被告となるべき者に責任または義務があると判断した場合において特定責任追及の訴えを提起しないときはその理由を記載した書面または電磁的方法により行われる必要がある（規218条の7）。

(2) 訴えの提起

最終完全親会社等の株主が、株式会社に対し提訴請求をした後、当該株式会社が提訴請求の日から60日以内に特定責任追及の訴えを提起しないときは、提訴請求をした最終完全親会社等の株主は、特定責任追及の訴えを提起することができる（法847条の3第7項）。例外的に、60日の経過により当該株式会社に回復することができない損害が生じるおそれがある場合には、最終完全親会社等の株主は提訴請求をすることなく、直ちに特定責任追及の訴えを提起することができる（同条9項）。

(3) 訴訟告知

最終完全親会社等の株主が、株式会社に対し特定責任追及の訴えを提起した時は、遅滞なく当該株式会社に対し、訴訟告知をしなければならない（法849条4項）。また、当該株式会社は、自ら責任追及等の訴えを提起したとき、または最終完全親会社等の株主から訴訟告知を受けたときは、遅滞なくその旨を公告するか株主に通知しなければならない（同条5項）。ただし、当該株式会社が非公開会社の場合は、公告の方法を利用することはできないため（同条9項）、株主に対する通知をしなければならない。これらは通常の株主代表訴訟制度と同様である。また、当該株式会社は、上記の公告または通知に加えて、最終完全親会社等に対し、遅滞なく、特定責任追及の訴えを提起し、または訴

訟告知を受けた旨を通知しなければならないとされ（同条7項）、この通知を受けた最終完全親会社等は、遅滞なくその旨を公告するか、当該最終完全親会社等の株主に通知しなければならないとされている（同条10項2号）。これは、最終完全親会社等の他の株主に対し、特定責任追及の訴えにかかる訴訟に参加する機会を保障するためである。なお、非公開会社においては、公告の方法を利用することはできない（同条11項）。

最終完全親会社等の株主が特定責任追及の訴えを提起したときは、裁判所は被告の申立てにより、当該株主に対し、相当の担保を立てるべきことを命ずることができる（法847条の4第2項）。被告が、この申立てをするには、当該株主による訴えの提起が悪意によるものであることを疎明しなければならない（同条3項）。

(4) 提訴請求が認められない場合

特定責任追及の訴えは、①最終完全親会社等の株主もしくは第三者の不正な利益を図る場合、または当該株式会社（完全子会社）もしくは最終完全親会社等に損害を加えることを目的とする場合（法847条の3第1項1号）、②特定責任の原因となった事実によって最終完全親会社等に損害が生じていない場合（同項2号）はすることができない。なお、実際の訴訟手続きにおいて、株主が損害を加える目的を有していることや、会社に損害が生じていないことを基礎付ける資料は、被告である発起人等の側で提出する必要がある。[54]

このうち②特定責任の原因となった事実によって最終完全親会社等に損害が生じていない場合の具体例としては、親会社が子会社から利益を得た場合や、子会社間において利益が移転した場合である。この点、子会社が既に実質的に債務超過であった場合において、発起人等の行為により子会社に損害が生じた場合であっても、当該発起人等に対する提訴が懈怠される可能性の観点や最終完全親会社等が有する子会社株式の価値の下落等の事情から、特定責任追及の訴えの提起は認められると解されている。[55]

---

[54] 一問一答平成26年（第2版）184頁。
[55] 塚本・前掲注43）58頁。

(5) 管轄及び訴訟の目的の価額の算定

　特定責任追及の訴えの管轄は、株式会社の本店の所在地を管轄する地方裁判所に専属する（法848条）。

　最終完全親会社等の株主が、特定責任追及の訴えを提起する場合における訴訟の目的の価額の算定については、財産上の請求でない請求に係る訴えとみなされるため（法847条の4第1項）、民事訴訟費用等に関する法律4条2項別表第1により定められる。

5　訴訟参加

(1) 株主による訴訟参加

　最終完全親会社等の株主は、不当に訴訟を遅延させることとなる場合、または裁判所に対し過大な事務負担を及ぼすこととなる場合を除き、共同訴訟人として、または当事者の一方を補助するため、特定責任追及の訴えに係る訴訟に参加することができる（法849条1項本文）。これは、いわゆる馴れ合い訴訟や、発起人等にとって有利な条件での和解などを防止するためである。

(2) 最終完全親会社等による訴訟参加

　最終完全親会社等は、不当に訴訟を遅延させることとなる場合、または裁判所に対し過大な事務負担を及ぼすこととなる場合を除き、当事者の一方を補助するため、特定責任追及の訴えに係る訴訟に参加することができる（法849条2項2号）。

　最終完全親会社等が、当該株式会社の取締役（監査等委員および監査委員を除く）、執行役および清算人ならびにこれらの者であった者を補助するため、特定責任追及の訴えにかかる訴訟に参加するためには、監査役設置会社においては各監査役、監査等委員会設置会社においては各監査等委員、指名委員会等設置会社においては各監査委員の同意を得なければならない（同条3項）。

6　和解、担保提供および費用の請求

多重代表訴訟制度における和解に関する規律、担保提供および費用の請求については、通常の株主代表訴訟制度と同様である。

7　再審の訴え

特定責任追及の訴えが提起された場合において、原告・被告が共謀して特定責任追及の訴えに係る訴訟の目的である株式会社の権利を害する目的をもって判決をさせたときは、当該株式会社の株主だけでなく、最終完全親会社等の株主も再審の訴えを提起することができる（法853条1項3号）。

8　特定責任の免除

(1) 総株主の同意による免除

株式会社に最終完全親会社等がある場合、当該株式会社の総株主の同意のみで特定責任を免除することができるとすると、多重代表訴訟制度を創設した意義が失われてしまう。そのため、株式会社に最終完全親会社等がある場合において、その免除につき当該株式会社の同意を要することとされている発起人等の責任のうち、多重代表訴訟制度の対象となり得るものを免除するときは、当該株式会社の総株主の同意に加えて、最終完全親会社等の総株主の同意も必要とされる（法847条の3第10項）。これにより、法55条に規定する発起人等の責任、法103条3項に規定する発起人等の義務、法120条5項に規定する取締役の義務、法424条に規定する役員等の責任および同条を準用する法486条4項に規定する清算人の責任、法462条3項ただし書に規定する業務執行者等の義務、法462条2項に規定する業務執行者の義務、法465条2項に規定する業務執行者の義務につき、最終完全親会社等の総株主の同意も必要となる。

(2) 株主総会決議による一部免除

役員等による法423条1項の責任は、当該役員等が職務を行うにつき善意でかつ重大な過失がないときは、株式会社の株主総会決議により、その一部を免

除することができるが、当該株式会社に最終完全親会社等がある場合において、その一部を免除しようとする役員等の責任が特定責任であるときは、当該株式会社の株主総会の決議に加えて、最終完全親会社等の株主総会の決議も必要とされる（法425条1項）。

この場合において、当該株主会社の取締役および最終完全親会社等の取締役は、①責任の原因となった事実および賠償の責任を負う額、②免除することができる額の限度およびその算定の根拠、③責任を免除すべき理由および免除額について、それぞれの株主総会において開示しなければならないとされている（同条2項）。また、最終完全親会社等が監査役設置会社、監査等委員会設置会社または指名委員会等設置会社である場合には、当該最終完全親会社等の取締役は、役員等（取締役（監査等委員または監査委員であるものを除く）および執行役の責任の免除に限る）の責任の一部免除に関する議案を株主総会に提出するには、当該最終完全親会社等の監査役（監査役が2人以上ある場合にあっては各監査役）、各監査等委員または各監査委員の同意を得なければならない（同条3項）。

（3）取締役等による一部免除

監査役設置会社または委員会設置会社は、法423条1項の役員等の責任について、当該役員等が職務を行うにつき善意でかつ重大な過失がない場合において、責任の原因となった事実の内容、当該役員等の職務の執行の状況その他の事情を勘案して特に必要と認めるときは、法425条1項の規定により免除することができる額を限度として取締役（当該責任を負う取締役を除く）または取締役会の過半数の同意によって免除することができる旨を定款で定めることができる（法426条1項）。株式会社に最終完全親会社等がある場合において、この定款の定めにより免除しようとする責任が特定責任である場合は、当該株式会社の総株主の議決権の100分の3以上を有する株主が異議を述べた場合に加えて、当該最終完全親会社等の総株主の議決権の100分の3以上を有する株主が異議を述べた場合も、特定責任の一部の免除をすることができない（同条7項）。

なお、株式会社が取締役の過半数の同意または取締役会の決議により役員等

の責任の一部を免除する旨の定款の定めを設ける際に、当該株式会社に最終完全親会社等がある場合であっても、当該株式会社の株主総会決議（法466条、309条2項11号）に加えて、当該最終完全親会社等の株主総会決議まで得ることは不要と解されている。[56]これは、定款の定めを設ける時点では、役員等の責任を免除するかどうかおよび一部免除の対象となる責任が特定責任の要件を満たすかどうかが定まっていないからである。

(4) 責任限定契約

　責任限定契約を締結した株式会社が、当該契約の相手方である非業務執行取締役等が任務を怠ったことにより損害を受けたことを知ったときは、その後最初に招集される当該株式会社の株主総会において責任の原因となった事実等の一定の事項の開示をしなければならないが、当該株式会社に最終完全親会社等がある場合においては、当該株式会社のみならず、当該最終完全親会社等の株主総会においても開示を行わなければならない（法427条4項）。

　株式会社が、責任限定契約を締結することができる旨の定款の定めを設ける際に、当該株式会社に最終完全親会社等がある場合であっても、上記取締役等による一部免除と同様の理由により、当該最終完全親会社等の株主総会決議まで得ることは不要と解されている。[57]

---

56)　一問一答平成26年（第2版）198頁。
57)　一問一答平成26年（第2版）199頁。

第4章　会社の解散の訴え（833条）

1　意義

　会社法は、社員・株主の私法上の利益を保護するため、会社の解散の訴え（833条）を設けている。解散判決請求権は、少数株主に付与された共益権たる監督是正権と位置付けられている。裁判所は、後述する要件を満たした場合には、株式会社の解散を命ずる解散判決をする。解散命令（法824条）が公益の確保を目的とする制度であるのに対し、解散判決は、主に株主の利益保護を目的とする制度である[1]。

　会社の解散の訴えは、会社における内部紛争を解決するための最後の手段であることから、株式会社のみならず（法833条1項）、持分会社にも認められている（同条2項）。もっとも、株式会社、持分会社ともに、解散判決の要件として、「やむを得ない事由」（同条1項柱書）が要求されるが、株式会社の場合は、さらに、「株式会社が業務の執行において著しく困難な状況に至り、当該株式会社に回復することができない損害が生じ、又は生ずるおそれがあるとき（同項1号）」、または「株式会社の財産の管理又は処分が著しく失当で、当該株式会社の存立を危うくするとき」（同項2号）のいずれかに該当することが要求される。要件が加重されている理由として、多数決原理を根幹とする団体という物的会社の基本的性格を犠牲にして、少数株主の私法的利益を保護することには慎重でなければならないこと[2]や、間接有限責任の下にある物的会社においては継続企業を維持することが会社債権者の保護に資すること[3]があげられている。

2　要件

(1)　持株要件（原告適格）

　株式会社の解散の訴えは、総株主（完全無議決権株式の株主を除く）の議決

---

[1]　田中705頁。
[2]　福田正「閉鎖会社における解散請求」家近正直編『現代裁判法大系17巻』（新日本法規、1999）426頁。
[3]　江頭992頁。

権の 10 分の 1（これを下回る割合を定款で定めた場合は、その割合）以上の議決権を有する株主または発行済株式（自己株式を除く）の 10 分の 1（これを下回る割合を定款で定めた場合は、その割合）以上の数の株式を有する株主のみが提起することができる（法 833 条 1 項）。

(2) 1 号解散事由と 2 号解散事由

　法 833 条 1 項は、解散事由として、1 号解散事由と 2 号解散事由を定めており、そのいずれかに該当する場合において、やむを得ない事由があるときに、訴えをもって株式会社の解散請求ができるとする。そこで、まず、1 号解散事由と 2 号解散事由について解説する。

(A) 1 号解散事由

　1 号解散事由は、「株式会社が業務の執行において著しく困難な状況に至り、当該株式会社に回復することができない損害が生じ、又は生ずるおそれがあるとき」である。これは、行き詰まり（デッドロック）のケースを念頭に置いたものである。典型的には、株主も取締役も等分に対立していて、取締役の改選等を行ってみても停滞を打破することができないような状態にあり、しかも、営利法人として存続することがほとんど不可能であるような場合に適用される。
　具体的には、次のケースがあげられている。

① 　対立する株主グループの保有株式数が 50% ずつで、しかも相互の対立・相互不信が極めて強く、今後、両者が共同して会社を経営することは到底期待できず、株主総会における取締役の選任により会社の業務執行の決定機関である取締役会を新たに構成することが困難な場合（東京地判平成元年 7 月 18 日判時 1349 号 148 頁）。
② 　実質的株主は X と A の 2 名で、それぞれが発行済株式総数の 50% の株式を自由にできる Y 社（会社成立以来赤字を続け、手形の不渡りを出して銀行取引停止処分を受けるなど、会社には債務があるのみで、積極財産はほとんどない状態）において、役員間に対立状態を生じ、経営の中心にあった A が取締役の辞任を申し出て出社せず、同人が株主総会にも出

173

席しないので、株主総会も成立しないため、後任取締役の選任すらできない状態で、また、AからY社の株式を譲り受けたと主張する他人であるBがY社の経営に介入してくるおそれが生じた場合（大阪地判昭和35年1月22日判タ101号91頁）。

③　有限会社において、会社設立の目的が事実上不可能となり、会社は、もっぱら資産の売却代金残金の処理等のために存続している状態であるところ、社員でもある代表取締役が前記売却代金の保管状況等について、他の社員らに客観的資料をもって明らかにしようとしない上、代表取締役側の社員らと他の社員らとが反目し、会社の業務執行や財産管理についての決定ができない状況である場合（高松高判平成8年1月29日判タ922号281頁）。

④　有限会社において、2名の取締役の間に根深い対立があり、意見の一致を見る余地はなく、両名の出資する口数も同数で、一方が他方を解任することも、社員総会で重要事項につき決定することもできない状況にある場合（東京高判平成3年10月31日金判899号8頁）。

⑤　XとAは互いに相手方を非難し、相当根強い不信感を持ち、不和・対立の状況にあって、これを解消することは極めて困難であると認められるところ、会社の株式については、実質的にXとAが2分の1ずつ保有しているのと同様の状態にあり、取締役の改選等を行うことやそもそも株主総会を開催することさえ困難な状況あり、会社の税務申告が大幅に遅れ、無申告加算税を課されており、今後の税務申告についても、不透明なところがあることが否定できず、加えて、会社の取締役については、代表取締役の権利義務者であるXおよびAのみであり、会社の正常な運営に必要な意思決定ができない状況にあることが認められる場合（東京地判平成28年2月1日平成29年重判解112頁）。

(B) 2号解散事由

2号解散事由は、「株式会社の財産の管理又は処分が著しく失当で、当該株式会社の存立を危うくするとき」である。これは、会社財産の流用等経済的不公正のケースを念頭に置いたものである。典型的には、取締役に会社の存立に

関わる非行（会社を破綻させるほどの会社財産の流用・処分を行っているという非行）があるが、同人が過半数の議決権を保有するため、その是正が期待できないような場合がこれに当たる。[4]

具体的には、次のケースがあげられている。

① 有限会社において、会社設立の目的が事実上不可能となり、会社は、もっぱら資産の売却代金残金の処理等のために存続している状態であるところ、社員でもある代表取締役が前記売却代金の保管状況等について、他の社員らに客観的資料をもって明らかにしようとしないうえ、代表取締役側の社員らと他の社員らとが反目し、会社の業務執行や財産管理についての決定ができない状況である場合（前掲高松高判平成8年1月29日（1号解散事由も含む））。

② 営業を停止し、商業登記簿上も5年以上登記申請行為をしていない休眠会社については、たとえ、株主の多数意思のもとに会社が休眠状態に置かれたものであっても、また会社決算上は債務超過の状態にはなくても、解散判決請求に必要な株式数を所有する株主が、休眠状態の継続を是とせず、会社の清算を求める場合には、会社を休眠状態のままに放置していること自体が会社の業務体制の欠缺を意味し、会社名義の悪用等による不測の損害を被るおそれがないとはいえず、したがって、会社財産の管理方法として著しく失当といえるから、近い将来会社が営業活動を再開する予定であり、しかもそれが実現可能なものである等の特段の事情のない限り、解散事由があるものというべきであるとした場合（大阪地判昭和57年5月12日判時1058号122頁）。

(C) 1号解散事由と2号解散事由の関係

これについては、宍戸教授の述べる、「1号解散事由は、資本多数決の原則の下で誰も支配権を取得することができない状態を、2号解散事由は、多数派と少数派とが分離している状態を前提としている。すなわち2号事由は支配権

---

[4] 江頭991頁。

を取得している者の存在を前提としているため、あくまでも資本多数決による処理が原則となり、例外的に解散判決を下すためには、支配株主の側に重大な横領行為などの強度の悪性のある行為があることが要求される。これに対して1号事由の場合には、資本多数決の原則では解決不可能であり、どちらに紛争の帰責事由があるか、具体的損害が何かということを考慮することなく、裁判所は株主間の紛争に関与することが可能である」という説明が有益である。もっとも、株式の保有率が50％ずつという二派対立拮抗型の場合でも2号解散事由に当たる場合はありうるので（前掲大阪地判昭和57年5月12日）、「2号解散事由は、多数派と少数派とが分離している状態を前提としている」とまではいえないであろう。

(3)「やむを得ない事由」

(A) 2つの類型

前記の1号解散事由または2号解散事由に該当しても、解散判決を得るためには、さらに「やむを得ない事由」が必要である。

「やむを得ない事由」の意味ないし判断基準として、旧商法下での判例・学説により、以下の2つの類型が示されている[6]。

第1に、社員間に激しい不和・対立が存し、そのままの状態では会社を存続させることが困難な状況にあり、解散以外に打開の途が認められない場合である。

社員の不和・対立自体は解散事由を構成するものではないが、その不和・対立が原因となって、会社の正常な運営に必要な意思決定ができないために事業の継続が困難な状態に達している場合において、解散以外に他に打開の途がないときは解散事由に当たるとされる。それゆえ、解散以外に、他に打開の途があると認められるときは、「やむを得ない事由があるとき」に当たらないと解されている。最高裁も、合資会社の社員間に不和対立があって、そのままの状態では会社を存続させることが困難であっても、現に社員の1名が除名される情勢にあり、この除名によって十分打開の途があると認められるときは、会社

---

5) 宍戸善一「解散判決における業務執行上の著しい難局」百選195頁。
6) 類型別会社訴訟Ⅱ 777頁。

の解散につき「やむを得ない事由があるとき」に当たらないと判示している（最判昭和昭33年5月20日民集12巻7号1077頁）。

　第2に、多数派株主の不公正かつ利己的な業務執行により、少数派株主がいわれのない不利益を被っており、このような状況を打破する方法として解散以外に公正かつ相当な手段がない場合である。

　最判昭和61年3月13日民集40巻2号229頁で示された判断基準であり、最高裁は、「会社の業務が一応困難なく行われているとしても、社員間に多数派と少数派の対立があり、右の業務執行が多数派社員によって不公正かつ利己的に行われ、その結果少数派社員がいわれのない恒常的な不利益を被っているような場合」にも、それを打開する手段がない限り、「やむを得ない事由」の要件が満たされると判示した。

　そして、「そこでいう打開の手段とは、その困難な事態を解消させることが可能でありさえすれば、いかなる手段でもよいというべきではなく、…諸般の事情を考慮して、解散を求める社員とこれに反対する社員の双方にとって公正かつ相当な手段であると認められるものでなければならない」とする。したがって、一方社員（例えば、原告株主）の除名・退社等により会社の窮状を打開することができる場合であっても、一方社員（例えば、原告株主）に除名・退社等を求めることが公正かつ相当な手段であると認められないときは、「やむを得ない事由」の要件が満たされることになる（前掲最判昭和61年3月13日）。

　学説上は、会社の社員間の不和・対立があっても、それが会社の目的達成または存続を不能とさせるのに至らなければ（＝会社の存在そのものが危機に直面している場合でない限り）、少数株主の保護の必要がある場合であっても、解散請求は認められないと解する見解が通説化していた[7]。この見解の背景には、人的会社と異なり、株式会社においては、継続企業を維持することが会社債権者の保護上重要であるとの考えがある。この見解によれば、会社の業務が支障なく行われている限り、業務執行が多数派株主により不公正かつ利己的に行われ、少数派が恒常的に不利益を被っているだけでは、解散判決はなされないこ

---

[7]　新版注釈13巻27頁〔谷川久〕、大森忠夫ほか編『注釈会社法（8）のⅡ』（有斐閣、1969）22頁〔富山康吉〕。

177

とになる。

　しかし、前掲最判昭和61年3月13日により、会社の業務が一応困難なく行われているような状況でも、業務執行が多数派株主により不公正かつ利己的に行われ、少数派が恒常的に不利益を被っているような場合には、「やむを得ない事由」に当たるという基準が提示され、これが実務上の判断基準となっている。

　以上2つの類型をまとめて、近時の学説は、「やむを得ない事由」とは、「解散のほかに、問題状況を打開するする公正かつ相当な手段がないこと」、と定義付けている。[8]

(B) 近時の裁判例

　近時の裁判例も、「やむを得ない事由」の解釈として、前記2類型を示している。すなわち、近時、デッドロックのケースにおいて、1号解散事由が存在する場合の「やむを得ない事由」の解釈として、「『やむを得ない事由』とは、①多数派株主の不公正かつ利己的な業務執行により、少数派株主がいわれのない不利益を被っており、このような状況を打破する方法として解散以外に公正かつ相当な手段がない場合のほか、②株主間の不和等を原因として、会社の正常な運営に必要な意思決定ができないために、業務の継続が不可能となり、会社の存続自体が無意味となるほどに達しているときに、会社の存続維持の観点から解散をしないで別の公正かつ相当な方法でその状況を打開することができない場合をいうと解される」と判示した下級審判例が登場した（前掲東京地判平成28年2月1日。①②の符合は、筆者が付したものである）。

　①の部分は、多数派株主と少数派株主とが分離しているケースにおいて、前掲最判昭和61年3月13日を踏襲した部分である。

　②の部分は、デッドロックのケース（資本多数決の原則の下で誰も支配権を取得することができないケース）において、「会社の正常な運営に必要な意思決定ができないために、業務の継続が不可能となり、会社の存続自体が無意味となるほどに達しているときに、会社維持の観点から解散をしないで別の公正

8）　田中705頁。

かつ相当な方法でその状況を打開することができない」ことを要求したものである。

3　手続

(1)　訴訟手続

　株式会社の解散を求める訴えは、会社が被告となる（法834条20号）。形成訴訟である。訴えの管轄は、被告となる会社の本店の所在地を管轄する地方裁判所の専属管轄となる（法835条1項）。担保提供命令（法836条）・弁論の必要的併合（法837条）についても他の会社の組織に関する訴えと共通する規律に服する。

(2)　処分権主義・弁論主義の適用排除

　訴訟手続において、原則として、処分権主義（請求の認諾）および弁論主義（主要事実に関する自白の拘束力）の適用はないと解されている（前掲大阪地判昭和35年1月22日、鳥取地判昭和42年4月25日判タ218号219頁）。その理由については、①一部の株主や社員と代表者とが通謀して、他の株主や社員の利害に反して解散することを防止する必要があること、②解散の訴えは、[9]法が必ず訴えの方法によって主張しなければならないとし、かつ、その原告勝訴判決の効力が当事者以外の第三者にも及ぶとされており、当事者に自主的解決機能が認められていないこと（前掲大阪地判昭和35年1月22日）、という点があげられている。

　したがって、請求を認諾することはできないし、また、主要事実に関する自白の拘束力も認められない。

---

[9]　塚原朋一「解散判決を求める訴え」山口和男編『裁判実務大系21』（青林書院、1992）187頁。

4 判決後の法律関係

(1) 請求認容判決（解散）が確定した場合

　原告勝訴の解散判決（請求認容判決）が確定すると、創設的効力が生じ、会社は当然解散（法471条6号）したものとして清算手続に入ることになる。確定した解散判決は、対世効を有し、第三者に対してもその効力を有する（法838条）。清算人は、利害関係人もしくは法務大臣の申立てにより、または職権により裁判所が選任する（法478条3項）。

(2) 請求棄却判決が確定した場合

　原告敗訴の判決（請求棄却判決）が確定すると、原告に悪意または重大な過失があったときは、原告は、会社に対し、連帯して損害を賠償する責任を負う（法846条）。原告敗訴の請求棄却判決には、創設的効力が生じないので、別の理由に基づいて、再度の解散の訴えを提起することは可能である。

第3編
買取請求、価格決定

第 1 章　組織再編等における反対株主による株式買取請求権と価格決定

I 反対株主による株式買取請求権の意義、趣旨、法的性質

1 株式買取請求権の意義

　会社法は、取締役を選任等の通常の事項については普通決議事項とするが、「会社の基礎的変更」に当たる行為について株主総会の特別決議事項を要することとして決議要件を加重するとともに、反対株主による株式買取請求権を認めている。反対株主による株式買取請求権とは、会社の基礎的変更等の行為に反対する株主が会社に対し自己の有する株式を公正な価格で買い取ることを請求することにより、投下資本の回収を図る権利である[1]。一定の定款変更（法116条1項1号・2号）、事業譲渡等（法469条）、組織再編行為（合併、会社分割、株式交換、株式移転）等において認められる。

　この制度は、昭和25年の商法改正によりアメリカ法を参考に導入されたものであり、当該行為に反対でも、少数派が株式を譲渡して会社から離脱することが困難な閉鎖的類型の会社において特に存在意義が大きく、①多数派による決議内容の当・不当、適法・違法にかかわらず救済が受けられること、②会社財産の社外流出が生ずるため多数派を慎重にさせる効果があることが、他の制度（総会決議取消の訴え（法831条1項3号）等）に比べたメリットと考えられており[2]、それがこの制度の意義といえる。

2 株式買取請求権の趣旨

(1) 会社法の制定と株式買取請求権制度の改正

　1で述べたように反対株主による株式買取請求権は、少数派株主に投下資本の回収を確実に回収する途を与えて経済的に救済する制度として導入されたが、平成17年の会社法制定時に、この制度には次のような見直しが行われている[3]。

---

1) 江頭843頁。
2) 江頭843頁注（1）。制度の沿革については、コンメ12巻97頁以下〔柳明昌〕。

(A) 株式買取請求権の行使権者

平成17年改正前商法では、株式買取請求権の行使権者について、議決権制限株式等の、合併契約等を承認する株主総会において議決権を行使することができない株主について規定をおいておらず、このような株主が株式買取請求権を行使することができるか否かについて、解釈上争いがあった。

これに対し、会社法では議決権制限株式の株主等にも株式買取請求権を認めている（法785条2項1号ロ等）。その理由として、①投資した会社の基礎に変更が生ずる場合において、その変更に反対する株主に投下資本を回収して経済的救済を得る途を与えるという株式買取請求権の趣旨を踏まえれば、必ずしも議決権を前提とした権利として規律する必要はないこと、②議決権制限株式の株主等に買取請求権を認めないものとすると、当該種類の個々の株主には、議決権を有する株主による議決権の行使に対抗する有効な手段がないことになること、等があげられている。[4]

(B) 買取価格

株主による株式買取請求権が行使された場合に、当該株式会社が買い取る価格について、「決議ナカリセバ其ノ有スベカリシ公正ナル価格」と規定していた（平成17年改正前商法245条ノ2等）ものを、「公正な価格」と表現を改めた（法785条1項、797条1項、806条1項）。

(2) 買取価格に関する規制

(1)で述べた改正は、反対株主の買い取り請求権の制度趣旨に変化をもたらしている。それは、(A)の行使権者の範囲が拡大したことにより会社からの離脱が認められる範囲が広がったことと、(B)の買取価格の解釈が変更したことである。ここでは後者について述べる。

---

3) 会社法制定前後の改正内容については、相澤哲編著『一問一答　新・会社法（改訂版）』210～212頁（商事法務、2009）。このほか、株式買取請求権行使後の請求の取り下げについて当該株式会社の同意を要すること（法785条7項等）、吸収合併・吸収分割・株式交換における株式買取請求権の行使期間を、効力発生日の20日前の日から効力発生日の前日まで（法785条5項等）とする改正もされている。

4) 相澤哲・細川充「新会社法の解説（15）　組織再編行為（下）」商事法務1753号44頁。

平成17年商法改正前の「決議ナカリセバ其ノ有スベカリシ公正ナル価格」（以下、「ナカリセバ価格」という）の場合、株主の中には株式会社が合併すること自体については賛成であるが、合併の結果、対価として交付される財産の割り当てには不満足であるという者も存在しうる。このような株主が買取請求権を行使するとすれば、合併による企業価値の増加を適切に反映した価格による株式の買い取りを求めるというものになろう。

そこで、同改正により「公正な価格」へと表現を改めた。その意図は、組織再編がなされた場合の相乗効果（シナジー）の分配という要素も取り込んで買取価格を決定することを可能にするためであると説明されている。

具体例として、上場株式の「公正な価格」は、合併時の時価を基本とするが、例えば、合併直前に消滅会社の株式について公開買付が行われ、その公開買付が成功した後、株価が下落したというような場合には、合併によるシナジーの評価は公開買付価格に反映され、公開買付後に株価が下落したのは公開買付をした者による支配プレミアムの取得の影響によるので、通常「公正な価格」が公開買付価格を下回ることはないと考えられることがあげられている。

(3) 株式買取請求権の制度趣旨

（2）で述べたように会社法の制定により、株式買取請求権はシナジーの公正な分配を保障するという趣旨が含まれたと解すべきことになる。すると、裁判所が決定すべき公正な価格には、従来からの「ナカリセバ価格」で判断すべき事例と、改正法を反映した「シナジー分配価格」で判断すべき事例に分けられるものと考えられる。

もっとも、シナジー分配の事例は理論的には、株主間での利益の配分ないし移転が問題となる事例であって、企業価値の増減とは異なる次元の問題ではあ

---

5) 相澤・細川・前掲注4) 46頁。
6) 法制審議会「会社法制の現代化に関する要綱」（平成17年2月9日）の段階からシナジーの分配を考慮したものと考えられている（江頭憲治郎『会社法制の現代化に関する要綱案』の解説（V）」商事法務1725号8～9頁）。
7) 相澤編著・前掲注3) 210～211頁。
8) 会社法制定に伴う株式買取請求権の変容の理論的な分析については、藤田友敬「新会社法における株式買取請求権制度」黒沼悦郎＝藤田友敬編『江頭憲治郎先生還暦記念 企業法の理論（上巻）』（商事法務、2007) 261頁。

るが、シナジー分配事例以外の場合であっても、企業価値の増大分の配分が問題となる事例があることが指摘される。9) それは例えば、MBOで全部取得条項付種類株式の取得をするときに、少数株主（あるいは一般株主）を排除する取引によって企業価値の増大が生ずるような場合にも反対株主による株式買取請求権が認められているが、この場合の買取についてシナジーという概念を用いるのは妥当ではないとするものである。そのことから組織再編行為も、少数株主の排除を伴うことになるので、企業価値の増大分をその少数株主に適正に配分するという場面でシナジーという概念を用いることが適切であるかどうか疑問が呈されている。

そこで、「ナカリセバ価格」と「シナジー分配価格」の2つの基準がどのように適用されるかが問題となる。

第1の見解は、両者の関係について、裁判所は「ナカリセバ価格」と「シナジー分配価格」のいずれか高いほうとする。10) この見解は、2つの基準が併存するとすれば、株式買取請求権には、①企業再編によるシナジーの再分配機能と、②企業再編がなされなかった場合の経済状態の保障機能があるとする。①については、公正な対価によって企業再編がなされたならば当該株主が得たであろう利益を前提とする救済が与えられることであり、企業再編によりシナジーが発生している場合にその再分配をする機能と捉える。②については、「ナカリセバ価格」により企業再編当事会社の株主が、企業再編がなされなかった場合の経済状態を保障する機能であり、組織再編により企業価値が下がる場合や企業価値は下がらないものの企業再編対価の設定が一方に非常に不利で、その会社の株主の立場が悪くなる場合に、この機能が働くことになるとする。そして、①の機能は企業再編がなされること自体は賛成であるが、その対価の定め方に不満があるという理由での反対に、②の機能は企業再編がなされること自体への反対に対応しているが、会社法は企業再編の承認決議の際にどのような理由により組織再編に反対したかを示させる仕組みをおいていない以上、反対の理由に応じて買取価格の算定方法を変えるという解決をとることはできないため、いずれか高い額をもって一律に取り扱うのが原則であると考える。

---

9) 神田秀樹「株式買取請求権制度の構造」商事法務1879号4～5頁。
10) 藤田・前掲注8) 282～283頁。

これに対し、第2の見解は、公正な価格とは、①組織再編によって企業価値の増加が生じる場合は、当該組織再編が公正な条件で行われ、それによって当該増加分が各当事会社の株主に公正に分配されたとすれば、基準日において株式が有する価値（公正分配価格）をいい、②組織再編によって企業価値の増加が生じない場合は、基準日における「ナカリセバ価格」をいうとする[11]。すなわち、組織再編がシナジーの発生等を通じて企業価値を増加させるときは、反対株主に対して、企業価値の増加分の公正な分配分をも保障しようとする趣旨であるが、組織再編によって企業価値の増加が生じない（ことに、企業価値が減少する）場合には、企業価値の減少分を公正に分配した価格が公正な価格になるのではなく、その場合は、反対株主は「ナカリセバ価格」で株式を買い取ってもらえると解する。

また第3の見解は、両者の類型的な区分を取り込みながら、株式買取請求権制度は、第一義的には①部分開放による株主の退出の機会を保障するものであり、第二義的にはこれに加えて、②資本多数決に基づいて忠実義務違反の組織再編行為がなされたことによって反対株主が被った損害の塡補を一定の範囲で認める趣旨をも有すると解する[12]。①については、資本多数決で決定された組織再編行為がなされることはそれとして認め、それを前提としたうえで、反対株主の退出を保障し、反対株主が有する企業価値の持分割合相当分を退出価格とすると解するものである[13]。②については、「ナカリセバ価格」は、その文言からして、組織再編行為を前提とした価格ではなく、当該決議が無かったならば

---

[11] 伊藤靖史ほか『事例で考える会社法（第2版）』（有斐閣、2015）410〜411頁〔田中亘〕、類型別会社非訟112頁。この見解は、第1の見解について、組織再編に関する意思決定が行われた後の事情により、たまたま「ナカリセバ価格」が公正分配価格よりも高くなった場合、反対株主は常に高い方の「ナカリセバ価格」を得られることになるが、その結論は妥当ではないと批判する。

[12] 神田・前掲注9）5頁。

[13] 「部分開放」機能について、藤田友敬「株式買取請求権をめぐる諸問題—会社法制定後10年の経緯を経て—」黒沼悦郎＝藤田友敬編『企業法の進路（江頭憲治郎先生古稀記念）』434頁（有斐閣、2017）は、「換金機能」と説明する。株式買取請求権は、反対株主が会社に対して、自己の有する株式を時価で買い取らせて会社から退出する権利である。これについて、株主が自由に株式を処分できる場合には買取請求権に経済的な意味はないが、株式に市場性がない場合や反対株主の保有する株式数が多すぎるため売却により値崩れを起こす場合等には救済として換金機能が働くと考えるべきことになるとする。

あったであろう価格であるとし、そうであれば「ナカリセバ価格」を保障するという制度の趣旨は多数株主の忠実義務違反に基づく損害の塡補を認めるものであるとする。そして、第1の機能は常に認められるが、第2の機能は損害が認定できれば認められるとする。

3 株式買取請求権の法的性質

2(3)で述べたように株式買取請求権における公正な価格について、さまざまな見解が唱えられているが、ここでは、第二の見解の①企業価値の増加が生じる組織再編の場合は公正分配価格で、②企業価値の増加が生じない場合は基準日における「ナカリセバ価格」をいうとする整理に拠り、この請求権の法的性質を考える。この見解は以下に述べる最高裁の立場に整合的であるためである。①については、最決平成24年2月29日民集66巻3号1784頁の、②については、最決平成23年4月19日民集65巻3号1311頁がリーディング・ケースである。

(1) 最決平成24年2月29日民集66巻3号1784頁

(A) 事実の概要

この事件は、A社ほか1社を株式移転完全子会社とする株式移転に反対したA社の株主Xによる公正な価格での買い取り請求について、裁判所に価格の決定の申立てをした事案である。その後Y社がA社を吸収合併してその権利および義務を承継した。

A社とY社は、平成20年11月18日、それぞれの取締役会の承認を得て、A社およびY社を株式移転完全子会社とし、株式移転設立完全親会社としてC社を設立する株式移転計画を作成・公表した同移転計画においては、Y社の株主に対し、その普通株式1株につきC社の普通株式1株を、A社の株主に対し、その普通株式1株につきC社の普通株式0.9株をそれぞれ割り当てることとされた（本件株式移転比率）。この当時、A社とY社の間には、相互に特別の資本関係はなかった。

平成21年1月26日に開催されたA社の株主総会（本件総会）において本件株式移転を承認する旨の決議がされ、同年4月1日本件株式移転の効力が生

じた。X社は、本件総会で反対した上、株式買取請求期間内である平成21年2月12日、A社に対し、公正な価格で買い取ることを請求した。

(B) 決定要旨

「株式移転によりシナジー効果その他の企業価値の増加が生じない場合には、株式移転完全子会社の反対株主がした株式買取請求に係る『公正な価格』は、原則として、当該株式買取請求がされた日における、株式移転を承認する旨の株主総会決議がされることがなければその株式が有したであろう価格をいうと解するのが相当であるが……、それ以外の場合には……『公正な価格』は、原則として、株式移転計画において定められていた株式移転比率が公正なものであったならば当該株式買取請求がされた日においてその株式が有していると認められる価格をいうものと解するのが相当である。」

「相互に特別の資本関係がない会社間において、株主の判断の基礎となる情報が適切に開示された上で適法に株主総会で承認されるなど一般に公正と認められる手続により株式移転の効力が発生した場合には、当該株主総会における株主の合理的な判断が妨げられたと認めるに足りる特段の事情がない限り、当該株式移転における株式移転比率は公正なものとみるのが相当である。」

「株式が上場されている場合、市場株価が企業の客観的価値を反映していないことをうかがわせる事情がない限り、『公正な価格』を算定するに当たって、その基礎資料として市場株価を用いることには合理性があるといえる。そして、株式移転計画に定められた株式移転比率が公正なものと認められる場合には、株式移転比率が公表された後における市場株価は、特段の事情がない限り、公正な株式移転比率により株式移転がされることを織り込んだ上で形成されているとみられるものである。そうすると、上記の場合は、株式移転により企業価値の増加が生じないときを除き、反対株主の株式買取請求に係る『公正な価格』を算定するに当たって参照すべき市場株価として、基準日である株式買取請求がされた日における市場株価や、偶発的要素による株価の変動の影響を排除するためこれに近接する一定期間の市場株価の平均値を用いることは、当該事案に係る事情を踏まえた裁判所の合理的な裁量の範囲内にあるといえる。」

(C) 本件決定と公正な価格

本件決定は、反対株主の買取請求権の行使による公正な価格の判断枠組みについて、組織再編による企業価値が増加した場合における公正な価格の判断枠組みを示した初めての最高裁決定として重要である。また、株式移転における株式移転比率について、相互に特別の資本関係がない会社間において、一般に公正と認められる手続により株式移転の効力が発生した場合には、特段の事情がない限り、当該株式移転における株式移転比率は公正なものであるとする判断基準を示したことに意義がある。[15]

また一定の場合には株式買取請求がされた日（またはそれに近接する一定期間）の市場株価を参照することが裁判所の裁量の範囲内であるとされたことから、公正な価格の算定基準や算定方法が明確になったことも重要である。

(2) 最決平成 23 年 4 月 19 日民集 65 巻 3 号 1311 頁

(A) 事実の概要

東京証券取引所の市場第一部に上場する X 社は、吸収分割の方法により、テレビ放送事業および映像・文化事業に関して有する権利義務をその完全子会社である A 社に承継させ、A 社から X 社に対してその対価を何ら交付しないことなどを内容とする吸収分割契約を承認する旨の株主総会を行った（本件吸収分割）。本件吸収分割は、認定放送持株会社制度の導入を内容とする放送法等の一部を改正する法律に基づき、X 社を認定放送持株会社に移行させるために行われたものであった。Y1 社・Y2 社は X 社の株主であるが、この株主総会で反対し、株式買取請求期間の満了日にその持株を公正な価格で買い取るよう請求した。

本件吸収分割により X 社の事業が A 社に承継されても、シナジー（組織再編による相乗効果）は生じず、また、本件吸収分割は、X 社の企業価値や株主価値を毀損するものではなく、X 社の株式の価値に変動をもたらすもので

---

14) この決定の評釈として、弥永真生「判批」ジュリ 1441 号 2 頁、森まどか「判批」平成 24 年重判解ジュリ臨時増刊 1453 号 101 頁、飯田秀総「判批」法教 390 号付録（判例セレクト 2012-2）18 頁等がある。
15) 柴田義明「判解」最高裁判所判例解説民事篇平成 24 年度（上）335〜336 頁。

もなかった。

　原審（東京高決平成22年7月7日判時2087号3頁）は、株式買取請求期間の満了日の東京証券取引所における終値の「決議ナカリセバ」価格を「公正な価格」であるとした。

(B) 決定要旨

　「反対株主に『公正な価格』での株式の買取りを請求する権利が付与された趣旨は、吸収合併等という会社組織の基礎に本質的変更をもたらす行為を株主総会の多数決により可能とする反面、それに反対する株主に会社からの退出の機会を与えるとともに、退出を選択した株主には、吸収合併等がされなかったとした場合と経済的に同等の状況を確保し、さらに、吸収合併等によりシナジーその他の企業価値の増加が生ずる場合には、上記株主に対してもこれを適切に分配し得るものとすることにより、上記株主の利益を一定の範囲で保障することにある。」

　「会社法782条1項所定の吸収合併等によりシナジーその他の企業価値の増加が生じない場合に、同項所定の消滅株式会社等の反対株主がした株式買取請求に係る『公正な価格』は、原則として、当該株式買取請求がされた日におけるナカリセバ価格をいうものと解するのが相当である。」

　「吸収合併等により企業価値が増加も毀損もしないため、当該吸収合併等が消滅株式会社等の株式の価値に変動をもたらすものではなかったときは、その市場株価は当該吸収合併等による影響を受けるものではなかったとみることができるから、株式買取請求がされた日のナカリセバ価格を算定するに当たって参照すべき市場株価として、同日における市場株価やこれに近接する一定期間の市場株価の平均値を用いることも、当該事案に係る事情を踏まえた裁判所の合理的な裁量の範囲内にあるものというべきである。」

(C) 本件決定と公正な価格

　本決定は、会社法の制定に伴い「公正な価格」へと文言が変更された趣旨を踏まえ、株式買取請求権の意義を会社からの退出の機会とともに、シナジー分配を認めることを明らかにしたこと、公正な価格の決定について、裁判所の合

理的な裁量に委ねられていることを明確にした点に重要な意義がある。[16)]

　本件について、企業再編行為により企業価値が増加したとも毀損されたともいえない場合には、企業価値が増加したとはいえない以上、当該組織再編行為による企業価値の増加分を分配すべきとするシナジー反映価格を用いることは適切ではないのであって、本件吸収分割により企業価値も株主価値も毀損されておらず、吸収分割により承継される事業にシナジーも生じておらず、かつ、シナジー以外の企業価値の増加もない場合であれば、本件吸収分割がなかった場合を想定して「ナカリセバ価格」を基礎として算定する原審の立場は是認できるとされている。[17)]

(3) 公正な価格に関する裁判例の分析

　公正な価格に関する判例を分類すると、①企業価値の増加が生じる組織再編の場合（つまりシナジーが生じる場合）は公正分配価格によるとされ、それは(1)決定によれば市場株価を参照することとなり、他方②企業価値の増加が生じない場合（つまりシナジーが生じない場合）は、(2)決定によれば基準日における「ナカリセバ価格」によると整理することができる。

　2で述べたようにシナジー分配を認めるというのが会社法の趣旨であるから、①のようにシナジーが生ずる場合には、それを反対株主等に分配する必要がある。他方、②ではシナジーが生じないのであるからその価値を算定できず、したがって、シナジー分配をすることはできないことからすれば、平成17年改正前商法下と同様ナカリセバ価格を公正な価格とすることになる。

　もっとも、改正前後の判例分析に基づく研究によれば、改正の意図は①の機能の拡張であったが、実際に裁判例で認められたのはほとんど存在しないとされる。[18)]また、1で述べたように株式買取請求権は、「少数派が株式を譲渡して会社から離脱することが困難な閉鎖的類型の会社において特に存在意義が大き」いと考えられていたが、実際は市場性のない株式の事例は少なく、上場会

---

16)　この決定の評釈として、弥永真生「判批」ジュリ1423号66頁、奈良輝久「判批」金判1377号7頁、徳本穰「判批」法セ378号付録15頁等がある。
17)　石丸将利「判解」最高裁判所判例解説民事篇平成23年度（上）338〜340頁。
18)　藤田・前掲注13) 434頁。

社の事例がほとんどであるという。

それでは、株式に市場価格がない場合はどのように考えるべきであろうか。その例として、ここでは全部取得条項付種類株式を活用した非公開化スキームを参考としてみたい。上場会社が非公開化するには、少数株主のスクイーズ・アウト（締め出し）を行うことになる。典型的には、普通株式のみを発行する会社が、全部取得条項付種類株式（当該種類の株式について、当該株式会社が株主総会の決議によって、その全部を取得できることが定められた株式：法108条1項7号）を用いる場合が考えられる。それには、①種類株式を発行する旨の定款の定めを設ける決議、②既発行の株式（旧株式）について全部取得条項を付する内容の定款変更決議、③旧株式とは異なる内容の募集株式発行をした上で、旧株式である全部取得条項付種類株式を取得する決議を同じ株主総会で行うことができると解されている（法171条、309条2項3号）[19]。③について、その取得対価として別種類の株式を割り当てるが、その際に公開買付をした者以外の株主には1株未満の端数のみを割り当てるよう決定する（法234条1項2号）ことにより、残った少数株主を締め出す方法がとられる[20]。この方法を用いた事例に、大阪地決平成24年4月13日金判1391号52頁がある[21]。この裁判例の要点をみると、公正な価格とはナカリセバ価格と増加価値分配価格（つまりシナジー分配価格）の合計であり、それが公開買付価格を上回ることも認められるという立場を示していると整理できる。

「公正な価格」＝「決議ナカリセバ価格」＋「増加価値分配価格」≧「公開買付価格」

このような裁判例の立場をみると、裁判所に対する申立てを活用した一種の裁定取引を許容する結果ともなっており、組織再編や非公開化等のスキームを

---

[19] 江頭159頁。
[20] 渡辺邦広「全部取得条項付種類株式を用いた完全子会社化の手続」商事法務1896号28～29頁。
[21] この決定の評釈として、白井正和「判批」ジュリ1455号116頁。

手掛ける当事会社は、そうした株主との間でのいわばチキン・レースに相当な力を割かなければならないと指摘されている。[22]

以上の裁判例をまとめると、表 1 のように整理できる。[23]

表 1　公正な価格に関する裁判例の概要

	シナジーが生じる場合	シナジーが生じない場合
株式に市場価格がある	公正な価格＝市場価格（(1)決定）	公正な価格＝決議ナカリセバ価格（(2)決定）
株式に市場価格がない（または市場価格に拠るべきでない特段の事情がある）	「公正な価格」＝「決議ナカリセバ価格」＋「増加価値分配価格」	

　これをみると、株式買取請求権は 1 で述べたように基本的には反対株主の投下資本の回収の途を保障するという性質をもちながら、前述の裁判例の集積に伴い、単なる計算式にとどまらない「規範的判断」が生成してきているとみることができる。

---

[22]　松嶋隆弘編著『会社法講義 30 講』349 頁（中央経済社、2015）〔松嶋隆弘〕。
[23]　松嶋編著・前掲注 22）348 頁〔松嶋〕。

Ⅱ　反対株主による株式買取請求権の要件

1　総説

　反対株主の株式買取請求権の要件は、大きく分けて、①対象となる一定の会社の行為、②「反対株主」（法116条2項、469条2項等）に該当すること、③一定の期間内における株式買取請求、④（会社から争われた場合につき）対抗要件である。
　このうち、①対象となる一定の会社の行為の概要は以下のとおりである。

- 一定の定款変更（法116条1項1号・2号）
- 種類株主に損害を及ぼすおそれがある一定の資本再構成のうち定款で種類株主総会決議が排除されたもの（法116条1項3号）
- 一定未満の端数が生ずる株式併合（法182条の4）
- 事業譲渡等（法469条）
- 吸収合併、吸収分割、株式交換（法785条、797条）
- 新設合併、新設分割、株式移転（法806条）

　上記のうち、②「反対株主」に該当すること、および、③一定の期間内における株式買取請求は、各制度において共通する要件である。そこで、本節においては、まず②③について述べたうえで、①対象となる一定の会社の行為ごとにその特有の問題点、および、④対抗要件について検討し、最後にその他の項目について論じる。

2　各制度に共通する要件

(1)　要件②：「反対株主」に該当すること

　「反対株主」（法116条2項、469条2項等）に該当するための要件について、会社法は、株主総会（種類株主総会）の決議を要するか否か、要する場合に議

決権を行使できるか否かに分けて整理している。

(A) 決議を要する場合
　(a) 議決権を行使できる株主
　株主総会決議を要する場合、当該株主総会において議決権を行使できる株主が「反対株主」に該当するためには、「先立つ反対通知」および「株主総会での反対の議決権行使」が必要となる（法116条2項1号イ、469条2項1号イ等）。
　このうち、「先立つ反対通知」が求められる趣旨は、会社に対し、株式買取請求がどの程度される可能性があるかを認識させ、議案提出前に対象となる会社の行為の是非につき再考する機会を与える点にある。そのため、当該通知は、株主総会開会までに会社に到達する必要がある。
　もっとも、「先立つ反対通知」の方式は法定されておらず、平成17年改正前商法と異なり、書面による必要はない。対象となる会社の行為に対する反対の意思が明示されていれば足りる。[24]
　また、「株主総会での反対の議決権行使」については、株主総会・種類株主総会の双方で議決権を行使できる株主は、その双方で行使することが必要である。[25]

　(b) 議決権を行使することができない株主
　株主総会決議を要する場合、当該株主総会において議決権を行使することができない株主は、「当該株主総会において議決権を行使することができない株主」（法116条2項1号ロ、469条2項1号ロ等）として、「反対株主」に該当する。
　議決権を行使することができない株主について「先立つ反対通知」が要件と

---

[24] 書面または電磁的方法による議決権行使ができる株主が当該行為に反対する内容の議決権行使書面の提出・電子投票を行った場合も、「先立つ反対通知」の要件を満たすとされている。他方、当該行為に反対する意思を表明した委任状の提出は、議決権行使の代理人に対する指示にすぎず、会社に対して反対の意思を表示したことにならないとして、否定する見解がある（江頭845頁注(2)）。

[25] 株主総会での反対の議決権行使が必要とされている趣旨は、当該行為に賛成の議決権行使をしつつ、当該行為に起因する株価値下がりのリスクを株式買取請求によってヘッジしようとすることは権利濫用と評価し得ることから、これを防止する点にある（江頭844頁）。

されていないのは、対象となる会社の行為の効力発生を阻止する権限のない者に過重な負担を負わすことはできないからである。

「当該株主総会において議決権を行使することができない株主」としては、例えば、いわゆる無議決権株式の株主などが想定されている。

他方、保有する株式自体には議決権が認められるものの、株式取得時期等の関係で「当該株主総会において議決権を行使することができない株主」にあたるかどうか、争いがある場合がある。これについては後記（C）において詳述する。

(B) 決議を要する場合以外の場合

この場合は、すべての株主が「反対株主」に該当する。いわゆる簡易合併など、株主総会の決議を経ずに合併等を行う場合が想定されている。ただし、略式組織再編（法468条1項等）に該当する場合における、当該特別支配会社は除かれる（法469条2項2号等）。

(C) 株式取得時期の限界

反対株主は、株式買取請求権を行使するため、株式をいつまでに取得する必要があるかについて、各場面において見解の対立がある。

(a) 決議を要する場合

(ア) 組織再編公表後の株式取得

裁判例には、吸収合併に関する事案について、吸収合併の公表後に取得された株式も買取請求の対象となることを認めたものがある（東京高決平成21年7月17日金商1341号31頁）。

学説においても、組織再編に反対する株主を経済的に救済するという株式買取請求権の趣旨等に照らし、組織再編公表後に株式を取得した株主による株式買取請求を認める見解が多くなっている。[26]

---

[26] 神田秀樹「株式買取請求権制度の構造」商事法務1879号7頁、十市崇・館大輔「反対株主による株式買取請求権（上）」商事法務1898号92頁。

Ⅱ　反対株主による株式買取請求権の要件

(イ) 基準日前に株式を取得したが基準日までの名義書換を懈怠した場合

この場合、株主は議決権を行使できない。条文上、議決権行使ができない理由について特に限定されていないことから、この場合も、形式的には「当該株主総会において議決権を行使することができない株主」(法116条2項1号ロ、469条2項1号ロ等)に該当するとも思える。しかし、この場合に株式買取請求を認めると、基準日までに名義書換を行った株主よりも緩やかな要件で当該請求が可能になり、法116条2項1号イ等との均衡を失すること等から、「当該株主総会において議決権を行使することができない株主」には該当せず、株式買取請求は認められないと考えられる。[27]

(ウ) 基準日後の株式取得

株主総会における議決権行使の基準日後に株式を取得した場合については、肯定する見解と否定する見解がある。肯定説は条文上否定する根拠がないこと等を理由とし、否定説は立法経緯等を理由とする。[28]

(エ) 株主総会決議後の株式取得

対象となる会社の行為に関する株主総会決議後に株式を取得した株主については、株式買取請求権の行使を否定する見解が一般的である。[29]

(b) 決議を要する場合以外の場合

株主は、株式買取請求権の行使可能期間内に株式を取得する必要がある。具体的には、株式買取請求権の行使期限(対象となる行為の効力発生日の前日。法116条5項等)までに、または会社において株式買取請求権行使の基準日を設けた場合は当該基準日までに取得する必要がある。[30]

---

27) 江頭憲治郎・中村直人編著『論点体系　会社法5』(第一法規、2012) 465～466頁〔篠原倫太郎〕。東京地決平成21年10月19日金商1329号30頁も、同様の場面について、株式買取請求を認めると、法116条2項1号イ等の趣旨を没却するなどとして、「議決権を行使することができない株主」に該当しないと判示した。

28) これは基準日後に株式を取得した株主は「当該株主総会において議決権を行使することができない株主」(法116条2項1号ロ等)に該当するか否かという問題である。否定説につき、神田7頁、肯定説につき、弥永真生「反対株主の株式買取請求権をめぐる若干の問題」商事法務1867号10頁。

29) 十市・館・前掲注26) 94頁。東京地決昭和46年4月19日下民集22巻3・4号446頁も類似の見解を示している。

（c）株主総会の承認が必要であるにもかかわらず、それを受けずに対象となる行為（事業譲渡等）がされた場合

　会社が株主総会の承認を受けずに対象となる行為（事業譲渡等）をした場合にも、当該行為の効力の問題と別に、株式買取請求の可否が問題となる。

　この場合には、当該会社の株主は「当該株主総会において議決権を行使できない株主」（法116条2項1号ロ、469条2項1号ロ等）に該当するとして、株式買取請求が認められるという見解がある。[31]

　（D）株式買取請求権の行使について基準日を設定することの可否

　実務上、反対株主の株式買取請求権の行使について基準日が設定された事例はある。もっとも、その可否・限界については争いがある。[32]

(2) 要件③：一定の期間内における株式買取請求（法116条5項等）

　反対株主は、対象となる会社の行為の効力発生日の20日前の日から効力発生日の前日までの間に、株式の数等を明らかにして、会社に対し、株式買取請求を行う必要がある。[33]

30）　郡谷大輔「組織再編における反対株主買取請求権の実務対応——株主の範囲と株式の取得時期」ビジネス法務2009年1月号62頁。

31）　弥永・前掲注28）4頁は、仮に株式買取請求を認めないとすると、会社があえて株主総会の承認を経ずに事業譲渡等を行うことで、反対株主の株式買取請求権を排除することが可能になってしまうこと等を理由とする。

32）　会社法上、このような基準日を設定することに特段の制限はない。もっとも、会社の裁量によって反対株主の範囲が限定されることへの懸念から、一定の制約を課すべきという見解もある（十市・館・前掲注26）96頁）。
　　　また、かかる基準日の定めがない場合にどのように株主を確定するかについても議論されている（コンメ12巻116頁〔柳〕）。

33）　種類株式発行会社の場合は、株式の種類及び種類ごとの数を明らかにして行う必要がある（法116条5項等）。

3 要件①（対象となる会社の行為）：法116条
　（一定の定款変更等の場合の買取請求）

(1) 総説

　会社の基礎的変更（定款変更、事業譲渡等、および組織再編）のうち、一定の定款変更等（すべての定款変更等ではない）がなされた場合に、少数株主を救済するため、会社法は、反対株主による株式買取請求の規定を定めている。

(2) 譲渡制限の定めを設ける定款変更（法116条1項1号・2号）

(A) 対象となる会社の行為

　法116条1項では、反対株主による株式買取請求権の対象として、1号において株式の全部の内容として譲渡制限の定めを設ける定款変更、2号においてある種類の株式の内容として譲渡制限の定めを設ける定款変更が規定されている。これについては、株式の譲渡制限の定めを設ける定款変更の場合にとどまらず、株式の譲渡制限の内容を厳格にする定款変更、または譲渡制限の対象を変更・拡大する定款変更も対象となる会社の行為に含まれるかについて、争いがある。[34]

(B) 株式買取請求の対象となる株式

　譲渡制限の定めを設ける定款変更には株主全員の同意を要しないため、株式の自由譲渡が制限されることによって株主に不測の損害が生じることを回避する必要がある。

　そこで、全部の株式の内容として譲渡制限の定めを設ける場合は、全部の株式が買取請求の対象とされ、ある種類の株式の内容として譲渡制限の定めを設ける場合は、当該種類の株式、譲渡制限株式を対価として交付される取得請求権付株式、譲渡制限株式を対価として交付される取得条項付株式（法111条2項各号）が買取請求の対象とされている。

34）　立案担当者は消極、有力説は積極に解している（消極説につき、論点解説新会社法85頁。積極説につき、新版注釈12巻63頁〔神崎克郎〕）。

(3) 全部取得条項付種類株主の定めを設ける定款変更（法116条1項2号）

(A) 対象となる会社の行為

　法116条1項2号では、次に、全部取得条項付種類株式（当該種類の株式の全部を会社が取得することができる旨の定めがある種類株式。法171条、108条1項7号）の定めを設ける定款変更が対象として規定されている。全部取得条項を付する定款変更は、当該種類株主の自由意思によらずに当該種類株式を他の財産に強制的に変えるという重大な効果を伴うため、定款変更に反対する当該種類株主に株式買取請求権が認められている。

　これについても、全部取得条項を付する定めを設ける定款変更の場合にとどまらず、全部取得条項付株式の内容を変更する定款変更も対象となる会社の行為に含まれるかについて争いがある。[35]

(B) 対象とならない会社の行為

　他方、取得条項付株式の定めを設ける旨の定款変更は対象とならない。（法116条1項2号は、法108条1項7号（全部取得条項付種類株式）を対象とする一方、同項6号（取得条項付株式）は対象としていない。）取得条項付株式の定めを設ける旨の定款変更については、反対株主の株式買取請求権は認められていない代わりに当該定款変更の際に株主全員の同意が必要とされており（法111条1項）、各株主には定款変更に対する拒否権があるためである。また、全部又はある種類の株式に取得請求権を付すための定款変更も買取請求の対象とならない。

(C) 株式買取請求の対象となる株式

　株式買取請求の対象となるのは、全部取得条項を付する定款変更がされた種類株式、および、全部取得条項付種類株式を対価として交付される取得請求権付株式・取得条項付株式である。

---

35) 立案担当者は消極に解している（論点解説新会社法85頁）。

(4) 一定の行為について種類株主総会の決議を排除している場合（法116条1項3号）

(A) 対象となる会社の行為

法116条1項3号では、下記のⓐ～ⓕの行為のうち、ある種類の株式を有する種類株主に損害を及ぼすおそれがあるもの（ただし、法322条2項の規定による定款の定めがある種類株式に限る）が対象として規定されている。

ⓐ 株式併合または株式分割
ⓑ 法185条に規定する株式無償割当て
ⓒ 単元株式数についての定款の変更
ⓓ 株式を引き受ける者の募集（法202条1項各号に掲げる事項を定めるものに限る）
ⓔ 新株予約権を引き受ける者の募集（法241条1項各号に掲げる事項を定めるものに限る）
ⓕ 法277条に規定する新株予約権無償割当て

上記ⓐ～ⓕの各行為をする場合、会社は当該種類株主を構成員とする種類株主総会の決議を要するとされているが（法322条1項）、当該決議を要しない旨を定款で定めることもできる（同条2項）。決議を要しない旨の定款の定めがある場合、株主は当該行為により損害を受けるおそれがあるにもかかわらず、当該行為について、その意思を問われる機会がないことになる。そこで、この場合には、反対株主による株式買取請求権が認められている。

(B)「ある種類の株式を有する種類株主に損害を及ぼすおそれ」

「損害を及ぼすおそれ」とは、定款変更によりある種類の株主の割合的権利が抽象的権利としてみて変更前よりも不利益になる場合をいい、何らかの具体的損害が生じることまでは必要ないと考えられている。[36]

---

36) コンメ12巻45頁〔齊藤真紀〕。

(C) 株式買取請求の対象となる株式

対象となる会社の行為（株式併合、株式分割等。上記（A）参照）にかかる種類株式が買取請求の対象である。

4 要件①（対象となる会社の行為）：法182条の4（株式併合により端株が生ずる場合の株式買取請求）

(1) 対象となる会社の行為

株式併合のうち、それにより株式の数に一株に満たない数の端数が生じるものが対象として規定されている。

(2) 沿革・趣旨

種類株式発行会社以外の会社における株式併合については、平成26年の改正前の会社法では株式買取請求権の対象とされていなかった。そのため、少数株主を締め出す目的で株式併合がなされるようなときには、株式併合により株式の数に一株に満たない数の端数が生じる場合であっても、当該端数について適切な対価が交付されず、既存の少数株主に不利益が生じる可能性があった。

そこで、平成26年改正により法182条の4が新設され、反対株主による株式買取請求権が規定されることになった。

(3) 株式買取請求の対象となる株式

株式買取請求の対象は、一株に満たない端数となる株式の全部である。

(4) その他

本条項による反対株主の株式買取請求と類似の制度として、単元未満株主の株式買取請求権がある（法192条）。

単元未満株主の株式買取請求権は、会社において単元未満株の譲渡制限を定款で定めることができること等を踏まえ（法189条1項・2項）、当該株式の株主に投下資本回収の機会を与えるために規定されているものである。法182

条の4などの反対株主による株式買取請求権とは趣旨が異なる。

5　要件①（対象となる会社の行為）：法469条（事業譲渡等）

(1) 事業譲渡等

「事業譲渡等」（法468条1項）は、原則として株式買取請求権の対象になる。ここでいう「事業譲渡等」とは、法467条1項1号から4号までに規定される以下の行為をいう（法468条1項）。

① 事業の全部の譲渡[37]
② 事業の重要な一部の譲渡（当該譲渡により譲り渡す資産の帳簿価額が当該株式会社の総資産額として法務省令で定める方法により算定される額の五分の一（これを下回る割合を定款で定めた場合にあっては、その割合）を超えないものを除く）[38]
③ その子会社の株式または持分の全部または一部の譲渡（次のいずれにも該当する場合における譲渡に限る）
　ⓐ 当該譲渡により譲り渡す株式または持分の帳簿価額が当該株式会社の総資産額として法務省令で定める方法により算定される額の5分の1（これを下回る割合を定款で定めた場合にあっては、その割合）を超えるとき。
　ⓑ 当該株式会社が、効力発生日において当該子会社の議決権の総数の過半数の議決権を有しないとき。
④ 事業の全部の譲受
⑤ 事業の全部の賃貸、事業の全部の経営の委任、他人と事業上の損益の全

---

[37] なお、略式事業譲渡（法468条1項）に該当する場合には、譲渡会社における株主総会特別決議による承認は不要だが、株式買取請求は認められる。

[38] ただし、事業の重要な一部の譲渡のうち、譲渡会社にとっての簡易事業譲渡に該当する場合は、「事業譲渡等」に含まれず（法467条1項2号かっこ書）、株式買取請求は認められていない。株主の損害が軽微にとどまるからである。
　これに対して、略式事業譲渡に該当する場合には、株主総会特別決議による承認決議は不要だが、株式買取請求は認められる。

部を共通にする契約その他これらに準ずる契約の締結、変更または解約[39]

(2) 対象とならない行為

(A) 事業譲渡等のうち例外的に対象外となる行為（法469条1項各号）

① 事業の全部譲渡をする場合で、その承認決議と同時に解散の決議（法471条3号）がされたとき（法469条1項1号）

解散の決議がされれば、株主は残余財産の分配を受けられるため、株式買取請求を認める必要がない一方、反対に株式買取請求を認めると債権者の権利を害するおそれがあるためである。[40]

② 簡易な事業の譲受の場合における譲受会社の株主（法469条1項2号）

譲受会社の株主に及ぶ影響は軽微であることが理由である。[41]

(B) その他

会社法は、法467条1項各号のうち1号から4号については株式買取請求の対象となる「事業譲渡等」（法468条1項）に含める一方、5号（事後設立）については含めていない。そのため、事後設立は、株主総会の承認決議の対象ではあるものの、株式買取請求の対象ではない。

また、特別清算開始命令があった清算会社が裁判所の許可（法536条1項）を受けて行う事業譲渡等の場合についても株式買取請求は排除されている（同条3項）。[42]

6 要件①（対象となる会社の行為）：法785条
（吸収合併等における消滅会社等に対する株式買取請求）

吸収合併、吸収分割または株式交換は株式買取請求の対象として規定されて

---

[39] 経営形態が大きく変更されることになり、株主の利益に重大な影響を与えることから、株式買取請求が認められている。略式事業譲渡に該当する場合には、株主総会特別決議による承認は不要だが、株式買取請求は認められる。
[40] 江頭憲治郎・中村直人編著『論点体系会社法4』（第一法規、2012）27頁〔篠原倫太郎〕。
[41] 江頭965頁。
[42] 本文記載の条項のほか、会社更生法210条2項、民事再生法43条8項、183条2項後段も参照。

いる。

ただし、下記①・②の場合を除く。

① 吸収合併消滅会社または株式交換完全子会社が種類株式発行会社でない場合で、対価として交付する金銭等の全部または一部が持分等の場合（法785条1項1号、783条2項）

会社は総株主の同意を得なくてはならないため、反対株主による株式買取請求権を認める必要がないことが理由である。

② 吸収分割会社において簡易吸収分割の要件を満たす場合（法785条1項2号、784条2項）

簡易吸収分割の規模からすると、株主に生じ得る損害が軽微なものにとどまると考えられるためである。[43]

7 要件①（対象となる会社の行為）：法797条（吸収合併等における存続会社等に対する株式買取請求）

吸収合併、吸収分割または株式交換が対象として規定されている。

ただし、吸収合併存続会社、会社分割承継会社、および株式交換完全子会社において簡易組織再編の要件を満たす場合で、いわゆる差損が生じる場合でない場合は除く（法797条1項ただし書）。[44]

簡易組織再編は、いわゆる差損が生じる場合を除き、その規模からすると、株主に生じ得る損害が軽微なものにとどまると考えられるためである。

---

43) 江頭・中村・前掲注27) 454頁〔篠原〕。
44) 吸収合併等において、存続会社等が承継する負債の簿価が資産の簿価を超える場合または合併対価等の存続会社における簿価が承継する純資産額を超える場合をいう（法795条2項）。この場合、存続会社の株主において、分配可能額の減少等の悪影響が生じ得る。

8 要件①（対象となる会社の行為）：法806条
（新設合併等における消滅会社等に対する株式買取請求）

(1) 新設合併等（法806条1項）

新設合併、新設分割または株式移転が対象として規定されている。ただし、下記①・②の場合は除く。

① 新設合併設立会社が持分会社である場合（法806条1項1号、804条2項）
　　新設合併等を行うには新設合併契約について新設合併消滅株式会社の総株主の同意を得なければならないため、反対株主による株式買取請求権を認める必要はないことが理由である。
② 簡易新設分割の要件を満たす場合（法806条1項2号、805条）
　　簡易新設分割の規模からすると、株主に生じ得る損害が軽微なものにとどまると考えられるためである。

(2)「反対株主」に該当すること

新設型の場合、新設分割における簡易新設分割（法805条）を除いて、簡易組織再編・略式組織再編が存在しない。そのため、法797条の吸収合併等、他の場合に認められる株式買取請求と異なり、反対株主の要件を定めるにあたって、「株主総会決議等を要する場合以外」という要件がない（法806条2項2号参照）。

9 要件④：対抗要件

(1) 振替制度を利用している場合

振替制度の下では、少数株主権の行使について、株主名簿の記載・記録ではなく、振替口座簿の記録の通知が会社に対する対抗要件となる（振替法154条。個別株主通知）。

株主は、振替機関から会社に対して個別株主通知がされた日から4週間が経過する日までの間に株式買取請求権を行使しなければならない（振替法154条2項、振替法施行令40条）。[45]

(2) 振替制度を利用していない場合

株主総会における議決権行使について基準日の定めがある場合は、当該基準日において株主名簿に記載のある株主であることが対抗要件となる。

10 その他

(1) 「自己の有する株式」の範囲（請求後の株式の継続保有）[46]

反対株主による株式買取請求について検討する際、反対の議決権行使時、対象となる会社の行為にかかる株主総会決議時、株式買取請求時、買取の効力発生時など、複数の時点があり得る。株主が保有している株式の数は、売買等により、これらの各時点において変動しうる。そのため、どの株式が株式買取請求の対象となる「自己の有する株式」（法469条1項等）の範囲に含まれるかについて、見解の対立がある。

まず、対象となる会社の行為にかかる株主総会決議時から買取の効力発生時まで継続して保有していた株式に限られるという見解がある。これは、株主総会決議後に敢えて株式を買い増しして株式買取請求権を行使することは権利濫用にあたるというべきであること等を根拠としている。[47]

他方、反対の議決権行使時、株式買取請求時、買取の効力発生時に保有している株式数のうち最も少ない数の株式について株式買取請求の対象となると考えるべきとする見解もある。これは株式の継続保有の有無について、実務上、

---

45) 株式買取請求をする際は、対抗要件として個別株主通知を要する一方、株主総会に先立つ反対の通知、及び株主総会での反対の議決権行使をする際については、個別株主通知は不要と考えられている（江頭・中村・前掲注27）474〜475頁〔篠原〕）。

46) なお、判例には、株式買取請求に伴う買取価格決定の申立てについて、全部取得の効果が生じた場合、当該株主は買取請求に係る株式・株主の地位を失う結果、買取価格決定の申立ては申立適格の喪失によって不適法になると判示したものがある（最決平成24年3月28日判時2157号104頁）。

47) 新版注釈5巻286頁〔宍戸善一〕。

把握・立証が容易でないこと等を理由とする。[48]

(2) 財源規制

反対株主の株式買取請求による自己株式の取得（法155条13号、規27条5号）としては、大きく分けて、下記の①〜③の場合がある。

① 一定の定款変更等（法116条1項）
② 一定未満の端数が生ずる株式併合（法182条の4）
③ 会社の組織再編（法469条、785条、797条、806条）

このうち、①一定の定款変更等、および②一定未満の端数が生ずる株式併合については、財源規制が適用される。[49]会社の財産状態が悪い時期に会社がこれらの行為をする緊急性は認められないと考えられているためである。これに対して、③会社の組織再編については、自己株式の取得に関する財源規制は適用されない（法461条参照）。会社が当該組織再編行為を行う必要性と反対株主の保護を両立させるため、やむをえない措置と考えられている。

---

[48] 葉玉匡美「株式買取請求権と預託株券の取扱い」T&A Master236号40頁。
　もっとも、株券の電子化後は、個別株主通知によって振替機関から会社に通知される株主の株式保有状況を通じ、会社は当該株主の継続保有要件充足の有無について容易に把握・立証することができる。

[49] 当該取得にかかる職務を行った業務執行者は、株式買取請求をした反対株主に支払った金銭の額が支払日における分配可能額を超えたときは、当該職務を行うにつき注意を怠らなかったことを証明しない限り、会社に対し連帯して超過額を支払う責任を負う（法464条1項、会社計算規則159条9号・10号）。もっとも、少数株主保護の必要性に鑑み、この場合であっても、反対株主は、会社に対して株式買取請求権を行使して、分配可能額を超える支払いを請求することができ、かつ会社に対する法462条の責任も負わない。

III 反対株主による株式買取請求権の手続(撤回を含む)

1 はじめに

　組織再編は、株主の利益に重大な影響を与えうる。そこで、組織再編についての「反対株主」(法785条2項、797条2項、806条2項)は、会社に対し、自己の有する株式を公正な価格で買い取ることを請求することができる(法785条1項、797条1項、806条1項)。本節では、買取請求後の手続きについて詳述する。[50]

2 買取価格の決定の協議

(1) 協議の手続

　買取請求権は形成権であり、買取請求がされると会社は当然に株式を公正な価格で買い取らなければならなくなる。[51] 法は、買取価格の決定を、まずは当事者間の協議で行うことを規定している(法786条1項、798条1項、807条1項)。協議の相手方は、吸収合併等における消滅株式会社等の株主は消滅株式会社等と、存続株式会社等の株主は存続株式会社と、新設合併等における消滅株式会社等の株主は消滅株式会社等と行う。ただし、効力発生日または新設合併設立会社の成立の日後は、消滅会社等が解散消滅するため、協議の相手方は吸収合併存続会社または新設合併設立会社となる(法786条1項かっこ書、807条1項かっこ書)。当事者間の協議をまず行うことにした理由は、裁判所による公正な価格の決定には困難が伴い、鑑定費用等も高額になることが予想されるため、できる限り当事者間の協議により価格決定をすることが望ましいからである。[52]

---

[50] ただし、組織再編が中止になったときは、買取請求は、その効力を失う(法785条8項、797条8項、806条8項)。

[51] 最決平成23年4月19日民集65巻3号1311頁は、「売買契約が成立したのと同様の法律効果が生じ」るとした(最決昭和48年3月1日民集27巻2号161頁も同趣旨)。

[52] コンメ18巻127頁〔柳明昌〕。

買取請求権が行使される時期は効力発生日に近いことが多い。買取請求権が原則として撤回できないことや行使期間の最終日近くまで株価の動向を見たうえで買取請求権を行使するか否かを判断したいという株主の希望などがその理由である。その結果、協議が開始される時期は、組織再編の効力発生日後であることが多いといわれている[53]。

協議における買取価格の提示は、いずれからもすることができる。ただし、非上場株式が買取対象である場合など、公正な価格算定のための情報を株主が有していないときには、会社が基礎資料とともに公正と考える価格を提案する方が合理的な場合もある。ただし、会社が買取価格を提示した場合には何らかの法的効果を持たせるべきという見解があるうえに[54]、東京地判平成22年3月5日金商1339号44頁では、協議における会社側の提案価格を加味して公正な価格を引き上げていることなどからすれば、会社は買取価格を提案するにあたって、慎重な検討をしなければならない。協議で合意する価格は、かならずしも、裁判所が決定するであろう「公正な価格」でなければならないわけではない。しかし、価格決定に移行した場合に裁判所が決定するであろう「公正な価格」と比して相当程度高額の価格で合意した場合、取締役の善管注意義務との関係が問題とされる可能性は否定できない。買取請求権を行使していない株主に対しても合理的な説明ができる価格であることが必要である。取締役としては、経営判断の範囲内の事項であるといえるよう合意の根拠を適切に用意すべきであろう。なお、買取請求により、買取の効果は発生することから、買取価格を取締役会で決議することは原則として不要と考えられる。ただし、買取総額の多寡などによっては、「重要な業務執行の決定」（法362条4項）に該当することもあり得る。そうでない場合であっても、代表取締役による価格決定の合理性を担保するため、例えば買取価格の上限をあらかじめ取締役会で決議し、その範囲内の価格で合意することが望ましい場合もあると考えられる[55]。いずれにしても、的確な知見を有する専門家と相談しながら手続きを進めることが望

---

53) 十市崇・館大輔「反対株主による株式買取請求権（中）」商事法務1900号61頁。
54) 木俣由美「株式買取請求手続の再検討（下）――買取価格決定過程における構成の実現について――」商事法務1464号30頁。
55) 十市・館・前掲注53）64頁。

ましい。

　複数の株主が買取請求をした場合、協議は個別に行われる。しかし、株主平等の原則からすれば、通常は、会社が各株主に提示する価格も合意する価格も同一になると思われる。

(2) 協議後の手続

　価格の決定について、当事者間で協議が調ったとき、会社は、吸収合併等においては効力発生日から60日以内に、新設合併等においては設立会社の成立の日から60日以内に支払いをしなければならない（法786条1項、798条1項、807条1項）。実務上、譲渡契約を締結することが一般的であり、①株式譲渡の時期、②代金の支払時期、③協議の経緯や譲渡契約の内容の守秘義務などが盛り込まれる。

　協議が調わず、価格決定の申立期間が経過した場合でも、買取請求は引き続き効力を有する。この場合、株主は、いつでも買取請求の撤回が可能となり、株価の動向と協議の中で会社が提示する価格をみながら、撤回するか否かを検討することになる一方、会社は利息の支払い可能性なども含め不安定な地位におかれることになる。なお、一方当事者が価格決定の申立てを行い、他方当事者が価格決定の申立てを行わない場合、申立てを行った当事者が価格決定の申立期間経過後に申立てを取り下げてしまうと、以後、裁判所における価格決定によることができなくなるため注意が必要である。

3　裁判所に対する価格決定の申立て

(1) 価格決定の申立て

　株式の価格の決定について、吸収合併等においては効力発生日から30日以内に協議が調わないとき、新設合併等においては設立会社の成立の日から30日以内に協議が調わないときは、当事者は、その期間の満了の日後30日以内に、裁判所に対し、価格決定の申立てをすることができる（法786条2項、798条2項、807条2項）。

　会社にも申立権限が認められた主な理由は、買取請求権の濫用的行使に対処

することにある。価格に関する争いに早期決着をつける会社側の利益に配慮したものでもある。会社による申立ては、その手続次第で、紛争の統一的な解決およびコストの節約を可能にする、すなわち、数個の買取請求を併合するのと等しい結果を生じさせうることにもなる。

価格決定の申立てがあった場合、裁判所が「公正な価格」を決めることになる。価格の決定方法については、裁判例の解説を交えながら第3章で詳述する。

(2) 非訟事件手続

裁判所による価格決定は、非訟事件として審理される[56]。非訟事件とは、民事の法律関係に関する事項につき、終局的な権利義務の確定を目的とせず、裁判所が簡易な手続で処理をし、後見的な判断をする事件類型のことをいう。訴訟事件と比較すると、①処分権主義の制限、②職権探知主義、③非公開主義、④簡易迅速主義が特徴としてあげられる。

会社非訟の手続などについては、非訟事件手続法、法第7編第3章の規程、会社非訟規則などで定められている。

価格申立事件は、会社の本店所在地を管轄する地方裁判所の管轄に属する（法868条1項）。申立てがあったときは、申立人を除く価格決定の申立てができる者（会社または反対株主。以下同じ）に対して、申立書の写しが送付される（法870条の2第1項）。裁判所は、買取価格の決定にあたって、原則として、審問の期日を開いて、申立人および申立人を除く価格決定の申立てができる者の陳述を聞かなければならない（法870条2項2号）。実務上、株主が申立てをしたときは、会社は「裁判を受ける者となるべき者」（非訟事件手続法21条1項）として、手続きに参加する[57]。非訟事件手続においても、和解は可能であり、和解を調書に記載したときは、その記載は、確定した終局決定と同一の効力を有する（非訟事件手続法65条1項、2項）。裁判所が和解を主導し、会社がこれに従って和解をすれば、取締役は和解の内容の是非について任務懈

---

[56] 最決昭和48年3月1日民集27巻2号161頁は、買取価格の決定を非訟事件手続法によって審理裁判することは、憲法32条または82条に違反しないとした。

[57] 塚本英巨・田中良「キャッシュ・アウトに関する税制改正の概要と実務への影響（下）」商事法務2138号26頁。

怠責任に問われにくいうえ、会社以外の当事者にとっても、終局決定まで争う費用を削減することができるため、迅速な事件の終結が期待できる。裁判所は、的確かつ円滑な審理の実現のため、または、和解を試みるに当たり、専門委員を手続きに関与させることができる（非訟事件手続法33条1項）。専門委員の活用には、鑑定に比べて安価にすむというメリットが考えられる。裁判所が、価格決定の裁判をする場合は理由を付さなければならない（法871条本文）。

決定に対しては、即時抗告をすることができ（法872条5号）、即時抗告に執行停止の効力が認められる（法873条）。抗告裁判所は、原審における当事者およびその他の裁判を受ける者（抗告人を除く）の陳述を聴かなければ、原裁判所の終局決定を取り消すことができない（非訟事件手続法70条）。抗告審において陳述聴取が必要とされる場合には、審問の期日を開くことが原則として必要であると解されている（法870条2項の準用ないし類推適用）。

(3) 数個の申立ての同時係属

価格決定の申立てが複数される可能性がある。法は、同時に係属する複数の申立事件の審問および裁判を併合して行うことを要求していない。このことから理論的には株式の買取価格は株主間で異なる可能性がある。ただし、複数の申立てが同時に係属した場合、買取請求手続きの併合審理を禁止する規定もない。訴訟経済や鑑定費用などの負担が大きいことから考えても、実務的には併合審理されていることが多いと思われる。

(4) 鑑定費用等の負担

買取価格の決定に際して鑑定が求められることがある。当事者が鑑定を申し立てることもあれば、裁判所が釈明処分として鑑定を命ずることもある。鑑定により、裁判所の判断の専門性および客観性を担保することが可能になる反面、鑑定にかかる費用負担のあり方が問題となる。

---

58) 浜田道代他編『会社訴訟――訴訟・非訟・仮処分――』（民事法研究会、2013）213頁。
59) 浜田他編・前掲注58) 210頁。
60) 平成17年改正前非訟事件手続法132条ノ6第3項、133条ノ2第3項は、併合を要求していたが改正法から当該規程は削除された。
61) コンメ12巻137頁〔柳〕。

非訟事件手続法上は、買取請求手続きにおける鑑定費用は、原則として申立人が負担することになっている一方、事情により他方当事者にも負担させることができるとしている。この費用の分配は裁判所の裁量に委ねられる（同法26条1項、2項）。株価の算定は双方にとってメリットがあるため、一方当事者だけに費用を負担させることは相当でないとして、実務上は、それぞれが主張する株価と、裁判所が決定した株価との乖離度に応じて費用を負担するという裁判をすることが多いといわれている。[62)63)] これに対し、学説では、鑑定費用を株主の負担とすると、株主が価格決定の申立を躊躇することになり、買取請求権の実効性を欠くことになることから、鑑定費用を原則として会社に負担させるべきであるとの見解も有力である。[64)] ただし、鑑定費用を原則として会社に負担させることについては、会社が少額の評価の差額の支払いのために、多額の鑑定費用を負担することになるうえ、合理的な根拠もなく買取請求を行う株主が現れる虞もあるため、衡平の原則から外れるという見解もある。[65)] さらに、DCF法のような現代的な株式評価方法を採用する場合には、評価者の主観により結果が大きく異なり得るため、額の乖離率を費用負担の排他的基準とすることは妥当でないという見解もある。[66)]

　なお、鑑定費用も非訟事件手続における費用であり、裁判所は、鑑定にあたり鑑定料を定め、その金額を申出人に予納させている（民事訴訟費用等に関する法律11条1項1号、12条1項）。実務上は、当事者双方から鑑定の申出がされ、鑑定料を折半して予納させる取扱いが一般的である。[67)]

(5) 給付訴訟との関係

　買取価格決定の裁判は、基準日における株式の買取価格を形成する裁判であり、強制執行を可能とする債務名義とはなり得ない。したがって、会社が任意

---

62) 浜田他編・前掲注58) 610頁。
63) 鑑定費用の負担割合について当事者の主張価格と裁判所の決定額との乖離率に応じて決定するのが相当とされた事例としてカネボウ株式買取価格決定申立事件（東京地判平成20年3月14日判タ1266号120頁）がある。
64) 木俣・前掲注54) 32頁、中東正文「カネボウ株式買取価格決定申立事件」金判1290号27頁。
65) 清水建成「判批」判タ1279号41頁。
66) コンメ12巻129頁〔柳〕。
67) 浜田他編・前掲注58) 611頁。

に代金および利息を支払わない場合、別途、給付の訴えを提起しなければならない。訴訟裁判所は、価格決定の裁判に定められた価格に拘束されることになる[68]

5 撤回の手続

(1) 撤回の制限

買取請求をした株主は、会社の承諾を得た場合に限り、その買取請求を撤回することができる（法785条7項、797条7項、806条7項）。撤回に特に制限がなかった時代、一部に買取請求権の濫用的な行使（例えば、とりあえず買取請求権を行使し、その後の株価の動向などを見ながら、市場で売却した方が裁判所が決定する価格より有利と判断した場合には請求を撤回して市場で売却するなど、投機的に買取請求権を行使するような事案）が認められるとの指摘がされていた。そのような行動は株主の公平を害する。そこで、撤回に制限を設け、機会主義的行動を抑制したのである。[69]

しかし、買取請求をした株主が株式を市場で売却してしまい、事実上撤回と同様の効果を得てしまうことがあった。そこで、平成26年改正会社法では撤回制限の実効性を担保するための整備がなされた。株券が発行されている株式について買取請求をしようとするときは（喪失登録をしている場合を除き）、株主は会社に対し、株券を提出しなければならない（法785条6項、797条6項、806条6項）。振替株式の発行者は、組織再編をしようとする場合には、買取請求に係る振替株式の振替を行うための口座（いわゆる買取口座。）を開設しなければならず（振替法155条1項）[70]、振替株式の株主は、その有する振替株式について買取請求をしようとするときは、当該振替株式について買取口

---

[68] 松田二郎・鈴木忠一『条解株式会社法（上）』（弘文堂、1951）235頁。
[69] 相澤哲編著『一問一答　新・会社法』（商事法務、2005）222頁。
[70] 会社は、買取りの効力発生日（法786条6項、798条6項、807条6項）までは（買取請求の撤回を承諾して、反対株主の口座への振替の申請を行う場合を除き）、買取口座に記載、記録された株式について振替の申請をすることができない（振替法155条4～6項）。また、効力発生日前は、株主の地位は失われないため、効力発生日前の総株主通知は、反対株主を株主として通知される（同法151条2項3号）。

座を振替先口座とする振替申請をしなければならないものとされた（同条3項）。[71] これらは、いずれも買取請求をした株主の事実上の売却可能性を制限するものである。また、買取請求の対象とされた株式を譲り受けた者は株主名簿の名簿書換請求をすることはできないとされた（法785条9項、797条9項、806条9項）。これにより、株券不発行会社においても譲受人は、会社に対する対抗要件を具備できないことになった。

ただし、吸収合併等においては効力発生日から、新設合併等においては設立会社の成立の日から60日以内に価格決定の申立てがないときは、その期間の満了後は、株主は、いつでも、買取請求を撤回することができる（法786条3項、798条3項、807条3項）。価格決定の申立期間が経過すれば、決定の方法がなくなるからである。ただし、価格決定の申立期間が経過しても買取請求自体が当然に失効するわけではなく、裁判外で協議を続けることも可能であることは前述のとおりである。

(2) 撤回と費用負担

買取請求が撤回された場合、会社は、買取請求によって発生した費用等の支払いを株主に対して請求できるかが問題となる。

株主に故意・過失がある場合には損害賠償が認められるとする見解もあるが、[72] 買取請求権自体は反対株主に認められた法律上の権利であり、申立ての濫用がきわめて明白な場合を除き、損害賠償請求ではなく、会社が撤回に承諾を与える際の条件として、合理的な範囲の費用負担を求めることのほうが実務的である場合が多いとされている。[73] なお、会社による不十分な情報開示など、会社側の帰責性ゆえに買取請求の撤回をすることになった場合、会社に発生した費用などの支払いを株主に対して請求できないことはいうまでもない。

---

71) 当該申請をせずにされた買取請求は、原則として、無効となる（一問一答平成26年285頁）。例外的な場合につき、小出篤「組織再編等における株式買取請求」商事法務2065号4頁参照。
72) 竹中正明他『新版合併手続――解説と問題点の解明』（財経詳報社、1983）284頁。
73) 弥永真生他監修・西村ときわ法律事務所編『新会社法実務相談』（商事法務、2006）388頁〔矢野正紘〕。

(3) 撤回の効果

 振替株式の発行者は、振替株式の株主による買取請求の撤回を承諾したときは、遅滞なく、買取口座に記載また記録された撤回対象の振替株式を、撤回株主の振替口座に振り替える旨の申請をしなければならない（振替法155条5項）。

 東京高判平成28年7月6日金商1497号26頁は、株式交換の効力発生後に買取請求が撤回された場合には、原状回復義務として株式交換完全子会社の株式を返還する義務が生ずるが、株式交換完全親会社が株式交換完全子会社の株式を取得していることから、当該義務は履行不能となり、結局当該義務を負っていた株式交換完全子会社は、買取請求に係る株式の代金相当額の金銭を返還する義務を負うこととなるとしたうえで、代金相当額の算定は、株式の返還義務が履行不能となった時期すなわち株式交換の効力発生日を基準とするとした。このことは、吸収合併消滅会社にも当てはまると考えられる。[74]

6 買取請求に係る株式の買取りの効力発生日

(1) 株式の移転時期

 買取請求に係る株式の買取は、吸収合併等においては効力発生日、新設合併等においては設立会社の成立の日に、その効力を生ずる（法786条6項、798条6項、807条6項）。平成26年改正前会社法においては、一部の会社については、代金の支払時に買取の効力が生ずることとされていた（旧法786条5項かっこ書など）。しかし、買取りの効力発生日を代金支払時とすると、買取請求をした株主が代金につき利息を受領しつつ、剰余金配当請求権も有し得ることになるという、いわば二重取りをすることとなり相当でないため、平成26年改正により改められた。[75]

 吸収合併等の場合は、効力発生日に、反対株主の有する株式が吸収合併消滅会社または株式交換完全子会社となる会社に移転し、自己株式となる。そして、

---

74) コンメ12巻134頁〔柴田和史〕。
75) 一問一答平成26年299頁。

同日に生じる吸収合併または株式交換の効力発生により、消滅しまたは株式交換完全親会社に移転することとなる。新設合併等の場合は、設立会社の成立日に、反対株主の有する株式は、新設合併消滅会社または株式移転完全子会社となる会社に移転したうえで、消滅または株式移転完全親会社に移転することになる。

平成26年改正前においては、改正前振替法の規程から、買取請求をした株主の口座に存続会社株式が対価として割り当てられてしまうという問題があった。しかし、平成26年改正によって、効力発生日の前日までに買取請求の要件として買取口座に当該株式の振替を申請しなければならなくなったことから（振替法155条3項）、効力発生日に株主の口座に当該株式の記録は残っておらず、その問題は生じなくなった。[76]

株式交換において、株式交換完全子会社となる会社に対価として株式交換完全親会社の株式が割り当てられる場合、株式交換完全子会社において株式交換完全親会社株式を相当の時期に処分することが必要となる（法135条3項）ことなどから、実務上有力な選択肢として、①買取の効力が生じたのと同時に当該株式を消却し、その後に②株式交換の効力が発生する処理がある。[77]

(2) 買取に伴う情報開示など

上場会社が、買取請求に応じて株式を買い取った場合、バスケット条項（有価証券上場規程402条2号x）に基づき情報開示が必要な場合がある。自己株式が増加した結果、新たに主要株主（金融商品取引法163条1項）や筆頭株主の異動がある場合にも、情報開示が必要となる（有価証券上場規程402条2号b）。自己株式取得の結果、株券等保有割合が5%を超過する場合には、大量保有報告書の提出義務などが生じる可能性もある（金融商品取引法27条の23第1項など）。東京放送ホールディングスのように、会社に対する影響が大きい場合に、価格決定の申立時に情報開示した事例もある。

なお、自己株式数の増加は、株主資本等変動計算書に反映される（法435条2項、会社計算規則59条1項、96条3項1号ホ）。

---

76) 小出・前掲注71) 8頁。
77) 森・濱田松本法律事務所編『M&A法体系』（有斐閣、2015）691頁。

(3) 財源規制

　組織再編の際の買取請求にかかる自己株式の取得については、分配可能額による財源規制はない。しかし、無制限に取得が認められるというわけではない。取得額が会社の純資産額を超える場合などには、会社は組織再編を中止するようあらかじめ、契約などにおいて手当てをすることも考えられる[78]。実務上は、解除事由に一定数の買取請求がなされたことを規定している例は少なく、実際にそのような事態が生じた場合には、組織再編の「実行に重大な支障となる事態」が発生したものとして相手方と協議のうえ解除することが多いとされている[79]。

7　代金および利息の支払い

(1) 代金および利息の支払い

　会社は、価格の決定について協議が調ったときには、吸収合併等においては効力発生日から、新設合併等においては設立会社の成立の日から60日以内にその支払をしなければならない（法786条1項、798条1項、807条1項）。

　株券が発行されている株式については、株券と引換えに代金を支払わなければならない（法786条7項、798条7項、807条7項）。ただし、前述のとおり、株券発行会社においては、買取請求権を行使する際に株券を提出することが必要とされており、すでに提出済みの場合には改めて提出をする必要はない。この定めは、株券喪失登録の請求（法223条）をしたことを理由に株券を提出せずに買取請求をした株主が、株券失効後に新しい株券の再発行を受けた場合（法228条2項参照）を想定したものとされている[80]。

　さらに、会社は、裁判所の決定した買取株式の代金支払債務の利息を、吸収合併等においては効力発生日から、新設合併等においては設立会社の成立の日

---

[78]　合併について、取得額を純資産の部から控除すると債務超過になる場合には、会社は合併を中止しなければならないとするのが通説とされている（江頭882頁）。
[79]　宇野総一郎編『株式交換・株式移転ハンドブック』（商事法務、2015）202頁。
[80]　一問一答平成26年297頁。

から60日経過後、年6分の利率により算定して支払わなければならない（法786条4項、798条4項、807条4項）。ただし、利率については、商事法定利息を定める商法514条が民法改正に合わせ廃止となり（民法の一部を改正する法律の施行に伴う関係法律の整備等に関する法律3条）、民事に一本化されるため、ここでもそれが適用されることになる。[81]

　利息の発生に株主による催告や訴えの提起は不要である。利息発生が、当該期間経過後になって発生する趣旨は、買取価格の決定には相当の期間を要することから、協議中に利息を発生させることは好ましくという政策判断によるものと考えられる。[82] また、価格の決定がされる前であっても所定日以後の支払義務を定めた趣旨は、会社による不当な手続きの引き延ばしを防止するためである。

　しかし、同規定が、利率年6分という高利率の利息を目当てとする買取請求の濫用を招く原因となっているとの指摘があった。また、実務上、早期の支払およびそれによる会社の利息の負担の軽減のために、裁判所による価格の決定がされる前に、会社が反対株主に対し、一定の価格を支払う旨の合意をすることがあるという指摘もあった。そこで、平成26年改正により、会社は、裁判所による株式の価格の決定があるまでは、反対株主に対し、会社が公正な価格と認める額を支払うことができることとされた（いわゆる仮払制度。786条5項、798条5項、807条5項）。仮払制度によって、会社は、公正な価格と認める額を提供すれば、適法な弁済の提供をしたこととなる。反対株主がその受領を拒絶した場合には、会社は弁済供託をすることができる（民法494条）。そして、会社による当該支払後に、当該額を上回る買取価格を裁判所が決定した場合でも、786条4項等の規定にかかわらず、当該支払いをした金額に対する支払後の利息を支払う義務を負わないこととなる。すなわち、会社が反対株主に対して支払うこととなるのは、①会社が公正な価格として支払った額およびこれに対する利息発生日（組織再編の効力発生日または設立会社の成立の日から60日が経過した日）から当該支払いをした日までの利息（利息発生日後に当該支払いをしたときに限る）、②会社が公正な価格として支払った額と裁判

---

81) 神田372頁。
82) コンメ12巻143頁〔柳〕。

所が決定した額との差額および差額に対する利息発生日後の利息、となる。
「会社が公正な価格と認める額」は、原則としては、当事会社として反対株主との間の協議や裁判所における価格決定手続で主張している金額が想定される。利息軽減を図る狙いから当該価格を超える金額を支払うことが条文上禁止されているわけではないが、裁判所における価格決定手続きにおいて、不利益に作用する可能性は否定できない[83]。また、裁判所が決定した公正な価格が、会社が仮払いしていた価格を下回っていた場合、仮払いを受けた株主は超過額について不当利得返還義務を負うことになる[84]。

　会社から代金の支払いがなされない場合には、買取請求をした株主は解除ができると解されている[85]。

(2) 利息の法的性質、起算日および利率

　会社が支払う利息の法的性質について、買取代金債務の遅滞として遅延利息とする説と、弁済期の経過により自動的に発生する年6分の法定利息とする説で争われてきた。しかし、近年では法定利息と解する説が多いように思われる[86]。法定利息と解するなら、債務不履行の損害賠償の要件を満たすとき、株主が損害賠償責任を重ねて追及できることになる。これに対し、株主側の不誠実・怠慢などにより手続きが遅延した場合の会社の費用負担を実質的に軽減する解釈として、①この場合でも会社は法定利息の支払いを要するが、会社の被りたる不利益は価格決定費用の分担の面で償われるべきとする見解や②この場合株主を保護する必要がないことから、裁判所は法定利息の全部または一部の支払いを免除することも可能であるとする見解がある[87]。

---

83) 森田恒平著『Q&A 株式・組織再編の実務 2　株式買取請求制度を中心に』（商事法務、2015）49〜50頁。
84) 利息の起算日について、請求を受けた日とする見解として、小出篤・前掲注71) 11頁。価格決定時からとする見解として、笠原武朗「組織再編―株式買取請求権関係と濫用的会社分割を中心に」法教402号29頁。
85) 弥永真生「株式買取請求の撤回と解除」商事法務2017号4頁。
86) コンメ12巻143頁〔柳〕、神田372頁。
87) コンメ12巻144頁〔柳〕。

223

(3) 法廷期間経過後の裁判外の合意と利率・利息の支払い

　法は、利息の支払いについて、裁判所の決定があった場合のみを定めており、組織再編の効力発生日または設立会社成立の日から 60 日の期間の満了の日後に当事者間で協議が調った場合の利息の支払義務および起算点をどう考えるかが問題となる。

　この点については、①裁判所が買取価格を決定した場合における利息の支払に関する規定（法 786 条 4 項など）が類推適用され、組織再編の効力発生日から 60 日間の期間の満了の日後から年 6 分の利息が生じるという考え方と、②具体的な買取価格に関する協議内容に従うという考え方がある。平成 17 年改正前商法の下においては、協議の調った場合と裁判によった場合とを区別せず、できるだけ同等に取り扱う方向で考えられてきたが[88]、現在は、会社法 786 条 4 項などの規定は、文言上「裁判所の決定した価格」に関する規定であり、かつ、その趣旨は裁判所による価格決定が相当長期間を要することを予想して設けられた政策的な特例であると考えられることなどから、②説を合理的とする説が多いように思われる[89]。

---

[88] 鈴木忠一「株式買取請求手続きの諸問題」鈴木忠一編『会社と訴訟（上）』（有斐閣、1967）160 頁、西島彌太郎「株式買取請求権」田中耕太郎編『株式会社法講座　第三巻』（有斐閣、1956）996 頁。

[89] 郡谷大輔ほか「株式買取請求と遅延利息の発生時期」商事法務 1818 号 45 頁。

IV 個々の類型

1 株式の種類の変更（116条、117条）

(1) 株式買取請求権が認められる場合

　法は、一定の種類の定款変更（116条1項1号・2号）と種類株主に損害を及ぼすおそれがある一定の行為（同項3号）につき、定款で種類株主総会が不要とされた場合に、反対株主に株式買取請求権を付与する。

　これらの場合は、単なる定款変更にとどまらず、組織再編等、他に株式買取請求権が与えられている場合と同様の不利益が生じうるとして、反対株主に株式買取請求権を与えたのである。

表2　株式買取請求権が認められる場合

	概要	対象株式
1号	全株式に譲渡制限をかける場合（107条1項1号）	全部の株式
2号	譲渡制限付種類株式（108条1項4号）、全部取得条項付種類株式（108条1項7号）を設ける旨の定款変更をする場合	①　譲渡制限付種類株式、全部取得条項付種類株式を保有する種類株主（111条2項1号） ②　取得請求権行使により、保有する取得請求権付種類株式に代わり、譲渡制限付種類株式、全部取得条項付種類株式を交付される取得請求権付種類株主（111条2項2号、108条2項5号） ③　取得条項に基づき、保有する取得条項付種類株式に代わり、譲渡制限付種類株式、全部取得条項付種類株式を交付される取得条項付種類株主（111条2項3号、108条2項6号）
3号	種類株主に損害を及ぼすおそれがある下記行為につき、定款で種類株主総会	当該種類の株式

が不要とされた場合（322条2項） ① 株式の併合又は株式の分割 ② 株式無償割当て（185条） ③ 単元株式数についての定款の変更 ④ 当該株式会社の株式を引き受ける者の募集[90] ⑤ 当該株式会社の新株予約権を引き受ける者の募集[91] ⑥ 新株予約権無償割当て（277条）	

(2) 株式買取請求権を行使できる「反対株主」の意義

株式買取請求権を行使できる「反対株主」の意義は、次のとおりである（法116条2項）。

表3 「反対株主」の意義

1号	表1の行為をするために株主総会・種類株主総会の決議を要する場合	当該株主総会に先立って当該行為に反対する旨を当該株式会社に対し通知し、かつ、当該株主総会において当該行為に反対した株主[92]
		当該株主総会において議決権を行使することができない株主
2号	1号以外の場合	すべての株主

(3) 会社による株主に対する通知・公告

会社は、表2に掲げる行為をしようとする場合、当該行為が効力を生ずる日（効力発生日）の20日前までに、同項各号に定める株式の株主に対し、当該行為をする旨を通知しなければならない（法116条3項）。ただ、この通知は、

---

90) 株主に株式の割当てを受ける権利を与える場合（法202条1項）に限る。
91) 株主に新株予約権の割当てを受ける権利を与えた場合（法241条1項）に限る。
92) 当該株主総会において議決権を行使することができるものに限る。

公告をもって代替することができる（同条4項）。

(4) 反対株主が株式買取請求権を行使しうる時期

　反対株主による株式買取請求権は、効力発生日の20日前の日から効力発生日の前日までの間に、その株式買取請求に係る株式の数（種類株式発行会社にあっては、株式の種類及び種類ごとの数）を明らかにしてしなければならない（法116条5項）。

　株券が発行されている株式について株式買取請求をしようとするときは、当該株式の株主は、株式会社に対し、当該株式に係る株券を提出しなければならない（法116条6項本文）。ただし、当該株券について株券喪失登録の請求（法223条）をした者については、この限りでない（法116条6項但書）。

(5) 株式買取請求にかかる手続きの中止・撤回

　会社が表2に掲げる行為を中止したときは、株式買取請求は、その効力を失う（法116条8項）。また、反対株主も、株式会社の承諾を得た場合に限って、その株式買取請求を撤回することができる（同条7項）。ただ、効力発生日から60日以内に価格決定の申立てがないときは、効力発生日から60日後以降、株主は、いつでも、株式買取請求を撤回することができる（法117条3項）。

(6) 株主の請求による株主名簿記載事項の記載又は記録に関する規定の不適用

　株式を当該株式を発行した株式会社以外の者から取得した者（当該株式会社を除く）が、当該株式会社に対し、当該株式に係る株主名簿記載事項を株主名簿に記載し、又は記録することを請求することができる旨規定する法133条の規定は、株式買取請求に係る株式については、適用されない（法116条9項）。

(7) 価格決定の申立て

　株式買取請求に係る株式の買取りは、効力発生日に、その効力を生ずる（法117条6項）。株式買取請求があった場合において、株式の価格の決定について、株主と株式会社との間に協議が調ったときは、株式会社は、効力発生日から60日以内にその支払をしなければならない（同条1項）。他方、効力発生日

から30日以内に協議が調わないときは、株主又は株式会社の双方は、その期間（効力発生日から30日）の満了の日後30日以内に、裁判所に対し、価格の決定の申立てをすることができる（117条2項）。価格決定の手続きは、他の株式買取請求権の場合と同様である。

価格が決まった場合、会社は、裁判所の決定した価格に対し、効力発生日から60日後の年6分の利率により算定した利息をも支払わなければならない（法117条4項）。ただ、会社は、利息が膨らむことを避けるため、株式の価格の決定があるまでは、株主に対し、当該株式会社が公正な価格と認める額を支払うことができる（同条5項）。

株券発行会社[93]は、株券が発行されている株式について株式買取請求があったときは、株券と引換えに、その株式買取請求に係る株式の代金を支払わなければならない（法117条7項）。

(8) スケジュール

上記に説明したことを表にすると、次の表4のとおりとなる。

表4 株式買取請求権にかかるスケジュール

	反対株主の行為	会社の行為
	株主総会に先立って当該行為に反対する旨を当該株式会社に対し通知	
当該株主総会の日	株主総会において当該行為に対し反対を表示	
効力発生日の20日前の日	株式買取請求権を行使しうる始期	当該行為をする旨の通知・公告
	（この間、会社の同意があれば、撤回可能）	
効力発生日の前日	株式買取請求権を行使しうる終期	

---

93) その株式（種類株式発行会社にあっては、全部の種類の株式）に係る株券を発行する旨の定款の定めがある株式会社をいう。

効力発生日	株式買取請求に係る株式の買取りの効力発生	当該行為の効力発生
効力発生日から30日		
効力発生日の30日後から30日以内	価格の決定の申し立てをすることができる時期	
効力発生日から60日（この日までに価格決定の申立てがないとき）	株主と株式会社との間に協議が調ったときにおける株式価格の支払期限	
効力発生日から60日後	株主は、いつでも、株式買取請求を撤回	

2 事業譲渡における反対株主による株式買取請求権と価格決定（469条、470条）

(1) 事業譲渡とは

　事業譲渡とは、会社が取引行為として「事業」を他人に譲渡することであり、会社法は、株式会社が事業の全部または重要な一部を譲渡するときは、株主の利益に重大な影響を与えることから、原則として、当該行為が効力を生ずる日の前日までに株主総会の特別決議による承認が必要であるとしている（法467条1項1号2号、309条2項11号）。[94]

　株主総会の特別決議を要する「事業（営業）譲渡」とは、判例によれば、「［平成17年改正前商法］24条［現行商法15条に相当する］以下にいう営業の譲渡と同一意義」であって、「一定の営業目的のため組織化され、有機的一体として機能する財産（得意先関係等の経済的価値のある事実関係を含む。）の全部または重要な一部を譲渡し［①］、これによって、譲渡会社がその財産によって営んでいた営業的活動の全部または重要な一部を譲受人に受け継がせ［②］、譲渡会社がその譲渡の限度に応じ法律上当然に同法25条［現行商法16条、会社法21条に相当する］に定める競業避止義務を負う結果を伴うもの［③］」であるという（最判昭和40年9月22日民集19巻6号1600頁）。しか

94）　リークエ437頁、田中674頁。

し、学説の中には、株主総会の特別決議を要する「事業譲渡」を会社法21条以下の場合と同様に解し、得意先の移転を伴わないもの（工場の別会社化、売上未計上のベンチャー企業の事業売却等）はそれに該当しないとすると、株主の重大な利害に関わるものの相当部分につき株主総会の特別決議が不要になってしまうことから、ここでいう事業譲渡とは、会社法21条以下とは異なり、「一定の事業目的のため組織化され、有機的一体として機能する財産」の譲渡であれば足り、具体的には、事業用財産に製造・販売等のノウハウが付随して移転されれば要件を満たし、従業員・得意先等の移転は必ずしも要件ではないと解すべきであるとする立場もある[95]。

(2) 事業譲渡等に関するその他の行為[96]

(A) 重要な子会社の株式の譲渡（法467条1項2号の2、309条2項11号）

株式会社が子会社の株式または持分の全部または一部を譲渡する場合には、譲渡する株式または持分の帳簿価額が株式会社の総資産額の20％（これを下回る割合を定款で定めた場合はその割合）を超えないとき、または当該譲渡の後も株式会社が当該子会社の議決権の過半数を有するときのいずれかに当たる場合以外、株主総会の特別決議を要する。

(B) 他の会社の事業全部の譲受け（法467条1項3号・309条2項11号）

株式会社が他の会社（外国会社も含む）の事業の全部を譲り受ける場合、往々にして簿外債務を含む譲渡会社の全債務を引き受ける場合が多く、いわゆる吸収合併の存続会社に近い立場に立つことから、原則として株主総会の特別決議による承認が必要である。

(C) 事業全部の賃貸等（法467条1項4号、309条2項11号）

株式会社が、事業全部の賃貸、事業全部の経営の委任、他人と事業上の損益全部を共通にする契約その他これに準ずる契約の締結、変更または解約をするときは、事業の全部または重要な一部の譲渡と同様に、株主の利益に重大な影

---

[95] 江頭960頁。
[96] 田中679頁。

響を与えるため、原則として株主総会の特別決議による承認が必要である。

(3) 反対株主の株式買取請求権[97]

(A) 趣旨

会社が事業譲渡をするときは、反対株主には株式買取請求権が認められる（法469条、470条）。事業譲渡は、会社分割等のような組織再編と同様にいったんなされると株主の重大な利害に関わるものであることから、反対株主に、保有株式の公正な価格を受け取って会社から退出する機会を保障するところにその趣旨がある。

(B) 反対株主の株式買取請求権が発生しない場合

(a) 簡易の事業譲受け（法468条2項）[98]

他の会社の事業全部の譲受けの場合に、譲受けの対価として交付する財産の帳簿価額が、譲受会社の純資産額の20％（定款でそれを下回る割合を定めたときはその割合）を超えないときは、譲受会社の株主の利益に与える影響が小さいとみて、承認決議は不要としている。これは承継型組織再編の存続会社等において株主総会決議が不要となる要件（簡易組織再編。法796条2項）とパラレルとなっている。ただし、この場合において一定期間内に承認決議を否認しうるだけの株主の反対がある場合には株主総会を開催しなくてはならない（法468条3項）。[99]

(b) 会社の解散決議（法471条3号）

事業の全部の譲渡の承認決議と同時に会社の解散決議をした場合は、譲渡会社の反対株主には株式買取請求権が認められない。会社が解散・清算すれば、株主は残余財産分配の形で金銭の交付を受けられるからである。もっとも残余財産の分配によって不利な事業譲渡の損失が消滅するわけではないことから反対する学説もある。[100]

---

97) リークエ408頁、田中642頁。
98) リークエ443頁、田中681頁。
99) リークエ443頁。
100) 江頭963頁注(9)。

(C) 反対株主の範囲

（a）株主総会の特別決議が必要な場合

（ア）当該株主総会に先立って当該事業譲渡等に反対する旨を当該株式会社に対し通知し、かつ、当該株主総会において当該事業譲渡等に反対した株主（当該株主総会において議決権を行使することができるものに限る）（法469条2項1号イ）

事前の反対の通知を要求する趣旨は、株式買取請求権がどの程度行使されそうなのかを会社が事前に予測し、場合によっては当該事業譲渡等を中止する機会を与えるところにある。

（イ）当該株主総会において議決権を行使することができない株主（法469条2項1号ロ）

議決権制限株式（法108条1項3号）の株主等。

（b）（a）以外の場合（法469条2項2号）

すべての株主（ただし法468条1項の特別支配会社を除く）。[101]

(D) 手続（買取請求権行使の要件）[102]

会社は、事業譲渡等が効力を生ずる日の20日前までに、株主に対し（ただし法468条1項の特別支配会社を除く）、当該行為をする旨を通知し、または公告しなければならない（法469条3項、4項）。

株式買取請求をする株主は、当該行為の効力発生日の20日前から効力発生日の前日までの間に、その株式買取請求に係る株式の種類・数を明らかにしてしなければならない（同条5項）。株主は、請求時に、株券発行会社であれば会社に株券を提出しなければならない（同条6項）。振替株式について買取請求をするときは、個別株主通知をしたうえで、当該株式について、会社が当該行為に際し開設する買取口座を振替先とする振替の申請をしなければならない（振替法155条）。

---

101) 略式事業譲渡等（法468条1項）
　　事業譲渡等の相手方が事業譲渡をする会社の特別支配会社である場合（総株主の議決権の90％以上を有する場合等）は、決議の帰趨が見えているため、承認決議は不要である。
102) 江頭843〜845頁。

(E) 買取請求権行使の効果[103]

　反対株主が適法に株式買取請求をしたときは、会社にその株式を公正な価格で買い取るべき義務が発生する。これは形成権である。

　買取価格の決定について、株主と会社との間に協議が調ったときは、会社は効力発生日から60日以内にその支払をしなければならない（法470条1項）。効力発生日から30日以内にその協議が調わないときは、株主または会社は、その期間の満了の日後30日以内に裁判所に対し、価格の決定の申立てをすることができる（同条2項）。効力発生日から60日以内に価格決定の申立てがされない場合、反対株主は買取請求を撤回できる（同条3項）。会社は効力発生日から60日経過後は裁判所の決定した価格に対して法定利率による利息を支払わなければならない（同条4項）。会社による不当な手続の引き延ばしを防止するためである。ただし、それによって利息目当ての株式買取請求権を誘発する危険性があるため、買取価格の決定があるまでに会社は、会社が公正な価格と認める額を支払うことができる（同条5項）。会社による当該額の弁済の提供後に、当該額を超える買取価格を裁判所が決定した場合でも当該額の限度では、会社はそれに対応する利息の支払を免れることができる。

　株式買取請求に係る株式の買取りは、効力発生日にその効力を生ずる（同条6項）。買取請求時に株券の提出がなかった株式については、株券と引換えでなければ、代金を支払うことができない（同条7項）。

　なお、会社が当該行為を中止したときは、株式買取請求権はその効力を失う（法469条8項）。

(4) 買取価格の決定

(A) 買取価格決定の基準日

　買取請求権を行使した場合、いつの時点における「公正な価格」を算定すべきかが問題となる。

　この点、判例は「反対株主の株式買取請求権は、会社に対し、『決議ナカリセバ其ノ有スベカリシ公正ナ価格』（商法245条ノ2参照）で株式を買い取る

103）　江頭847～848頁、リークエ410頁。

べきことを請求する権利であつて、その権利の行使により、会社の承諾を要することなく、法律上当然に会社と株主との間に売買契約が成立したのと同様の法律関係を生ずる」(最決昭和 48 年 3 月 1 日民集 27 巻 2 号 161 頁参照)として、買取請求の日を価格決定の基準日としている(最決平成 23 年 4 月 19 日民集 65 巻 3 号 1311 頁)。

(B)「公正な価格」の意義[104]

平成 17 年改正前商法では、組織再編における株式買取請求の場合の株式の買取価格は、組織再編を承認する株主総会決議が「ナカリセバ」(なかったならば)当該株式が有していたであろう公正な価格と規定していたが、会社法は単に「公正な価格」(法 785 条 1 項等)と改めた。これは株式買取請求権に①企業再編がなされなかった場合の経済状態の保証機能の他、②企業再編による相乗効果(シナジー効果)の配分機能を付加したものとされている。したがって、「公正な価格」とは、①組織再編によって企業価値の増加が生じる場合は、組織再編が公正な条件で行われ、それによって、当該増加分が各当時会社の株主に公正に分配されたとすれば、基準日において株式が有する価値(公正分配価格)をいい(最決平成 24 年 2 月 29 日民集 66 巻 3 号 1784 頁)、②組織再編によって企業価値の増加が生じない場合は、基準日におけるナカリセバ価格をいう(最決平成 23 年 4 月 19 日民集 65 巻 3 号 1311 頁、最決平成 23 年 4 月 26 日判時 2120 巻 126 頁)ことになる。なお、反対株主が公正分配価格とナカリセバ価格のいずれの価格による買取を請求しているのかが不明な場合には、そのいずれか高い方を「公正な価格」とせざるをえないとする見解もある。[105]

事業譲渡等における株式買取請求の場合の株式の買取価格についても同様の改正がなされたが(改正前商法 245 条の 2、法 469 条 1 項)、以上の改正は、主として合併等の組織再編を念頭においたものであり、事業譲渡等の場合においても、同様に解してよいかは問題である。合併等と同じく公正分配価格を検討するべきであるとする見解がある一方[106]、一般に事業譲渡は、譲渡会社側が譲

---

[104] リークエ 412 頁、清水建成「カネボウ株式買取価格決定事件」判タ 1279 号 34 頁。
[105] 江頭 880 頁。
[106] 清水・前掲注 104) 41 頁。

受人発行の株式を取得する形でシナジーの分配に預かる取引ではないから、反対株主が公正分配価格を主張できるかという疑問を呈する見解もあり、事業譲渡については、合併の場合におけるシナジー分配に相当するものは想定しにくく、「公正な価格」とはナカリセバ価格と同義である場合がほとんどであろう[107]との指摘もある。[108]

しかし、両当事者間で独立当事者間取引が行われれば、譲渡会社がシナジーの分配を受けることになるのであるから、公正分配価格を否定する必要はないであろう。

(C)「公正な価格」の評価手法

企業価値の増加が生じるか否か、増加が生じる場合に当該増加分を各当事会社の株主にどのように分配することが公正か、容易に決しがたい問題であり、裁判所が常にそのような決定を独自に行うとすれば、価格決定の予測可能性が害され、M&A取引を萎縮しかねないとして、以下 (a)(b) のとおりの評価手法を採用すべきとする見解が有力に主張されている。[109]

(a) 独立当事者間の取引の場合

各当事会社の取締役が、あえて自社ないしその株主に不利な取引を締結したり、株主がそれを承認したりすることは考えにくいことを前提に、株主総会の承認に際して不実の情報開示が行われたなど、当事会社自身の判断に信頼を置くことができないことを示す特段の事情がない限り、裁判所は、当該取引は①当事会社の企業価値を増加させ、かつ②当該増加分を株主に公正に分配するような条件で行われたことを前提として、「公正な価格」を決するべきである。上記②につき判例も、「相互に特別の資本関係がない会社間において、株主の判断の基礎となる情報が適切に開示された上で適法に株主総会で承認されるなど一般に公正と認められる手続により株式移転の効力が発生した場合には、当該株主総会における株主の合理的な判断が妨げられたと認めるに足りる特段の事情がない限り、当該株式移転における株式移転比率は公正なものである。」

---

107) 江頭963頁注(10)。
108) 長島・大野・常松法律事務所編『アドバンス新会社法(第2版)』(商事法務、2006) 770頁。
109) リークエ413頁以下。

と判示している（前掲最決平成24年2月29日）。

そして、その場合の「公正な価格」は、上場株式の場合は、原則として市場株価である。判例も、「会社法が『公正な価格』の決定を裁判所の合理的な裁量に委ねていることは前記のとおりであるところ、株式が上場されている場合、一般に、市場株価には、当該企業の資産内容、財務状況、収益力、将来の業績見通しなどが考慮された当該企業の客観的価値が、投資家の評価を通して反映されているということができるから、上場されている株式について、反対株主が株式買取請求をした日のナカリセバ価格を算定するに当たっては、それが企業の客観的価値を反映していないことをうかがわせる事情があれば格別、そうでなければ、その算定における基礎資料として市場株価を用いることには、合理性が認められる。」と判示している（前掲最決平成23年4月19日）。市場株価がない非上場株式の場合は、DCF法等の株価評価手法により算定することとなる。

これに対し、特段の事情がある場合には、裁判所は、独自に算定した公正分配価格またはナカリセバ価格をもって、「公正な価格」とすべきである。

なお、非上場株式の買取価格の決定については、非上場株式に流動性がないことを反映した減価（非流動性ディスカウント）をすることが許されるかという問題があるが、収益還元法が採用された判例において、許されないと判示している（最決平成27年3月26日民集69巻2号365頁）。

(b) 利害関係のある当事者間の取引の場合

裁判所は、特別委員会の設置や株価算定機関の意見聴取などの公正担保措置がとられたか否か、とられた場合にそれらの措置が実効的に機能したかどうかを審査し、当該M&A取引が、(A)の場合と同様、独立当事者間の取引に比肩しうるような公正な手続を経て行われたと認められる否かを判断する（最決平成28年7月1日民集70巻6号1445頁）。

(5) 裁判例

事業譲渡における価格決定に関する裁判例としてカネボウ株式買取価格決定事件（東京地決平成20年3月14日判タ1266号120頁）がある。平成17年改正前商法下での裁判例であり、公正分配価格についての検討はなされていない。

会社法下での事業譲渡に関する株式買取請求事件の裁判例は見当たらない。

(A) 事案の概要

相手方である旧カネボウ株式会社が、取締役会において、その主要事業を営業譲渡することを決議したところ、これに反対する相手方の普通株式を所有する申立人が、事前に相手方に対し当該営業譲渡に反対する旨を通知し、さらにその所有する株式の買取りを請求したが、相手方との間で協議が整わなかったために、裁判所に対し、相手方の普通株式の株式価格の決定を求めた事案である。本件では、非支配株主による株式買取請求権の行使において、配当還元方式や純資産方式等との併用方式を採用せず、DCF法のみ採用して、株式価格を決定したことで注目されたものである。

(B) 評価

裁判所は、本件株式の評価には、収益方式の代表的手法であるDCF方式を採用することが相当であるとし、その他の方式として、配当還元方式、取引事例方式、純資産方式および類似会社比準方式を考慮するのは相当でないとした。

配当還元方式についていえば、非上場株式の場合には非支配株主が第三者に対して譲渡することはほぼ不可能であることから、その経済的価値は、将来利益配当や残余財産分配という形で会社からいくらもらえるかにかかっているので、株主が会社から将来受領することが期待される配当金および残余財産分配金という給付に着目して評価を行う同方式が理論的に正しいと主張する見解もある[110]。

しかし、支配株主か否かにかかわらず、評価対象会社をインカム・アプローチ、マーケット・アプローチ、ネットアセット・アプローチのそれぞれの視点から把握し、評価対象会社の動態的な価値や静態的な価値について多面的に分析し、偏った視点のみからの価値算定にならないよう留意し、それぞれの評価結果を比較・検討しながら最終的に総合評価として、単独法、併用法または折衷法が採用されるのが実務上一般的である[111]。

---

110) 江頭憲治郎「株式評価の方法」竹下守夫=藤田耕三編『裁判実務体系(3)(改訂版)』(青林書院、1994) 89頁。

そして、従来の裁判例の多くは、複数の評価方式による評価結果を一定の割合で加重平均して株価を算出しており、このような併用方式を用いるべきとする学説もあるが[112]、複数の方式を寄せ集めても信頼できる数値が算出できるものではないとして、継続企業の株式価値の算出は、理論的にはDCF法によるべきであるとする見解が有力となっている[113]。将来の収益たるキャッシュ・フローを基礎とするDFC法の場合には、会計基準および税法に基づき作成された財務諸表および対象企業の事業活動に関連する客観的な資料に基づいて推測した資本コストおよび将来のキャッシュ・フローから企業価値を評価するため、配当還元法に比べて企業の実態をより適切に反映した評価を行える場合が多いと考えられているからである[114]。

以上の点を前提に考慮すると、本件において、信頼できる数値が算出されないとして、配当還元方式、取引事例方式、純資産方式および類似会社比準方式を排し、DCF法の前提となった新再生5カ年計画が信頼しうるか否かは別にしてDCF法のみを採用したことは評価できる。

（C）会社法が適用となる場合

本件は平成17年改正前商法の適用事例であったため、営業譲渡が行われなかったと仮定した場合における継続企業としての価値（ナカリセバ価格）を算出しているが、会社法下での事業譲渡であれば、まず、シナジー効果の有無と、その配分の公正について検討する必要がある。

---

111) 日本公認会計士協会編『企業価値評価ガイドライン（改訂版）』（日本公認会計士協会出版局、2013）44頁以下、江頭15頁以下。

112) 札幌高決平成17年4月26日判タ1216号272頁、金築誠志「東京地裁における商事事件の概況」商事法務1425号2、8頁、永井裕之「大阪地裁における商事事件の概況」商事法務1723号26、31頁。

113) 関俊彦「株式評価をめぐる論争点」東北大学法学54巻2号23頁、稲葉威雄「商事判例研究」金判1270号6、10頁等。

114) 江頭15～16頁（注2）、宍戸善一「紛争解決局面における非公開株式の評価」岩原伸作編『竹内昭夫先生還暦記念　現代企業法の展開』（有斐閣、1990）423頁、宍戸善一「非公開株式の評価再論」青竹正一他編『現代企業と法』（名古屋大学出版会、1991）45～48頁、48頁注27、梅本剛正「批判」私法判例リマークス2007年・下87頁、中東・前掲注64）22、27頁、後藤元「カネボウ株式買取価格決定申立事件の検討（上）」商事法務1837号9頁。

115) 清水・前掲注65）36～38頁

本件は、支配株主の出資する譲受会社への事業譲渡であるから、先の評価手法に従えば独立当事者間の取引ではなく利害関係のある当事者間の取引である。そうすると、シナジー効果の有無とその配分の公正については、裁判所は、特別委員会の設置や中立的な事業価値算定機関の意見聴取などの公正担保措置がとられたか否か、とられた場合にそれらの措置が実効的に機能したかどうかを審査し、独立当事者間の取引に比肩しうるような公正な手続を経て行われたと認められる場合には、それを前提として、各種手法を用いて（非公開会社の場合）、買取価格を算定することとなろう。

　そのような手続きが採られていない場合は、シナジー効果の有無と、それがある場合の公正な配分について判断することとなるが、容易ではあるまい。特にシナジー配分については、譲受人側はシナジー実現可能性についてリスクを負担していることを考慮する必要があろう。[116]

3　吸収合併、吸収分割、株式交換の場合（法785条、786条、797条、798条）、新設合併、新設分割、株式移転の場合（法806条、808条）

(1) 組織再編行為に対する株式買取請求権

(A) 行使できるのはどのような場合か（行使要件）

(a) 組織再編の類型および対象会社と例外

　吸収合併等の組織再編は、会社の基礎的変更として、原則として、効力発生日の前日までに、株主総会の特別決議を必要とする（法783条1項、309条2項12号等）。これが承認された場合には、少数株主の株式の財産的価値に大きな影響を及ぼす可能性があり、現金対価のときには、株主の地位を失う。このため、反対株主には、投下資本を確実に回収する途を与え、経済的に救済する制度として、株式買取請求権（法785条等）が認められている。

---

116) 実質的債務超過会社の企業再編や100％減資の場合には、シナジーを独占しても構わず、従来の株主はナカリセバ価格による買取しかできないとする見解もある（藤田友敬「新会社法における株式買取請求制度」黒沼悦郎＝藤田友敬編『江頭憲治郎先生還暦記念　企業法の理論（上巻）』（商事法務、2007）291、305頁。

会社法は、組織再編行為を①吸収合併型と②新設合併型に区別し、①吸収合併型（吸収合併、吸収分割、株式交換）の（ⅰ）消滅株式会社等、（ⅱ）存続株式会社等、②新設合併型（新設合併、新設分割、株式移転）の（ⅲ）新設合併消滅会社等に対して株式買取請求権を認める。ただし、これらのうち、株主総会の承認手続を必要としない簡易組織再編、略式組織再編の場合には、株主の利益に影響が少ないものとして、株式買取請求権は認められていない。

つまり、簡易または略式手続が認めらない場合の組織再編で、少数株主が存在する場合には、株式買取請求権が認められている（表2）。

(b) 財源規制

反対株主が株式買取請求権の行使をした場合、売買契約が当然に成立し（形成権の一種とされる）、会社が自己株式を取得することになるが、組織再編等の必要性の高さと反対株主の保護を両立させるためのやむをえない措置として、分配可能額の制約を受けない（法464条1項、同条反対解釈）。

したがって、反対株主は、会社の分配可能額（法461条2項）の額を超過するか否かを問わず、株式買取請求権を行使できる。

(c) 一部請求

反対株主が、保有する株式のうち、一部についてだけ株式買取請求権を行使することが可能である（法785条5項が「株式の数」を明らかにすることを要求するのは、一部請求を認める趣旨とされている）。他人のために株式を保有する者の不統一行使（法313条3項参照）としては合理的であるが、現金対価合併（キャッシュ・アウト・マージャー）等、会社の提示する対価と「公正な価格」の判断が困難な場合にも、一部賛成というヘッジを認めることが衡平に適うという見方もある。[117] しかし、そのような場合を超えて持株で賛否を分けることが機会主義的行動との批判の余地を与え、説得力を低下させる可能性は残る。

---

[117] コンメ18巻109頁〔柳〕。

(B) 何を請求できるのか
　(a)「公正な価額」
　株式買取請求権は、会社に対して「公正な価額」で株式を買取ることを請求する権利である（法785条1項等）。会社法は、「公正」について具体的に規定していないが、会社がその行為をしなかったならば有していた価格（「ナカリセバ価格」）、②組織再編が企業価値を増加する場合には、シナジーを公正に分配した価格であると理解されている。しかし、「公正な価額」は、唯一の数値を計算できるわけではないので、その決定は、裁判所の合理的な裁量に委ねられている。組織再編の対価の全部が株式である場合、反対株主は、シナジーの分配を享受するので、合併比率等の算定の公正性が問題となる（単独の株式移転では問題とならないが、共同株式移転では、その比率の公正が問題となる）が、現金対価合併等、対価として株式以外の財産が交付される場合には、シナジーの分配が問題となる。学説には、上記①②の類型を整理し、反対株主の〔1〕企業価値の持分割合相当分を退出価格として保障する部分清算と、〔2〕損害ないし不利益の補塡（「ナカリセバ価格」とシナジー分配の両方を含む）とする見解がある。評価の基準日について、後記判例は、株式買取請求権が行使された日であるとしているが、価格を算定するにあたり参照すべき市場価格としては、株式買取請求権が行使された日やこれに近接する一定期間の市場株価の平均値を用いることは裁判所の裁量の範囲内であるとしている（学説には、株主総会の承認時（A説）、株式買取請求権の行使時（B1説）または効力発生日（意思表示到達時）（B2説）、組織再編の効力発生日（C1説）または株式買取請求権の期間満了日（C2説）等があるが、算定の基礎となる情報の基準日を別に問題としている）。[118]
　(b) 遅延損害金
　価格決定申立権の期間の満了日から年6分という高利率による遅延損害金（法786条4項）が請求できるが、会社は、「公正な価格」と認める額の仮払いが可能であり（同条5項）、この場合、遅延損害金を目的とした行使は功を奏さないことになる。

---
118)　神田368頁。

(c) 税制（みなし配当課税）

株式買取請求により会社は自己株式を買い取るため、反対株主が合併に係る被合併法人（消滅会社）の株主である場合を除き、株式の対価として「交付を受けた金銭その他の資産の価額」が、資本金等のうち交付の基因となった株式に対応する部分を超える部分の金額が、剰余金の配当等と見なされ、みなし配当課税が適用され（所得税法 25 条 1 項 4 号、法人税法 24 条 1 項 4 号）、源泉徴収がされる（所得税法 181 条 1 項、212 条 3 項）。反対株主は、法人または個人に応じて、課税上の扱いを理解しておく必要があるである。

表 5　組織再編において株式買取請求権が認められる場合

① 吸収合併型 （吸収合併、吸収分割、株式交換）		② 新設合併型 （新設合併、新設分割、株式移転）	
（ⅰ）吸収合併消滅会社 　　　吸収分割会社 　　　株式交換完全親会社	○ ○ ○	（ⅲ）新設合併消滅会社 　　　新設分割会社 　　　株式移転完全子会社	○ ○ ○
略式手続 　　　簡易手続	× ×	簡易手続	×
（ⅱ）吸収合併存続会社 　　　吸収分割承継会社 　　　株式交換完全子会社	○ ○ ○	新設合併設立会社 　　　新設分割設立会社 　　　株式移転設立完全親会社	
略式手続 　　　簡易手続	× ×		

備考：○認められている。×認められていない。

(2) 組織再編による企業価値の増加が生じない場合

(A)「ナカリセバ価格」とは

判例によれば、法 782 条 1 項所定の吸収合併等によりシナジーその他の企業価値の増加が生じない場合に、同項所定の消滅株式会社の反対株主がした株式買取請求に係る「公正な価格」は、原則として、当該株式買取請求がされた日における、同項所定の吸収合併契約等を承認する旨の決議がされることがなければその株式が有したであろう価格（「ナカリセバ価格」）をいうものが相当で

あるとされている（最決平成 23 年 4 月 19 日民集 65 巻 3 号 1311 頁（楽天 TBS 事件）、最決平成 23 年 4 月 26 日判時 2120 号 126 頁（インテリジェンス事件））。

(B) 非上場企業の場合

株式価値の評価については、企業価値評価ガイドラインがあり[119]、①インカム・アプローチ（将来に生み出すと期待される評価対象会社に期待されるキャッシュ・フローに基づいて対象会社の価値を評価する。ディスカウント・キャッシュ・フロー法（DCF）等）、②マーケット・アプローチ（証券取引所等に上場している会社の市場価格を基準に（市場株価法）、または、上場会社の市場株価と比較して非上場会社の株式を（類似上場会社法）評価する方法）、③ネットアセット・アプローチ（貸借対照表記載の簿価価格に基づいた（簿価純資産法）、または、資産負債（含み損益）を時価評価した（時価純資産法）純資産による 1 株当たりの株主価値を評価する方法）がある。このうち、単独または複数の評価方法を適用し、一定の幅を算出した評価結果の重なりを考慮して評価する。非上場会社は、本ガイドラインの本来の適用対象とされている。

判例には、上場廃止の 10 か月後に営業譲渡（改正前商法下）した会社の株価の「ナカリセバ価格」の算定について、次のように判示したものがある。この判例の論理は、会社法下で、組織再編をした非上場企業の場合にも当てはまると考えられる。

① 裁判所は、「公正な価格」、すなわち、営業譲渡が行われずに会社がそのまま存続すると仮定した場合における価値の算定にあたっては、一切の事情を斟酌して、反対株主の投下資本回収を保障するという観点から合理的な価格を算定する。
② 営業譲渡が行われずに会社がそのまま存続すると仮定した場合における相手方株式の価値を評価すべきであるから、基本的に相手方の継続企業としての価値を評価すべきとして、DCF 法を適用することが適切である。

---
119) 日本公認会計士協会編『企業価値評価ガイドライン（改訂版）』（日本公認会計士協会出版局、2013）31～45 頁。

③ この場合、非流動性ディスカウントは考慮されない（前掲東京地決平成20年3月14日）。これらの論理は、会社法下で組織再編をした会社の株式のナカリセバ価格の算定にも当てはまると考えられる。

なお、このDCF法は、ナカリセバ価格、企業再編を前提とする価格のいずれについても、算定する方法として有効とされている。

(C) 上場企業の場合

判例は、上場会社が完全子会社に対して吸収分割を行った事案について、次のように判示している（前掲最決平成23年4月19日）。

① 吸収合併等により企業価値が増加も毀損もしないため、当該吸収合併等が消滅株式会社等の株式の価値に変動をもたらすものではなかったときは、その市場株価は、当該吸収合併等による影響を受けるものではなかったとみることができる。したがって、株式買取請求がされた日のナカリセバ価格を算定するに当たって参照すべき市場株価やこれに近接する一定期間の市場株価の平均値を用いることも、当該事案に係る事情を踏まえた裁判所の合理的な裁量の範囲内にある。
② 本件吸収分割により相手方の事業がTBSテレビに承継されてもシナジーが生じるものではない。相手方の企業価値が増加したとの事実も原審において認定されていない。市場株価が相手方の客観的価値を反映していないとの事情はうかがわれないから、本件買取請求がされた日のナカリセバ価格を算定するに当たっては、その市場株価を算定資料として用いることは相当である。本件吸収分割は相手方の株式の価値に変動をもたらすものではないというのであるから、同日の市場株価を用いて同日のナカリセバ価格を算定したことは、その合理的な裁量の範囲内にある。
③ 株式買取請求の日を基準とする理由については、行使により当然に売買契約の成立と同様の法律効果を生じるのでその時点を基準とすることが合理的であり、それよりも後の日を基準とすれば、買取請求後の市場の価格変動のリスクを負わせるので妥当でないためとしている。

この判例によれば、裁判所は、買取請求日の市場株価を採用することも、その一定期間前の市場株価の平均値を採用することも、合理的な裁量によって許容されることになるが、買取請求の日を基準としていることからすれば、反対株主が、その前の一定期間の市場株価を買取価格とすることを主張するためには、合理的な理由を示す必要があるようにも考えられる。

　なお、上記企業評価ガイドラインは、上場会社の株式であっても、マーケット・アプローチをあらゆる状況で優先的に適用するのでなく、株価の推移等から判断して、市場の完全性や株価の操作性の点を考慮して慎重に判断する必要があり、場合によっては参照されるべきとしている。

(3) 組織再編が企業価値を増加させる場合

(A) シナジーの分配

　「公正な価格」とは、組織再編による企業価値の増加（組織再編によって生じる相乗効果（シナジー）等）を適切に反映した価格とされている。この際、シナジー部分とこれを除いた部分は理念的に区別することができるが、具体的に特定して、それぞれの価格を算出することは実際上困難であり、全体的な評価がなされる。

(B) 非上場企業の場合

　DCF法は、企業価値を増加させる場合の株価の算定にも有効とされている。この場合、インカム・アプローチであるディスカウント・キャッシュ・フロー（DCF法）や、マーケット・アプローチである類似上場会社法（倍率法、条数法）による評価を行い、その際、個別リスク・プレミアム／ディスカウントのほか、シナジー効果（場合によってはディスシナジー）を検討しながら、総合的に評価するとされている（企業価値評価ガイドライン）[120]。この場合、評価対象会社には市場株価がないことから、裁判所の合理的な裁量の幅が相対的に広くなることも考えられる。

　なお、非上場の会社の組織再編においても、後記判例のように、独立した当

---

120) 日本公認会計士協会編・前掲注115) 307頁。

事者間において交渉の結果、組織再編比率が株主総会で承認された場合には、公正な比率と推定され、これを前提として「公正な価格」が判断される可能性がある。

(C) 上場企業の場合

最決平成 24 年 2 月 29 日民集 66 巻 3 号 1784 頁（テクモ事件）は、2 つの上場会社が共同株式移転により完全親会社を設立した事案について、次のように判示している。この判例を前提とすれば、反対株主が、組織再編が株主総会によって承認された場合に、買取請求を行使した場合には、「公正な価格」は、行使日を基準とする市場株価と判断される可能性が高く、これと異なる株価（例えば、行使日と近接する一定期間の回帰分析）を採用することが合理的な具体的事情を示す必要があることになる。

① 「公正な株価」の額の算定に当たっては、反対株主と株式移転完全子会社との間に売買契約が成立したのと同様の法律関係が生じる時点であり、かつ、株主が会社から退出する意思を明示した時点である株式買取請求がされた日を基準とするのが合理的である。
② 株式移転によりシナジー効果その他の企業価値の増加が生じる場合には、株式移転後の企業価値は、株式移転計画において定められる株式移転設立完全親会社の株式等の割当により株主に配分されるものであること（以下、株式移転設立完全親会社の株式等の割当に関する比率を「株式移転比率」という）に照らすと、上記の公正な価格は、原則として、株式移転計画において定められていた株式移転比率が公正なものであったならば当該株式買取請求がされた日においてその株式が有していると認められる価格をいうものと解するのが相当である。
③ 相互に特別の資本関係がない会社間において、株主の判断の基礎となる情報が適切に開示されたうえで適法に株主総会で承認されるなど一般に公正妥当と認められる手続により株式移転の効力が発生した場合には、当該株主総会における株主の合理的判断が妨げられたと認めるに足りる特段の事情がない限り、当該株式移転における株式移転比率は公正なものとみる

のが相当である。
④　上記の場合には、株式移転によって企業価値の増加が生じないときを除き、反対株主の株式買取請求に係る「公正な価格」を算定するにあたって参照すべき市場株価として、基準日である株式買取請求がされた日における市場株価や、偶発的要素による株価の変動の影響を排除するためこれに近接する一定期間の市場株価の平均値を用いることは、当該事案に係る事情を踏まえた裁判所の合理的な裁量の範囲内にあるといえる。
⑤　相互に特別の資本関係がない会社間における組織再編については、株主の判断の基礎となる情報が適切に開示されたうえで適法に株主総会が承認されるなど一般に公正と認められる手続により株式移転の効力が発生した場合には、当該株主総会における株主の合理的な判断が妨げられたと認めるに足りる特段の事情がない限り、当該株式移転における株式移転比率は公正なものとみるのが相当である。

他方、MBOのようなキャッシュ・アウトの事案においては、合併によるシナジーとは異なる要素を考慮する必要があり、最決平成21年5月29日金商1326号35頁[121]は、全部取得条項付種類株式の取得価格については、この場合の「公正な価格」は、当該株式の取得日における公正な価格即ち客観的価値に加えて、強制取得により失われる今後の株価上昇に対する期待を評価した価額（直近6か月の終値の平均値の20%加算）をも考慮するのが相当としている。最高裁の補足意見は、「株価の上昇に対する期待の評価」を、MBOの実施によって増大が期待される価値のうち、株主が享受するべき部分としている。現金の割合が高い現金交付合併や、キャッシュ・アウト・マージャー等の場合には、キャッシュ・アウトと同様の考慮が必要とも考えられるが、シナジーの分配として評価されていない期待評価額があるかには、理論的な解明が必要であろう。

なお、公開買付けを前段階とする全部取得条項付種類株式の取得価格について、最決平成28年7月1日資料版商事389号56頁（ジュピターテレコム株式

---

[121]　原審、東京高決平成20年9月12日金商1301号28頁（レックス・ホールディング株式取得価格決定申立事件）。

図 1　手続、基準日と市場株価

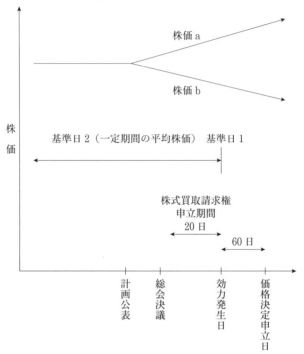

買取価格決定事件）は、多数株主と少数株主との間に利益相反関係が存在しても、独立した第三者委員会や専門家の意見を聴くなど意思決定過程が恣意的になることを排除するため措置が講じられ、公開買付けに応募しなかった株主からも公開買付け価格と同額で取得するなど一般に公正と認められる手続により、公開買付けが行われた場合には、多数株主と少数株主との利害が適切に調整された結果が反映されており、取得日までに生ずべき市場の一般的な価格変動について織り込んだ上で定められているとして、取得日の市場価格が上昇していても、公開買付け公表後の事情を考慮した補正をすることは裁判所の合理的な裁量を超えるものであるとして、公開買付価格をもって「公正な価格」と判断している。公開買付けを前段階とする組織再編や、独立当事者間における組織再編にも、同様の事態が考えられ、この判例の射程が及ぶことも考えられる。

なお、この事件の地裁決定（東京地決平成 27 年 3 月 4 日民集 70 巻 6 号 1521 頁）は、全部取得の公表後、基準日後、または、総会決議後に株式を取

得した株主の価格決定の申立ても、法172条1項の申立として適法であるとしている（ただし、総会決議後に取得した株主の申立ては、価格決定の申立ての制度趣旨からして申立権の濫用と評価される場合もあるとする）。

(4) 価格決定請求権申立の理由をどのように構成するか

(A) 価格決定の申立権

組織再編の効力発生日から30日以内に株式の価格決定について協議が整わないときは、反対株主または会社は、会社の本店所在地を管轄する地方裁判所に価格決定の申立ができる（法786条2項）。反対株主が組織再編計画に基づいて提示される価格よりも高い価格を求めて株式買取請求権を行使しても、会社との間で協議が成立することは通常難しく、価格決定の申立てが必要となる可能性が高い。

(B) 申立ての趣旨

申立の趣旨では、価格の決定を求めることが明確であればよく、価格を特定することは申立ての要件ではないが、主張する価格を記載することが望ましいとされている。[122]

(C) 申立ての理由

反対株主が申立人として価格決定の申立てをした場合、会社は、「陳述を聴くべき者」（法870条2項）であり、当事者とはならない。本事件は、非訟事件であり、職権探知主義が適用され、弁論主義の適用はない。したがって、反対株主は、価格決定申立書に特に理由を記載しなくても、申立ては適法であり、手続は進行する。しかし、会社は、通常、関係人（非訟事件手続法26条2項）として手続に参加し、実質的に当事者対立構造であるから、訴訟と同様に、反対株主は、会社が主張する価格が相当でないこと、主張する価格の相当性について説得力ある主張が必要となる。

具体的には、裁判所は、①当該合併等の企業再編が反対株主側の会社の株主

---

122) 松田山下181頁。

図2 価格決定の主な判断要素

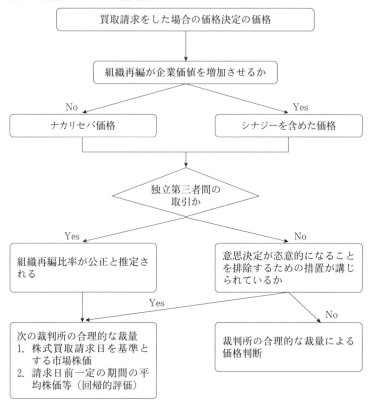

価値を増加するものかどうかをまず検討し、②増加する場合でなければ、当該合併等の組織再編の決議が「ナカリセバ」の価格を算定することになり、③増加する場合であれば、企業再編を前提とした価格を算定することになる。

このため、反対株主は、相当性を主張する価格が、①「ナカリセバ」価格なのか、シナジーを含んだ価格であるのか、②シナジーの享受を受けることを前提にして、その比率の不公正を主張するのか、シナジーそのものの加算を要求するのかを、反対株主の置かれた立場に応じて、手続の早期の段階から筋の通った主張を明確にし、主張立証活動を行う必要がある。その根拠として、私的な鑑定書を容易することは必要である。また、③資本関係の有無等も明らかにして、独立当事者間の関係にあるのかないのか、独立当事者間の関係にない場合には、その弊害を防止する措置が相当であるのかないのかを具体的に主張立

Ⅳ 個々の類型

(5) 他の権利行使との関係

株式買取請求権を行使した株主が、企業再編について、総会決議取消訴訟（法831条1項3号、合併条件について利害関係人の議決権行使により著しく不当な決議がされたことを取消原因とする場合等）や、株主代表訴訟を提起する場合には、組織再編の効力の帰趨や、会社財産の回復が将来キャッシュ・フローに影響する可能性も考えられるが、両手続の進行や相互の判断への影響については、裁判所の裁量に委ねられている。[123]

4 新株予約権の買取請求

(1) 総論

(A) 少数株主の権利と新株予約権買取請求

新株予約権買取請求は、①新株予約権の目的である株式に譲渡制限・全部取得条項を付す定款変更において認められるものと（法118条1項）、②組織変更・組織再編において認められるもの（法777条1項、787条1項、808条1項）とがある。

会社が上記①②の行為をすることによって、不利益を受ける新株予約権者を救済しようとする趣旨のもので、この趣旨は、株式買取請求のそれと共通している。ただ、新株予約権は債権の一種であり、新株予約権者は債権者であると理解されるから[124]、新株予約権買取請求は、少数株主の権利である株式買取請求とは異質なもので、実際、請求の認められる範囲や買取価格＝「公正な価格」の理解につき、両者の間には差異が認められる。[125]

学説の中には、新株予約権の買取請求について、新株予約権が株式と同様の

---

123) コンメ18巻110頁〔柳〕。
124) 論点解説新会社法247頁。
125) 例えば、組織再編の際の株式買取請求に係る「公正な価格」には、シナジーの反映が求められる場合があるが、債権者に過ぎない新株予約権者がシナジーの分配を受けるべき理由はなく、新株予約権買取請求に係る「公正な価格」については、シナジーの分配の問題はないとされている（江頭880頁）。

251

経済的実質を有することを重視し、株式に準じて認められたものであると説明するものがある一方で[126]、新株予約権買取請求の機能が新株予約権の価値低下から新株予約権者を保護する点にあることを重視し、当該買取請求は債権者異議に近い意味合いをもつことを指摘するものもある[127]。

(B) 新株予約権付社債の新株予約権および社債の買取請求

新株予約権付社債に付された新株予約権の新株予約権者は、新株予約権の買取請求をするときは、原則として、社債部分についても分離することなく、併せて買取りを請求しなければならない（118条2項、777条2項、787条2項、808条2項）。これは、新株予約権と社債とが一体的な取扱いを受けることから理解できるであろう（254条2項、3項）。

例外として、新株予約権付社債に付された新株予約権に「別段の定め」（法238条1項7号）がある場合があげられる。ここに「別段の定め」とは、新株予約権付社債に付された新株予約権について買取請求を行う際に、社債部分の買取請求をしないことができる旨の募集の際の定めをいう[128]。別段の定めの内容は特に限定されていないので、社債部分の買取請求をすることを新株予約権者が選択することの可否等を定めることも考えられるとされている[129]。

(C) 取得条項付新株予約権

新株予約権の買取請求も、株式の買取請求と同様に、定款によって排除することはできない。

ただ、新株予約権の買取請求については、新株予約権を発行する際に、その内容として、譲渡制限等の定款変更や組織再編を行う場合には、会社が金銭を対価として当該新株予約権を取得する旨を定めておけば（取得条項付新株予約権。法236条1項7号イ）、新株予約権者は新株予約権の買取請求権を有しないこととなる[130]。取得の対価は、確定額の金銭等の形で定めることもできるし、

---

126) 神田 166 頁。
127) コンメ 18 巻 143 頁〔柳〕。
128) コンメ 3 巻 228 頁〔柳〕。
129) 論点解説新会社法 238 頁。
130) 論点解説新会社法 684 頁。

「取得時点における新株予約権の目的たる株式の時価と権利行使価額の差額相当額」等といった算定方式の形式で定めることもできる。[131]

(2) 各論1——定款変更において認められる新株予約請求権買取請求

新株予約権の買取請求が認められる場合を具体的に述べていくこととする。

(A) 買取請求ができる場合

新株予約権者は、会社に対し、新株予約権の目的である株式に譲渡制限（法107条1項1号、108条1項4号）または全部取得条項（法108条1項7号）を付す定款変更が行われる場合、新株予約権の買取を請求できる（法118条1項）。

このうち、譲渡制限について会社法が新株予約権の買取請求を認めるのは、新株予約権の目的である株式の内容を変更して譲渡制限を付す場合である。したがって、新株予約権の内容を変更して譲渡制限を定めるときは（法236条1項6号）、新株予約権の買取請求は認められない。これは、当該新株予約権の内容の変更には、新株予約権者全員の同意を要すると解されることから[132]、買取請求による保護を与える必要はないことによる。

また、新株予約権の目的である株式の内容を変更する場合であっても、新株予約権の買取請求が認められるのは、譲渡制限または全部取得条項を付す定款変更が行われる場合に限られる。したがって、これら以外の場合、例えば、新株予約権の目的である株式の内容を変更して議決権制限条項や取得条項を付す定款変更の場合には、新株予約権の買取請求は認められない。議決権制限条項や取得条項が付される場合にも、新株予約権の価値が低下することが考えられるから、これらの場合に新株予約権の買取請求を認める余地もありそうであるが、現行会社法はこれを認めず、新株予約権者の同意なく定款変更をした場合には、会社は、新株予約権者に生じた賠償義務（民法415条）を負うことになると説かれている。[133]

---

131) 江頭807頁注（3）。
132) コンメ3巻227頁〔柳〕。
133) 論点解説新会社法101頁。

(B) 手続・価格の決定

新株予約権の買取請求手続は、原則として、株式買取請求手続に準じて行われる。ただし、新株予約権者は議決権を有していないから、議決権行使を前提とした要件は課されていない。

手続の概略は、次の(3)(B)を参照していただきたい。

(3) 各論2——組織変更・組織再編において認められる新株予約請求権買取請求

新株予約権者は、組織変更・組織再編において、新株予約権の買取請求を認められることがある。

(A) 買取請求ができる場合

(a) 組織変更

株式会社が組織変更をする場合、当該会社の新株予約権者には、新株予約権の買取請求が認められる（法777条1項）。持株会社が株式会社となる組織変更では、持株会社には新株予約権者がいないことから（持株会社は新株予約権を発行できない）、新株予約権買取請求は問題とならない。

組織変更において認められる新株予約権買取請求制度の内容は、合併の場合と同じであるので、次を参照していただきたい。[134]

(b) 組織再編

組織再編（いわゆる承継型組織再編と新設型組織再編の双方。以下、同じ）の消滅株式会社等が新株予約権を発行している場合、当該消滅株式会社等の新株予約権者に新株予約権買取請求が認められることがある（法787条1項、808条1項）。

株式買取請求の場合と異なり、存続株式会社等の新株予約権者には買取請求は認められない。新株予約権買取請求は、組織再編により新株予約権が消滅する場合の救済であり、存続株式会社等の事業内容等に与える影響から新株予約権者（債権者）を保護するものではないことによる。

---

134) 江頭972頁。

組織再編と一言でいっても、①合併の場合と、②株式分割または株式交換・株式移転の場合とでは、新株予約権買取請求の認められる場面は異なる。以下では、2つに分けて述べることとする。
　　（ア）合併の場合
　合併の消滅会社が発行している新株予約権は、合併の効力発生によって会社とともに消滅する（法750条4項、754条4項）。新株予約権者は、これに代わる対価を受けることとなるが（法749条1項4号5号、753条1項10号・11号）、その対価の内容が新株予約権者に不利益になる場合がありうる。この場合、新株予約権者は、新株予約権の買取請求によって救済されることとなる。
　このような趣旨からして、新株予約権発行時に定められた条件（法236条1項8号イ）と同一条件で存続会社または新設会社の新株予約権の交付を受けるときは、当該新株予約権者には、買取請求は認められない（以上につき、法787条1項1号、808条1項1号）。
　　（イ）会社分割、株式交換・株式移転の場合
　3つに場合分けをして述べる。
　　　（ⅰ）新株予約権がそのまま残存する場合
　合併の消滅会社とは異なり、会社分割の分割会社は分割後も存続するため、分割会社の発行している新株予約権は、そのまま残存させることができる。株式交換・株式移転の完全子会社が発行している新株予約権についても、同様である。これら場合、残存することとなった新株予約権の新株予約権者に買取請求は認められない。
　　　（ⅱ）承継会社等の新株予約権を交付する場合
　これに対し、会社分割では、吸収分割契約または新設分割計画に定めを置けば、分割会社の新株予約権者に対して、当該新株予約権に代えて承継会社または設立会社の新株予約権を交付することができる（法758条5号6号、763条1項10号11号）。株式交換・株式移転においても、株式交換契約または株式移転計画に定めを置けば、当該新株予約権に代えて株式交換完全親会社または株式移転完全親会社の新株予約権を交付する旨を定めることができる（法768条1項4号5号、773条1項9号10号）。
　これらの場合、新株予約権者に買取請求が認められる。ただし、その交付条

件が、新株予約権発行時に定められた条件（法236条1項8号ロ〜ホ）と同一であるときは、買取請求はできない。

(iii) **新株予約権の内容と異なった取扱いがなされる場合**

あらかじめ新株予約権の内容として、会社分割の際にはそれに代わる承継会社または設立会社の新株予約権が交付される旨が定められていたにもかかわらず（法236条1項8号ロ・ハ）、吸収分割契約・新設分割計画でその取扱いがなされない場合も、新株予約権者には、新株予約権買取請求が認められる（法787条1項2号ロ、808条1項2号ロ）。

株式交換・株式移転の場合も同様である（法787条1項3号ロ、808条1項3号ロ）。

(B) **手続・価格の決定**

新株予約権の買取請求手続は、原則として、株式買取請求手続に準じて行われる。ただし、新株予約権者は議決権を有していないから、議決権行使を前提とした要件は課されていない。

手続の概略は、次のとおりである。

Ⅰ 買取請求手続（法787条3項以下、808条3項以下）
① 組織再編効力発生日の20日前まで（承継型組織再編の場合）
　　※ 新設型組織再編の場合は、株主総会決議の日から2週間以内
　会社→新株予約権者　組織再編に関する情報提供（通知または公告）
② 組織再編効力発生日の20日前〜効力発生日の前日（承継型組織再編の場合）
　　※ 新設型組織再編の場合は、通知・公告から20日以内
　新株予約権者→会社　新株予約権の買取請求

Ⅱ 価格の決定（法788条、809条）
原則：協議
　　　　⇩
① 協議が調った場合
　→組織再編の効力発生日から60日以内に支払（承継型組織再編の場合）

※ 新設型組織再編の場合は、設立会社成立の日から 60 日以内
② 組織再編の効力発生日から 30 日（満了日）以内に協議が調わない場合（承継型組織再編の場合）
※ 新設型組織再編の場合は、設立の日から 30 日（満了日）以内
→満了日の後 30 日以内
裁判所に対する価格決定の申立て→価格は裁判所の決定した額に従う
価格決定の申立てなし→新株予約権買取請求の撤回が可能

第2章　キャッシュ・アウトと価格決定

I　キャッシュ・アウトの意義、必要性

(1) キャッシュ・アウトの意義

(A) 平成17年会社法

　キャッシュ・アウト（cash out）とは、少数株主の承諾を必要とせず、金銭を対価として当該少数株主を締め出すことをいう。スクイーズ・アウト（squeeze out）またはフリーズ・アウト（freeze out）ということもある。例えば吸収合併や株式交換における消滅会社や完全子会社となる会社の株主は、存続会社や完全親会社の株式を取得することができなければ、会社の支配とは関係がなくなり会社から締め出されることになる。その他、株式併合や平成17年会社法で創設された全部取得条項付種類株式の取得などによってもキャッシュ・アウトを行うことができる。

　株式交換・株式移転の制度は平成11年の商法改正により創設された（平成11年法律第125号）。当初は、株式交換において完全子会社となる会社の株主には、完全親会社の株式以外の対価を交付することはできなかった（平成17年改正前商法352条2項）。会社法（平成17年法律第86号）の制定により、これら株主に組織再編の対価として金銭その他の財産を交付することができるようになった（法768条1項2号）。すなわち金銭等を対価として少数株主を締出すいわゆるキャッシュ・アウトが可能になった[1]。組織再編措置における対価の柔軟化であり、同じ大陸法系の国であるドイツでは、すでに導入済みの制

---

1) 合併の場合も同様である（法749条1項2号）。初期の商法学における吸収合併の理解によれば、その特徴の1つとして、存続会社は消滅会社の株主を収容し存続会社の株主とすることがあげられる。合併の本質に関する現物出資説は、人格合一説を批判してきた。いずれの説によっても吸収合併における消滅会社の株主には、その対価として存続会社の株式を交付することが前提とされてきた。合併対価株式限定説である。その後、広義の人格合一説は、消滅会社の株主に消滅する株式の補償として存続会社が対価を交付することとする、いわゆる合併対価株式非限定説を主張するに至った。コンメ17巻84頁〔柴田和史〕参照。会社法は、経済界が合併対価として金銭を交付することを要請していたこともあり、明文で合併対価の柔軟化を規定した。会社法の制定に際し、対価を存続会社の株式以外の金銭等とすることにつき合理性がないとする株主には、それを争う手段があるからということで、特に異論なく規定が置かれることになった。別冊商事法務編集部編『会社法制現代化の概要』（別冊商事法務288号、商事法務、2005）83頁注（2）。

度である。[2]

(B) 平成 26 年会社法改正

平成 26 年会社法改正では、組織再編措置において機動的なキャッシュ・アウトを可能にするため、特別支配株主の株式等売渡請求に関する制度が新設された（法 179 条〜179 条の 10）。この方法によるキャッシュ・アウトは、株主総会決議を必要とせず、既存の方法と異なる点であり特徴として、株主間の株式の売買による。対象会社の承認が必要である。取締役会設置会社の場合は、取締役会の承認が必要である。株式会社の総株主の議決権の 90% を保有する特別支配株主は、他の株主全員にその保有する株式全部を売り渡すことを請求することができる。また新株予約権者の全員に対して、その保有する新株予約権の全部を売り渡すことを請求することができる。同年改正では、さらに、全部取得条項付種類株式について、組織再編と同程度に株主への情報開示を充実させるための改正（法 171 条の 2、173 条の 2）が行われるとともに、株式併合についても同様の改正（法 182 条の 2、182 条の 2）が行われるなど株主の保護が確保された。[4]

この改正は、親子会社の規律に関するものであり、従来より議論があり、かつ平成 17 年の会社法制定に際して、国会における衆参両議院の法務委員会の附帯決議が付された検討事項の 1 つを立法化したものである。[5] 会社法制定後、平成 22 年に、会社法制について、企業統治の在り方や親子会社に関する規律

---

2) 株式法 327a 条—327f 条。第 162 回国会衆議院法務委員会における江頭教授の意見陳述（会議録第 14 号平成 17 年 4 月 20 日）。寺前慎太郎「ドイツ株式法上の締出しをめぐる近時の動向（1）」信州大学経法論集第 1 号 450 頁参照。
　　英米法やカナダ法の金銭を対価とするキャッシュ・アウトも、従来より組織再編措置の改正に際して検討すべきであるとされていた。中東正文「企業再編法制の変遷と今後の課題」中京法学 35 巻 1・2 号 57 頁、上田純子・菅原貴与志・松嶋隆弘編著『改正会社法解説と実務への影響』（三協法規出版、2015）69 頁参照。
3) 「会社法の一部を改正する法律」が、平成 26 年 6 月 20 日に成立し同月 27 日に公布され（平成 26 年法律第 90 号）、平成 27 年 5 月 1 日から施行されている。
4) 一問一答平成 26 年 227 頁以下参照。
5) 平成 17 年の会社法制定時に、「…親子会社関係に係る取締役等の責任のあり方等、いわゆる企業結合法制について、検討を行うこと。」という附帯決議が衆参両議院の法務委員会でされている。立案担当者平成 26 年改正解説 2 頁、後藤元「第 1 章　平成 26 年改正の概要（総論）」神田秀樹編『論点詳解平成 26 年改正会社法』（商事法務、2015）12〜13 頁（注 26）。

等を見直すことに関して、当時の法務大臣から法制審議会に対して諮問が行われた。これを受けて、法制審議会に会社法制部会が設置された。同部会は、平成23年に「会社法制の見直しに関する中間試案」を公表し、これに対する各界の意見を踏まえてさらに審議を重ね、平成24年に、「会社法制の見直しに関する要綱案」と「附帯決議案」を決定した。法制審議会は、その後、平成24年9月7日に「会社法制の見直しに関する要綱」および「附帯決議」を法務大臣に答申した。法案は平成25年に国会に提出され、平成26年に改正法が成立した。

(C) 平成29年税制改正

平成29年の税制改正は、株式交換等組織再編措置によるキャッシュ・アウトを行うに際して、他の方法による場合との税務上の不均衡を是正するために行われた。また株式交換を利用するキャッシュ・アウト以外にも、全部取得条項付種類株式、株式併合、株式売渡請求による方法が可能であるから、同年の税制改正では、これらを株式交換と同列に「株式交換等」と表現し、組織再編税制において位置付けている（法人税法2条12号の16）。この改正により、対価要件の緩和を中心として、キャッシュ・アウトに際して、利用しうる各種制度間の不均衡がほぼ解消され、金銭を対価とする株式交換・合併がキャッシュ・アウトの方法として一般的に用いられる可能性のあることが指摘されている。

平成29年の税制改正により、合併・株式交換について、所得の金額の計算上、金銭を対価とするキャッシュ・アウトは、税制上の対価要件を満たさず、

---

6) 岩原紳作「特集　会社法制のゆくえ──会社法改正中間試案の考察：総論──会社法制見直しの経緯と意義」ジュリ1439号12頁。

7) 神田秀樹「会社法改正の動向」〈https://www.westlawjapan.com/pdf/wljp/hounoshihai.pdf〉

8) 立案担当者平成26年改正解説84頁「二　改正会社法成立までの経緯」を参照。

9) 所得税法等の一部を改正する等の法律（平成29年法律第4号）。

10) 同年改正による制度は、「スクイーズアウト税制」と呼ばれることがある。渡辺徹也「組織再編税制に関する平成29年度改正──スピンオフ税制とスクイーズアウト税制を中心に──」税務事例研究162号46頁。塚本英巨・田中良「キャッシュ・アウトに関する税制改正の概要と実務への影響（上）・（下）」商事法務2137号17頁、同2138号26頁参照。

11) 渡辺・前掲注10) 46頁。

12) 塚本・田中・前掲注10)（下）26頁。

吸収合併のさい消滅会社における時価譲渡課税が行われ、株式交換の場合は、株式交換完全子会社の一定の資産に対して時価評価課税が行われていたところ、これを是正し適格要件を充足する場合には、それぞれこれら課税にさいして損益の算入をせずあるいは帳簿価格によることとされた（同法62条1項、62条の2第1項、62条の9）。すなわち少数株主を締め出し完全子会社化を実現するに際して、その対価として、例えば株式交換完全親会社の株式以外の金銭その他財産を少数株主に交付することに関して、株式交換完全親会社が、株式交換の直前において、株式交換完全子会社の発行済株式総数の3分の2以上を保有していれば、株式交換の対価として金銭を対価とする場合も適格株式交換等として規制される[13]（同法2条12号の17）。吸収合併についても同様である（同条12号の8）。

また金銭その他の財産を交付するのと引き替えに、少数株主をその意思に基づかずに、強制的に会社から締め出すのであるから、税制上、譲渡課税は行わないということになりそうであるが、原則として、株式交換完全子会社の少数株主に対する譲渡損益には課税される（所得税法57条の4第1項、法人税法61条の2第1項・9項）。ただし株式交換完全親会社の株式のみを交付する場合には、株主に担税力がないことを理由として課税されない[14]。株式交換によって、支配株主の支配関係は継続しているのであるから、少数株主に対価として金銭を交付しても、組織再編措置の前後において、支配株主が株式交換完全子会社の資産を支配している状態に変わりがないということで、支配関係がある場合の株式交換の対価要件が緩和されるなどの改正が行われた[15]。

(D) キャッシュ・アウトの利用

キャッシュ・アウトは、平成26年会社法改正により特別支配株主の株式等売渡請求が導入される以前から、合併や株式交換などの組織再編措置、全部取得条項付種類株式の取得、株式併合などにより行われていた。その利用状況に

---

[13] 江頭937頁注（3）、森・濱田松本法律事務所編『税務・法務を統合したM&A戦略』（中央経済社、2016）152頁。
[14] 佐藤信祐・長谷川太郎『これだけ！ 組織再編＆事業承継税制』（中央経済社、2018）127頁。
[15] 藤田泰弘他「法人税法等の改正」財務省『平成29年度税制改正の解説』318頁〈https://www.mof.go.jp/tax_policy/tax_reform/outline/fy2017/explanation/index.html〉

ついては、前述のような税制の影響もあり、実務上もっぱら全部取得条項付種類株式の取得による方法が用いられていた。利用される場面としては、MBO（management buyout）やLBO（leveraged buyout）などにおける少数株主の締出しである。全部取得条項付種類株式は、そもそも100％減資の際に株主総会の特別決議により、会社が全ての株式を取得することができる制度として、平成17年の会社法制定により認められた種類株式である。その後、M&Aの実務上、会社買収者が公開買付けにより対象会社の会社支配権を取得した後に、残存株主を締め出し対象会社を完全子会社化することを目的として多く利用されている。多数決により100％減資を行い、新たな出資者に株式を発行して、少数株主を締め出すことができる。

平成26年会社法改正後は、株式等売渡請求（法179条）または株式併合（法180条）による方法が主に用いられ、全部取得条項付種類株式の取得による方法は少なくなったようである。全く利用されないというわけではなく、従来はこの方法が多く利用されてきており、会社法も同年改正により、キャッシュ・アウトを前提とした改正を行っている。全部取得条項付種類株式の取得は、少数株主としては、その地位を失うことになるという重大な利害に関わる事項であるから、組織再編措置と同様に、事前・事後の情報開示を充実させ、あるいはその差止めを請求することができることとするなどの改正が行われた（法171条の2、173条の2、171条の3、171条1項）。

合併や株式交換などの組織再編措置の方法は、存続会社等が対象会社（消滅

---

16) 森・濱田松本法律事務所編『M&A法大系』（有斐閣、2018）494頁など参照
17) 立案担当者平成26年改正解説31頁、金融商品取引法研究会編「キャッシュ・アウト法制」金融商品取引法研究会記録38号2頁、江頭160頁注（36）。
18) 経済産業省「企業価値の向上及び公正な手続確保のための経営者による企業買収（MBO）に関する指針」4頁（平成19年9月4日）は、「MBOとは、現在の経営者が資金を出資し、事業の継続を前提として対象会社の株式を購入することをいう」と定義している。LBOは、買収会社が、買収対象会社の資産を担保として、金融機関から資金調達することにより会社買収をすることである。
19) 江頭158頁、コンメ3巻118頁〔山下友信〕。
20) 金融商品取引法研究会編・前掲注（17）3頁、飯田秀総「キャッシュアウトの合理性を活かす法制度の構築」ジュリ1495号58頁。
21) 太田洋・松尾拓也編著『種類株式ハンドブック』（商事法務、2018）61頁など参照。
22) 一問一答平成26年267、307頁、松尾拓也他『スクイーズ・アウトの法務と税務：改正会社法で広がるキャッシュ・アウトの選択肢』（中央経済社、2015）136頁。

株式会社等）の総株主の議決権の 90％以上を保有しているときは、略式組織再編の手続によることができ、対象会社の株主総会決議が不要である（法 784 条 1 項本文、783 条 1 項、468 条 1 項）。特別支配株主の株式等売渡請求も対象会社の株主総会を要しない。これに対して、全部取得条項付種類株式の取得による場合は、種類株式発行会社の株主総会の特別決議が必要である（法 171 条 1 項、309 条 2 項 3 号）。普通株式のみを発行する株式会社の場合には、まとめて一回の株主総会で行われることがあるにせよ、まず種類株式発行会社になるための定款変更も必要である（法 466 条）。すなわちキャッシュ・アウトの完了までに時間・コストがかかることが指摘されていた。[23] さらにキャッシュ・アウトが、それに公開買付けを先行させる二段階買収の二段階目で行われる場合には、公開買付けが完了して後、キャッシュ・アウトが行われるまでに長期間を要することから、公開買付けの強圧性が高まることも指摘されている。[24]

(2) キャッシュ・アウトの必要性

(A) キャッシュ・アウトによる会社経営の合理化

会社法の制定により、組織再編を行うための制度が整備された。組織再編を進める際、少数株主を締め出すことが必要になることがある。少数株主でなくとも支配株主であれ、会社倒産等において会社債権者のみに負担を負わせるのは平等ではなく、スポンサーがいるならば、会社から退出して新たな株主に会社支配を譲り、会社を継続することが取引関係などからも適切な場合がある。その意味では、債務超過の場合に限定せずに、多数決で少数株主を締め出すことができるならば、会社を完全子会社化して合理的な会社経営を実現することも可能になる。キャッシュ・アウトは、まさにこのようなニーズに応えることができる制度である。

会社法が制定にさいして予定していたのは、組織再編措置により対象会社の少数株主を締め出すことを可能とする制度の創設である。組織再編措置におい

---

[23] 法務省民事局参事官室「会社法制の見直しに関する中間試案の補足説明」（平成 23 年 12 月）第 2 部第 3 の 1 (1)。

[24] 法務省民事局参事官室・前掲注（23）第 2 部第 3 の 1 (1)、岩原伸作『『会社法制の見直しに関する要綱案』の解説（4）」商事 1978 号 39 頁、田中亘「特集　会社法の改正：キャッシュ・アウト」ジュリ 1472 号 40 頁。

て、対象会社の少数株主に、存続会社、承継会社または完全親会社となる会社の株式を交付せず、金銭その他の財産を交付することにより、少数株主を対象会社から締め出す方法である[25]。そもそもの組織再編は、会社運営コストや法的リスクの低減をはかる、長期的視野に立った柔軟な会社経営の実現、株主間の利害対立の解消等を目的として行われるものであるが、実際上はその手段が目的に転化して利用されることもないとはいえない[26]。

組織再編措置に際して、反対株主は、消滅株式会社等に対し、自己の有する株式を公正な価格で買い取ることを請求することができる（法469条1項・785条1項・797条1項・806条1項）。しかしすべての株主が株式の買取請求をするとは限らない。またMBOやLBOの場合には、企業価値を高め株主利益の増大を促進すべき取締役らが、少数株主その他株主の株式取得を行いあるいは促進することになる。親会社が買収対象子会社の少数株主を締め出し完全子会社化を行う際にも同様に利益相反の状況が生ずる。すなわち合理的な経営を実現するための組織再編、企業買収などの場合において、少数株主の締出しが必要となることが多いが、他方において、株主の利益を確保するための措置を整備することが不可欠である[27]。

(B) キャッシュ・アウトを正面から認めることについて

平成26年会社法改正の法制審議会に対する諮問事項との関連でいうならば、キャッシュ・アウト関連の改正項目は、「企業統治の在り方や親子会社に関する規律等」の「等」に含まれると整理することも不可能でないとする見方もあるが、会社法制部会は、「親子会社に関する規律」について、(1) 親会社株主の保護、(2) 子会社の少数株主・債権者の保護、(3) 企業結合の形成過程等に関する規律と、大きく三つのカテゴリーに分けたうえで、その (3) において

---

25) 別冊商事法務編集部編・前掲注1) 75頁、立案担当者平成26年改正解説31頁。
26) 齋藤真紀「キャッシュ・アウト」ジュリ1439号51頁（2012）、吉本健一「改正会社法における少数派株主の締出し行為」関西商事法研究会編集『会社法改正の潮流—理論と実務—』（新日本法規出版、2014）149頁、田邊光政「キャッシュ・アウト制度の新設」同129頁。少数株主の締出しを予定していないとはいえないとする見方もある。笠原武朗「少数株主の締出し」森淳二朗＝上村達男編『会社法における主要論点の評価』（中央経済社、2006）114頁。
27) 経済産業省『企業価値の向上及び公正な手続確保のための経営者による企業買収（MBO）に関する指針』（2007年9月4日）5、20頁、田邊・前掲注26) 145頁、江頭160頁注(36)。

審議してきた。[28]すなわち同年会社法改正は、結論として、他の目的のための制度の転用により少数株主を締め出すのではなく、少数株主の締出しを正面から認める制度を創設するとともに、少数株主の保護を確保する制度をしっかりと図ることとした。[29]少数株主の締出しによる会社組織の構築の必要性が、少数株主が対象会社にとどまることにまして重要である、これを制度改正において実現したのである。

(C) キャッシュ・アウトの正当性

キャッシュ・アウトは、経済界の要請に応える形で会社法の制定から改正および税制改革により、肯定的な方向で法律の整備が行われた。少数株主の保護に関する制度の構築が重要であることはいうまでもないが、公正な対価の交付を考慮するなど、正当なものでなければならない。特定の会社の株主であることについて、「株主たる地位に留まりたいという希望は法的保護に値しない」とする裁判例も存在するとおり、[30]少数株主の権利としての保護がない限り希望にとどまらざるを得ない。100％減資については、従来から、株主としての地位を強制的に奪われることに対する法的措置として、全株主の同意がない限りできないとする考え方があった。[31]会社の財務状況が将来的に改善し利益が上り、株主が従来通りの配当を得ることができることに対する期待を保護するために、すべての株主が株主として会社にとどまることを権利として認め、その同意が必要であるとする考え方である。

会社更生手続き開始のときにおいて更生会社が債務超過であれば、株主は議決権を有しないことになる（会社更生法166条）が、株主の多数決により100％減資および株式の発行ができるとすることが、会社経営を継続していくうえで適切であることも多い。会社更生手続以外でも、会社再建型の手続きを

---

28) 経済産業省『企業価値の向上及び公正な手続確保のための経営者による企業買収（MBO）に関する指針』（2007年9月4日）5、20頁、田邊・前掲注26）145頁、平成22年4月28日（水）の法制審議会会社法制部会第1回会議議事録参照。〈http://www.moj.go.jp/content/000048183.txt〉、後藤・前掲注5）14頁。
29) 岩原・前掲注6）17頁。
30) 大阪地判平成24年6月29日判タ1390号309頁。
31) 稲葉威雄ほか編『実務相談株式会社法　第5巻（新訂版）』（商事法務研究会、1992）125頁。

進め、潜在的な企業価値の回復を目指す場合には有効である。また株主構成の変更によるインセンティブ構造の単純化、会社の所有者である株主から、会社債権者、取引先などの利害関係者に、その視点を移すことも重要であろう。そのことにより企業価値が高められ、あるいはエージェンシー問題の解決にも資すると考えられる[32]。以上のように、少数株主をキャッシュ・アウトすることは、有益な効果をもたらすものとして、法が予定しているところであるが、正当性に関する議論が尽くされたかということに関しては、難解な問題でありかならずしも十分であるということはできない[33]。

---

[32] 東京高判平成25年4月17日判時2190号96頁、飯田・前掲注20）57頁参照。MBOが行われる意義に関連して、経済産業省・前掲注（18）3、6頁。

[33] 東京地判平成22年9月6日判タ1334号130頁は、「多数決により公正な対価をもって株主資格を失わせること自体は会社法が予定しているというべきである」と判示している。会社法制定の際、会社法（現代化関係）部会は、平成15年10月に取りまとめた「会社法制の現代化に関する要綱試案」では、会社が債務超過（破産法16条1項）であるときは、株主の多数決により100％減資ができるとしていたが、その後の部会の審議の過程において、「債務超過」の語に反対があったため「正当な理由がある場合」と変更し、さらにこの文言も消滅したという経緯がある。

Ⅱ　個々の類型とその異同

1　全部取得条項付種類株式の取得（法171条、177条）

(1) 全部取得条項付種類株式の意義

(A) 概要

　株式会社（種類株式発行会社）は、定款で定めることにより、その種類の株式の全部を取得できることを内容とする種類株式を発行することができる（法108条1項7号、2項7号）。株式会社がこの全部取得条項付種類株式を全部取得しようとするときは、個々の株主からの同意を得る必要はなく、株主総会の特別決議をもって全部取得することが可能である（法171条～173条ノ2）。

　債務超過の状態にある株式会社が、事業の再建を図るにあたり、100％減資により既存の株主の地位を喪失させるとともに、スポンサーから新たな出資を受け入れて総株主の入替えを行うことがある。会社法制定以前は、こうした100％減資を法的倒産手続によらず、私的整理として行うためには、既存株主全員の同意が必要であると解されており[34]、経済界からは、債務超過の状態にある株式会社について、100％減資による総株主の入れ替えを迅速に行えるようにしたいとの要望が出されていた。こうした要望を受けて、会社法では、多数決によって株式会社が全部の株式を強制的に取得できる種類株式の制度が導入された。

(B) 制度の特殊性

　全部取得条項付種類株式は、その発行時において、将来株主総会決議により強制的に株式が取得される種類株式とすることについて、株主総会の特別決議を経ているが、株主には当該種類株式を喪失する具体的な時期や条件が明らかでなく、その後の取得を決定する株主総会において、時期や対価その他の条件

---

34)　江頭憲治郎『株式会社法（第6版）』（有斐閣、2015）158頁。

が決定される。この点であらかじめ定款で取得価格等が定められる取得条項付種類株式など他の種類株式と異なる特殊性がある。また、種類株式発行会社の制度であることを前提としながら、取得のための株主総会決議がなされる段階では、種類株主総会の決議は不要とされる点については構造上の問題があるとの指摘もあるが[35]、会社法は種類株主総会決議に代えて、裁判所に対する取得価格決定の申立てを保障するとの立場に立っている。

　種類株式発行会社でない株式会社が全部取得条項付種類株式を利用して当該株式全部を取得するためには、①二以上の種類の株式を発行する旨の定款の定めを設ける決議、②既発行の株式を全部取得条項付種類株式にするための定款変更決議、および、③全部取得条項付種類株式を当該株式会社が取得するための決議（法171条1項、309条2項3号）をする必要がある。そして100％減資による株主の入替えを迅速に行うという制度の目的を達成するため、上記①から③の決議は、同一の株主総会で行うことができると解されており[36]、次に述べる少数株主の締出しのための活用事例においても、手続の迅速化を図るべく全部取得条項付種類株式の発行と取得が同一の株主総会で行われている。

(2) キャッシュ・アウトの手法としての活用事例の拡大

　100％減資による総株主の入替えの迅速化を図る制度は、当初株式消却（無償の自己株式取得）の一形態として検討された[37]。しかし、債務超過の判定が困難であるとして債務超過の要件は除外され、さらに条文化の段階で、全部の株式を有償で取得することができる種類株式の制度（全部取得条項付種類株式制度）として規定された[38]。その結果、全部取得条項付種類株式は、多数決によって既発行株式の内容を変更できる種類株式の制度として、当初想定された範囲を超えて利用されることになり、親会社による完全子会社化や多数株主による完全支配化を目的とした少数株主締出しの手法としての活用が拡大した。また、買収防衛策の手法としても利用されることになった[39]。

---

35) コンメ4巻99～100頁〔山下友信〕。
36) 江頭憲治郎「『会社法制の現代化に関する要綱案』の解説〔Ⅳ〕」商事法務1724号16頁注19。
37) 会社法要綱試案第四部第三6 (2) ②
38) 岩原紳作「自己株式取得、株式の併合、単元株、募集新株等」ジュリ1295号39頁。

少数株主を締出すためには、対価柔軟化による金銭交付型の組織再編行為（合併や株式交換）が存在するが、対象会社の含み益課税の問題があるため全部取得条項付種類株式を利用する事例が一般化していたが[40]、会社法制定の過程ではこうした全部取得条項付種類株式を利用した少数株主の締出しを前提として議論されていなかったことから、情報開示が不十分である等、批判的な指摘がなされてきたところである[41]。

(3) 少数株主の締出しとその保護の必要性

　会社法による対価の柔軟化および新たに創設された特別支配株主による株式等売渡請求制度により、金銭を対価として少数株主を締め出すこと自体は、条文上可能になっている。また、現金対価による少数株主の締出し（キャッシュ・アウト）には、①長期的視野に立った柔軟な経営の実現や②株主総会に関する手続の省略による意思決定の迅速化、③有価証券報告書の提出義務等の法規制を遵守するためのコストや株主管理コストの削減などのメリットがあるとされており[42]、このように経営の自由度と効率性を高めて中長期的に企業価値を向上させるという面から、会社法は、個々の株主との交渉によらずに多数決をもってキャッシュ・アウトを行うことに一定の合理性を認めているものと解される。

　これに対して、少数株主の締め出しに批判的な立場は、従来の株式交付型の組織再編行為であれば、対象会社の少数株主は、親会社や存続会社の株式の交付を受けることにより対象会社を含む当該企業グループへの投資機会が維持されたが、金銭対価型の組織再編行為では、少数株主からその同意なくこうした投資機会を奪うことが可能になってしまうことを問題視している[43]。そして、全部取得条項付種類株式を活用して少数株主を締出す場合にも同様の批判があり

---

39) 論点解説新会社法86〜88頁、山下友信「株式総則、株主名簿、株式の譲渡、株券等」ジュリ1295号32頁。
40) 大規模な株式併合を用いる手法についても、改正会社法の施行以前は少数株主保護のための株式買取請求制度が整備されていなかったことから、MBO指針でもその利用が制限されていた。
41) 一問一答平成26年266〜268頁、新基本法コンメ1巻200頁。
42) 法務省民事局参事官室「会社法法制の見直しに関する中間試案の補足説明」40頁（2011）。
43) 森本滋『企業結合法の総合的研究』（商事法務、2009）18頁。

得る。また、独立した会社間の組織再編などと異なり、対象会社の親会社が少数株主を締め出したり、経営者が少数株主を締め出して完全支配権を獲得するために全部取得条項付種類株式が利用される場合には、親会社や経営者側と少数株主との間に構造的な利益相反関係が存在するため、不公正な少数株主の締め出しが行われるおそれがある。このため、少数株主を締め出す行為がどのような場合に許容されるかについては解釈上の問題が残されている。[44] 少数株主の締め出しを制度上許容するのであれば、公正な対価を確保するための規制を整備する必要があるとともに、不公正なキャッシュ・アウトが行われることを回避するための規制が必要になる。改正会社法により少数株主の締め出しを目的とする特別支配株主の株式等売渡請求制度が創設されたからといって、これに充たない多数株主（買収者側）による少数株主の締出しが制限なく許容されたわけではない。そこで、以下ではこうした各制度とその解釈について概観する。

(4) 少数株主を保護するための規制と解釈論

(A) 株主総会決議および理由の説明

まず、全部取得条項付種類株式を取得するためには、株主総会の特別決議を経なければならない（法171条1項）。株主総会においては、①取得日のほか、②取得対価の内容、数額等またはその算定方法、および③取得対価の割当てに関する事項を決定する（同条1項1号〜3号、2項）。全部取得条項付種類株式の発行の際は、定款で算定の方法を定めれば足りるが、取得に際しては、実際に取得対価を決定しなければならないため、具体的な数または額、あるいはこれらを確定できる計算方法を決議することが必要とされている。[45] また、株主に対する取得対価の割当てに関する事項の定めは、株主平等の見地から、株主の有する全部取得条項付種類株式の数に応じて取得対価を割り当てることを内容

---

44) 組織再編行為について、少数株主による企業グループへの投資機会を喪失させる金銭対価型の手法を採用する理由としては、①支配会社が実質的に閉鎖会社であり、株主に持株比率の変動を加えることが適切でない場合、②支配会社の資本政策上発行株式総数を増やすことが不適当である場合、③外国会社と日本の会社間のように直接の組織再編行為が行えない場合などの理由が必要であるとの指摘がある（森本・前掲注43）20〜21頁）。

45) 相澤哲編著『立案担当者による新・会社法の解説』（別冊商事法務295号、商事法務、2006）42頁。

とするものでなければならない（法171条2項）。実際に、全部取得条項付種類株式を利用して少数株主を締め出す場合には、例えば、公開買付けにより多数株式を取得したうえで、甲種類株式1株につき乙種類株式100万分の1株の割合をもって交付するとの決議がなされることによって、少数株主に交付すべき乙種類株式は1株に満たない端数となる。このため、いわゆる端数の処理として少数株主には、端数株式売却代金が交付される（法234条）。他方、買収者は、端数の合計数の乙種類株式を買受けることによって対象会社の株式全部を取得することができる。

このように取得の決議がなされると全部取得条項付種類株式の株主がその地位を喪失するという重大な効果が生じるため、取得を決定する株主総会において、取締役は「全部取得条項付種類株式の全部を取得することを必要とする理由」を説明しなければならない（法171条3項）。少数株主の締出しは、前述のとおり企業価値の向上の観点から許容され得るものであることを踏まえると、対象会社の取締役は、企業価値向上の観点から、全部の取得をすることによって少数株主から株主としての地位を喪失させることが必要な理由を株主に説明することが求められると解される。[46]

(B) 事前・事後の情報開示

全部取得条項付種類株式の取得は、多数の株主がその地位を喪失するなど株主の権利に重大な影響を与えることから、改正会社法により、組織再編行為における規律と均衡を保つ形で情報開示の規定が整備されている。具体的には、取得を決定する株主総会の日の2週間前の日または株主に対する通知もしくは公告の日のいずれか早い日から、所得日後6か月を経過する日までの間、当該株主総会において決議すべき事項その他法務省令で定める事項を記載した書面等をその本店に備え置き、株主の閲覧に供しなければならない（法171条の2第1項、規33条の2）。

法務省令で定める開示事項は詳細にわたっており、法は全部取得条項付種類株式の取得に係る手続においても、組織再編行為と同様に情報開示を重視する

---

[46] 舩津浩司「キャッシュ・アウト――全部取得条項付種類株式・株式併合――」商事法務2064号6頁。

立場をとっている。こうした情報開示は、少数株主がキャッシュ・アウトの有効性を争うための手掛かりとなるとともに、多数株主の事実上の行為規制としても重要な機能を果たすものといえる[47]。特に、重要な開示事項のうち「取得対価……の相当性に関する事項」（規33条の2第1項1号）として、①取得対価として当該種類の財産を選択した理由[48]、②親会社等があるときは、株主の利益を害さないように留意した事項」、および、③端数処理により交付することが見込まれる額及び額の相当性などが盛り込まれており（同条2項2号～4号）、公正な手続を採って対価が決定されたことを開示するよう求めている。同様の事項は、株主総会参考書類にも記載される（規85条の2）。

　また、議決権を有しない株主は、取得の事実を認識し得ないことがあるので、当該株主にキャッシュ・アウトの手続が進行していることを認識させ、次に述べる取得価格決定の申立て等の機会を確保するため、株式会社は、取得日の20日前までに、全部取得条項付種類株式の株主に対し、その全部を取得する旨を通知または公告する必要がある（法172条2項、3項、振替法161条2項）。このほか、取得日後は、遅滞なく全部取得条項付種類株式の取得に関する事項を記載した書面を備え置かなければならない（法173条の2、規33条の3）。

(C) 公正な価格

(a) 株式取得価格の決定申立て

　全部取得条項付種類株式を発行する旨の定款変更をする場合には、反対株主に株式買取請求権が認められるほか（法116条1項2号）、取得を決定する株主総会決議をする場合には、取得日の20日前の日から取得日の前日までの間、反対株主は、裁判所に対して、取得価格の決定の申立てをすることができる（法172条1項）。これは、利益相反により不公正な条件で少数株主の保有する株式が取得されることを抑止し、公正な対価を保障することによって少数株主

---

47) 笠原武朗「全部取得条項付種類株式の意義と利用」浜田道代・岩原紳作編『会社法の争点』（ジュリ増刊、有斐閣、2009）43頁。
48) 舩津・前掲注46) 7頁は、交付されるのは金銭ではなく、端数株式であるとの形式的な解釈をすることなく、対価が交付されることを前提として選択の相当性の開示が求められていると解しうることを示唆している。

の利益を保護するために設けられた制度である。

(b) 公正な手続と取得価格

価格を決定する基準について法律上の定めはないが（法172条1項）、裁判所が決定する価格は、株式買取請求と同じく「公正な価格」と解されている（最決平成21年5月29日金判1326号35頁）。また、MBOに限らず、多数株主が株式会社の株式等の公開買付けを行い、その後に当該株式会社の株式を全部取得条項付種類株式とし、当該株式の全部を取得する取引（二段階買収）について、最高裁は、①「多数株主等と少数株主との間の利益相反関係の存在により意思決定過程が恣意的になることを排除するための措置が講じられ」ており、②「一般に公正と認められる手続により上記公開買付けが行われ、その後に当該株式会社が上記買付け等の価格と同額で全部取得条項付種類株式を取得した場合」には、③「上記取引の基礎となった事情に予期しない変動が生じたと認めるに足りる特段の事情がない限り、裁判所は、上記株式の取得価格を上記公開買付けにおける買付け等の価格と同額とするのが相当である」と判示した（最決平成28年7月1日金判1497号8頁）。上記決定は構造的な利益相反がある二段階買収において、手続的な面が公正である場合には、当事者の設定した取得対価を尊重すべきであるとの学説の立場と整合的なものと評価されている。[49]

裁判所が当事者の設定した取得価格を尊重するための前提となる公正な手続確保については、実務上の具体的な対応として、①情報開示を通じた株主の適切な判断機会の確保、②意思決定過程における恣意性の排除、および、③価格の適正性を担保する客観的状況の確保などが示され、特に②については、社外役員または独立した第三者委員会等に対する諮問とその判断の尊重、役員の承認、意思決定方法に関する弁護士・アドバイザーからのアドバイス、価格に関する独立した第三者評価機関からの算定書などが盛り込まれている。[50] また実際に、これまで同指針を踏まえて第三者委員会を設置するなど実務対応上の工夫

---

49) 松中学「JCOM最高裁決定と構造的な利益相反のある二段階買収における『公正な価格』」商事法務2114号5頁。
50) 経済産業省「企業価値の向上及び手続確保のための経営者による買収（MBO）に関する指針」（平成19年9月4日）20頁。

がなされてきた。[51]

　もっとも、前掲最決平成28年7月1日では、一般に公正と認められる手続の具体例として「独立した第三者委員会や専門家の意見を聴くなど」、「公開買付に応募しなかった株主の保有する上記株式も公開買付けに係る買付け等の価格と同額で取得する旨が明示されているなど」としか指摘されておらず、当事者が設定した価格を尊重することを相当とする公正な手続といえるか否かについて明確な基準が示されたとはいえない。むしろ、従来の下級審裁判例には、一定の公正と認められる手続によってMBOが成立したと評価できるとしながら、実体面の公正さを考慮してMBOにおける利益相反関係や構造上の強圧性が全くないと評価することはできないなどとして、裁量により公正な価格を定めたものもあり（東京高決平成22年10月27日資料版商事法務322号174頁（サイバードホールディングス事件）、前掲最決平成28年7月1日）、当事者の設定した取得価格を尊重することを相当とする「公正な手続」（それが実質的に機能しているかも問題とされなければならない）[52]、その判断基準については引き続き議論がなされている状況にある。[53]

　これに対し、手続的な面が公正でないと認められる場合には、裁判所は独自に公正な価格を決定しなければならない。そして、これまでの全部取得条項付種類株式を利用したMBOに関する裁判例では、公正な価格とは、①売却した場合に実現される株式の客観的価値（ナカリセバ価格）と②継続保有により実現する可能性のある株価の上昇に対する期待（増加価値分配価格）を含むとされ、「会社法は、取得価格の決定を、記録に表れた諸般の事情を考慮した裁判所の合理的な裁量に委ねたものと解するのが相当である。」としている（東京高決平成20年9月12日金判1301号28頁（レックスホールディングス事件）、最決平成21年5月29日金判1326号35頁）。この点は、少数株主を締め出す

---

51) なお、実務では、買付者の関係者が保有している株式を除いた一般株主が保有する株式の過半数が応募することをTOBの成立要件とするなど従前からマジョリティ・オブ・マイノリティ制度の趣旨を採りいれたキャッシュ・アウトの設計も行われている（大阪地決平成24年4月13日金判1391号52頁（カルチュア・コンビニエンス・クラブ事件）参照）

52) 松中・前掲注49) 10頁。

53) 2018年11月7日、経産省は「公正なM&Aの在り方に関する研究会」を設置し、MBO指針を全面改訂し、2019年6月28日、「公正なM&Aの在り方に関する指針─企業価値の向上と株主利益の確保に向けて─」を公表した。

ことによる超過収益を多数株主と少数株主との間でどのように分配すべきかという問題であるが、多数株主が任意の交渉で少数株主の締め出しによって経営の効率化等の目的を達成しようとするならば、一定のプレミアムを支払うことになるはずであり、増加価値を分配することなく少数株主の締出しが認められるならば、不公正なキャッシュ・アウトを誘発することにもなろう。他方で、MBO の実施後に増大が期待される価値のうち既存株主に対して分配されるべき部分を客観的かつ一義的に算出する評価方法は未だ確立されているとは言い難いのであり、客観的価値と増加価値を区別する算定手法自体への批判もあるほか、確立した評価方法を欠いたまま、裁判所が過度に介入することにより、MBO についての予測可能性が損なわれ、円滑な組織再編が実施できなくなるとの懸念もある。[54]

(c) 小括

このように少数株主には、取得価格の適正を裁判上争う手続が認められており、会社法制定当初は、少数株主の救済制度としての意義が強調されてきたが、[55]これまで「公正な価格」を争う裁判例が積み重ねられ、最高裁の決定により一定の方向が示されているものの、その明確な基準が確立されるに至っておらず、当事者の予測可能性に不安定さを残している。加えて、何よりも取得価格の決定は、申立株主と対象会社との間での相対的な効力しか認められておらず、不公正な取得価格と認められたとしても、その救済を受けるのは申立てをした株主だけである。このため、不公正な取引がなされた場合における少数株主全体の救済方法とはなっていない。

(D) 少数株主による差止請求

瑕疵のある取得に対する少数株主全体の救済方法としては、株主による差止請求の制度が設けられている。つまり、全部取得条項付種類株式の取得が法令または定款に違反する場合において、株主が不利益を受けるおそれがあるとき

---

54) 中東正文「キャッシュ・アウト法制」金融商品取引法研究会編『金融商品取引法制の潮流』（日本証券経済研究所、2015）71～72 頁。

55) 藤田友敬「新会社法における株式買取請求権制度」黒沼悦郎＝藤田友敬編『江頭憲治郎先生還暦記念　企業法の理論（上巻）』（商事法務、2007）284 頁。

は、株主は会社に対して、全部取得条項付種類株式の取得を止めることを請求できる（法171条の3）。従来は略式組織再編についてだけ差止請求の制度が設けられていたが、改正会社法の下では、少数株主の締め出しのために利用される手法である全部取得条項付種類株式の取得、株式併合および組織再編行為一般も差止めの対象とされた（法784条の2、796条の2）。事後的に組織再編の効力が否定されると法律関係を複雑・不安定にするおそれがあるため、各行為の効力発生前にその差止めを請求できるとするのが相当と考えられたことによる。[56]

もっとも、一般的な組織再編行為では、法令または定款違反が差止事由とされており、対価が著しく不当であることを差止事由として明定しているのは、略式組織再編の場合だけである（法784条の2第2号）。全部取得条項付種類株式においても、差止事由は法令または定款違反に限定されており、この法令定款違反には、不当な対価を定めた取締役の善管注意義務・忠実義務の違反は含まれないとされており、[57]こうした立場によれば、取得価格が著しく不当な場合でも、差止めの対象とならないことになる。しかし、取得価格決定の申立ては、前述のとおり少数株主の救済のために十分とはいえない。そこで、取引過程の公正さをより重視する立場に立って、特別利害関係株主の関与により著しく不当な株主総会決議がなされる場合には、当該決議の瑕疵を法令違反として読み込むことにより差止請求を認める立場[58]や株主に対する情報開示に係る法令違反をもって差止事由と解する立場[59]などが主張されている。こうした立場は、情報開示を充実させるとともに、差止請求を認めた改正会社法の趣旨を踏まえて、株主と対象会社間の紛争を事前に解決するための解釈により、著しく不当なキャッシュ・アウトが実行されることに対して一定の歯止めをかけようと試みるものである。

---

56) 立案担当者平成26年改正解説205頁。
57) 立案担当者平成26年改正解説205～206頁。
58) 中東・前掲注54) 88頁。
59) 白井正和「組織再編等に関する差止請求権の拡充―会社法の視点から」川島四郎・中東正文編『会社事件手続法の現代的展開』（日本評論社、2013）217～221頁、飯田秀郷「キャッシュ・アウトの合理性を活かす法制度の構築」ジュリ1495号61頁。

(E) 株主総会決議の瑕疵と決議取消し

　特別支配株主による株式等売渡請求制度の創設により、総株式の 90% 以上を保有する買収者が少数株主を締め出すには、株主総会決議を経る必要がなくなった。しかし、改正会社法の下においても、上記保有割合に満たない場合には、例え買収者側で 3 分の 2 以上の株式を保有する場合でも、全部取得条項付種類株式を利用して少数株主を締め出すためには株主総会の特別決議が必要とされている。少数株主の締出しに株主総会決議が必要とされていることは、事前開示、株主総会参考書類および総会での理由の説明などを通じて、少数株主に情報を提供する機会を付与するとともに、買収者と少数株主との間に構造的な利益相反関係のある少数株主の締出しの場面において、事前に行為を差止め、あるいは株主総会決議の瑕疵を争うことにより、少数株主の締出しによる買収行為自体を阻止する余地を残している。また、改正会社法では、締め出された株主も決議取消しの訴えの原告適格をもつことが明らかにされている。

　そして、全部取得条項付種類株式の取得のための株主総会決議が粉飾決算や不正融資の隠ぺいその他私的便益を図るなど不当な目的でなされた場合や著しく低い取得対価が決定された場合には、特別利害関係人による著しく不当な決議（法 831 条 1 項 3 号）として決議取消事由になると解される。[60] 加えて、多数株主の行為規制として情報開示が要求されていることから、株主に対する情報開示に係る法令の違反、具体的には、事前開示における取得対価の相当性に関する事項（当該種類の財産を選択した理由等）についての開示内容や株主総会における「必要とする理由」の説明内容が虚偽あるいは不十分である場合に決議取消事由となる可能性があることを指摘する見解も主張されている。[61]

(4) まとめ

　東京証券取引所に上場する株式会社のうち、上場を廃止した会社の廃止理由をみると、改正会社法が施行された翌年である平成 28 年以降は、全部取得条

---

[60] 山下友信「種類株式間の利害調整―序説」新堂幸司・山下友信編『会社法と商事法務』（商事法務、2008）109 頁、舩津・前掲注 46) 8、9 頁。

[61] 笠原・前掲注 47) 43 頁、株主に株価に影響する重要な情報が知らされずにキャッシュ・アウトが行われた場合には、開示義務違反を株主総会決議取消事由と解すべきである（斎藤真紀「キャッシュ・アウト」ジュリ 1439 号 57 頁、舩津・前掲注 46) 9 頁。

項付種類株式による取得はなくなり、これに代わって株式併合や株式売渡等請求による取得が増加している[62]。しかし、以上で考察した公正な手続および価格に係る論点は、全部取得条項付種類株式だけでなく、他のキャッシュ・アウトの手法にも関わる問題であり、キャッシュ・アウトを許容し得るのはどのような場合かについては、今後の実務によりさらに具体的に検討されるべき課題である。

2　特別支配株主の株式等売渡請求（法179条、179条の8）

(1)　制度創設の理由

　特別支配株主による株式等売渡請求は、株式会社の総株主の議決権の10分の9以上を有する株主（特別支配株主）が、当該株式会社（対象会社）の他の株主等（売渡株主等）の全員に対し、その有する対象会社の株式等の全部を特別支配株主に売り渡すことを請求することができるというもので、平成26年改正によって新設された制度である（法179条以下）。

　平成26年改正以前のキャッシュ・アウトの手法としては、現金対価株式交換（法768条1項2号ホ）や全部取得条項付種類株式（法108条1項7号、171条以下）の利用が考えられていた[63]。しかし、現金対価株式交換の場合、株式保有割合が90％以上の場合、対象会社である株式交換完全子会社において株主総会の特別決議を経ることなく（取締役会決議のみで）キャッシュ・アウトを完了させることが可能（法784条1項本文）というメリットがある一方、税務上、非適格株式交換等（法人税法62条の9第1項）に該当し、株式交換完全子会社が当該株式交換の直前において有する時価評価資産の評価損益が法人税法上の益金または損金に算入されるため、かかる税務上のインパクトを嫌

---

[62]　日本取引所グループウェブサイト「上場廃止銘柄一覧」〈https://www.jpx.co.jp/listing/stocks/delisted/〉。

[63]　平成26年改正前においても、株式併合をキャッシュ・アウトの手法として利用することも理論的には可能であったが、改正前の株式併合は少数株主権保護の制度が不十分であったため（例えば、事前・事後開示手続、反対株主の株式買取請求権や売買価格決定の申立権、差止請求権等の制度がなかった）、株式併合がキャッシュ・アウトに利用される実例はなかった。もっとも、平成26年改正により、株式併合における少数株主権保護の規定が拡充されたことに伴い、株式併合がキャッシュ・アウトに利用される実例は増加している（詳細は、後記第3章Ⅱ参照）。

って、現金対価株式交換を用いる手法は実務上あまり利用されていなかった（もっとも、上記Ⅰ（1）（C）記載のとおり、平成29年税制改正により、株式交換完全親会社が、株式交換の直前において、株式交換完全子会社の発行済株式総数の3分の2以上を保有していれば現金対価の場合であっても適格株式交換等になり得るとされたため（法人税法2条12号の17柱書かっこ書）、同改正以降は、現金代価株式交換をキャッシュ・アウト目的で利用することの税務上の障害は解消されている）。そのため、平成26年改正前は、キャッシュ・アウトの手法としては、全部取得条項付種類株式を利用する方法がほとんどであった。

しかし、全部取得条項付種類株式の利用の場合、キャッシュ・アウトを行おうとする株主が大多数の議決権を保有していたとしても、常に対象会社の株主総会の特別決議を要することとなり（法171条1項、309条2項3号）、キャッシュ・アウトを完了するまでに長期間を要し、また、複雑な手続が必要になるなど、時間的・手続的コストが大きいという指摘が為されていた。しかも、上場会社において、キャッシュ・アウトの前提として公開買付（金融商品取引法27条の2以下）が先行することが多く（公開買付後のキャッシュ・アウト手続も含めて、「二段階取引」と呼ばれる）、この場合において、公開買付後のキャッシュ・アウトに長時間を要すると、公開買付に応募しなかった株主が不安定な立場に置かれ、公開買付の強圧性が高まる（公開買付の買付価格が不十分であると考える株主も、応募しないことから生ずる不利益を避けるために公開買付に応募してしまう可能性が高まる）との指摘も為されていた。[65]

そこで、迅速かつ機動的なキャッシュ・アウトの実現のため、平成26年改正[66]により、総株主の議決権の90％以上を保有する株主（特別支配株主）による対象会社の株主総会特別決議を要しないキャッシュ・アウト手法として、株

---

64) 一問一答（第2版）252頁
65) 代宗剛『Q&A　株式・組織再編の実務1──キャッシュ・アウト制度を中心に』（商事法務、2015）3頁。全部取得条項付種類株式を利用する場合、典型的には、株主総会特別決議のために臨時株主総会を開催することが多く、基準日設定公告（法124条3項）や株主総会招集通知（法299条1項）などの事前手続を要する関係で、特に上場会社においてはキャッシュ・アウト完了までに数か月を要することが一般的である。
66) 先行する公開買付の決済日後、最短で20日でキャッシュ・アウトを完了することが可能である。

式等売渡請求制度が創設されたものである。株式等売渡請求の制度は、会社法がはじめてキャッシュ・アウトを制度として正面から認めたもので、平成26年改正以降は、迅速かつ機動的なキャッシュ・アウトを可能とする株式等売渡請求制度の利用が、第一の選択肢として位置付けられることになろう（他のキャッシュ・アウト手法とは異なり、新株予約権も取得の対象とすることが可能となる点も大きなメリットである。詳細は後記（5）（A））。

なお、株式等売渡請求制度の創設によっても、他のキャッシュ・アウト手法（全部取得条項付種類株式や株式併合等）の利用が禁止されるものではない。[67]

(2) 法的性質

株式等売渡請求の法的性質は一種の形成権の行使と考えられており、会社法上の手続に従うことで、売渡株主等の個別の承諾を要することなく、特別支配株主と売渡株主等との間に売渡株式等の売買契約が成立したのと同様の法律関係が生ずるものとされ、特別支配株主が定めた取得日に、法律上当然に、売渡株主等から特別支配株主に対する売渡株式等の譲渡の効力が生ずることとなる。したがって、株式等売渡請求は、特別支配株主と売渡株主等との間の売買取引であり、対象会社は取引の当事者ではない。[68]

株式等売渡請求は、全部取得条項付種類株式や株式併合を用いる方法とは異なり、少数派株主（売渡株主等）の有する株式等がキャッシュ・アウト実施者（特別支配株主）へ直接移転する形で行われるものである。

(3) 主体

(A)「特別支配株主」の要件

株式等売渡請求を行うことができるのは、特別支配株主、すなわち対象会社の総株主の議決権の90％以上（対象会社の定款でこれを上回る割合を定めることも可能である）を保有する株主である（法179条1項）。この90％要件は、事業譲渡や組織再編における株主総会決議を不要とする略式手続の「特別支配会社」要件（法468条1項、784条1項、796条1項）との平仄を合わせたも

---

[67] 一問一答（第2版）253頁。
[68] 一問一答（第2版）254頁。

のである。なお、対象会社は公開会社に限られない（法文上、公開会社に限定されていない）。

　特別支配株主は会社に限られず（法179条1項は「者」としか規定していない）、自然人、外国会社、その他の法人でもよい。法人格を有しないファンド等の組合が特別支配株主となることができるかが問題となるが、独立の事業体としての実質を有する場合には、当該組合の名義で単独株主となることが可能であり、組合であっても特別支配株主となり得ると解されている。[69] もっとも、迅速かつ機動的なキャッシュ・アウトによって対象会社の単独株主となることを認めた株式等売渡請求の趣旨からすれば、株式等売渡請求によって売渡株式等を取得できる特別支配株主は1人または1社である必要があり、次の（B）の特別支配株主完全子法人の場合を除き、他社の保有株式等と合算して90％以上となっても「特別支配株主」の要件を満たすことにはならない。

　なお、特別支配株主は、対象会社への通知およびその承認（法179条の3第1項）を受ける時点ならびに売渡株式等の取得日（法179条の9第1項）において90％要件を満たしていなければならない。[70]

(B) 特別支配株主完全子法人が保有する議決権の合算

　当該者が直接または間接に100％支配している法人（特別支配株主完全子法人）の有する議決権は、当該者が自ら有するのと同視し得ることから、「特別支配株主」の要件（90％要件）充足性との関係で、当該者が有する議決権との合算が認められている（法179条1項括弧書）。特別支配株主完全子法人とは、①当該者が発行済株式の全部を有する株式会社、②当該者がその持分の全部を有する株式会社以外の法人、③当該者と上記①②とが合算してその持分の全部を有する法人、④上記①②のみでその持分の全部を有する法人をいう（法179条1項かっこ書、規33条の4第1項1号・2号）。ただし、特別支配株主完全子法人が有する議決権については、90％要件を充足させるうえで合算することが認められているに過ぎず、特別支配株主完全子法人が株式等売渡請求

---

69) 江頭277頁、内田修平他「キャッシュ・アウトに関する規律の見直し」商事法務2061号24頁。
70) 一問一答（第2版）260頁。

をすることは許されない。株式等売渡請求をして売渡株式等を取得できるのは、あくまで特別支配株主1人（1社）である。[71]

(C) 特別支配株主であることの確認

対象会社による特別支配株主であるか（90％要件を満たすか）の確認は、株主名簿の記載や振替機関等に対する情報提供請求（振替法277条）により提供される振替口座の情報等により行われることとなる。[72]

(4) 請求の相手方

株式等売渡請求の相手方は、対象会社および特別支配株主を除く対象会社の株主全員であり（法179条1項本文）、一部の友好的な株主のみを残すということはできない（全部取得条項付種類株式や株式併合とは異なる特徴である）。株式等売渡請求が対象会社の完全な支配化を目的とするものである以上、これは当然である。もっとも、特別支配株主完全子法人の有する株式は、既に特別支配株主の完全な支配下にある以上、対象とする必要はない。そのため、特別支配株主は、特別支配株主完全子法人に対して株式等売渡請求をしないことを選択することも可能である（法179条の2第1項1号）。[73]

(5) 対象となる株式等

(A) 新株予約権

対象会社が新株予約権を発行している場合において、株式の売渡請求をしても新株予約権が第三者の手中に残ることになると、将来、この新株予約権が行使されることで100％持株関係が崩れてしまい、株式等売渡請求の意義が損なわれてしまう。そこで、特別支配株主は、株式売渡請求と併せて、対象会社の新株予約権者の全員に対して、新株予約権の全部の売渡請求をすることができるとされている（法179条2項）。全部取得条項付種類株式や株式併合の手法

---

71) 一問一答（第2版）259頁。
72) 一問一答（第2版）260頁。
73) 複数の特別支配株主完全子法人が存する場合、ある完全子法人に対しては請求し、ある完全子法人に対しては請求をしないという選択も可能である（一問一答（第2版）265頁）。

の場合、キャッシュ・アウト実施者が新株予約権を強制取得することは原則としてできないため、新株予約権も強制取得の対象とすることができる点は、株式等売渡請求の大きなメリットである。

新株予約権付社債に付された新株予約権も請求の対象となるが、この場合は原則として、社債部分も併せて売渡請求をしなければならない（法 179 条 3 項本文）。新株予約権付社債については、新株予約権と社債との分離譲渡が基本的にできないとされていることを踏まえたものである（法 254 条 2 項、3 項等）。

新株予約権売渡請求が認められているのは、株式売渡請求によって特別支配株主が発行済株式の全部を取得した後に新株予約権が行使されることによる弊害を防止する趣旨であり、株式売渡請求に付随して認められるものであることから、株式売渡請求と「併せて」行う必要があるとされている（法 179 条 2 項）。同様の趣旨から、新株予約権売渡請求のみの承認は認められず（法 179 条の 3 第 2 項）、株式と新株予約権の両方の売渡請求がある場合の、株式売渡請求のみの撤回や差止請求も認められない（法 179 条の 6 第 1 項および 179 条の 7 第 1 項は「売渡株式等の全部」と規定している）。

特別支配株主が対象会社の発行済株式を単独で 100% 保有している場合に、新株予約権売渡請求のみを行うことができるかが問題となるが、条文の文言上は困難であろう。ただし、100% を保有している特別支配株主が、対象会社の株式の一部を特別支配株主完全子法人に一度譲渡する等のテクニカルな手法によって単独での 100% 保有状態を解消すれば、新株予約権売渡請求権の行使も可能になると思われる。

ところで、ストック・オプションの公開買付価格については、実務上、公開買付者にとっての価値を基準とし、1 個当たり 1 円とされることが多い。スト

---

74) ただし、全部取得条項付種類株式の取得や株式併合の場合に対象会社が新株予約権を無償取得することができる旨の取得条項が新株予約権に付されている場合には（法 236 条 1 項 7 号）、対象会社による新株予約権の強制取得（その後、消却）が可能となる。
75) ただし、当該新株予約権付社債に付された新株予約権の募集事項において別段の定め（法 238 条 1 項 7 号）がある場合には、その定めに従う（法 179 条 3 項ただし書）。
76) 一問一答（第 2 版）263 頁。
77) 代・前掲注 65) 14 頁。

ック・オプションは、会社の役職員たる地位にあることが行使条件とされていることが多く、公開買付者がこれを取得しても行使することができず、公開買付者にとっては無価値だからである。しかし、任意の応募を勧誘するという公開買付とは異なり、特別支配株主による一方的な意思表示によって強制的に新株予約権を奪われる株式等売渡請求の局面においては、売渡新株予約権者にとっての価値を考慮するべきであり、対象会社において、1個当たり1円で新株予約権売渡請求を承認することは困難であろう。[78]

(B) 清算株式会社発行の株式

清算株式会社を対象会社とすることは、清算手段として合理性を欠き必要性が乏しいことから認められていない（法509条2項）。[79]他方、同項の反対解釈により、清算株式会社が株式等売渡請求を行うことは可能である。清算株式会社が株式等売渡請求を行うことで、子会社を完全子会社化すれば全発行済株式を一括して高値で売却できる場合があり得るため、清算手法として合理性が認められるからである。

(6) 具体的手続

特別支配株主が株式等売渡請求を行う場合、必要な手続の概要としては、①特別支配株主による決定（法179条の2第1項）、②特別支配株主による対象会社への通知（法179条の3第1項）、③対象会社における承認（同項）、④対象会社から特別支配株主への通知（同条4項）、⑤対象会社から売渡株主等への通知・公告（法179条の4）、⑥事前備置書類の備置等（法179条の5）、⑦売渡株式等の取得（法179条の9）、⑧事後備置書類の備置等（法179条の10）、である。その他、⑨対象会社の承認後の特別支配株主による売渡請求等の撤回（法179条の6）についても規律がある。

(A) 特別支配株主による決定

特別支配株主は、株式等売渡請求をするにあたって、法179条の2第1項各

---

78) 内田修平「平成二六年会社法改正がM&A法制に与える示唆〔下〕」商事法務2053号19頁。
79) 一問一答（第2版）257頁。

号に定める事項、すなわち以下を定めなければならない。

① 特別支配株主完全子法人に対して株式等売渡請求をしないこととするときは、その旨及び当該特別支配株主完全子法人の名称（1号）
② 売渡株主に対して売渡株式の対価として交付する金銭の額またはその算定方法（2号）
③ 売渡株主に対する②の金銭の割当てに関する事項（3号）
④ 新株予約権売渡請求をする場合には、当該請求に係る①〜③までに相当する事項（4号）
⑤ 特別支配株主が売渡株式等を取得する日（5号）
⑥ 法務省令で定める事項（規33条の5）
　ⅰ 株式等売渡対価の支払いのための資金を確保する方法（1号）
　ⅱ その他の取引条件を定めるときは当該取引条件（2号）

　特別支配株主が取締役会設置会社である場合において、株式等売渡請求による売渡株式等の取得が「重要な業務執行」（法362条4項等）に該当するときは、上記事項の決定は取締役会決議による必要がある（そのため、通常は、取締役会決議を経て行う場合が多いと思われる）。
　⑤の取得日については、対象会社が株式等売渡請求を承認した場合には取得日の20日前までに売渡株主等への通知・公告が必要となるため（後記（E））、対象会社におけるスケジュールを考慮して取得日を設定する必要があろう。
　⑥の「対価の支払いのための資金を確保する方法」としては、特別支配株主の預金残高証明書や融資証明書等を別紙として添付するなどして記載することが考えられる[80]。また、「取引条件」としては、対価の支払期限・支払場所・支払方法等が考えられる。

---

80) 二段階取引において公開買付が先行する場合、公開買付届出書においても買付に要する資金を確保する方法についての詳細を記載する必要があるため（金商法27条の3第2項第3号、公開買付開示府令12条、第2号様式第1.8)、通常はこれと同等の内容を記載することとなろう。

287

(B) 特別支配株主による対象会社への通知

特別支配株主が（A）の決定をした場合、（A）①〜⑥の事項を対象会社に通知する必要がある（法179条の3第1項）（書式1参照）。

(C) 対象会社における承認

特別支配株主は、当該株式等売渡請求について対象会社の承認を得る必要がある（法179条の3第1項）。この承認は、対象会社が取締役会設置会社の場合は取締役会決議による必要がある（同条3項）。対象会社の承認が要求される趣旨は、対象会社の取締役（会）に、特別支配株主の要件（90％要件）を満たすのか、キャッシュ・アウトの条件が適正なものか、対価の交付の見込みがあるか等の確認・判断を期待し、もって少数株主である売渡株主等の利益保護を図ろうとしたものである。したがって、取締役は、善管注意義務をもって、売渡株主等の利益に配慮し、株式等売渡請求の要件充足性や条件等の適正性を判断しなければならない。当該条件等が適正でないにもかかわらず、対象会社が承認をした場合、売渡株主等に生じた損害を賠償する責任を負うこととなる（法429条1項）。

対象会社が株式等売渡請求を承認するか否かを判断するにあたっては、対価の相当性や対価の交付の見込み等の事項を確認する必要がある（なお、この点を踏まえ、規33条の7では、対価の相当性（1号）や対価の交付の見込み（2号）等に関する対象会社の判断とその理由が事前備置書類の記載内容とされている）。対価の相当性の判断資料としては、第三者算定機関の株式価値評価書、第三者委員会や外部法律事務所の意見書などが、対価の交付の見込みの判断資料としては、特別支配株主の預金残高証明書、金融機関からの融資証明書や出資証明書、貸借対照表などが考えられる。

なお、株式等売渡請求のスケジュール短縮などの観点から、公開買付けの開始に際して、公開買付けにより特別支配株主となることを条件として、あらかじめ特別支配株主において株式等売渡請求の決定・通知を行い、対象会社の事前承認を得ておくことも、理論的には可能である[81]。もっとも、かような方法に

---

[81] 内田修平「平成二六年会社法改正がM&A法制に与える示唆〔上〕」商事法務2052号21頁。

よらずとも、一般的には公開買付決済後速やかに対象会社の取締役会を開催して、取締役会の承認決議を得ることが可能であるから、条件付株式等売渡請求によるスケジュール短縮の効果は限定的であり、必要性は必ずしも高くはない。[82]

(D) 対象会社から特別支配株主への通知

対象会社は、株式等売渡請求を承認するか否かの決定をしたときは、特別支配株主に対して決定内容を通知する必要がある（法179条の3第4項）（書式2参照）。

(E) 対象会社から売渡株主等への通知・公告

対象会社は、株式等売渡請求を承認した場合、取得日の20日前までに売渡株主等に対し、法179条の4第1項第1号の事項、すなわち以下を通知しなければならない。

① 株式等売渡請求を承認した旨
② 特別支配株主の氏名または名称および住所
③ 上記（A）①～⑤および⑥ⅱの事項[83]

また、売渡株式等の登録質権者に対しては、株式等売渡請求を承認した旨を通知しなければならない（法179条の4第1項2号）。

---

[82] 条件付株式等売渡請求に対する事前承認には、キャッシュ・アウトの確度がより高いとの株主に対するメッセージとしての機能も期待できるが、二段階取引においては、公開買付届出書において、株式等売渡請求に賛同する対象会社の取締役会の意見が表明されているケースがほとんどであり、そのような機能も限定的である（松尾拓也他『スクイーズ・アウトの法務と税務　改正会社法で広がるキャッシュ・アウトの選択肢』（中央経済社、2015）157頁）。

[83] 上記（A）⑥ⅱの取引条件は、特別支配株主と売渡株主等との間の売買取引の内容または条件であることから、売渡株主等に対する通知事項とされている（規33条の6）。これに対し、⑥ⅰの資金確保の方法については、金融機関からの融資証明書等ある程度分量が多くなることも想定されるため、売渡株主等への個別通知に必ずしも適さない面があり、また、上記の取引条件と異なり、特別支配株主と売渡株主等との間の売買取引の内容または条件となるものではないことから、必ずしも売渡株主等に個別に通知しなければならないものではないと考えられる。そのため、資金確保の方法については、その相当性を売渡株主等の閲覧等に供される事前開示事項に含めることとした上で（後記（F）参照）、売渡株主等への通知事項には含めないこととしている（規33条の6参照）（一問一答（第2版）268頁）。

これらの通知については、売渡株主に対するものを除いては、公告による代替が可能である（法179条の4第2項）（書式3参照）。ただし、対象会社が振替株式発行会社の場合には、通知ではなく広告を行わなければならない（振替法161条2項）。この通知・公告があったときは、特別支配株主から売渡株主等に対し、株式等売渡請求がなされたものとみなされる（法179条の4第3項）。なお、通知・公告は遺漏なく行われる必要があり、これを欠く場合には株式等売渡請求がなされたものとはみなされないことになり、差止事由・無効原因事由となる（後記（7）（A）・（C））。[84]

(F) 事前備置書類の備置等

対象会社は、売渡株主等に対する通知または公告のいずれか早い日から、取得日から6か月（対象会社が公開会社でない場合は1年）が経過するまでの間、以下の事項を記載・記録した書面または電磁的記録を本店に備え置かなければならない（法179条の5第1項）（書式4参照）。

① 特別支配株主の氏名または名称および住所（1号）
② 上記（A）①〜⑥の事項（2号）
③ 株式等売渡請求を承認した旨（3号）
④ 法務省令で定める事項（規33条の7）
　ⅰ 株式売渡対価や新株予約権売渡対価の定めに関し、対価の総額の相当性に関する事項（1号イ）、株式等売渡請求の承認にあたり売渡株主等の利益を害さないように留意した事項（1号ロ）、その他対価の定めの相当性に関する事項（1号柱書）
　ⅱ 株式売渡対価や新株予約権売渡対価の交付の見込みに関する事項（2号）
　ⅲ 取引条件の定めがあるときはその相当性に関する事項（3号）
　ⅳ 対象会社において、最終事業年度の末日後に生じた会社財産の状況に重要な影響を与える後発事象の内容等（4号）

---

84) 一問一答（第2版）274頁。

ⓥ　事前備置書類の備置開始後取得日までの間に、ⓘ〜ⓘⓥにつき変更が生じた場合には、変更後の事項（5号）

なお、ⓘ〜ⓘⓘⓘの事項については、対象会社の取締役の判断と理由の記載も必要である。

売渡株主等は、対象会社に対して、営業時間内はいつでも事前備置書類の閲覧等の請求が可能である（法179条の5第2項）。

(G)　売渡株式等の取得

特別支配株主は、取得日に売渡株式等の全部を取得する（法179条の9第1項）。これは、機動的かつ迅速なキャッシュ・アウトの実現という株式等売渡請求の制度趣旨から、集団的・画一的に売渡株式等の移転の効力を認める必要があるためである。[85] そのため、取引条件（規33条の5第2号）として対価の支払期限が設定されている場合はもちろん、設定されていない場合であっても、売渡株式等の取得と対価の支払いとは同時履行の関係には立たず、対価の支払いの有無に関係なく売渡株式等の移転の効力が生じることとなる。[86]

特別支配株主が対象会社に売渡株式等の取得を対抗するためには、株主名簿や新株予約権原簿の名義書換が必要であるが（法130条、257条）、この場合、名義書換請求は特別支配株主が単独で請求できる（法133条2項、規22条1項6号、2項2号、法260条2項、規56条1項5号、2項2号）。新株予約権付社債に付された新株予約権に対する新株予約権売渡請求により社債部分も併せて取得した場合、社債の取得を対象会社に対抗するには社債原簿の名義書換が必要であるが（法688条）、この場合も、名義書換請求は特別支配株主が単独で可能である（法691条2項、規168条1項5号、2項2号）。

(H)　事後備置書類の備置等

対象会社は、取得日後遅滞なく、以下の事項を記載・記録した書面または電磁的記録を作成し、取得日から6か月間（対象会社が公開会社でない場合は1

---

85)　一問一答（第2版）267頁。
86)　一問一答（第2版）270頁。

年間)、これを本店に備え置かなければならない(法179条の10第1項)(書式5参照)。

① 特別支配株主が取得した売渡株式等の数(同項、規33条の8第4号・5号)
② 法務省令で定める事項(規33条の8)
　ⅰ 特別支配株主が売渡株式等の全部を取得した日(1号)
　ⅱ 差止請求の手続の経過(2号)
　ⅲ 売買価格決定申立手続の経過(3号)
　ⅳ 新株予約権付社債に付された新株予約権が売渡請求の対象である場合における、社債の合計額(6号)
　ⅴ その他売渡株式等の取得に関する重要な事項(7号)

取得日に売渡株主等であった者は、対象会社に対して、営業時間内はいつでも事後備置書類の閲覧等の請求が可能である(法179条の10第3項)。

(I) 売渡請求等の撤回

　株式等売渡請求の撤回は、対象会社の承認を受けた後は、取得日の前日までに対象会社の承諾を得た場合に限り認められている(法179条の6第1項)。取締役会設置会社においては、この承諾は取締役会決議による必要がある(同条2項)。株式等売渡請求の撤回が認められているのは、株式等売渡請求の後に特別支配株主の財務状態が悪化し、対価の交付が困難となった場合などにおいて、撤回を一切認めないとするのは売渡株主等の利益に反することとなる一方、特別支配株主の一方的意思表示による無制限の撤回は売渡株主等の予測可能性を害することから、売渡株主等の利益に配慮して対象会社の承諾を条件とすべきと考えられたからである。[87]

　特別支配株主から撤回の申入れがあった場合、対象会社の取締役(会)は撤回を承諾するべきかにつき、売渡株主等の利益に配慮して検討・判断し、承諾[88]

---

87) 一問一答(第2版)278頁。

するか否かの決定をしたときには特別支配株主に決定内容を通知するとともに（同条3項）、撤回を承諾する場合には遅滞なく売渡株主等に承諾した旨を通知しなければならない（同条4項）。この通知は公告による代替も可能であり（同条5項）、振替株式発行会社の場合には公告が強制されている（振替法161条2項）。

売渡株主等への通知・公告がなされたときに、売渡株式等の全部について撤回されたものとみなされる（法179条の6第6項）。

なお、株式と新株予約権の両方の売渡請求がある場合の、株式売渡請求のみの撤回は許されないが（上記（5）(A)）、新株予約権売渡請求のみの撤回は認められる（同条8項）。

(7) 救済手段

株式等売渡請求に不服のある売渡株主等の救済手段としては、①差止請求（法179条の7）、②売買価格決定の申立て（法179条の8）、③売渡株式等の取得の無効の訴え（法846条の2以下）、④対象会社の取締役に対する損害賠償請求（法429条）が考えられる。その他、特別支配株主が売渡株式等の対価を支払わない場合に、⑤売渡株主等による債務不履行解除（民法545条）が認められるかという点が解釈上問題となる。

(A) 差止請求

（ⅰ）株式等売渡請求が法令に違反する場合、（ⅱ）対象会社が売渡株主等への通知もしくは事前備置義務に違反した場合、（ⅲ）売渡対価が著しく不当である場合には、売渡株主等が不利益を受けるおそれがあるときに限り、売渡株主等は特別支配株主を被告として、株式売渡請求の差止請求をすることができる（法179条の7第1項、2項各号）。差止請求は、株式等売渡の効力発生日、すなわち取得日までに行う必要がある。差止請求の効果は、売渡株式等の取得の全部に及び、一部のみの差止めは認められない（新株予約権売渡請求も併せ

---

88) 対象会社の取締役において、株式等売渡請求の撤回の承諾の判断・決定に関して、善管注意義務違反がある場合には、当該取締役は売渡株主等に対して損害賠償責任を負う場合がありうる（法429条1項）。

て為されている場合には、売渡株主等による差止請求の効果は、売渡株式および売渡新株予約権の双方に及ぶことになる）。

（ⅰ）で定款違反が除外されているのは、株式等売渡請求は特別支配株主が当事者であり、対象会社は当事者とはならず、対象会社による定款違反が観念できないためである[89]。なお、特別支配株主の議決権要件を定款で加重している場合に（法 179 条 1 項括弧書）、加重後の議決権要件を満たさないことは法令違反に当たると解される[90]。

(B) 売買価格決定の申立て

売渡株主等は、取得日の 20 日前の日から取得日の前日までの間に、裁判所に対し、その有する売渡株式等の売買価格の決定の申立てをすることができる（法 179 条の 8 第 1 項）。これは、キャッシュ・アウトの価格に不満をもつ売渡株主等に、価格の公正を争う機会を保障するものである。

売買価格決定申立事件の管轄は、対象会社の本店所在地を管轄する地方裁判所である（法 868 条 3 項）。裁判所は、売買価格の決定をする場合、審問期日を開いて、申立人および特別支配株主の陳述を聴かなければならない（法 870 条 2 項 5 号）。

裁判所の決定があった場合、特別支配株主は、裁判所が決定した売買価格に対する取得日後の年 6％ の利息の支払義務を負うが（法 179 条の 8 第 2 項）、決定があるまでの間は、特別支配株主自身が公正な売買価格と認める額を売渡株主等に先払いすることで、利息の一部の発生を回避することができる（同条 3 項）。

なお、近時、最高裁は、売買価格決定申立ての申立適格に関し、売買価格決定申立制度の趣旨が、対象会社による売渡株主等に対する「通知又は公告により、その時点における対象会社の株主が、その意思にかかわらず定められた対価の額で株式を売り渡すことになることから、そのような株主であって上記の対価の額に不服がある者に対し適正な対価を得る機会を与えることにある」とし、通知・公告の後に売渡株式を譲り受けた者は、売買価格決定申立制度によ

---

[89] 中間試案補足説明 45 頁。
[90] 江頭 282 頁注 (1)、田中亘「キャッシュ・アウト」ジュリ 1472 号 43 頁。

る保護の対象として想定されていないとして、通知・公告がされた後に売渡株式を譲り受けた者の申立適格を否定した（最決平成29年8月30日判タ1442号58頁）。

(C) 無効の訴え

　株式等売渡請求による売渡株式等の取得は、特別支配株主と売渡株主等との売買取引であるものの、利害関係人が多数に上ることから、法律関係の早期安定や画一的処理により法的安定性を図る必要がある。[91]そのため、株主等売渡請求による売渡株式等の取得の無効は、無効の訴えという形成訴訟によらなければ主張ができないこととされている（法846条の2第1項）。

　売渡株式等の取得の無効原因事由について明示的規定はなく、解釈に委ねられる。一般論としては、手続的瑕疵のうち重大なものが無効原因事由になると解され[92]、具体的には、①特別支配株主となるための議決権保有要件の不足、②対価である金銭の違法な割当（法179条の2第3項の違反）、③対象会社の承認手続の瑕疵・不存在、④売渡株主等に対する通知・公告・事前備置書類の瑕疵・不実記載、⑤取得の差止仮処分命令への違反などが考えられる。また、⑥売渡株式等の売買価格の不当性や⑦対価の不払いについては、これらの程度が著しい場合に無効原因事由となると解されている。[93]

　なお、「少数株主の締出し」という目的自体が不当であるとして、無効原因事由になり得るとする見解もあるが[94]、少なくとも改正会社法の下では、少数株

---

91) 一問一答（第2版）289頁。
92) 法制審議会会社法制部会においては、100％子会社化を目的とする株式等売渡請求においては、⒜特別支配株主による売渡株式等の取得後に株式が分散される事態は基本的に想定されず、取引の安全の要請が相対的に弱い上、⒝その効果は株式等の移転で、会社財産の移転がないため、移転した財産関係を前提に新たな法律関係が形成されるわけではないことなどを理由に、株式等発行や組織再編の場合よりも、無効事由を広く考えてよいという意見が有力に主張されている。
93) 江頭283頁注（2）。なお、立案担当者も、全部取得条項付種類株式のケースでは、キャッシュ・アウト対価が著しく不当である場合には株主総会決議取消事由（法831条1項3号）に該当し得るところ（東京地判平成22年9月6日判タ1334号117頁参照）、これとの均衡上、株式等売渡請求においても、売買価格が著しく不当である場合には無効原因となり得るとしている（一問一答（第2版）282頁）。
94) 江頭160頁、282頁、283頁は、閉鎖型タイプの会社においては、株主は持分比率の維持に強い関心があり、株主間に経営参加に関する明示・目次の約束があることも少なくないことから、締出し目的は差止事由・無効事由になり得るとしている。

主の締出しを目的とする株式等売渡請求が正面から認められた以上、かかる目的自体をもって無効原因事由と解することは困難と思われる。[95]

売渡株式等の取得の無効の訴えの提訴期間は、取得日から6か月（対象会社が公開会社でない場合には1年）以内である（法846条の2第1項）。提訴権者は、取得日において売渡株主等であった者、取得日において対象会社の取締役・監査役・執行役であった者、対象会社の取締役・監査役・執行役・清算人である（同条2項）。無効の訴えの被告は特別支配株主であり（法846条の3）、対象会社の本店所在地を管轄する地方裁判所に提起する必要がある（法846条の4）。無効の訴えの請求認容確定判決は、対世効および将来効を有する（法846条の7、846条の8）。

(D) 取締役に対する損害賠償請求

対象会社の取締役が、株式等売渡請求の承認やその撤回の承諾に際して売渡株主等の利益への配慮を怠って承認・承諾をし、これによって売渡株主等に損害を与えた場合には、売渡株主等は当該取締役に対し、対象会社に対する善管注意義務違反を理由とする損害賠償責任（法429条1項）を追及することが可能である。

取締役の善管注意義務は、法文上は株式会社に対して負うものであり（法330条・民法644条）、株主は義務の名宛人ではないが、営利法人である会社の利益は、究極的には社員である株主の利益を意味するため、取締役は、会社に対する善管注意義務の一内容として、株主の共同の利益を図る義務を負うものと解される。[96]取締役が悪意または重過失によりかかる義務に違反して、売渡株主等に損害を与えた場合には、取締役は売渡株主等に対して直接損害賠償責任を負うと解すべきである（法429条1項）。

---

95) 内田他・前掲注69) 28頁。同様の理由から、差止請求における差止事由にも当たらないと解される。
96) 内田修平「平成二六年会社法改正がM&A法制に与える示唆〔下〕」商事法務2053号17頁。MBO取引（株式公開買付・全部取得条項付種類株式の利用という二段階取引の事例）にあたり、対象会社の取締役が、株主の共同の利益のため、善管注意義務の一環として公正な企業価値の移転を図る義務を負うことを肯定した裁判例として、東京高判平成25年4月17日判時2190号96頁（レックス・ホールディングス事件）。

（E）債務不履行解除の可否

　株式等売渡請求をした特別支配株主が、売渡株主等に対して対価の交付をしない場合において、個別の売渡株主等が売買契約を債務不履行解除することができるか否かは、法文上明らかではなく、解釈に委ねられる。

　この点、偶発的な一部の不履行によって一部の売渡株式等の取得の効力が喪失することを認めると、完全子会社化という制度目的を阻害するとして、売買契約の解除は無効の訴えによらなければ主張できないとする見解も唱えられている[97]。しかし、同見解は、対価の不払いが「著しい」場合に限定して無効原因事由を認めるにもかかわらず、個別の債務不履行解除も否定するもので、対価の不払いが軽微な場合において、当該対価の支払いを受けていない売渡株主等の救済の途が閉ざされることとなる。これでは、特別支配株主の無資力のリスクを売渡株主等が負担することになり不都合である。法制審議会会社法制部会における無効原因事由を広く捉えるべきとの根拠に照らせば[98]、個別の債務不履行解除を肯定しても利害関係人に大きな支障はないと考えらえる。そのため、無効と個別解除を区別し、売渡株式等の取得の全部を否定する場合には無効の訴えによらなければならない一方で、個別の売渡株主等が対価の不払いを理由に当該売買契約を個別に解除することは妨げられない解することが適当であろう[99]。

(8) さいごに

　以上述べたとおり、平成26年改正以降は、対象会社の取締役会決議のみでキャッシュ・アウトを完了させることができる株式等売渡請求制度の利用が、第一の選択肢として位置付けられることになる。

　もっとも、株式等売渡請求によると、特別支配株主が対象会社を100％子会社化することになるため、友好的な少数株主のみを残存させることができない

---

97) 江頭281頁注（7）。
98) 前項注92)ⓐⓑ参照。
99) 一問一答（第2版）283～284頁。なお、会社分割における労働契約の承継の効力が争われた事案において、会社分割無効の訴えによることなく、労働者の個別の労働契約の承継の効力を争う余地を認めた判例として、最判平成22年7月12日民集64巻5号1333頁（IBM事件）がある。

というデメリットがある。また、買収資金の出し手が親会社である特別支配株主であるうえ、差止請求や無効の訴えなどの救済手段は特別支配株主を被告として提起する必要があるなど、親会社の負担は大きい。対象会社主導でキャッシュ・アウトを実施するような場合には、このような親会社の負担を嫌い、あえて株式等売渡請求の採用を回避することも考えられよう。

平成26年改正以降においても、90％要件を充足しており株式等売渡請求の採用が可能であるにもかかわらず、あえて株式併合の手法を用いる事例も少なからずあり、このような事例は、上記の株式等売渡請求のデメリットを考慮したものと思われる。

書式7　株式等売渡請求に関する通知

平成〇年〇月〇日

〇〇株式会社　御中
〇〇株式会社
代表取締役　〇〇

株式等売渡請求に関するご通知

　当社は、貴社の特別支配株主ですが、平成〇年〇月〇日開催の当社取締役会において、下記のとおり、貴社の株主及び新株予約権者の全員（但し、貴社及び当社並びに下記2.及び4.(1)記載の特別支配株主完全子法人を除きます。）に対し、その有する貴社の株式及び新株予約権の全部を売り渡すことを請求することを決議致しましたので、会社法179条の3第1項に基づきご通知申し上げます。
　つきましては、株式等売渡請求につきご承認をお願い致します。

記

1. 当社及び特別支配株主完全子法人の概要
　　当社と特別支配株主完全子会社の間の資本関係、並びに各社の有する貴

---

100)　株式等売渡請求の手法を用いて友好的な株主を残存させる場合には、100％子会社化後に当該友好的株主が特別支配株主から買い取る必要があるが、この場合、当該友好的株主に対して譲渡益課税がなされてしまう。

社の総株主の議決権の数は、以下のとおりです。
(1) 特別支配株主完全子法人及びその株主

特別支配株主 完全子法人の名称	根拠	根拠となる書類
XX株式会社	当社が同社の発行済株式の全部を有しております。	平成○年○月○日付株主名簿記載事項証明書（別紙1-1）
YY株式会社	当社及びXX株式会社が同社の発行済株式の全部を有しております。	平成○年○月○日付株主名簿記載事項証明書（別紙1-2）
ZZ株式会社	YY株式会社が同社の発行済株式の全部を有しております。	平成○年○月○日付株主名簿記載事項証明書（別紙1-3）

(2) 各社の有する貴社の総株主の議決権の数

当社	○個
XX株式会社	○個
YY株式会社	○個
ZZ株式会社	○個
合計	○個

2. 株式売渡請求をしない特別支配株主完全子法人

　　当社は、以下の特別支配株主完全子法人に対して株式売渡請求をしないこととしております。
　　① XX株式会社
　　② YY株式会社

3. 売渡株主に対して売渡株式の対価として交付する金額の額又はその算定方法及びその割当てに関する事項
【種類株式を発行していない場合】
　　当社は、売渡株主に対し、売渡株式の対価として、その有する売渡株式1株につき○円の割合をもって金銭を割当交付致します。
【種類株式発行会社の場合】
　　(1) 当社は、貴社の普通株式を有する売渡株主に対し、普通株式である売渡株式の対価として、その有する普通株式である売渡株式1株につき○円の割合をもって金銭を割当交付致します。
　　(2) 当社は、貴社のA種優先株式を有する売渡株主に対し、A種優先株式である売渡株式の対価として、その有するA種優先株式である売渡

株式1株につき〇円の割合をもって金銭を割当交付致します。

4. 新株予約権売渡請求に関する事項
　　当社は、株式売渡請求に併せて新株予約権売渡請求をすることとしております。当該新株予約権売渡請求に関する事項は以下のとおりです。
　(1) 新株予約権売渡請求をしない特別支配株主完全子法人
　　　当社は、以下の特別支配株主完全子法人に対して新株予約権売渡請求をしないこととしております。
　　① ＸＸ株式会社
　(2) 売渡新株予約権者に対して売渡新株予約権の対価として交付する金銭の額又はその算定方法及びその割当てに関する事項
　　　当社は、売渡新株予約権者に対し、売渡新株予約権の対価として、その有する売渡新株予約権1個につき〇円の割合をもって金銭を割当交付致します。

5. 取得日
　　平成〇年〇月〇日

6. 株式売渡対価及び新株予約権売渡対価の支払のための資金を確保する方法
　　当社は、株式売渡対価及び新株予約権売渡対価の支払のため、①株式等売渡請求に基づく取得の効力が生ずることを条件に、平成〇年〇月〇日付で〇〇から〇円の追加出資を受けることを予定しており、また、②株式等売渡請求に基づく取得の効力が生ずることを条件に、平成〇年〇月〇日付で〇〇から〇円を上限とする借入れを行うことを予定しております。上記①の出資及び上記②の借入れの引受条件ないし実行条件その他の主要な契約条件の概要は、別紙2-1の出資証明書及び別紙2-2の融資証明書のとおりです。

7. 株式等売渡請求に係る取引条件
　(1) 支払期限
　　　株式売渡対価及び新株予約権売渡対価の支払いは、平成〇年〇月〇日までに実施致します。
　(2) 〇〇

　　　　　　　　　　　　　　　　　　　　　　　　　　以　上

（別紙）

- 1-1：平成〇年〇月〇日付株主名簿記載事項証明書
- 1-2：平成〇年〇月〇日付株主名簿記載事項証明書
- 1-3：平成〇年〇月〇日付株主名簿記載事項証明書
- 2-1：■■作成に係る平成■年■月■日出資証明書
- 2-2：■■銀行作成に係る平成■年■月■日付融資証明書

出典　代宗剛『Q&A 株式・組織再編の実務〈1〉キャッシュ・アウト制度を中心に』（商事法務、2015）22頁

書式8　株式等売渡請求に関する決定通知

平成〇年〇月〇日

〇〇御中

〇〇株式会社
代表取締役　〇〇

株式等売渡請求に関する決定通知

　貴社作成に係る平成〇年〇月〇日付「株式等売渡請求に関するご通知」によりご通知頂きました株式等売渡請求につき、当社は、平成〇年〇月〇日開催の当社取締役会［並びに平成〇年〇月〇日開催の当社普通株主による種類株主総会及びA種種類株主総会］において、これを承認［する］［しない］ことを決定致しましたので、ご通知申し上げます。

以　上

出典　代宗剛『Q&A 株式・組織再編の実務〈1〉キャッシュ・アウト制度を中心に』（商事法務、2015）34頁

書式9　株式等売渡請求の承認に関する公告

平成〇年〇月〇日

売渡株主等　各位

〇〇株式会社

代表取締役　〇〇

株式等売渡請求の承認に関する公告

　当社は、当社の特別支配株主である〇〇（住所：〇〇）（以下「特別支配株主」といいます。）から平成〇年〇月〇日付で通知を受けた、当社の株式に係る株式売渡請求及び当社の新株予約権に係る新株予約権売渡請求につき、平成〇年〇月〇日開催の当社取締役会［並びに平成〇年〇月〇日開催の当社普通株主による種類株主総会及びＡ種種類株主総会］において、承認致しましたので、公告致します。

1. 株式売渡請求をしない特別支配株主完全子法人
　　　特別支配株主は、以下の特別支配株主完全子法人に対して株式売渡請求をしないこととしております。
　　① ＸＸ株式会社
　　② ＹＹ株式会社

2. 売渡株主に対して売渡株式の対価として交付する金銭の額又はその算定方法及びその割当てに関する事項
【種類株式を発行していない場合】
　　　特別支配株主は、売渡株主に対し、売渡株式の対価として、その有する売渡株式1株につき〇円の割合をもって金銭を割当交付致します。
【種類株式発行会社の場合】
　　(1) 特別支配株主は、当社の普通株式を有する売渡株主に対し、普通株式である売渡株式の対価として、その有する普通株式である売渡株式1株につき〇円の割合をもって金銭を割当交付致します。
　　(2) 特別支配株主は、当社のＡ種優先株式を有する売渡株主に対し、Ａ種優先株式である売渡株式の対価として、その有するＡ種優先株式である売渡株式1株につき〇円の割合をもって金銭を割当交付致します。

3. 新株予約権売渡請求に関する事項

特別支配株主は、株式売渡請求に併せて新株予約権売渡請求をすることとしております。当該株式売渡請求に関する事項は以下のとおりです。
(1) 新株予約権売渡請求をしない特別支配株主完全子法人
　　特別支配株主は、以下の特別支配株主完全子法人に対して新株予約権売渡請求をしないこととしております。
① XX 株式会社
(2) 売渡新株予約権者に対して売渡新株予約権の対価として交付する金銭の額又はその算定方法及びその割当てに関する事項
　　特別支配株主は、売渡新株予約権者に対し、売渡新株予約権の対価として、その有する売渡新株予約権1個につき○円の割合をもって金銭を割当交付致します。

4. 取得日
　　平成○年○月○日

5. 株式等売渡請求に係る取引条件
　(1) 支払期限
　　　株式売渡対価及び新株予約権売渡対価の支払いは、平成○年○月○日までに実施されます。
　(2) ○○

以　上

出典　代宗剛『Q&A 株式・組織再編の実務〈1〉キャッシュ・アウト制度を中心に』（商事法務、2015）40 頁

書式 10　株式等売渡請求に関する事前開示事項

平成○年○月○日

○○株式会社
代表取締役　○○

株式等売渡請求に関する事前開示事項
（会社法 179 条の 5 第 1 項及び同法施行規則 33 条の 7 に定める事前開示書類）

当社は、平成○年○月○日開催の当社取締役会［並びに平成○年○月○日開

催の当社普通株主による種類株主総会及びA種種類株主総会］において、当社の特別支配株主である○○（以下「特別支配株主」といいます。）から平成○年○月○日付で通知を受けた、当社の株式に係る株式売渡請求及び当社の新株予約権に係る新株予約権売渡請求を承認致しました。会社法179条の5第1項及び同法施行規則33条の7に掲げる事項は以下のとおりです。

1. 特別支配株主の氏名又は名称及び住所
　　名称：○○株式会社
　　住所：○○

2. 株式売渡請求をしない特別支配株主完全子法人
　　特別支配株主は、以下の特別支配株主完全子法人に対して株式売渡請求をしないこととしております。
　　① XX株式会社
　　② YY株式会社

3. 売渡株主に対して売渡株式の対価として交付する金銭の額又はその算定方法及びその割当てに関する事項
【種類株式を発行していない場合】
　　特別支配株主は、売渡株主に対し、売渡株式の対価として、その有する売渡株式1株につき○円の割合をもって金銭を割当交付致します。
【種類株式発行会社の場合】
　(1) 特別支配株主は、当社の普通株式を有する売渡株主に対し、普通株式である売渡株式の対価として、その有する普通株式である売渡株式1株につき○円の割合をもって金銭を割当交付致します。
　(2) 特別支配株主は、当社のA種優先株式を有する売渡株主に対し、A種優先株式である売渡株式の対価として、その有するA種優先株式である売渡株式1株につき○円の割合をもって金銭を割当交付致します。

4. 新株予約権売渡請求に関する事項
　　特別支配株主は、株式売渡請求に併せて新株予約権売渡請求をすることとしております。当該株式売渡請求に関する事項は以下のとおりです。
　(1) 新株予約権売渡請求をしない特別支配株主完全子法人
　　　特別支配株主は、以下の特別支配株主完全子法人に対して新株予約権売渡請求をしないこととしております。

① ＸＸ株式会社
(2) 売渡新株予約権者に対して売渡新株予約権の対価として交付する金銭の額又はその算定方法及びその割当てに関する事項
　　　特別支配株主は、売渡新株予約権者に対し、売渡新株予約権の対価として、その有する売渡新株予約権1個につき○円の割合をもって金銭を割当交付致します。

5. 取得日
　　　平成○年○月○日

6. 株式売渡対価及び新株予約権売渡対価の支払のための資金を確保する方法
　　　特別支配株主は、株式売渡対価及び新株予約権売渡対価の支払のため、①株式等売渡請求に基づく取得の効力が生ずることを条件に、平成○年○月○日付で○○から○円の追加出資を受けることを予定しており、また、②株式等売渡請求に基づく取得の効力が生ずることを条件に、平成○年○月○日付で○○から○円を上限とする借入れを行うことを予定しております。上記①の出資及び上記②の借入れの引受条件ないし実行条件その他の主要な契約条件の概要は、別紙1-1の出資証明書及び別紙1-2の融資証明書のとおりです。

7. 株式等売渡請求に係る取引条件
　(1) 支払期限
　　　　株式売渡対価及び新株予約権売渡対価の支払いは、平成○年○月○日までに実施されます。
　(2) ○○

8. 株式売渡対価の総額及び新株予約権売渡対価の総額並びにその割当てについての定めの相当性に関する事項
　(1) 株式売渡対価の総額及びその割当てについての定めの相当性に関する事項
　　　　平成○年○月○日付当社プレスリリース「○○による当社株式に対する公開買付けに関する意見表明に関するお知らせ」にて記載のとおり、・・・・。
　　　　このような状況の下、特別支配株主及び当社は、両社の企業価値向上のための施策について協議・検討を重ねた結果、当社を特別支配株

主の完全子会社とすることが最善との結論に至り、特別支配株主は、平成〇年〇月〇日から〇月〇日まで当社株券等に対して公開買付け（以下「本公開買付け」といいます。）を行いました。

　また、平成〇年〇月〇日付当社プレスリリース「〇〇による当社株式に対する公開買付けに関する意見表明に関するお知らせ」にて記載のとおり、特別支配株主及び当社は、本公開買付けが成立し、特別支配株主が当社の総株主の議決権の90％以上を取得した場合には、当社を特別支配株主の完全子会社とするため、特別支配株主が、売渡株式の対価を本公開買付けにおける1株当たりの買付価格と同額とする株式等売渡請求を行い、当社はこれを承認することを予定していたところ、このたび、本公開買付けが成立し、特別支配株主が当社の総株主の議決権の90％以上を取得したことから、当社は、特別支配株主による当該株式等売渡請求を承認致しました。

　本公開買付けにおける1株あたりの買付価格につきましては、平成〇年〇月〇日付当社プレスリリース「〇〇による当社株式に対する公開買付けに関する意見表明に関するお知らせ」に記載のとおり、(ⅰ)第三者算定機関である〇〇による当社株式の株式価値の算定結果のうち、市場株価平均法に基づく算定結果の上限を上回り、DCF法に基づく算定結果のレンジの範囲内であること、(ⅱ)本公開買付けの公表日の前営業日である平成〇年〇月〇日の東京証券取引所における当社株式の終値〇円に対して〇％、過去〇か月間（平成〇年〇月〇日から平成〇年〇月〇日まで）の終値単純平均株価〇円に対して〇％のプレミアムが加算された価格であること、(ⅲ)下記9.記載のとおり、利益相反を解消するための措置や公正性を担保するための措置がとられていること等を踏まえ、合理的な買付価格であると判断しております。また、当社は、本公開買付けにおける1株あたりの買付価格を決定した後、平成〇年〇月〇日に至るまでに、同価格の算定の基礎となる諸条件に重大な変更が生じていないことを確認しております。

　そのため、株式売渡対価の総額及びその割当てについての定めは、相当であると判断しております。

(2) 新株予約権売渡対価の総額及びその割当てについての定めの相当性に関する事項

　　新株予約権売渡対価については、当社普通株式1株当たりの株式売渡対価から各新株予約権の行使時の払込金額を控除した金額に、各新

株予約権者の有する新株予約権の目的となる株式の数を乗じた価額とされていることから、新株予約権売渡対価の総額及びその割当てについての定めも、相当であると判断しております。

9. 会社法179条の3第1項の承認に当たり売渡株主等の利益を害さないように留意した事項
   (1) 当社における独立した第三者算定機関からの株式価値算定書の取得
      ○○・・・
   (2) 特別支配株主における独立した第三者算定機関からの株式価値算定書の取得
      ○○・・・
   (3) 独立した法律事務所からの助言
      ○○・・・
   (4) 利害関係を有しない取締役全員の承認及び利害関係を有しない監査役全員の同意
      ○○・・・
   (5) 少数株主にとって不利益ではないことに関する支配株主と利害関係のない者からの意見の入手
      ○○・・・

10. 株式売渡対価及び新株予約権売渡対価の支払のための資金を確保する方法についての定めの相当性その他の株式売渡対価及び新株予約権売渡対価の交付の見込みに関する事項

   上記6. 記載のとおり、特別支配株主は、株式売渡対価及び新株予約権売渡対価の支払のため、①株式等売渡請求に基づく取得の効力が生ずることを条件に、平成○年○月○日付で○○から○円の追加出資を受けることを予定しており、○○から、当該出資に係る出資証明書も受領しております。

   また、特別支配株主は、②株式等売渡請求に基づく取得の効力が生ずることを条件に、平成○年○月○日付で○○から○円を上限とする借入れを行うことも予定しており、○○から、当該融資に係る融資証明書も受領しております。

   別紙1-1の出資証明書及び別紙1-2の融資証明書には、上記①の出資及び上記②の借入れの引受条件ないし実行条件その他の主要な契約条件の概要が記載されておりますが、これらの条件は、同種の案件における引受条

件ないし実行条件その他の主要な契約条件と大きく異なるものではなく、また、特別支配株主によれば、〇〇等の理由により、これらの条件が充足されない可能性のある事由は、現時点では認識していないとのことです。

　加えて、特別支配株主の平成〇年〇月〇日時点の貸借対照表によれば、特別支配株主の資産の額は〇円、負債の額は〇円であり、資産の額が負債の額を上回っております。また、特別支配株主によれば、平成〇年〇月〇日以降、現在に至るまで、資産及び負債の額に大きな変動はなく、かつ、決済日までに、株式売渡対価及び新株予約権売渡対価の支払いに支障を及ぼす可能性のある事象が発生することは見込まれていないとのことです。

　よって、特別支配株主による株式売渡対価及び新株予約権売渡対価の支払のための資金の準備状況・確保手段は相当であり、また、株式売渡対価及び新株予約権売渡対価の交付の見込みがあると考えます。

11. 株式等売渡請求に係る取引条件についての定めの相当性に関する事項
    (1) 支払期限
　　　　上記〇記載のとおり、株式売渡対価及び新株予約権売渡対価の支払期限は、平成〇年〇月〇日までとされているところ、当社の取得日における売渡株主の確定等に要する期間を合理的に勘案すれば、上記のとおり支払期限を設定することは相当であると考えております。
    (2) 〇〇

12. 当社に関する事項
    (1) 最終事業年度の末日後に生じた重要な財産の処分、重大な債務の負担その他の会社財産の状況に重要な影響を与える事象の内容
        ①　〇〇
        ②　〇〇

以　　上

（別紙）
・1-1：■■作成に係る平成■年■月■日付出資証明書
・1-2：■■銀行作成に係る平成■年■月■日付融資証明書

出典　代宗剛『Q&A 株式・組織再編の実務〈1〉キャッシュ・アウト制度を中心に』（商事法務、2015）46頁

書式 11　株式等売渡請求に係る事後開示書類

平成○年○月○日

○○株式会社
代表取締役　　○○

株式等売渡請求に係る事後開示書類
（会社法 179 条の 10 第 1 項及び同法施行規則 33 条の 8 に定める事後開示書類）

　当社の特別支配株主である○○は、平成○年○月○日開催の当社取締役会［並びに平成○年○月○日開催の当社普通株主による種類株主総会及び A 種種類株主総会］が承認した株式等売渡請求に基づき、平成○年○月○日（取得日）付で、売渡株式等の全部を取得いたしました。会社法 179 条の 10 第 1 項及び同法施行規則 33 条の 8 に規定される事項は以下のとおりです。

1. 特別支配株主が売渡株式等の全部を取得した日
　　平成○年○月○日

2. 会社法 179 条の 7 第 1 項又は第 2 項の規定による請求に係る手続の経過
　⑴　売渡株主から特別支配株主に対し、取得日までに、会社法 179 条の 7 第 1 項の規定による請求は行われませんでした。
　⑵　売渡新株予約権者から特別支配株主に対し、平成○年○月○日付で、会社法 179 条の 7 第 2 項に規定による差止請求権を被保全債権とする仮処分命令の申立てが行われましたが、平成○年○月○日付で○○地方裁判所より当該申立てを却下する旨の決定がなされております。

3. 会社法 179 条の 8 の規定による手続の経過
　【該当事項がない場合】
　　　取得日の 20 日前から前日までの間に、会社法 179 条の 8 第 1 項に基づき、その有する売渡株式等の売買価格の決定の申立てを行った売渡株主等はありませんでした。
　【該当事項がある場合】
　　　取得日の 20 日前から前日までの間に、会社法 179 条の 8 第 1 項に基づき、売渡株主等（株主○名、新株予約権者○名）から、その有する売渡株式等（株式合計○株、新株予約権合計○個）の売買価格の決定の申立てを

受けております。

4. 株式売渡請求により特別支配株主が取得した売渡株式の種類及び数
　　普通株式　　○株
　　Ａ種優先株式　○株

5. 新株予約権売渡請求により特別支配株主が取得した売渡新株予約権の数
　【該当事項がない場合①】
　　　新株予約権売渡請求は行われておりませんので、該当事項はございません。
　【該当事項がない場合②】
　　　当社は新株予約権を発行しておりませんので、該当事項はございません。
　【該当事項がある場合】
　　　○個

6. 上記5.の売渡新株予約権が新株予約権付社債に付されたものである場合における当該新株予約権付社債についての各社債（特別支配株主が新株予約権売渡請求により取得したものに限る）の金額の合計額
　【該当事項がない場合①】
　　　新株予約権売渡請求は行われておりませんので、該当事項はございません。
　【該当事項がない場合②】
　　　当社は新株予約権付社債を発行しておりませんので、該当事項はございません。
　【該当事項がある場合】
　　　○円

7. 株式等売渡請求に係る売渡株式等の取得に関する重要な事項
　(1)　株式売渡対価及び新株予約権売渡対価の支払期限は平成○年○月○日までとなります。
　(2)　○○

以　　上

出典　代宗剛『Q&A 株式・組織再編の実務〈1〉キャッシュ・アウト制度を中心に』（商事法務、2015）65頁

3 株式併合（反対株主による株式買取請求権：法180条、182条の4）

(1) 株式併合とは

(A) 株式併合の定義

　株式の併合は、数個の株式を合わせて、それよりも少数の株式とするものである。種類株式を発行していない場合には、すべての株式について、種類株式を発行している場合には、対象となる種類の株式について、一律に併合して行われるものであり、株式の数の変更のみであるから、資本金の額は変動しない。

　数個の株式が合わさって、それよりも少数の株式となることから、一株未満の端株主が生じることになり、端株主には議決権が認められなくなる。また、全株取得条項付種類株式や特別支配株主による株式等売渡請求と並んで少数株主の締出し（いわゆるスクイーズ・アウト）に利用されることが想定されており、そのように少数株主にとって重要な利害関係を有することから、少数株主の保護のために、株主総会の特別決議を要し（法180条2項、309条2項4号）、また、これまで具体的な法整備がなかったところ、平成26年改正によって、後記のとおり、事前の通知・公告および事前事後の書面等の備置・閲覧供与による情報開示（法182条の2、182条の6）をしなければならないとされ、少数株主権として差止請求（法182条の3）、株式買取請求権（法182条の4）が規定されるに至った。これまで株式の併合については、その株主に与える影響の大きさにもかかわらず、株主の保護規定がなかったため、株式併合が少数株主の締出しのために行われた場合の少数株主の対抗策の明文がなかったが、平成26年改正によって、株式の併合について制度が整備され、今後は、少数株主による少数株主権の行使が予想される。

　なお、上場株式については、全国証券取引所が平成19年11月に公表した「売買単位の集約に向けた行動計画」に基づき、投資家の利便性向上のために売買単位を100株に統一するための取組みが進められてきたところ、100株単位への移行期限が平成30年10月1日までとされ、これに合わせて多くの上場企業において、単元株式数の変更と同時に株式併合が行われた。これにより、当初8種類あった売買単位が100株単位に単一化されることとなった。

(B) 株式併合をめぐる法規定の沿革
　(a) 旧商法（平成13年改正前）の規定
　平成13年改正前の旧商法では、株式の併合は、①額面株式を前提に、最終の貸借対照表により会社に現存する純資産額を発行済株式の総数をもって除した額が5万円に満たないときに会社がその額を5万円以上とするために行う場合（214条1項）、②株式交換（362条）、株式移転（371条）、会社分割（新設分割につき374条2項7号、374条の15第2項、吸収分割につき374条の17第2項7号、374条の31第2項）、合併（416条3項）といった組織再編による場合に生じる株式比率の調整をする場合、③資本金の額の減少（377条1項）をする場合に限りなすことができるとされていた。
　(b) 旧商法（平成13年改正）の規定
　平成13年改正により、株式の併合を前記特定の場合に限る規定が削除され、単に株主総会の特別決議によって株式の併合をすることができることになった（214条1項）。
　(c) 会社法の規定
　会社法では、平成13年改正の旧商法の規定を引き継ぎ、株式の併合を特定の場合に限る旨の制限はない（180条1項）。
　これまで株式の併合によって一株未満の端株主となる株主の権利保護のための調整規定等がなかったところ、平成26年の会社法改正で、少数株主権として株式併合の差止請求権（182条の3）、株式買取請求権（182条の4）が規定されるなど制度の整備がなされた。

(C) 株式併合の手続
　(a) 株主総会の特別決議
　　(ア) 決議事項
　株式会社は、株式の併合をしようとするときは、その都度、株主総会の特別決議により、①併合の割合、②株式の併合がその効力を生ずる日（効力発生日）、③その株式会社が種類株式発行会社の場合には、併合する株式の種類、④効力発生日における発行可能株式総数を定めなければならない（法180条2

項、309条2項4号)。

平成26年会社法改正によって④効力発生日における発行可能株式総数が株主総会における決議事項とされ、公開会社においては、発行可能株式総数が効力発生日における発行済株式の総数の4倍を超えることができないとされ、授権資本による4倍規制が強化された。

(イ) 株主総会参考書類

取締役が株式の併合に関する議案を提出する場合、株主総会参考書類に、①株式の併合を行う理由、②前記（ア）の各決議事項、③総会招集を決定した日における株式の併合に関する後記の事前開示事項の内容の概要を記載しなければならない（規85条の3）。

これらの事項が株主総会参考書類に記載されることにより、株主は、株式併合の相当性について判断することができ、反対の場合には、少数株主権を行使することになる。

(ウ) 取締役による株式の併合をすることを必要とする理由の説明

取締役は、株式の併合について決議する株主総会において、株式の併合をすることを必要とする理由を説明しなければならない（法180条4項）。

(b) 情報開示

(ア) 総説

株式会社は、株式の併合に関し、総会決議事項、事前開示事項および事後開示事項として規則で定める事項を記載した書面・電磁的記録を本店に備え置き、株主の閲覧に供さなければならない（法182条の2第1項、182条の6第1項、規33条の9、33条の10）。なお、取締役や業務を行うべき社員が事前、事後の開示書面に不記載・虚偽記載（法976条7号）、書面・電磁的記録の備え置きの懈怠（法976条8号）をした場合には、過料に処せられる。

(イ) 事前開示（法182条の2第1項、規33条の9）

事前開示は、株式の併合にかかる株主総会の日の2週間前の日または株主・登録株式質権者に対する通知・公告の日のいずれか早い日から効力発生日後6か月を経過する日までの間、①併合の割合、②併合する種類の株式、③親会社等がある場合にその株主の利益を害さないように留意した事項（なければその旨）、④一株未満の端株の処理をすることが見込まれる場合の処理方法に関す

る事項、処理により株主に交付することが見込まれる金銭の額およびその額の相当性に関する事項、⑤総会決議事項である併合の割合および併合する種類の株式についての定めの相当性に関する事項、⑥最終事業年度の末日（ない場合は、会社成立日）後に重要な財産の処分、重大な債務の負担その他の会社財産の状況に重要な影響を与える事象が生じたときは、その内容、⑦最終事業年度がないときは、会社成立日における貸借対照表を記載した書面・記録した電磁的記録を本店に備え置き、株主の閲覧等に供さなければならない。

(ウ) 事後開示（法182条の6第1項、規33条の10)

株式の併合をした株式会社は、効力発生日後遅滞なく、①株式の併合が効力を生じた時における発行済株式（種類株式発行会社にあっては、法180条2項3号の種類の発行済株式）の総数、②株式の併合の効力発生日、③株式併合の差止請求があった場合の請求に係る手続の経過、④反対株主による株式買取請求権行使の手続の経過、⑤株式の併合に関する重要な事項を記載した書面・記録した電磁的記録を本店に備え置き、株主の閲覧等に供さなければならない。

(c) 通知・公告

株式会社は、効力発生日の2週間前までに、株主・種類株主およびその登録株式質権者に対し、総会決議事項を通知するか公告しなければならない（法181条）。また、株式会社が株式の併合をすることにより株式の数に一株に満たない端数が生ずる場合には、効力発生日の20日前までに通知・公告をしなければならない（法182条の4第3項）。

反対株主の株式買取請求権の行使を確保するためのものであり、差止請求の時間的猶予を与えるものでもある。

(d) 併合の効力の発生

株主総会決議により定めた効力発生日に、株式の併合の効力が生じ、これにより、発行済株式総数は減少し、発行可能株式総数は株主総会決議に従った定款の変更をしたものとみなされる（法180条2項4号、182条2項）。

(D) 株式の併合における少数株主権

(a) 差止請求

単元未満株式以外から一株未満の端数が生じない場合を除く株式の併合が法

令・定款に違反する場合において、株主が不利益を受けるおそれがあるときは、株主は、会社に対し、株式の併合をやめることを請求することができる（法182条の3）。

　いかなる場合が、差止事由たる法令違反かは、明文の規定はないが、解釈上、株主総会決議に瑕疵がある場合、通知・公告にその欠如などの瑕疵がある場合、併合の割合の不平等取扱い等があるとされている。[101]

　(b) 反対株主による株式買取請求権

　　(ア) 総論

　一株未満の端数が生じることになる株主で株式の併合について反対する株主は、一定の要件を満たせば、効力発生日の20日前から効力発生日の前日までの間に、会社に対し、自己の有する株式のうち、一株に満たない端数となるものの全部を公正な価格で買い取ることを請求することができる（法182条の4）。

　　(イ) 反対株主

　株式買取請求権を有する反対株主となるには、①株式の併合に関する決議を行う株主総会に先立って株式の併合に反対する旨を会社に対して通知し、かつ、株主総会において株式の併合に反対するか、②株主総会において議決権を行使することができないという要件を満たさなければならない（法182条の4第2項）。

　　(ウ) 株式の価格の決定

　反対株主による株式買取請求があった場合で、株式の価格の決定について反対株主と会社との間で協議が調ったときは、会社は、効力発生日から60日以内に代金の支払いをしなければならない（法182条の5第1項）。

　株式の価格の決定について、効力発生日から30日以内に協議が調わないときは、株主または会社は、期間満了後30日以内に、裁判所に対し、価格の決定の申立てをすることができる（法182条の5第2項）。裁判所に申し立てられた価格の決定が確定するまで、時間を要することが考えられるところ、その間、会社が価格の支払いを免れることになるので、会社は、効力発生日から

---

101) 江頭290〜291頁注(1)。

60日の期間の満了日後の年6分の利率により算定した利息を支払わなければならない（同条4項）が、株式の価格の決定があるまでは、株主に対し、会社が公正な価格と認める額を支払うことができる（同条5項）。これにより、会社は、公正な価格と認めて支払った額と最終的に裁判所によって決定された額との差額に対する年6分の利率により算定した利息を支払えば足りることになる。

　　(エ) 財源規制との関係

　反対株主による株式買取請求権が行使され、会社が反対株主から株式を取得した場合、自己株式の取得になるが、株式併合の場合には、株主保護の観点から、財源規制はなく（法155条、461条1項参照）、ただ、株式取得に関する職務を行った業務執行者が職務を行うについて注意を怠った場合に分配可能額を超える超過額の支払い義務を負うにすぎない（法464条1項）。

　したがって、会社が株式の併合について反対株主から分配可能額を超えて自己株式を取得しても株式の併合の効力それ自体に影響を及ぼすものではないが、株式の併合を内容とする株主総会議案を作成し、株主総会決議に基づいて株式の併合を行った取締役らは分配可能額を超える超過額について、会社に対して（原則として）連帯して支払う義務を負うことになる。

(2) 株式併合と他の少数株主締出しのための制度との比較

(A) 他の少数株主締出しの制度

　　(a) 全部取得条項付種類株式

　平成26年会社法改正以前は、大株主のみを株主とするための少数株主の締出しの制度は、全部取得条項付種類株式を用いた手法であった。

　既発行株式の全部を全部取得付種類株式とする定款変更を行った後、株主総会決議によって全部取得付種類株式を取得し、取得の対価を他の種類の株式とし、少数株主の株式がすべて一株未満の端数となるような比率にすることで目的を達成する。定款変更および全部取得付種類株式の取得に関する決定を株主総会の特別決議によって行わなければならないから、株式公開買付または第三者割当増資後に行われることが多い。

　詳細については、本章Ⅲ2を参照。

(b) 特別支配株主による株式等売渡請求（法179条以下）

平成26年会社法改正によって導入された制度である。株式会社の総株主の議決権の90%以上を有する株主は、会社の取締役会（取締役会非設置会社の場合、取締役）による承認を受けて、自分以外の株主の全員に対し、その有する株式会社の株式の全部を売り渡すことを請求することができる（法179条の2、179条の3）。この売渡請求がなされた場合、請求された売渡株主の個別の承諾は必要なく、株式が取得されることになる。また、事前・事後の開示手続（法179条の5、179条の10）、売渡株主による差止請求がある（法179条の7）。

詳細については、本章Ⅲ3を参照。

(B) 株式併合と他の少数株主締出しのための制度との比較

株式併合と他の少数株主締出しのための制度を比較すると、株主総会の決議が不要な特別支配株主による株式等売渡請求に比較して、株式併合と全部取得条項付株式の場合には、株主総会が必要である。

全部取得条項付株式の場合には、株主総会の特別決議によって定款変更と全部取得条項発動を行うため、開示手続はないが、株式併合と特別支配株主による株式等売渡請求の場合には、開示手続がある。また、全部取得条項付株式の場合には、明文の差止請求権はなく、定款変更についての反対株主による株式買取請求権はあるものの取得条項の発動により強制的に会社に取得されるため、取得条項発動に対する買取請求権はないが、株式併合と特別支配株主による株式等売渡請求の場合には、手続に反対の株主には、差止請求権、株式買取請求権が認められている。

(C) 平成29年度税制改正の影響

平成29年度税制改正により、平成29年10月1日以降行われるスクイーズ・アウトについて税制適格要件が整理され、課税上の取扱いが明確化されることとなった。これまで現金を対価とする株式交換によるスクイーズ・アウトについて組織再編税制の取扱いを受けていたが、全部取得条項付株式の端数処理、株式併合の端数処理、特別支配株主による株式等売渡請求による完全子法人化も同様に組織再編税制の取扱いを受けることとなり、これに伴い、スクイ

ーズ・アウトによる完全子会社化の場合に適格要件を満たすと連結納税加入時における時価評価課税制度や繰越欠損金の切捨てが適用対象外となる等、組織再編税制の取扱いが整備された。

書式12　株式併合に係る事前開示事項

令和元年11月25日

株式併合にかかる事前開示事項

東京都〇〇区〇〇〇丁目〇番〇号
株式会社〇〇
代表取締役社長　　〇〇

　当社は、令和元年11月25日開催の取締役会において、令和元年12月25日開催予定の臨時株主総会において、株式併合（以下「本株式併合」といいます。）に関する議案を付議することを決議いたしました。
　会社法第182条の2第1項及び会社法施行規則第33条の9に定める本株式併合に関する事前開示事項は、以下のとおりです。
1　会社法第180条第2項各号に掲げる事項
　(1)　併合の割合
　　　当社普通株式〇株を1株に併合いたします。
　(2)　本株式併合の効力発生日
　　　令和2年2月1日（予定）
　(3)　効力発生日における発行可能株式総数
　　　〇株
2　会社法第180条第2項第1号に掲げる事項についての定めの相当性に関する事項
　(1)　本株式併合を行う理由
　　　　（略）
　(2)　1株に満たない端数の処理の方法
　　　　本株式併合により、〇以外の株主の皆様の保有する当社株式の数は1株に満たない端数となる予定です。
　　　　（略）
3　当社において最終事業年度の末日後に生じた重要な財産の処分、重大な債

務の負担その他の会社財産の状況に重要な影響を与える事象
　　　（略）

以上

書式13　株式併合に係る事後開示事項

令和2年2月1日

株式併合にかかる事後開示事項

東京都〇〇区〇〇〇丁目〇番〇号
株式会社〇〇
代表取締役社長　　〇〇

　当社は、令和元年12月25日開催の臨時株主総会において、株式の併合を行うことを決議し、効力発生日としていた令和2年2月1日付で株式の併合を実施いたしました（以下「本株式併合」といいます。）。
　会社法第182条の6第1項及び会社法施行規則第33条の10に定める本株式併合に関する事後開示事項は、以下のとおりです。

1　本株式併合の効力発生日
　　令和2年2月1日
2　会社法第182条の3の規定による請求に係る手続の経過
　　前項の効力発生日までの間、本株式併合をやめることの請求は行われませんでした。
3　会社法第182条の4の規定による手続の経過
　　第1項の効力発生日までの間、株式買取請求は行われませんでした。
4　本株式併合に関する重要な事項
　　該当事項はありません。

4 単元未満株主による買取請求(法192条、193条)

(1) 制度趣旨

単元未満株主は、会社に対し、自己の有する単元未満株式を買い取ることを請求することができる(法192条1項)。これは、単元未満株主に投下資本の回収手段を保障するものである。

本来であれば、投下資本の回収は、株式譲渡によってなされるのが原則である(法127条)。しかし、単元未満株式については、①株券発行会社において、定款で単元未満株式に係る株券を発行しないことを定めることができるし(法189条3項)[102]、②株券発行会社以外の会社においては、定款で単元未満株式に係る名義書換請求権の行使を制限することができるとされている(法189条2項6号、規35条1項4号。なお、同条2項2号も参照)。こうなると、単元未満株式の譲渡は、著しく困難ないし不可能となってしまう[103]。このため、会社法は、単元未満株主に株式買取請求を認め、投下資本回収の手段を保障することとしたのである。

株主がイニシアティブをとって会社に株式の買取を請求する類似の制度として、組織再編等における反対株主による買取請求制度がある(本章Ⅲ4参照)。ただ、反対株主による買取請求制度が、少数派株主に「公正な価格」を保障することにより多数派の機会主義的行動をチェックするという機能を有しているのに対し、単元未満株主による買取請求にはこうしたチェック機能は認め難く、同買取請求は、純粋に投下資本の「回収手段」を保障した制度と理解してよいであろう[104]。この点で、単元未満株主による買取請求の制度趣旨は、むしろ、譲渡制限株式を有する株主による会社・指定買取人に対する買取請求(法138条

---

102) 平成13年改正商法の施行の際に単位株制度を採用していた会社は、同法施行の日に、単元未満株式に係る株券を発行しない旨の定款変更決議をしたものとみなされるとされた(平成13年改正商法附則9条4項)。

103) 単元未満株式が上場会社の発行に係るものであるとすると、本文②のような定款規定がなかったとしても、証券取引市場では売買単位が原則として単元株式数とされているから(例えば、東京証券取引所・業務規程15条(1))、当該単元未満株式を市場で売却することはできないこととなる。

104) コンメ18巻96頁〔柳明昌〕。

1号ハ・2号ハ）のそれと近いものがある。単元未満株主による買取請求における買取価格決定プロセス（対象が市場価格のない株式の場合。法193条1項2号、2項〜5項）を見てみると、それは譲渡制限株式を有する株主による上記買取請求における価格決定プロセス（法144条1項〜5項、7項）に準じた規律となっている。

(2) 概要

単元未満株主による買取請求の概要は次のとおりである。

(A) 法的性質

単元未満株主の買取請求権は、一種の形成権であると解されている。したがって、単元未満株主が買取請求権を行使した時点で、会社に当該株式を一定の価格で買い取るべき義務が生じる。この点と関連して、会社法193条6項は「買取りは、当該株式の代金の支払の時に、その効力を生ずる」と規定しているが、これは、「株式移転の効力」を定めたもので、「会社の買取義務」自体は、買取請求権行使の時点で発生する。[106]

単元未満株主の買取請求権は、単元未満株主に投下資本回収手段を保障するものであるから、定款の定めをもってしても奪うことができないとされている（法189条2項4号）。

(B) 買取価格の決定

買取請求権が行使されると、次に、買取価格をどうやって決定するかが問題となるが、単元未満株式の買取価格の決定については、法193条が定めている。具体的には、同買取価格は、①単元未満株式に市場価格のある場合は、法務省令で算定方法が定められており、②市場価格のない場合は、会社と買取請求をした単元未満株主との協議によって定めることとされている。そして、②の協議がまとまらないときは、会社非訟手続（買取価格決定の申立手続）を利用す

---

105) 単元未満株主の買取請求における買取価格に係る会社法上の規定には、そもそも「公正な価格」という文言は使用されていない（法193条）。
106) 大江忠『要件事実会社法（1）』（商事法務、2011）715頁。

る選択肢がある。

買取価格が定まったにもかかわらず会社が買取代金の支払をしない場合、単元未満株主は訴訟手続を採ることが考えられる。これは、一般の民事訴訟であり、訴訟物は「単元未満株式買取請求権行使に基づく代金請求権」である。

なお、単元未満株主の買取請求に基づいて会社が当該株式を取得する場合、財源規制は及ばない。したがって、会社に分配可能額がない場合であっても、会社は当該買取請求に係る株式を買い取らなければならないこととなる。

(C) 具体的手続

単元未満株主による買取請求の制度趣旨および概要は以上のとおりであるが、その請求手続について、以下で具体的に述べる。

(a) 買取請求の方式

単元未満株主による買取請求には、特段の方式は定められていないから、会社に対して有効な買取請求の意思表示をすれば、それで足りる。

もっとも、実務上は、会社が一定の書式を用意していることもあるであろう。また、請求の対象が振替株式である場合は、単元未満株主は、直近上位機関である振替機関等に対して単元未満株式の買取請求の取次ぎを請求すべきものとされている（証券保管振替機構・株式等の振替に関する業務規程65条～69条）。

(b) 請求の内容

単元未満株主による買取請求は、その請求に係る単元未満株式の数を明らかにして請求しなければならない。会社が種類株式発行会社である場合は、単元未満株式の種類および種類ごとの数を明らかにして請求しなければならない（法192条2項）。この場合、単元未満株主は、必ずしも単元未満株式の全部について一度に買取請求しなければならないわけではなく、一部についてのみ買取請求することも差し支えないとされている。ただ、合理的な理由もなく単元未満株式をわずかずつ小刻みに買取請求するような場合には、会社は権利濫用としてその行使を拒むことができるであろう。[107]

---

107) 逐条解説3巻29～30頁〔前田雅弘〕。

株券発行会社における単元未満株主は、株券が発行されていなくても、買取請求ができる。株券が発行された単元未満株式の買取請求については、単元未満株券を呈示して買取請求がなされれば、会社は、株主名簿上それが単元未満株式であることが明らかでない場合でも、原則として請求を拒めないと解されている。[108]

　単元未満株式の数を明らかにして適法に買取請求がなされれば、当該請求権は一種の形成権であると解されていることから、単元未満株主による買取請求の意思表示が会社に到達した時点で、会社による承諾の有無にかかわらず、会社には当該株式を一定の価格で買い取るべき義務が生じる。

　(c) 撤回の制限

　買取請求をした単元未満株主は、会社の承諾を得ない限り、当該請求を撤回することができない（法192条3項）。

　これは、例えば市場価格のある単元未満株式について、とりあえず買取請求権を行使し、その後の市場価格の動向を見て市場で売却したほうが有利な状況であれば当該請求を撤回するなど、買取請求権が濫用的に行使されることを防止する目的である。

(D) 買取価格の決定

　単元未満株主の買取請求によって会社が単元未満株式を買い取る価格は、法193条に基づいて決定されることとなる。この買取価格の決定方法は、買取請求の対象とされた単元未満株式が市場価格のある株式であるか否かによって異なる。

　(a) 市場価格のある株式である場合

　買取請求の対象とされた単元未満株式が市場価格のある株式である場合、買取価格は、当該単元未満株式の市場価格として法務省令で定める方法により算

---

108)　江頭304頁注(5)。例えば、1000株を1単元と定めている会社において、株主名簿上1500株を有する株主が800株分の株券を呈示して買取請求した場合、会社は、請求株主が依然として1500株有していることを何らかの方法で立証できなければ、500株しか買い取らないと主張することはできないということである。これは、単元未満株式であっても、株券が発行されている以上譲渡が可能であることから、請求株主がすでに700株を他に譲渡し、譲受人が株主名簿の名義書換えをしていないだけかもしれない可能性が認められることによる、と説明されている。

定される額である（法193条1項1号）。

これを受けて規36条は、買取価格は、原則として、「買取請求日における市場の終値」であるとする。ただし、次の2つの例外がある。

① 買取請求日に売買取引がない場合、または当該請求日が市場の休業日に当たる場合
　→ 買取価格＝「その後最初になされた売買取引の成立価格」
② 買取請求日に当該株式が公開買付け等の対象とされている場合[109]
　→ 「当該請求日における当該公開買付け等の買付価格」＞「買取請求日の市場終値（あるいは、最初になされた売買取引の成立価格）」ならば、買取価格＝「当該公開買付け等の買付価格」

上記表の2つの例外のうち、②については、当分の間適用がないこととされているので注意を要する（規附則3条2項）。これは、株主名簿管理人における電算処理システムの整備が必要となる関係から、現時点でこれを算定に加えることは相当でないと考えられたことによると説明されている[110]。

なお、「市場価格のある株式」という用語は、会社法上の他の条文でも使用されているが（例えば、法161条、201条2項等）、これには、日本の金融商品取引市場に上場された株式に限らず、金融商品取引業者において取り扱われる未上場の株式（取扱有価証券（金融商品取引法67条の18第4号）等）のように、随時、売買・換金等を行うことができる取引システムの気配がある株式も含まれ、さらに外国市場に上場された株式も含まれる[111]。

市場価格が複数ある場合、すなわち買取請求の対象とされた株式が複数の金融商品取引市場に上場されている場合の取扱いは、解釈に委ねられている。この点、複数の市場における終値のうち最も高い額が買取価格になるとする説がある[112]。これに対しては、会社はその株式取引の実態に照らし、定款または株式

---

109) 公開買付け等とは、金融商品取引法27条の2第6項に規定する公開買付けおよびこれに相当する外国の法令に基づく制度をいう（規2条3項15号）。
110) 相澤哲「『会社法施行規則及び会社計算規則の一部を改正する省令』の概要」金法1769号35頁。
111) 江頭15頁注（1）。

取扱規則で適当な市場価格を基準とする旨を定めることができるとする説が対立している。ただ、後者の説であっても、定款または株式取扱規則で複数の市場価格がある場合の措置について定めなかった場合には、最も高い額を買取価格とすべきであるとしているから[113]、結局、対立の要点は、定款または株式取扱規則で一定の市場価格を基準とする旨の定めができるか否かにあるように思われる。実務上は、説が対立している以上、あえてこのような定款規定等を設けてそれを運用するのではなく、複数の市場の最も高い終値を買取価格として扱うことが無難であろう。

(b) 市場価格のない株式である場合

買取請求の対象とされた単元未満株式が市場価格のない株式である場合、買取価格は、次の①から③の方法によって決定される。これは、譲渡制限株式を会社または指定買取人が買い取る場合（法144条1項〜5項、7項）と同様の決定方法である。

① 買取価格は、まずは、会社と単元未満株主との協議によって定める（法193条1項2号）。
② 上記の協議が調わない場合
　→ 単元未満株主または会社は、買取請求日から20日以内に、裁判所に対し、価格決定の申立てをすることができ（法193条2項）、買取価格は裁判所が決定する（同条3項）。
③ 期間内に価格決定の申立てがなく、協議も調わなかった場合
　→ 「1株当たり純資産額（法141条2項、規25条）」に「買取請求の対象とされた単元未満株式数」を乗じて得た額が買取価格となる（法193条5項）。

(E) 効力発生時期

単元未満株式の買取請求に係る株式の買取りは、当該株式の代金の支払の時に、その効力を生ずる（法193条6項）。

---

112) 論点解説新会社法121頁。
113) 逐条解説3巻35頁〔前田〕。

「その効力を生ずる」とは、株式移転の効力を定めたもので、会社の買取義務自体は、買取請求権行使の時点で発生することについてはすでに述べた。

なお、株式事務を円滑に処理するため、定款または株式取扱規則において、送金手続の完了した日に株式が移転するなどと定めることは可能であろうとされている。[114]

(F) 株券の交付と株式代金の支払の同時履行

株券発行会社においては、株券が発行されている単元未満株式について買取請求があったときは、株券と引換えに、その請求に係る株式の代金を支払わなければならない（法193条7項）。

もっとも、株式事務を円滑に処理するため、定款または株式取扱規則において、買取請求をする時点で単元未満株主は株券を会社に提出しなければならない旨を定めることは可能であろうとされている。[115]

(4) 価格決定の申立て（会社非訟事件）

買取請求の対象とされた単元未満株式が市場価格のない株式で、会社と単元未満株主との間で買取価格についての協議が調わない場合、当事者は裁判所に対して「株式買取価格決定の申立て」をすることが考えられる。以下では、この価格決定申立事件（会社非訟事件）について、概説する。

(A) 申立て

(a) 当事者・申立期限

単元未満株式の買取請求に係る株式買取価格決定申立事件は、当該買取請求をした単元未満株主または会社のいずれからも申し立てることができる。当該申立ての期限は、単元未満株主が買取請求をした日から20日以内である（法193条2項）。

(b) 管轄

管轄裁判所は、会社の本店所在地を管轄する地方裁判所である（法868条1

---

114) 逐条解説3巻34頁〔前田〕。
115) 逐条解説3巻35頁〔前田〕。

項)。

(c) 申立ての方式・費用

申立ては、書面でしなければならない（法876条、会社非訟規則1条）。

申立費用（ちょう用印紙額）は1000円であるが（民事訴訟費用等に関する法律3条1項、別表第1・16項）、申立人が複数の場合は、1000円に申立人の数を乗じた額となる。申立てにあたっては、このほか、特別送達費用に要する郵券を裁判所に予納する必要がある。

申立書には、相手方の数と同数の写しを添付しなければならない（会社非訟規則6条）。裁判所は、相手方に対し、この申立書の写しを送付する（法870条の2第1項）。これは、申立人の主張に対する反論の機会を十分に保障するため、申立てがあったことを知らせるためである。

(d) 申立書記載事項

申立書には、当事者（および法定代理人）に関する一定事項のほか、以下の事項を記載しなければならない（会社非訟規則2条1項）。

① 申立ての趣旨
② 申立ての原因
③ 申立てを理由付ける事実

「申立ての趣旨」については、「申立人が所有する相手方会社の株式の買取価格は1株につき金〇〇円とする。」などと記載する。必ずしも申立人が求める価格を特定するまでの必要はないが、審理の円滑・迅速化の観点から、自己の主張する価格まで記載することが望ましいとされている。[116]

「申立ての原因」および「申立てを理由付ける事実」は、実務上、申立書に「申立ての理由」という項目を設け、この項目の下に2つをまとめて記載するのが一般である。「申立ての理由」に記載すべきと考えられる事実は、以下のとおりである。

---

116) 類型別会社非訟109頁。

① 会社が単元株式に係る定款規定を置いていること
② 株主が単元未満株式を有していること
③ 株主が会社に対して、単元未満株式を買い取ることを請求したこと
④ 当該請求は、その請求に係る単元未満株式の数(種類株式発行会社にあっては、単元未満株式の種類および種類ごとの数)を明らかにしてなしたものであること
⑤ 請求の対象とされた単元未満株式は市場価格のない株式であること
⑥ 申立人は、③の請求日から20日以内に本件申立てをしたこと
⑦ 上記③の請求時における会社の資産状況その他一切の事情

以上のほかに、申立書に記載が求められる事項については、会社非訟規則2条2項1号〜9号が定めている。これらをまとめると、以下のとおりである。

① 任意代理人の氏名・住所
② 申立てに係る会社が外国会社であるときは、当該外国会社の日本における営業所の所在地(日本に営業所を設けていない場合にあっては、日本における代表者の住所地)
③ 申立てを理由付ける具体的な事実ごとの証拠
④ 事件の表示
⑤ 附属書類の表示
⑥ 年月日
⑦ 裁判所の表示
⑧ 申立人または代理人の郵便番号および電話番号(ファクシミリの番号を含む)
⑨ その他裁判所が定める事項

(e) 添付書類

申立書には、申立てに係る会社の登記事項証明書を添付することが求められている(会社非訟規則3条1項1号)。

このほか、裁判所は、申立てを理由付ける事実に関する資料、申立てに係る

会社に関する資料その他会社非訟事件手続の円滑な進行を図るために必要な資料の提出を求めることができるとされており（会社非訟規則4条）、従来からの実務において、①会社の定款、②申立人が株主であることを証する書面などの添付が求められるのが一般である。[117]

(B) 審理
　(a)「申立ての理由」の審理
　「申立ての理由」に記載された事実の多くは、書面審査の段階で確認される。例えば、株主によって単元未満株式の買取請求がされた事実やその時期については、買取請求書によって確認される。買取請求がなされていても、申立期間内に価格決定の申立てがなされていないことが確認されるなどした場合、裁判所は直ちに申立てを却下することができる（法870条の2第7項）。
　(b) 審問
　裁判所は、価格決定の裁判をする場合には、審問の期日を開いて、株主および会社の陳述を聴かなければならない（必要的審問・必要的陳述聴取）（法870条2項本文、同条同項2号）。これは、申立事件当事者の手続保障を図る趣旨である。
　申立事件当事者には、審問期日における立会権までは認められていない。したがって、例えば、審問期日を開いて会社の陳述を聴取する際に、株主を必ずその期日に立ち会わせる必要はない。
　なお、当該申立てが不適法または理由がないことが明らかである場合には、裁判所は、審問の期日を開いて株主や会社の陳述を聴くことを要さず、当該申立てを却下する裁判ができる（法870条2項ただし書）。
　(c) 鑑定
　価格決定申立事件において、鑑定は重要な裁判資料となることが多い。当事者が事前に私的鑑定をしている場合には、私的鑑定書を書証として提出する。まだ私的鑑定をしていないが、今後私的鑑定をする予定があるという場合は、私的鑑定を先行し、裁判所鑑定はその内容を踏まえたうえで行うのが一般であ

117）　類型別会社非訟110頁。

る。

　裁判所鑑定を行うにあたっては、鑑定の前提となる資料（例えば、会社資産を構成する個々の資産の時価を示す資料など）を揃えたうえで、当事者が鑑定費用として要する額を予納し、その後に利害関係のない鑑定人の選任がなされる。

　（d）価格決定

　裁判所は、価格決定をするには、買取請求時における会社の資産状態その他一切の事情を考慮しなければならない（法193条3項）。「会社の資産状態その他一切の事情」を考慮するとされている点は、譲渡制限株式を会社または指定買取人が買い取る場合と共通している（法144条3項）。

　価格決定の対象となるのは「市場価格のない株式」であるが、その評価には困難がつきまとう。実務に定着した代表的な評価方式はいくつかあるが[118]、いずれの評価方式を選択するべきか一義的に定まっているわけではなく、また、選択した評価方式による算定結果からどのように最終評価を導くかについては、総合評価（単独または複数の評価方式の算定結果を採用してなされる最終評価）となるのが一般であるとされている[119]。

　（e）審理の終結日

　裁判所は、価格決定の裁判をするときは、相当の猶予期間を置いて、審理を終結する日を定め、株主および会社に告知しなければならない。これは、申立事件当事者に主張や裁判資料提出の機会を十分に保障するためである。したがって、「相当の猶予期間」とは、主張および裁判資料の提出に要する期間をいうが、具体的には事案に応じて定められることとなる。

　もっとも、申立事件当事者が立ち会うことのできる期日においては、当該当事者はその場で主張および裁判資料の提出を尽くすことや、今後の提出予定資料について説明をして審理の終結に対し意見を述べることができるから、裁判所はそれらを踏まえて直ちに審理を終結する旨を宣言することもできる（以上

---

118) 例えば、DCF方式、収益還元法式、類似上場会社法式など。詳細は、日本公認会計士協会経営研究調査会『株式等鑑定評価マニュアルQ&A』（商事法務研究会、1995）、日本公認会計士協会「企業価値評価ガイドライン」（平成19年5月16日、平成25年7月3日最終改正）などを参照。

119) 類型別会社非訟88頁。

につき、法870条の2第5項)。

(C) 裁判・和解
(a) 決定

裁判所は、審理を終結したときは、裁判をする日を定め、当事者に告知しなければならない(法870条の2第6項)。なお、いったん裁判をする日を定めたとしても、この定めは手続の指揮に関するものであるから、一定の場合には、裁判をする日の定めを取り消し、裁判をする日を改めて定めることも可能である(非訟事件手続法62条2項)。

裁判の方式は「決定」とされており(非訟事件手続法54条)、決定には理由を付さなければならない(法871条)。

決定に不服のある当事者は、即時抗告ができる(法872条5号)。抗告状には、抗告人を除いた当事者の数と同数の写しの添付が求められている(会社非訟規則9条の2)。当該即時抗告には、執行停止の効力が認められる(法873条)。

(b) 和解

価格決定申立事件の多くは、決定まで至らず、和解によって終了しているようである。従来は、非訟事件手続法が和解に関する規律を設けていなかったため、当事者間で和解が成立した場合は、申立人が申立てを取り下げて手続を終了させていた。

これに対し、平成25年1月1日施行の改正非訟事件手続法では、和解の制度を導入し、①期日に出頭した当事者間で合意を成立させる方法によることはもちろん、②和解条項案の書面による受諾の制度による方法、あるいは、③裁判所が定める和解条項の制度による方法によっても、和解を成立させることができることとなった(非訟事件手続法65条1項、民事訴訟法264条・265条)。

和解を調書に記載したときは、その記載は、確定した終局判決と同一の効力を有することとなる(非訟事件手続法65条2項)。したがって、和解内容を記載した調書が作成されると、価格決定申立事件は終了し、具体的な和解の内容に応じて、形成力および執行力が生ずることとなる。

書式14　株式買取価格決定申立書

株式買取価格決定申立書

令和○年○月○日

○○地方裁判所民事部　御中

申立人代理人　弁護士　○　○　○　○　㊞

〒○○○-○○　○○県○○市○町○丁目○号
　　　申立人　　○　○　○　○
〒○○○-○○　○○県○○市○町○丁目○号
　　　○○法律事務所（送達場所）
　　　申立人代理人　弁護士　○　○　○　○
　　　TEL　○○-○○-○○
　　　FAX　○○-○○-○○
〒○○○-○○　○○県○○市○町○丁目○号
　　　相手方　　○○株式会社
　　　同代表者代表取締役　○　○　○　○

申立ての趣旨

「申立人が所有する相手方会社の株式の買取価格は1株につき金○○円とする。」との裁判を求める。

申立ての理由

1　相手方は、○○を目的とする株式会社で、1単元の株式数を100株とする旨の定款規定を置いている（甲○号証）。
2　申立人は、相手方の発行済株式総数○○株中60株の株式（以下「本件単元未満株式」という。）を有する株主である（甲○号証）。
3　申立人は、平成○年○月○日到達の書面により、相手方に対して本件単元未満株式60株を買い取ることを請求した（甲○号証）。
4　本件単元未満株式は、市場価格のない株式である（甲○号証）。
5　申立人と相手方との間では、本件単元未満株式の価格の決定について協議

がまとまらなかったので（甲〇号証）、申立人は、上記3項の請求日より20日以内に、本申立てをなすに至った。
6　上記3項の請求時における相手方の資産状況その他一切の事情を列挙すると次のとおりである（甲〇号証）。
　　・・・
7　本件単元未満株式の価格は、公認会計士作成の株価鑑定書によれば、1株金〇〇円である（甲〇号証）。
8　よって、申立人は、会社法193条2項に基づき、本件単元未満株式の価格の決定を求める。

疎明方法

　甲第〇号証　　定款
　　・・・

附属書類

登記事項証明書	1通
委任状	1通
申立書副本	1通
甲号証写し	各2通

以上

第 3 章　価格の決定方法

本章では、反対株主による株式買取請求権が行使された際の価格の決定方法につき、反対株主の株式買取請求の場合（Ⅰ）とキャッシュ・アウトの場合（Ⅱ）とに分けたうえで、それぞれ関連する事案をもとに検討する。

Ⅰ　反対株主の株式買取請求の場合

1　楽天 TBS 事件およびテクモ事件

　本節では、まず 1 において、反対株主の株式買取請求が問題となった楽天 TBS 事件（1）とテクモ事件（2）を取り上げ、次に 2 において、その際の価格決定方法を検討する。

(1) 楽天 TBS 事件（最決平成 23 年 4 月 19 日民集 65 巻 3 号 1311 頁）の概要

（A）事実の概要

　相手方 Y（株式会社東京放送ホールディングス）は、東京証券取引所 1 部上場企業であり、放送法による一般放送事業およびその他放送事業等を営む会社等の株式等を所有することによって当該会社等の事業活動を支配および管理する株式会社である。また Y は、当該会社等の事業活動の支援等を行うことを目的とする平成 20 年 12 月 16 日に開催された株主総会において、吸収分割の方法により Y がテレビ放送事業および映像・文化事業に関して有する権利義務を完全子会社である A（TBS テレビ）から Y に対してその対価を何ら交付しないことなどを内容とする吸収分割契約を承認する旨の決議（以下、「本件決議」といい、本件決議に係る吸収分割を「本件吸収分割」という）をした。本件吸収分割は、同年 4 月 1 日に施行された認定放送持株会社制度の導入を内容とする放送法等の一部を改正する法律にもとづき、Y を認定放送持株会社に移行させるために行われたものであった。

　抗告人 X$_1$（楽天株式会社）は、合計 3777 万 0700 株の株式（以下、「本件株式」という）を保有する Y の株主であり、抗告人 X$_2$ は Y の株式 100 株を有する株主であるが、上記株主総会に先立ち、本件吸収分割に反対する旨を Y

に通知し、上記株主総会において本件決議が行われるにあたり、これに反対したうえ、会社法785条5項所定の期間（株式買取請求期間）の満了日である平成21年3月31日、Yに対し、本件株式を公正な価格で買い取ることを請求した。

なお、東京証券取引所におけるYの株式の同日の終値は、1株1294円であった。また、本件吸収分割によりYの事業がAに承継されても、シナジー（組織再編による相乗効果）は生じず、また、本件吸収分割は、Yの企業価値や株主価値を毀損するものではなく、Yの株式の価値に変動をもたらすものでもなかった。

その後、株式買取請求についてXらとYの間で協議が調わなかったため、両者が会社法786条2項に基づき、裁判所に対して価格決定の申立てを行った。

（時系列表）

	Xら	Y
H17.10.13	経営統合及び業務提携についての提案	
H17.11.30	協議のための覚書締結	
H19.2.28	協議等の終了通知および公表	
H19.2.28		買収防衛策導入に関する取締役会決議および公表
H19.4.6	認定放送持株会社制度の導入を内容とする放送法改正案閣議決定	
H19.4.19	買付意向説明書提出・X代表者ほか1名のY取締役に選任する件等を株主総会の議案とすることを請求	
H19.6.28		株主総会において、買収防衛策導入を承認可決、Xらの提案を否決
H19.7.31		業績予想数値下方修正
H19.9.12		取締役会において、買収防衛策不発動決議および公表
H19.12.21	放送法改正（H20.4.1改正法施行）	
H20.9.11		取締役会において、認定持株会社

		への移行・テレビジョン免許とその放送事業を会社分割により完全子会社であるAに承継を決議および公表
H20. 11. 5		取締役会において、認定放送持株会社移行のための吸収分割を決議および公表
H20. 12. 12（X_2）	吸収分割に反対する旨の通知	
H20. 12. 15（X_1）	〃	
H20. 12. 16	吸収分割に対して反対	株主総会において、吸収分割契約承認決議
H21. 3. 31	株式買取請求書による公正な価格での株式買取請求	
H21. 4. 1	放送法に基づく、議決権保有制限	認定放送持株会社認定および株主総会による吸収分割承認決議の効力発生
H21. 5. 1		株式買取価格決定申立て
H21. 5. 14	株式買取価格決定申立て	

　原々決定（東京地決平成22年3月5日民集65巻3号1346頁）は、吸収分割株式会社の株主による株式買取請求にかかる「公正な価格」は、裁判所の裁量により、株式買取請求が確定的に効力を生ずる「吸収分割の効力発生日」を基準として、吸収分割がなければ同社株式が有していたであろう客観的価値、または吸収分割によるシナジーを適切に反映した同社株式の客観的価値を基礎として算定するのが相当であるとした。

　また、Yの事業を完全子会社であるAに承継させ自らをその持株会社とする旨の本件吸収分割は、それによってXの企業価値またはその株主価値が毀損されたとも、シナジーが生じたとも認めることができないとしている。

　そして、本件株式の買取価格の算定については、裁判所の裁量により本件吸収分割の効力発生日（平成21年4月1日）を基準として、本件吸収分割がなければ吸収分割株式会社の発行する本件株式が有していたであろう客観的価値を基礎とした。また、上場株式については、通常であれば、吸収分割の効力発

生日前 1 か月間の株価の終値による出来高加重平均値をもって算定した価格を「公正な価格」とみてよく、それによると 1 株当たり 1255 円となるが、本件においては、Y からこれを若干上回る 1294 円の買い取り価格が提示されていたため、本件株式の買取価格を 1294 円であるとした。

原決定（東京高決平成 22 年 7 月 7 日民集 65 巻 3 号 1386 頁）は、裁判所が合理的な裁量により決定すべき「公正な価格」は、組織再編行為により、①企業価値、株主価値が増加する場合には、相乗効果というべきシナジーを反映した価格を基礎として「公正な価格」を算定すべきであり、逆に、②企業価値、株主価値が減少する場合には、当該組織再編行為の決議がなかったとしたら有していたであろう価格、すなわち、いわゆる「ナカリセバ価格」を基礎として「公正な価格」を算定すべきであるとした。

また、本件株式の買取価格の算定につき原決定は、「公正な価格」を定める基準日を基本的に買取請求権行使時に接着した時期と解したうえで、裁判所に対し買取価格の決定が申し立てられる場面においては、反対株主の平等の観点から同一の時点とされるべきであるから、投機的行為の余地が制限される「買取請求期間満了時」を公正な価格を評価する基準日とするのが相当であるとした。また上場株式の公正な価格を算定する際には、特段の事由のない限り、市場価格を算定の基礎に用いることが相当であるとした。

そのうえで認定放送持株会社化と連動した本件吸収分割は、Y の企業価値または株主価値を毀損したものとは認められないから、「決議がなかったとしたら、本件株式が買取請求期間満了時に有していたであろう公正な価格」は、基準時における実際の市場価格を上回るものではありえず、また、X_1 において、この株価形成において、通常の形態における取引以外の要因によって市場価格が影響され、それが企業の客観的価値を反映しないなどの特段の事情が存在した旨の主張、立証をしておらず、一件記録によってもこれを認めるに足りる事情は存在しないため、本件における「公正な価格」を算定の基準時（買取請求期間の満了時＝平成 21 年 3 月 31 日）における Y の株式の市場株価を基礎にすると Y の株式の終値は 1294 円であるから、これをもって、本件株式の買取価格としての「公正な価格」と認めるのが相当であるとした。

(B) 決定要旨（抗告棄却）

「裁判所による買取価格の決定は、客観的に定まっている過去のある一定時点の株価を確認するものではなく、裁判所において、……『公正な価格』を形成するものであり、また、会社法が価格決定の基準について格別の規定を置いていないことからすると、その決定は、裁判所の合理的な裁量に委ねられているものと解される。」

「吸収合併等によりシナジーその他の企業価値の増加が生じない場合には、増加した企業価値の適切な分配を考慮する余地はないから、吸収合併契約等を承認する旨の株主総会の決議がされることがなければその株式が有したであろう価格（以下「ナカリセバ価格」という。）を算定し、これをもって『公正な価格』を定めるべきである。そして、消滅株式会社等の反対株主が株式買取請求をすれば、消滅株式会社等の承諾を要することなく、法律上当然に反対株主と消滅株式会社等との間に売買契約が成立したのと同様の法律関係が生じ、消滅株式会社等には、その株式を『公正な価格』で買い取るべき義務が生ずる反面、……反対株主は、消滅株式会社等の承諾を得なければ、その株式買取請求を撤回することができないことになる（法785条6項）ことからすれば、売買契約が成立したのと同様の法律関係が生ずる時点であり、かつ、株主が会社から退出する意思を明示した時点である株式買取請求がされた日を基準日として、『公正な価格』を定めるのが合理的である。仮に、反対株主が株式買取請求をした日より後の日を基準として『公正な価格』を定めるものとすると、反対株主は、自らの意思で株式買取請求を撤回することができないにもかかわらず、株式買取請求後に生ずる市場の一般的な価格変動要因による市場株価への影響等当該吸収合併等以外の要因による株価の変動によるリスクを負担することになり、相当ではないし、また、上記決議がされた日を基準として『公正な価格』を定めるものとすると、反対株主による株式買取請求は、吸収合併等の効力を生ずる日の20日前の日からその前日までの間にしなければならないこととされているため（法785条5項）、上記決議の日から株式買取請求がされるまでに相当の期間が生じ得るにもかかわらず、上記決議の日以降に生じた当該吸収合併等以外の要因による株価の変動によるリスクを反対株主は一切負担しないことになり、相当ではない。

そうすると、会社法782条1項所定の吸収合併等によりシナジーその他の企業価値の増加が生じない場合に、同項所定の消滅株式会社等の反対株主がした株式買取請求に係る『公正な価格』は、原則として、当該株式買取請求がされた日におけるナカリセバ価格をいうものと解するのが相当である。」

「上場されている株式について、反対株主が株式買取請求をした日のナカリセバ価格を算定するに当たっては、それが企業の客観的価値を反映していないことをうかがわせる事情があれば格別、そうでなければ、その算定における基礎資料として市場株価を用いることには、合理性が認められる。

そして、反対株主が株式買取請求をした日における市場株価は、通常、吸収合併等がされることを織り込んだ上で形成されているとみられることからすれば、同日における市場株価を直ちに同日のナカリセバ価格とみることは相当ではなく、上記ナカリセバ価格を算定するに当たり、吸収合併等による影響を排除するために、吸収合併等を行う旨の公表等がされる前の市場株価（以下「参照株価」という。）を参照してこれを算定することや、その際、上記公表がされた日の前日等の特定の時点の市場株価を参照するのか、それとも一定期間の市場株価の平均値を参照するのか等については、当該事案における消滅株式会社等や株式買取請求をした株主に係る事情を踏まえた裁判所の合理的な裁量に委ねられているものというべきである。また、上記公表等がされた後株式買取請求がされた日までの間に当該吸収合併等以外の市場の一般的な価格変動要因により、当該株式の市場株価が変動している場合に、これを踏まえて参照株価に補正を加えるなどして同日のナカリセバ価格を算定するについても、同様である。

もっとも、吸収合併等により企業価値が増加も毀損もしないため、当該吸収合併等が消滅株式会社等の株式の価値に変動をもたらすものではなかったときは、その市場株価は当該吸収合併等による影響を受けるものではなかったとみることができるから、株式買取請求がされた日のナカリセバ価格を算定するに当たって参照すべき市場株価として、同日における市場株価やこれに近接する一定期間の市場株価の平均値を用いることも、当該事案に係る事情を踏まえた裁判所の合理的な裁量の範囲内にあるものというべきである。」

「Yの市場株価が相手方の客観的価値を反映していないとの事情はうかがわ

れないから、本件買取請求がされた日のナカリセバ価格を算定するに当たっては、その市場株価を算定資料として用いることは相当であるというべきであり、また、本件吸収分割はＹの株式の価値に変動をもたらすものではないというのであるから、これを算定するに当たって、原審が、同日の市場株価を用いて同日のナカリセバ価格を算定したことは、その合理的な裁量の範囲内にあるものということができる。他にこの市場株価をもって同日のナカリセバ価格を算定することが相当でないことをうかがわせる事情はない。

以上によれば、本件買取請求の日である平成21年3月31日の東京証券取引所における相手方の株式の終値（1株当たり1294円）をもって、本件株式の『公正な価格』であるとした原審の判断は、結論において是認することができる。」

なお、本件決定には、田原裁判官の補足意見と那須裁判官の意見が付されている。

那須裁判官は株式買取請求権行使の効果につき、多数意見の言う反対株主が株式買取請求をした場合に「売買契約が成立したのと同様の法律関係が生ずる」とする点に関し、売買代金はいまだ定まっていないから、厳密な意味での売買契約が成立した場合と区別して考える必要があるとする。

それに対し田原裁判官は、売買契約の成立には、目的物が特定され、その売買代金の決定方法が定まっていれば十分なのであり、売買契約締結時に具体的な売買代金額が定まっていなくても、契約として成立することに疑問はないとしたうえで、株式買取請求の場合、その売買代金は、「基準日」現在の「公正な価格」であり、その決定は基本的には当事者の協議に委ねられているが、協議が調わないときには裁判所が定めるものとされており、最終的な売買代金の決定方法が定められているのであるから、売買契約の成立の要件に欠けるところはないとした。そして、株式買取請求に係る株式の買取りは、組織再編の効力発生日等にその効力を生じ（法786条6項）、また会社は、反対株主との間で買取価格につき協議が調ったときは、効力発生日から60日以内にその支払をしなければならず（同条1項）、裁判所の価格決定によるときは、効力発生日の60日後の翌日から支払まで年6分の割合による利息を支払うこととされている（同条4項）のであって、代金の支払日等についても具体的に定められ

ており、反対株主による株式買取請求によって、多数意見の述べるとおり「売買契約が成立したのと同様の法律関係」が生じていると解することに何らの問題はないとした。

　また那須裁判官は買取請求権の行使と株価について、反対株主の買取請求後、株価は低落することもあれば反騰することもあるから、反対株主が株価の変動に伴う負担を負う（あるいは利益を得る）ことは、不公正ではないとした。

　それに対し田原裁判官は、本件では組織再編によるシナジーが生じていない場合の「ナカリセバ価格」の算定が問題となっているから、一般的には株価が上昇する場面は想定し難いが、その点はさておき、株式買取請求をする株主は、通常、その請求時における株式の価格（株式の評価額）を前提として、買取請求をするものと解され、買取請求をする株主において、裁判所が何時の時点を基準にするかは不明であるが、最終的に裁判所が決めた価格で売却するとの意思でもってその請求をなすと解するのが、その株主の合理的意思であるとは到底解することはできないとしたうえで、株式買取請求時を基準日とすると、株式買取請求をした株主は、株価下落のリスクを負わないとともに、株価上昇の利益を得ることもできなくなるが、株主が、ある時点でその時における公正な価格で売ると決定して売却の意思表示をした以上、その後の株価上昇の利益を得られないことは当然であるとした。

　そして田原裁判官は、結論として、具体的な「公正な価格」は、その参照株価や補正を含め、裁判所の合理的な裁量権の行使によって定められるものであるとしたうえで、その裁量権の行使の合理性を担保するものは、個別の案件においては、当事者、殊に会社側からの幅広い資料の開示であり、また、一般的には事例の集積による比較検討であるとした。

(2) テクモ事件（最判平成24年2月29日民集66巻3号1784頁）の概要

(A) 事実の概要

　東京証券取引所の市場第一部にその株式を上場していた株式会社A（テクモ株式会社）は、平成20年9月4日、相手方Y（株式会社コーエーテクモゲームス、当時の商号はB（株式会社光栄））との間で経営統合に向けた協議を開始することを発表した。なお、当時、AとBの間には、相互に特別の資本

関係はなかった。

　AおよびBは、平成20年11月18日、各取締役会の承認を得て、AおよびBを株式移転完全子会社とし、株式移転設立完全親会社としてC（コーエーテクモホールディングス株式会社）を設立する株式移転計画を作成し、同日の市場取引終了後、これを公表した（以下、同計画に基づく株式移転を「本件株式移転」という）。

　上記株式移転計画においては、Bの株主に対し、その普通株式1株につきCの普通株式1株を、Aの株主に対し、その普通株式1株につきCの普通株式0.9株をそれぞれ割り当てることとされた（以下、これらの割当てに関する比率を「本件株式移転比率」という）。本件株式移転比率は、AおよびBが、それぞれ第三者機関に対し株式移転の条件の算定を依頼して得た結果を参考に、協議し、合意されたものである。

　平成21年1月26日に開催されたAの株主総会（以下、「本件総会」という）において本件株式移転を承認する旨の決議（以下、「本件総会決議」という）がされた。これを受けて、同年3月26日、Aの株式は上場廃止となり、同年4月1日、本件株式移転の効力が生じた。

　抗告人Xは、合計389万0700株の株式を保有するAの株主であるが、本件総会に先立ち、本件株式移転に反対する旨をAに通知し、本件総会において本件総会決議が行われるに当たり、これに反対した上、会社法806条5項所定の期間（株式買取請求期間）内である平成21年2月12日、Aに対し、Xの保有する上記株式を公正な価格で買い取ることを請求した。

（時系列表）

	X	A・Y（B）・C
H20.9.4		AがBとの間で経営統合に向けた協議開始および経営統合委員会設置を決議・発表
H20.11.18		AとBは、各取締役会において株式移転を行い共同持株会社設立を承認・株式移転計画書作成・統合契約締結および公表

Ⅰ　反対株主の株式買取請求の場合

H21. 1. 10		Bの保有有価証券に関する特別損失に関する公表
H21. 2. 3		B業績予想の下方修正に関する公表
H21. 1. 22	株式移転に対する反対の旨の通知・議決権行使書による反対	
H21. 1. 26		A臨時株主総会において株式移転を承認する旨の決議
H21. 2. 12	公正な価格での株式買取請求	
H21. 2. 13		A赤字決算の公表
H21. 3. 26		A上場廃止
H21. 4. 1		株式移転の効力発生（C設立）
H21. 5. 25	株式買取価格決定申立て	

　原々決定（東京地決平成22年3月31日民集66巻3号1921頁）は、裁判所による価格の決定にあたっては、客観的に定まっている過去の株価を確認するのではなく、新たに「公正な価格」を形成することから考慮すべき要素は極めて複雑多岐にわたるとしながらも、その決定は裁判所の裁量に委ねられているとしたうえで、株式移転完全子会社の株主による株式買取請求に係る「公正な価格」を株式買取請求が確定的に効力を生ずる株式移転の効力発生日を基準として、事案に応じて、株式移転がなければ同社株式が有していたであろう客観的価値、または株式移転によるシナジーを適切に反映した同社株式の客観的価値を基礎として算定するのが相当であるとした。
　また、株式移転をする各当事会社が相互に特別の資本関係がない独立した会社同士である場合など株式移転が当該当事会社にとって公正に行われた場合には、反対株主による株式買取請求に係る「公正な価格」は、株式移転の効力発生日を基準として、株式移転によるシナジーを適切に反映した同社株式の客観的価値を基礎として算定するのが相当であるとした。
　他方、株式移転によって企業価値や株主価値が毀損されたり、株式移転から生じるシナジーが適正に分配されないことを窺わせる特段の事情が認められる場合には、反対株主による株式買取請求に係る「公正な価格」は、株式移転が

なかったならば当該株式が有していたであろう客観的価値を基礎として算定するのが相当であるとした。

そして、Aの株価が本件株式移転比率の公表の翌日に値幅制限の範囲内で最大の下落をし、その後、市場全体の株価推移と比較して大きな下落率で推移したことなどに照らせば、本件株式移転により、Aの企業価値が毀損されたことを窺わせる特段の事情が存在するとしたうえで、本件株式移転の効力発生日を基準として、本件株式移転がなければA株式が有していたであろう客観的価値を基礎として、本件株式移転公表前の1か月間の株価の終値による出来高加重平均値をもって算定した価格、1株当たり747円を「公正な価格」とした。

原決定（東京高決平成23年3月1日民集66巻3号1943頁）は、本件株式買取価格の判断基準につき、本件株式の「公正な価格」は、本件株式移転の効力発生日を基準として、本件経営統合による企業価値の増加を適切に反映したA株式の客観的価値（シナジー反映価格）を基礎とすべきであるが、本件株式移転の計画が公表された翌日、Aの市場株価が制限値幅の下限まで下落し、その後も市場全体の株価の推移と比較して大きな下落率で推移したことなどからすると、本件株式移転比率は、経営統合による企業価値の増加を適切に反映したものとはいえないとした。

本件においては、本件株式移転比率がシナジーを適切に反映していないのであれば、その「公正な価格」は、本件株式移転の効力発生日を基準として、本件株式移転比率にもとづく本件株式移転がなかったら有していたであろうAの株式の客観的価値（ナカリセバ価格）を基礎として算定すべきこととなるとし、この客観的価値は、経営統合に向けた協議の開始の公表後であって、できる限り本件株式移転の効力発生日に近接し、かつ、本件株式移転の影響を排除できる、本件株式移転の内容が公表された前日までの市場株価を参照して算定するのが相当であり、さらに、一定の投機的思惑などの偶発的要素による株価の変動を排除するために、本件株式移転の内容が公表された平成20年11月18日より前の1か月間のAの市場株価の終値の出来高加重平均値をもってAの株式の客観的価値とみるのが相当であるとし、理由付けは異なるものの結論は原々決定と同様に「公正な価格」を747円としてA・Y両者による抗告を

棄却した。

(B) 決定要旨

「反対株主に『公正な価格』での株式の買取りを請求する権利が付与された趣旨は、反対株主に会社からの退出の機会を与えるとともに、退出を選択した株主には、株式移転がされなかったとした場合と経済的に同等の状態を確保し、さらに、株式移転により、組織再編による相乗効果（以下「シナジー効果」という。）その他の企業価値の増加が生ずる場合には、これを適切に分配し得るものとすることにより、反対株主の利益を一定の範囲で保障することにある。……また、上記の『公正な価格』の額の算定に当たっては、反対株主と株式移転完全子会社との間に売買契約が成立したのと同様の法律関係が生ずる時点であり、かつ、株主が会社から退出する意思を明示した時点である株式買取請求がされた日を基準日とするのが合理的である。

これらのことに照らすと、株式移転によりシナジー効果その他の企業価値の増加が生じない場合には、株式移転完全子会社の反対株主がした株式買取請求に係る『公正な価格』は、原則として、当該株式買取請求がされた日における、株式移転を承認する旨の株主総会決議がされることがなければその株式が有したであろう価格をいうと解するのが相当であるが……、それ以外の場合には、株式移転後の企業価値は、株式移転計画において定められる株式移転設立完全親会社の株式等の割当てにより株主に分配されるものであること（以下、株式移転設立完全親会社の株式等の割当てに関する比率を「株式移転比率」という。）に照らすと、上記の『公正な価格』は、原則として、株式移転計画において定められていた株式移転比率が公正なものであったならば当該株式買取請求がされた日においてその株式が有していると認められる価格をいうものと解するのが相当である。

一般に、相互に特別の資本関係がない会社間において株式移転計画が作成された場合には、それぞれの会社において忠実義務を負う取締役が当該会社およびその株主の利益にかなう計画を作成することが期待できるだけでなく、株主は、株式移転完全子会社の株主としての自らの利益が株式移転によりどのように変化するかなどを考慮した上で、株式移転比率が公正であると判断した場合

に株主総会において当該株式移転に賛成するといえるから、株式移転比率が公正なものであるか否かについては、原則として、上記の株主および取締役の判断を尊重すべきである。そうすると、相互に特別の資本関係がない会社間において、株主の判断の基礎となる情報が適切に開示された上で適法に株主総会で承認されるなど一般に公正と認められる手続により株式移転の効力が発生した場合には、当該株主総会における株主の合理的な判断が妨げられたと認めるに足りる特段の事情がない限り、当該株式移転における株式移転比率は公正なものとみるのが相当である。

　株式が上場されている場合、市場株価が企業の客観的価値を反映していないことをうかがわせる事情がない限り、『公正な価格』を算定するに当たって、その基礎資料として市場株価を用いることには合理性があるといえる。そして、株式移転計画に定められた株式移転比率が公正なものと認められる場合には、株式移転比率が公表された後における市場株価は、特段の事情がない限り、公正な株式移転比率により株式移転がされることを織り込んだ上で形成されているとみられるものである。そうすると、上記の場合は、株式移転により企業価値の増加が生じないときを除き、反対株主の株式買取請求に係る『公正な価格』を算定するに当たって参照すべき市場株価として、基準日である株式買取請求がされた日における市場株価や、偶発的要素による株価の変動の影響を排除するためこれに近接する一定期間の市場株価の平均値を用いることは、当該事案に係る事情を踏まえた裁判所の合理的な裁量の範囲内にあるといえる。

　これを本件についてみるに、前記事実関係によれば、ＡとＹは、相互に特別の資本関係がなく、本件株式移転に関し、株主総会決議を経るなどの一般に公正と認められる手続を経て、本件株式移転の効力が発生したというのであり、本件総会に先立つ情報の開示等に問題があったことはうかがわれない。そうであれば、本件総会における株主の合理的な判断が妨げられたと認めるに足りる特段の事情がない限り、本件株式移転比率は公正なものというべきところ、市場株価の変動には様々な要因があるのであって、専らＡの市場株価の下落やその推移から、直ちに上記の特段の事情があるということはできず、他に、本件において、上記特段の事情の存在はうかがわれない。したがって、本件株式移転比率は公正なものというべきである。

原審は、本件株式移転により企業価値が増加することを前提としながら、以上と異なり、本件株式移転比率は企業価値の増加を適切に反映したものではなく、公正なものではないとして、本件株式移転の内容が公表された平成20年11月18日より前の1か月間の市場株価の終値を参照して『公正な価格』を算定した点において、その判断には、裁判に影響を及ぼすことが明らかな法令の違反がある。各抗告人の論旨はこの趣旨をいうものとして理由がある。

　以上によれば、原決定は破棄を免れない。そこで、以上の見地に立って、更に審理を尽くさせるため、本件を原審に差し戻すこととする。」

　なお、本件決定には須藤裁判官の補足意見がある。

　須藤裁判官は、決定価格が客観的な企業価値と無関係ではなく、これを基礎に置くものでなければならないが、企業の客観的価値は、理論的、分析的には、当該企業の将来のキャッシュ・フローの割引現在価値の総和から負債価値を控除したものとされるとしても、将来のキャッシュ・フローは未来の不確実な事象に基づく不確実な数字であるから、正確な企業価値を直接に測定することは不可能であるとし、少なくとも、買取価格の決定において、他に適切な評価方法があり、それで「公正な価格」を形成するに不足ないのであれば、それによることに加えてわざわざ上記の評価算定方法まで用いることは意味あることとは思われないとしている。

　また、「公正な価格」の形成に当たって市場株価を基礎資料として用いるとしても、十分に慎重であるべきであり、市場株価はある程度の幅をもって捉えられることが必要であり、これに対し、市場株価がある場合でもそれが企業の客観的価値を反映していないことをうかがわせる事情が生じているときは、もはや「公正な価格」を形成するに当たって市場株価を基礎資料として用いることはできないとする。

　なお、本件株式移転は一般に公正と認められる手続を経ていることがうかがわれ、また、株主総会における株主の合理的な判断が妨げられたと認めるに足りる特段の事情があるということはできないため、Aの株価の下落やその推移は、上記の諸事情やその他の外在的要因が反映した可能性があるとはいえても、原審が下したような本件株式移転比率が公正でないということを示すものということはできないとした。

(3) 小括

　ここまで取り上げてきた2つの事件（下級審決定を含めると6つの裁判例）はそれぞれ吸収合併と株式移転の事案であるが、当該組織再編に係る株式買取請求における「公正な価格」につき、企業の組織再編によってシナジーその他の企業価値の増加が生ずる場合には、組織再編が公正な条件で行われ、それによって、当該増加分が各当事会社の株主に公正に分配されたとすれば、基準日において株式が有する価値、いわゆる「シナジー価格」によって、企業価値が増加しない場合や毀損する場合には、再編に係る決議がなかった場合と同等の経済的状況が確保されると解して、基準日において株式が有する価値、いわゆる「ナカリセバ価格」によって価格決定がなされることになる。ただ、そもそも「公正」とは何を意味するのか、また「シナジー」をどのように算定・判別するのかは条文からは不明確・不明瞭であると言わざるを得ず、かかる点をどのように解釈するのかについては裁判例などを手がかりに具体的に検討する必要がある。

　また、下表のとおり、「公正な価格」の決定にあたって必要となる算定の基準日につき、両事件における最高裁決定は買取請求がなされた日とする点で共通するものの、下級審を含めると各事件・各決定により結論が分かれており、同様に検討の必要性が認められる。

（時系列順）

	基準日
楽天TBS事件（地裁）H22.3.5	吸収分割の効力発生日
テクモ事件（地裁）H22.3.31	株式移転の効力発生日
楽天TBS事件（高裁）H22.7.7	買取請求期間の満了時
テクモ事件（高裁）H23.3.1	株式移転の効力発生日
楽天TBS事件（最高裁）H23.4.19	株式買取請求がされた日
テクモ事件（最高裁）H24.2.29	株式買取請求がされた日

　それでは次に、これら事案を手掛かりに、反対株主の株式買取請求に伴う価

格決定方法につき、前提状況を説明（1）した後、価格決定の基準日（2）、ナカリセバ価格とシナジー価格（3）、そして独立当事者間価格（4）にそれぞれ分けたうえで検討する。

2　反対株主の株式買取請求に基づく価格決定方法

(1) 反対株主の株式買取請求に基づく価格決定方法──前提状況の説明

　会社法制定以前は、合併や株式の譲渡制限を定める定款変更その他重要な株主総会決議に反対した株主は、その有する株式を「承認ノ決議ナカリセバ其ノ有スベカリシ公正ナル価格」（いわゆる「ナカリセバ価格」）で買い取るよう請求することができた（平成17年改正前商法408条ノ3条、374条ノ3第1項等）。かかる条文に基づくと、合併等の組織再編によるシナジー効果が認められる場合にあっても当該組織再編に異を唱えた反対株主には、株式買取を請求してもシナジーが適切に分配されることはなかった。

　会社法では、組織再編行為による企業価値増加分の公平な分配への考慮が合併等対価柔軟化の導入に伴って顕在化することを契機として、組織再編行為一般にシナジーの公平な分配が行われることを可能とする趣旨で買取価格を「公正な価格」と規定した（法785条1項、797条1項、806条1項等）[1]。ただし、これは「公正な価格」を組織再編行為後における株式の現在価値に限定したり、必ずシナジーを含めて買取価格を決定することを要求したりするなど固定的な内容を有するものではなく、裁判所の合理的裁量の下、具体的事情を前提にシナジーを含めた価格が公正と認められるときはこれを買取価格と決定することを可能とするものである[2]。

　いずれにしても、上場株式については買取価格の算定の基礎を市場株価とすることに一定の合理性が認められるものの、会社法のいう「公正な価格」を事案に即していかに解釈し、その価格を決定するのかが問題となる[3]。

---

1) 相澤哲編著『一問一答　新会社法（改訂版）』（商事法務、2009）210頁、江頭880頁以下、コンメ3巻207頁以下〔柳明昌〕。
2) 最決昭和48年3月1日民集27巻2号161頁。
3) 非上場株式で市場株価がない場合は、DCF法などを用いて株式評価をした上で買取価格の算定をすることになる（田中94、648頁）。

(2) 反対株主の株式買取請求に基づく価格決定方法――価格決定の基準日

　株式価値は、企業価値と同様に日々変動するものであるため、反対株主の株式買取請求にあたり、いつの時点における株価が「公正な価格」であるのかを算定するのか、反対株主の株式買取請求に基づく株式買取価格決定の基準日を設定する必要がある。

　基準日をいつの時点に設定すべきかについては、「組織再編計画公表日」とする見解[4]、「組織再編の承認決議時」とする見解[5]、「買取請求権の行使時」とする見解[6]、「買取請求期間の満了時」とする見解[7]、そして「組織再編の効力発生日」とする見解[8]が存在する。

　本稿で紹介した2つの事件は、下級審決定において違いは見られるものの、最高裁決定はいずれも買取請求によって売買契約が成立したのと同様の法律関係が生じることを理由に、買取請求の日を価格算定の基準日であるとしている点で共通する[9]。

　まず、楽天TBS事件地裁決定およびテクモ事件地裁・高裁決定は、基準日を効力発生日としている。基準日を効力発生日とする考え方は会社法立案担当者の見解と同じであるが[10]、楽天TBS事件高裁決定において裁判所は、組織再編行為のうち合併の消滅会社の反対株主の行う株式買取請求では、株式買取の効力の発生は、合併の効力発生日であるが、吸収分割の場合には、当該株式の代金支払時に生ずることとなるところ、吸収分割の場合に、「公正な価格」を

---

4) 弥永真生「反対株主の株式買取請求と全部取得条項付種類株式の取得価格決定（上）」商事法務1921号8頁。
5) 藤田友敬「新会社法における株式買取請求権制度」黒沼悦郎＝藤田友敬編『江頭憲治郎先生還暦記念　企業法の理論（上巻）』（商事法務、2007）263頁。
6) 本稿で取り上げた2つの事件最高裁判決が採用。そのほか、北村雅史「楽天対TBS株式買取価格決定事件最高裁決定と公正な価格の算定基準時」商事法務1941号9頁。
7) 楽天TBS事件高裁判決が採用。なお、学説には、買取請求期間の満了時と組織再編の効力発生日を選択的に認めるものがある（田中亘「『公正な価格』とは何か」法教350号65、68頁、神田秀樹「株式買取請求権制度の構造」商事法務1879号5頁）。
8) 楽天事件地裁判決が採用。なお、学説につき、前掲注7）を参照。
9) かかる点につき、テクモ事件最高裁決定は楽天TBS最高裁決定を引用しており、また、楽天TBS最高裁決定は、最決昭和48年3月1日民集27巻2号161頁を引用する。
10) 論点解説新会社法682頁。

定める基準日を分割の効力発生日とする合理的な根拠が見当たらないから、採用しないとしている。楽天 TBS 事件の高裁決定と最高裁決定は、ともに株式買取請求者と会社との間に売買契約と同様の法律関係を認め、かかる契約成立時点である買取請求権行使時を基準時とする点で共通するものの、楽天 TBS 事件高裁決定はかかる基準を相当としながらも、反対株主平等の観点から基準時は同一の時点とされるべきであり、投機的行為の余地が制限される「買取請求期間満了時」を「公正な価格」を定める基準日とするのが相当であるとした点で楽天 TBS 事件最高裁決定と結論を異にしている。

基準日を組織再編の効力発生日および買取請求期間満了時とする見解は、株式の買取価格が一定となるため事務処理上の魅力がある点では共通する。しかし、株式買取請求権行使後は会社の承諾がない限り買取請求者にはその撤回が認められないため、買取請求期間満了時ないし効力発生時までの株価変動リスクを買取請求者が全面的に負うこととなり、他の株主との間で公平性・妥当性を欠くといえよう。[11]

テクモ事件最高裁決定も楽天 TBS 事件最高裁決定と同じく、「公正な価格」を決定する基準日を、売買契約が成立したのと同様の法律関係が生ずる時点であり、かつ、株主が会社から退出する意思を明示した時点である株式買取請求がされた日とした。

このように、判例は買取請求がなされた日を価格決定の基準日とするが、楽天 TBS 最高裁決定における多数意見や田原裁判官の補足意見が述べるように、基準日を株式買取請求権の行使日であるとしても、具体的な「公正な価格」は参照株価や補正を含めて裁判所の合理的な裁量権の行使によって定められるため、具体的な算定方法は事案の内容・性質に応じて変わり得るものであると考えられる。

(3) 反対株主の株式買取請求に基づく価格決定方法——ナカリセバ価格とシナジー価格

「公正な価格」の算定に当たっては、シナジー価格とナカリセバ価格が問題

---

11) 楽天 TBS 事件最高裁決定における田原裁判官補足意見。同見解として、髙橋英治「吸収分割会社の株主による株式買取請求と『公正な価格』の基準日」金判 1401 号 11 頁。

となるところ、両者の関係については以下のような見解が存在する。

すなわち、①シナジー価格とナカリセバ価格のうち高い方の価格をもって公正な価格とする見解[12]、②組織再編行為によって企業価値が増加する場合にはシナジー価格、企業価値が減少ないし毀損する場合にはナカリセバ価格が適用されるとする見解[13]、③組織再編行為により企業価値・株主価値が増加する場合にはシナジー価格、企業価値・株主価値が減少する場合にはナカリセバ価格が適用されるとする見解[14]、④事案に応じてシナジー価格またはナカリセバ価格を適用すべきとする見解[15]、そして⑤シナジー価格とナカリセバ価格の2つの事例分けによる検討自体は正しいものであるが、株式買取請求権の制度趣旨にはシナジー分配機能だけでなくナカリセバ価格の保障という面もあるとした上でその趣旨は資本多数決によって企業価値が毀損されたのでそれにより被った損害の塡補を求めることにあるとする見解である[16]。

まず、楽天TBS事件最高裁決定は、吸収合併等によりシナジーその他の企業価値の増加が生じない場合には、消滅株式会社等の反対株主がした株式買取請求にかかる「公正な価格」は、原則として、ナカリセバ価格であるとし、シナジーその他の企業価値の増加が生ずる場合には、反対株主に対してもこれを適切に分配し得るものとした。そして、株式が上場されている場合は、企業の客観的価値を反映していないことをうかがわせる事情がなければ、その算定における基礎資料として市場株価を用いることには合理性が認められるとする。「公正な価格」を企業価値の増加が生じない場合と生ずる場合に分け、前者をナカリセバ価格、後者をシナジー価格とする判断枠組みは、細かい言い回しに違いは見られるものの楽天TBS事件下級審決定においても同様である。

また、テクモ事件最高裁決定は楽天TBS事件最高裁決定を引用したうえで、株式移転によりシナジー効果その他の企業価値の増加が生じない場合には、株

---

12) 藤田・前掲注5) 282頁、田中・前掲注7) 64頁、弥永・前掲注4) 9頁。
13) 江頭848〜849頁注 (9)、880頁。
14) 楽天TBS高裁決定（東京高決平成22年7月7日民集65巻3号1386頁）が判示した一般論。
15) 東京地決平成21年10月19日金判1329号30頁（カネボウ第2次事件）、東京地決平成22年3月29日金判1354号28頁および東京高決平成22年10月19日金判1354号14頁（インテリジェンス事件）など。
16) 神田秀樹「株式買取請求権制度の構造」商事法務1879号4頁。

Ⅰ　反対株主の株式買取請求の場合

式移転完全子会社の反対株主がした株式買取請求にかかる「公正な価格」は、原則として、当該株式買取請求がされた日における株式移転を承認する旨の株主総会決議がされることがなければその株式が有したであろう価格（ナカリセバ価格）となることを述べた。一方、企業価値が増加する場合には、株式移転後の企業価値は、株式移転計画において定められる株式移転設立完全親会社の株式等の割当により株主に分配されるものであることに照らすと、「公正な価格」は原則として株式移転計画において定められていた株式移転比率が公正なものであったならば当該株式買取請求がされた日においてその株式が有していると認められる価格（シナジー価格）をいうとしている。テクモ事件のような共同株式移転の場合、株主に対する増加分の企業価値の分配は株式移転比率を通じてなされるものであるが、株式移転比率によってはたとえ株式移転により企業価値が増加したとしても、株主に対して従前の企業価値も分配されないという事態もありうるため、共同株式移転の場合は従前の企業価値および増加した企業価値が、株式移転比率を通じて株主に対して分配されるといえる。そこで、テクモ事件最高裁決定は、その株式移転比率が公正か否かを問題として、「公正な価格」は、原則として、株式移転比率が公正なものであったならばその株式が有していると認められる価格であるとしたといえる。[17]

　手続の公正性に関する判断枠組みについては後述するが、テクモ事件最高裁決定は株式移転によって企業価値が増加することを前提に、相互に特別の資本関係がない会社間において、株主の判断の基礎となる情報が適切に開示されたうえで適法に株主総会で承認されるなど一般に公正と認められる手続により株式移転の効力が発生した場合には、当該株主総会における株主の合理的な判断が妨げられたと認めるに足りる特段の事情がない限り、当該株式移転における株式移転比率は公正であるとした。そして、かかる比率が公正であるならば、当該株式買取請求がされた日においてその株式が有していると認められる価格が「公正な価格」であるとする。

　なお、ナカリセバ価格とシナジー価格とを問わずに組織再編の効力発生日を買取価格の基準日とするものが下級審決定には多くみられていたものの、企業

---

[17]　柴田義明「判解」最高裁判所判例解説民事篇平成24年度（上）324頁。

価値が増加する場合にも買取請求権の行使日を基準日とする下級審判決がみられるようになり、学説上も、本稿で取り上げた2つの最高裁決定はシナジー価格の算定にも射程が及ぶとする見解が有力に説かれている[18]。ただ、買取請求をする株主はナカリセバ価格とシナジー価格のいずれであるかを特定した上で株式買取請求権を会社に対して行使するわけではないため、実務上は結局のところいずれか高い方の価格を公正な価格として買取請求することになると解される[19]。また、そもそも企業価値の増加が生じるか否かについては、具体的かつ妥当な企業価値算定方法は事案の内容・性質に応じて変わり得るものであるから、例えば組織再編前後の市場株価の推移や業績の推移、組織再編計画の公表・進行がどのようになされたのかなどを総合的に考慮したうえで、裁判所の合理的裁量の下で判断されることになろう。

テクモ事件最高裁決定においては、株式移転比率が公正なものであるかの判断にあたり、相互に特別の資本関係がない会社間（独立当事者間）におけるものであること、一般に公正と認められる手続（適切な情報提供と適法に開催された株主総会決議での承認など）に基づいていること、株主の合理的判断の妨げとなる特段の事情がないこと、を満たすことが株式移転比率の公正性認定の必要条件であるとしている。これらの点については、次項にて改めて検討する。

(4) 反対株主の株式買取請求に基づく価格決定方法――独立当事者間価格

独立当事者間における企業再編比率の公正性の判断基準については以下のような見解が存在する。

すなわち、①特別の資本関係がない会社間で適切な情報開示が行われたうえで対価が決定された場合、その対価が決議で承認された企業再編対価に基づいているのならば、公正なシナジーの分配が行われたと扱ってよいとする見解[20]、②特別の資本関係がない会社間では承認決議において不実の情報開示が行われたなど取引のプロセスに不適切な点があったのでない限り、会社が交渉のうえで実際に決めた組織再編の条件がシナジーを適正に分配する条件であると認め

---

18) 北村・前掲注6) 11、13頁。
19) 江頭 880 頁。
20) 藤田・前掲注5) 290 頁。

てよいとする見解、③組織再編を承認する株主総会決議が構造的な利益相反関係が存在する状況の下でされたとまで認められない場合は、原則としてシナジー分配は公正であるとする見解である。

テクモ事件最高裁決定における株式移転比率の公正性認定に関する論理構成を整理しておきたい。

テクモ事件最高裁決定は、a.相互に特別の資本関係がない会社間で株式移転計画が作成された場合（独立当事者間取引であること）において、b.株主の判断の基礎となる情報が適切に開示されたうえで適法に株主総会で承認されるなど一般に公正と認められる手続きにより株式移転の効力が発生した場合（公正な手続きに基づいていること）には、c.当該株主総会における株主の合理的判断の妨げとなる特段の事情がない限り（特段の事情の存在）、d.当該株式移転における株式移転比率は公正なものとみるのが相当であるとする。すなわち、上記aおよびbが事案において認められる場合には、cの存在を反対株主側で主張立証できない限り、d株式移転比率は公正であり、公正な株式移転比率に基づいていれば「公正な価格」であるということになる。なお、楽天TBS事件においては、吸収分割という特徴からaおよびbの検討はせず、cを検討したうえで企業価値を毀損するような特段の事情が認められないことから、d効力発生日前1か月間の株価の終値による出来高加重平均値を基準として「公正な価格」を算定すべきである旨判示している。

テクモ事件高裁決定は、株式移転計画の公表以降における株価の大幅な下落などを理由に株式移転比率が経営統合による企業価値の増加を適切に反映したものとはいえない（公正ではない）としたが、テクモ事件最高裁決定は独立当事者間取引において手続の公正性が確保されていれば、株式移転比率も公正であるとする。これは、一般に、相互に特別の資本関係がない会社間において組織再編がなされる場合には、各当事会社の取締役は自身の忠実義務に基づき当該会社およびその株主の利益に適うよう行動することが求められ、また、株主は組織再編に関する株主総会の承認にあたって自身に不利益な取引を承認することは想定し難いことが根拠となろう。この点については、本件株式移転が他

---

21) 田中・前掲注7) 66頁。
22) 神田・前掲注16) 6頁。

社からの買収提案を断った後になされたものであることから、テクモ事件における Y（A）の取締役らが会社や株主との間に利益相反状態になかったとはいえない点を考慮すべきとする見解や[23]、相互に特別の資本関係がない会社間の組織再編の場面であっても、取締役が当事会社の交渉力を利用して、買収後の会社における役職の確保や報酬の増額、顧問契約の締結などの形で、本来は株主が享受すべき利益の一部を自らの手中に収めてしまう可能性が否定できないとする見解などがある[24]。

ただ、須藤裁判官が補足意見において指摘するように、企業の客観的価値やその増加分を可及的に正確に認識しようとするための評価算定方法はいずれも専門的かつ難解なものであるため、また、相互に特別の資本関係がない会社間（独立当事者間）取引で株主の合理的判断が妨げられた特段の事情の存在しない場合においては、市場株価に公正な株式移転比率も織り込まれ得ることからすると、高額な鑑定費用や迅速な買取価格の決定に資するといった理由から、裁判所が当事者間の折衝によって決めた内容をわざわざ否定して独自に算定しなおすことは適切ではないと考えられる。また、市場株価がシナジー効果等による企業価値増加分の公正な分配を反映したものとはいえないような場合や、手続の公正性を覆すような特段の事情が存在する場合には、裁判所が「公正な価格」を形成するため、一定の評価算定方法によって算出される企業価値に基づき、株式移転比率を新たに設定することになろう[25]。

テクモ事件において裁判所は、具体的に特段の事情に該当するものとして、株主総会に先立つ情報の開示等に問題があったこと（テクモ事件最高裁決定）、明らかに投機目的で株式を取得したこと（テクモ事件高裁決定）、そして、株式移転自体により当該当事会社の企業価値が毀損されたり、または、株式移転の条件（株式移転比率等）が同社の株主にとって不利であるために、株主価値

---

23) 和田宗久「上場会社株式の買取請求における公正な価格」新・判例解説 Watch 速報判例解説 12 号 130 頁。
24) 白井正和「判批」民商 148 巻 4・5 号 449 頁。
25) テクモ事件地裁決定においては、一般に公正と認められる手続として、各当事会社が第三者機関の株式評価を踏まえることも挙げているが、取締役の経営判断を原則として尊重すべきことを理由に、再編比率について必ず第三者機関の株式評価を踏まえなければならないものでもないとする見解も存在する（田中・前掲注7）67 頁）。

I　反対株主の株式買取請求の場合

が毀損されたり、株式移転から生じるシナジーが適正に分配されていないことが窺われること（テクモ事件地裁決定）をそれぞれあげている。

　ただ、特段の事情の有無につき、テクモ事件最高裁決定は手続の公正性それ自体（評価の問題）と関連させて検討しているのに対し、テクモ事件下級審決定は企業価値の毀損の有無（事実認定の問題）と関連させて検討している点に違いがみられる[26]。つまり、テクモ事件下級審決定は株式移転比率の公表翌日に発生した値幅制限の範囲内で最大の株価下落や、その後の下落率などをもとに企業価値の毀損を認定しているが、テクモ事件最高裁決定は手続の公正性それ自体を検討対象としたため、手続の公正性と企業価値の増減との関係については判示していない[27]。楽天TBS事件のような独立当事者間取引でない場合においては、企業価値の増減は買取価格を決定するうえで問題となるところ、テクモ事件のような独立当事者間取引においては、企業価値を損なうような組織再編が取締役や株主によって進められることは通常想定されないため、株主総会決議などで適切に反映される公正な手続きに基づいて設定された基準を公正であるとすることに問題はないと思われる。

　なお、独立当事者間取引でない場合における公正性認定についての詳細は次節（ジュピターテレコム事件解説部分）に譲ることとするが、そのような場合であっても企業の意思決定過程が恣意的になることを排除するための措置（利益相反排除措置；例えば第三者委員会を設置し企業の意思決定過程に組み込んでいること）が採られ、手続の公正さが十分に確保できていると認められる場合には、原則として当事者間で合意した組織再編に関する条件が尊重されることになろう。

26）　柴田・前掲注17) 331頁。
27）　神田秀樹「会社法における株式の公正な価格の決定」岩原紳作他編『会社・金融・法（下巻）』（商事法務、2013) 152頁以下。

Ⅱ　キャッシュ・アウトの場合

1　レックス事件からジュピター事件へ、ジュピター事件後

　キャッシュ・アウトの場合における価格の決定方法について、嚆矢となったレックス事件最高裁決定からジュピター事件最高裁決定、その後の裁判例について、前提となる事実関係も詳細に踏まえた上で、決定を紹介し、現在の裁判所の価格決定方法について説明することとする。

(1)　レックス事件最高裁決定（最決平成 21 年 5 月 29 日金判 1326 号 35 頁）

(A)　事案の概要

　レックス事件は、全部取得条項付種類株式を用いた MBO に反対した A 社（株式会社レックス・ホールディングス）の株主 X ら（申立人・抗告人・相手方）が、A 社を吸収合併した Y 社（株式会社レックス・ホールディングス、相手方・相手方・抗告人）に対して、法 172 条 1 項に基づいて、取得価格決定の申立てを行った事案である。

　A 社は、B によって創業され、外食産業のフランチャイズ事業を展開し、A 社の株式（以下、「A 株」という）は、平成 19 年 4 月 29 日に上場廃止に至るまで、ジャスダックにおいて上場されていた。B は、平成 18 年 4 月頃より、A 社において MBO を実施することを検討し始め、同年 6 月頃より、C の関係者とも接触し、同年 8 月 9 日、Y 社を設立していた。

　A 社は、平成 18 年 2 月 17 日、プレス・リリースにおいて、平成 18 年 12 月期連結業績予想について、前年度を上回る売上高 1900 億円、経常利益 105 億円、当期純利益 45 億円と発表した（以下、「2 月 PR」という。表 6 参照）。ところが、A 社は、同年 8 月 21 日、プレス・リリースにおいて、特別損失の発生（中間期 33 億 9000 万円計上、下期 21 億円計上予定）および平成 18 年 12 月期通期連結業績予想の下方修正（売上高 1700 億円、経常利益 64 億円、当期純利益 0 円）を発表した（以下、「8 月 PR」という。表 6 参照）。その結果、A 株の同日の株価終値は、30 万 4000 円であったが、翌 22 日の株価終値

は 25 万 4000 円となり、その後も株価は下落し続け、同年 9 月 26 日には株価終値が 14 万 4000 円まで下落し、その後、A 株の株価は上昇し、同年 11 月 10 日の株価終値は 21 万 9000 円となり、同日以降、株価終値は概ね 22 万円前後で推移している（表 7 参照）。

表 6　A 社業績予想表

公表日	公表事項	売上高	経常損益	当期純損益
H18. 2. 17	2 月 PR	1900 億円	105 億円	45 億円
H18. 8. 21	8 月 PR	1700 億円	64 億円	0 円
H18. 11. 10	11 月 PR	1680 億円	44 億円	−8 億円
	実績値	1618 億 1821 万 1000 円	−23 億 9767 円	−90 億 8990 万 4000 円

表 7　A 株株価表

年月日	A 株株価終値	イベント
H18. 8. 18	31 万 4000 円	
H18. 8. 21	30 万 4000 円	8 月 PR
H18. 8. 22	25 万 4000 円	
H18. 9. 26	14 万 4000 円	
H18. 11. 10	21 万 9000 円	11 月 PR
H18. 10. 10 以降	22 万円前後	

　C により運営される D が 100％出資する Y 社は、平成 18 年 11 月 10 日、A 社の普通株式 1 株につき、23 万円を買付価格とする公開買付け（以下、「本件公開買付け」という）を実施する旨を公表した。また、A 社は、同日、プレス・リリースにおいて、①A 社取締役会において本件公開買付けにつき賛同決議をしたこと、②買付価格 23 万円は、平成 18 年 11 月 9 日までの過去 1 か月間の市場価格の終値単純平均 20 万 2000 円に対して 13.9％のプレミアムを加えた価格であること、③本件公開買付けは MBO（以下、「本件 MBO」という）の一環として行われ、本件公開買付け後に、全部取得条項付種類株式を用

いた締出しを行い、対価としては本件公開買付けの買取価格を基準として算定する予定である旨を公表した（以下、「11月PR」という）。

Y社は、本件公開買付けの実施により、A社の発行済株式総数の91.78%の株式を保有するに至った。そして、平成19年3月28日、A社の定時株主総会および種類株主総会において、①A社を種類株式発行会社とする旨の定款変更、②A社普通株式を全部取得条項付種類株式に変更し、全部取得条項付種類株式1株と引き換えに、新たな普通株式0.00004547株を交付する定款変更、③全部取得条項付種類株式の取得についての各議案がそれぞれ可決された。その後、A社は、A社株主よりA株を強制取得し、同年4月29日をもって上場廃止した。

Xらは、前記株主総会に先立ち、A社に対し、③の決議に反対し、また、前記株主総会において③の決議に反対した。裁判所においては、A社が買付価格を下げるために、株価操作の意図で8月PRを行ったか否かが争われた。

原々審（東京地決平成19年12月19日判タ1268号272頁）は、法172条1項における取得価格は、取得日における公正な価格であるとし、公正な価格は取得日における株式の①客観的価値に加えて、②強制的取得により失われる今後の株価上昇に対する期待権を評価した価額であるとし、A社による株価操作の意図を否定し、公正な取得価格は23万円（①20万2000円、②2万8000円）とした。原審（東京高決平成20年9月12日金判1301号28頁）は、会社法172条の取得価格につき、原々審と同様の枠組みを用いつつ、①客観的価値につき、8月PRによる業績下方修正は企業会計上の裁量の範囲内としつつ、特別損失の計上において決算内容を下方に誘導することを意図した会計処理がなされたことが否定できず、また、特別損失につき説明不足により市場において実態よりも悲観的な受け取り方をされるおそれの大きいものであったとし、11月PRの直前日からさかのぼって6か月間の市場価格の平均28万0805円と独自に算定し、②株価の上昇に対する期待につき、Xらの度重なる要請にもかかわらず、Y社が事業計画や株価算定評価書を裁判所に提出しなかったことを踏まえ、①の20%（5万6161円）が相当である旨を述べ、公正な価格を33万6966円とする決定を下した。

Ⅱ　キャッシュ・アウトの場合

(B) 判旨

最高裁（最決平成 21 年 5 月 29 日金判 1326 号 35 頁）は詳細な理由を述べず原審の判断は裁量の範囲内であるとして抗告を棄却したが、以下のような田原睦夫裁判官の補足意見が付された。

「……会社法上、株主が株式買取請求権を行使する場合における買取価格は、公正な価格と定められている（469 条 1 項、785 条 1 項、797 条 1 項、806 条 1 項）ところ、上記の場合において、当事者間で協議が調わないときは、当事者の申立てにより裁判所がその価格を決定することとされている（470 条 2 項、786 条 2 項、798 条 2 項、807 条 2 項）。そして、裁判所が決定する上記価格は、上記各条に定める公正な価格をいうものと一般に解されており、取得価格も、裁判所が決定するものである以上、上記の株式買取請求権行使の場合と同様、公正な価格を意味するものと解すべきである。もっとも、その公正な価格を算定する上での考慮要素は、必ずしも株式買取請求権行使の場合と一致するとは限らないが、その点は次項で検討する。」

「……取得価格決定の制度が、経営者による企業買取（MBO）に伴いその保有株式を強制的に取得されることになる反対株主等の有する経済的価値を補償するものであることにかんがみれば、取得価格は、① MBO が行われなかったならば株主が享受し得る価値と、② MBO の実施によって増大が期待される価値のうち株主が享受してしかるべき部分とを、合算して算定すべきものと解することが相当である。」

「原決定は、本件 MBO における上記の事実経過を踏まえた上で、取得日における本件株式の価値を評価するに際し、① Y 社の主張する市場株価方式と純資産方式（修正簿価純資産法）及び比準方式（類似会社比準法）とを併用すべきであるとの点については、Y 社主張の純資産方式及び比準方式による各試算額が、本件公開買付価格と著しく乖離していることや、A 社が様々な事業を展開しており、その業態、事業形態に照らし、その企業価値は収益力を評価して決せられる部分が多いことなどから適切ではないとし、② A 社が平成 18 年 8 月 21 日に公表した「同年 12 月期の業績予想の下方修正は、企業会計上の裁量の範囲内の会計処理に基づくものとはいえ、既に、この段階において、相当程度の確実性をもって具体化していた本件 MBO の実現を念頭において、

特別損失の計上に当たって、決算内容を下方に誘導することを意図した会計処理がされたことは否定できない」とした上で、本件公開買付けが公表された前日の6か月前である平成18年5月10日から同公表日の前日である同年11月9日までの市場株価の終値の平均値をもって取得日における本件株式の価値とした。

また、原決定は、Xらの度重なる要請にもかかわらず、Y社が、MBO後の事業計画や、公開買付者においてA社につきデューディリジェンスを実施した上で作成した株価算定評価書を提出しなかったことを踏まえ、本件MBOに近接した時期においてMBOを実施した各社の事例を参考に、上記の本件株式の価値に、本件MBOにおいて強制取得の対象となる株主に付加して支払われるべき価値部分として、その20％を加算し、これをもって取得価格と定めるのが相当であるとした。

「……原決定の認定判断は、本件MBOの経緯や原審までの審理経緯をも踏まえてされたものであり、本件記録に現れた証拠関係から肯認することができ、また、その取得価格の算定方法に裁量権の逸脱は認められないものというべきである。」

(2) ジュピター事件最高裁決定（最決平成28年7月1日民集70巻6号1445頁）

(A) 事案の概要

ジュピター事件は、Y社（株式会社ジュピターテレコム、利害関係参加人・相手方兼抗告人・抗告人兼相手方）による全部取得条項付種類株式の取得に反対したXら（申立人・抗告人兼相手方・相手方兼抗告人）が、法172条1項に基づき、取得価格決定の申立てをした事案である。

Y社は、平成22年6月当時、その発行する普通株式（以下、「本件株式」という）をJASDAQスタンダード市場に上場していた。A社（住友商事株式会社）およびB社（KDDI株式会社）は、両社によって、Y社の総株主の議決権の70％以上を直接または間接に有していた。

A社およびB社は、Y社の株式全部を保有すべく、平成24年10月24日、平成25年2月を目途に、本件株式1株につき11万円で公開買付けを実施し、

公開買付けによって全ての株式を取得できなかった場合には、全部取得条項付種類株式を用いて、本件株式およびY社の新株予約権（以下、合わせて「本件株式等」という）のすべてを取得する旨を公表した（以下、「10月公表」という）。その後、A社、B社およびA社とB社が各自発行済株式総数の50％ずつを保有するC社は、同年2月26日、①買付価格を本件株式1株につき12万3000円（以下、「本件買付価格」という）として本件株式等の全部の公開買付（以下、「本件公開買付け」という）を行うこと、②本件株式等の全部を取得できなかったときは、全部取得条項付種類株式を用いて本件株式等の全部を本件買付価格と同額で取得する旨を公表した（以下、「2月公表」という）。本件公開買付けの対象となる本件株式等は180万1954株であったが、本件公開買付けには119万9716株の応募があった。

　Y社には、2月公表当時、11名の取締役がいたが、本件公開買付けに関する意思決定過程からA社およびB社と関係の深い取締役8名が排除され、両社と関係がないか、関係の薄い取締役3名全員一致の決議に基づき意思決定がなされた。また、Y社は、第三者委員会の議論および株価算定書を踏まえ、10月公表前に、A社およびB社と公開買付価格の引き上げを交渉し、10月公表後に、一部の株主からの公開買付価格の引き上げ要請があったため、Y社は、A社およびB社と交渉をして、最終的には、公開買付価格が10月公表時の11万円から本件買付価格まで引き上げられた。さらに、Y社は、財務アドバイザーから、本件株式の価値が1株につき、①市場株価分析で7万8961円〜8万2700円、②類似企業比較分析で6万4322円〜9万6185円、③DCF分析で9万7281円〜12万2711円である旨の株式価値算定書を受領するとともに、本件買付価格は妥当である旨の意見を得ていた。そして、Y社は、第三者委員会から、本件買付価格は妥当であると認められ、株主等に対する情報開示の観点から特段不合理な点は認められないことから、本件公開買付けへの応募を株主等に対して推奨する旨の意見表明が相当である旨の答申を受けていた。

　平成25年6月28日に開催されたY社株主総会において、①残余財産の分配についての優先株式であるA種種類株式を発行することができる旨の定款変更、②本件株式を全部取得条項付種類株式とし、Y社がこれを取得する場合、その対価として全部取得条項付種類株式1株につきA種種類株式69万

4478分の1株の割合をもって交付する旨の定款変更をし、変更の効力発生日を同年8月2日とすること、③取得日を同日として、全部取得条項付種類株式の全部を取得することについて決議がされた。また、同日開催されたY社の普通株式の株主による種類株主総会において②の決議がされた。

　平成25年8月2日、②の定款変更の効力が生じ、Y社は、全部取得条項付種類株式の全部を取得した。A社とB社による本件株式の公開買付けについての報道（以下、「本件報道」という）がなされる前日の本件株式の平成24年10月19日の終値は8万2700円であったが、10月公表後は公開買付価格である11万円前後で推移し、2月公表後は本件買付価格である12万3000円を中心に推移していた。そして、株式市場全体での株価は、10月公表後から本件取得日までの間、上昇傾向にあった。

　Xらは、上記株主総会に先立ち、①〜③までの各議案に反対する旨をY社に通知し、かつ、上記株主総会において、①〜③の議案に反対し、会社法172条1項所定の期間内に、取得価格の決定の申立てをした。

　原々審（東京地決平成27年3月4日金判1465号42頁）は、レックス事件最高裁決定における田原補足意見における判断枠組みを前提として、本件株式の①客観的価値につき、10月公表後の株価については10月公表の影響を受けているため使用できず、10月公表前の株価については本件取得日から9か月以上前のものであり、市場全体の動向として、株価が上昇傾向にあったことから、10月公表以降から本件取得日までの市場全体の株価の動向を踏まえた補正を行うべきとして、回帰分析によって株価を補正し、10万4165円とした。また、原々審は、手続の公正を認めつつ、本件買付価格では、①客観的価値について約18％のプレミアムとなり、いささか低いとして、本件買付価格は、本件報道前の株価に約50％のプレミアムを付しており、その半分である25％のプレミアムとすべきであるとして、②増加価値分配価格は2万6041円（≒10万4165円×26％）であり、「公正な価格」は13万0206円とした。原審（東京高決平成27年10月14日金判1497号17頁）は、原々審の決定を維持し、XらおよびY社のいずれの抗告も棄却した。

(B) 判旨

破棄自判（取得価格を1株につき12万3000円とした）。

「株式会社の株式の相当数を保有する株主（以下「多数株主」という。）が当該株式会社の株式等の公開買付けを行い、その後に当該株式会社の株式を全部取得条項付種類株式とし、当該株式会社が同株式の全部を取得する取引においては、多数株主又は上記株式会社（以下「多数株主等」という。）と少数株主との間に利益相反関係が存在する。しかしながら、独立した第三者委員会や専門家の意見を聴くなど意思決定過程が恣意的になることを排除するための措置が講じられ、公開買付けに応募しなかった株主の保有する上記株式も公開買付けに係る買付け等の価格と同額で取得する旨が明示されているなど一般に公正と認められる手続により上記公開買付けが行われた場合には、上記公開買付けに係る買付け等の価格は、上記取引を前提として多数株主等と少数株主との利害が適切に調整された結果が反映されたものであるというべきである。そうすると、上記買付け等の価格は、全部取得条項付種類株式の取得日までの期間はある程度予測可能であることを踏まえて、上記取得日までに生ずべき市場の一般的な価格変動についても織り込んだ上で定められているということができる。上記の場合において、裁判所が、上記買付け等の価格を上記株式の取得価格として採用せず、公開買付け公表後の事情を考慮した補正をするなどして改めて上記株式の取得価格を算定することは、当然考慮すべき事項を十分考慮しておらず、本来考慮することが相当でないと認められる要素を考慮して価格を決定するものであり（最高裁平成26年（許）第39号同27年3月26日第一小法廷決定・民集69巻2号365頁参照）、原則として、裁判所の合理的な裁量を超えたものといわざるを得ない。」

「したがって、多数株主が株式会社の株式等の公開買付けを行い、その後に当該株式会社の株式を全部取得条項付種類株式とし、当該株式会社が同株式の全部を取得する取引において、独立した第三者委員会や専門家の意見を聴くなど多数株主等と少数株主との間の利益相反関係の存在により意思決定過程が恣意的になることを排除するための措置が講じられ、公開買付けに応募しなかった株主の保有する上記株式も公開買付けに係る買付け等の価格と同額で取得する旨が明示されているなど一般に公正と認められる手続により上記公開買付け

が行われ、その後に当該株式会社が上記買付け等の価格と同額で全部取得条項付種類株式を取得した場合には、上記取引の基礎となった事情に予期しない変動が生じたと認めるに足りる特段の事情がない限り、裁判所は、上記株式の取得価格を上記公開買付けにおける買付け等の価格と同額とするのが相当である。」

※ 小池裕裁判官の補足意見

　「構造的な利益相反関係が存する場合についても、取引に関する意思決定過程が恣意的になることを排除するための措置が講じられ、一般に公正と認められる手続が実質的に行われ、多数株主等と少数株主との利害が適切に調整され、株式の買付価格が公正に定められたものと認められる場合には、裁判所は、独立当事者間の取引の場合と同様に、原則としてこのような手続を通じて定められた価格（取引条件）を尊重すべきものであると考えられる。すなわち、裁判所は合理的な裁量に基づいて株式の取得価格の決定をするが、その判断においては、まず、関係当事者間の取引において一般に公正と認められる手続が実質的に行われたか否か、買付価格がそのような手続を通じて形成された公正な価格といえるか否かを認定することを要し、それが認定される場合には、原則として、公正な手続を通じて形成された取引条件である買付け等の価格を尊重し、取引の基礎とした事情に予期しない変動が生じたと認めるに足りる特段の事情のない限り、当該買付け等の価格をもって取得価格とすべきものであると解するのが相当である。

　株式価格の形成には多元的な要因が関わることから、種々の価格算定方式が存する。そのため、株式価格の算定の公正さを確保するための手続等が講じられた場合にも、将来的な価格変動の見通し、組織再編等に伴う増加価値等の評価を考慮した株式価格について一義的な結論を得ることは困難であり、一定の選択の幅の中で関係当事者、株主の経済取引的な判断に委ねられる面が存するといわざるを得ない。このような株式価格の算定の性質からすると、本件のような事案において、裁判所は、買付け等の価格という取引条件の形成に関わる手続の公正について的確に認定するという点で特に重要な機能を果たすものといえる。」

(3) ジュピター事件後

(A) 大阪地決平成 29 年 1 月 18 日金判 1520 号 56 頁

(a) 事案の概要

本件は、全部取得条項付種類株式を用いたキャッシュ・アウトによって Y 社（エスバンス株式会社、利害関係参加人）株式 2000 株を取得された X（申立人）が会社法 172 条 1 項に基づき、取得価格決定の申立てをした事案である。

Y 社は、プラスチック成形用金型等の製作等を目的とする株式会社であり、Y 社の株式（以下、「Y 株」という）は、東証二部に上場されていた。A 社は、合成樹脂成形品の製造並びに販売、合成樹脂成形用金型の設計、製造並びに販売等を目的とする株式会社であり、発行株式は JASDAQ（スタンダード）市場に上場され、平成 27 年 3 月 6 日当時、Y 株 306 万 1000 株（株式保有割合 32.74%（≒306 万 1000 株÷935 万株））を保有する Y 社の筆頭株主であった。

A 社は、平成 27 年 3 月 6 日、Y 社の完全子会社化の一環として、Y 株 1 株につき 285 円での公開買付け（以下、「本件公開買付け」という）を実施し、本件公開買付け後は全部取得条項付種類株式を利用した全部取得手続（以下、「本件全部取得手続」という）によって Y 社の株主を A 社のみとし、本件公開買付けに応募しなかった株主には公開買付価格に所有する Y 株を乗じた金額を交付する旨を公表した。また、Y 社取締役会は、同日、本件公開買付けに賛同し、応募を推奨する意見表明をすることを決議し、その旨を公表した。

Y 社においては、本件公開買付けに際して、以下のような恣意的意思決定排除措置等がとられていた。まず、Y 社は、第三者算定機関から Y 株につき、市場株価法で 200 円～216 円、DCF 法で 270 円～371 円とする価値算定書を取得していた。次に、独立したリーガル・アドバイザーである B 法律事務所から、本件公開買付けに対する意思決定の方法・過程等に関する法的助言を受けた。また、Y 社取締役のうち、A 社の取締役を兼務していた者を本件全部取得手続に関する取締役会の審議および決議並びに A 社との協議および交渉に参加させなかった。さらに、A 社および Y 社から独立した弁護士 C および Y の社外監査役 D（独立役員として指定・届出されている者）から、本件全部取得手続は Y 社の少数株主にとって不利益なものではない旨の意見書を取得

していた。そして、本件公開買付けにおいては、少数株主の保有する株式の3分の2以上の応募がされない限り本件公開買付けは成立しないように買付予定数の下限が設定され、公開買付期間が31営業日と設定され、A社とY社は、Y社がA社の対抗者と接触することを禁止しなかった。

本件公開買付けは、買付予定数の下限を上回る応募により成立し、A社の議決権所有割合は、約93.36%となった。そこで、Y社は本件全部取得手続を行い、Y株は、平成27年7月27日をもって上場廃止となった。

Xは、本件全部取得手続を承認するための株主総会の基準日後にY株を取得し、取得価格が低廉であると主張して、取得価格決定の申立てをした。

(b) 判旨

取得価格は、1株につき285円とした。

「相互に特別の資本関係がある会社間における二段階買収取引であっても、その利益相反性を排除するための十分な措置が講じられ、相互に特別の資本関係がない会社間の取引（独立当事者間取引）と同視し得る程度の実質的な価格交渉が行われた場合には、上記（2）（最決平成24年2月29日民集66巻3号1748頁（筆者注））と同様に考えることができる。」

「本件全部取得手続における一段階目の取引である本件公開買付けは、第三者算定機関から価値算定書を取得し、独立した第三者から本件全部取得が少数株主にとって不利益なものではないとの趣旨の意見書を取得した上、独立したリーガル・アドバイザーから助言を得て行われている。また、A社との協議及び交渉並びに本件全部取得に関する取締役会（本件意見表明に係る平成27年3月6日の取締役会を含む。）の審議及決議は、Y社の取締役のうちA社の取締役を兼務していた者を参加させずに行われている。そして、本件公開買付けにおける買付予定数の下限や公開買付期間は、少数株主の意思や対抗的な買付の機会の確保に配慮して設定されている。このように、本件全部取得手続については、その利益相反性を排除し、意思決定過程が恣意的になることを排除するための相応の措置が講じられていたと認めることができる。」

「もっとも、一件記録によるも、本件全部取得手続において本件買付価格がどのような価格交渉を経て妥結されるに至ったのかについての事実経過は明らかでなく、この価格交渉過程において、上記2（1）の恣意的意思決定排除措

置が具体的にどのように機能したのか（リーガル・アドバイザーであるB法律事務所、独立した第三者であるC及びD、Eを除くY社の取締役及び監査役、これらの者が、本件全部取得に内在する構造的な利益相反性を排除し、Y社の少数株主の利益を実現するためにどのような行動をとったのか）も明らかではない。したがって、上記2(1)の恣意的意思決定排除措置の存在のみから、本件買付価格が公正な価格であると即断することはできない。」

「本件買付価格285円は、大和総研のDCF法による価値算定結果（270円〜371円）のみならず、A社から依頼を受けたSMBCのDCF法による価値算定結果（254円〜346円）の各算定レンジの範囲内にある上…、市場株価に対するプレミアム率は、31.9％（公表前1か月間の終値の単純平均値216円との対比）ないし42.5％（公表前6か月間の終値の単純平均値200円との対比）であり、完全子会社化を目的とした他の同種案件におけるプレミアム率との比較においても、一般的な範囲内のプレミアムが付された価格であるということができる（審問の全趣旨）。

このようなDCF法による価値算定結果や市場株価との対比の観点からすると、本件買付価格285円は、Y社の少数株主の利益に配慮した価格交渉を経て妥結された価格であるとみることができる。」

(B) 大阪高決平成29年11月29日金判1541号35頁、京都地決平成29年6月9日金判1541号43頁

(a) 事案の概要

本件は、株式併合を用いたMBOによってY社（利害関係参加人・相手方）株式を取得されたX社（X株式会社、申立人・抗告人）が法182条の5第2項に基づき、取得された株式の買取価格の決定を求めた事案である。

Y社は、和服、紳士服、婦人服等各種衣料繊維製品の販売等を目的とする会社であり、Y社の発行する株式（以下、「本件株式」という）は、平成16年12月以降、平成28年2月25日に上場廃止されるまで、東京証券取引所JASDAQ（スタンダード）市場に上場されていた。AおよびB両名（以下、AとB両名を総称して「Aら」という）は、平成27年6月26日にY社の代表取締役に重任して以降、現在に至るまでY社の代表取締役である。

Y社は、経営が低迷し、平成27年3月期の売上高が平成18年3月期の売上高の約半分にまで減少し、約1億2500万円の連結営業赤字を計上するに至った。そこで、Aらは、平成27年9月1日にそれぞれ50％ずつ出資して、Y社についてMBOを行うため、Y社株式を取得するための株式会社C（以下、「C社」という）を設立し、Aが代表取締役に、Bが取締役に就任した。

　C社は、平成27年11月11日、本件株式を非公開化するための取引の一環として、C社が本件株式の買付価格を1株につき270円（以下、「本件公開買付価格」という）にて、本件株式の公開買付けを実施し（以下、「本件公開買付け」という）、C社が本件株式全部を取得するに至らなかった場合は、法179条に基づく株式売渡請求または株式併合にて本件株式全部を取得する手続を行う予定であり、公開買付に応募しなかった株主には本件公開買付価格に当該株主が所有していた本件株式の数を乗じた価格と同一になるように算定される予定であること（以下、本件公開買付けと本件株式全部を取得するための一連の手続を「本件取引」という）等を公表した（以下、「本件公表」という）。Y社は、同日開催の取締役会において、本件公開買付けに対し賛同の意見を表明し、応募することを推奨する旨の決議を行い、その旨を公表した。本件公表の前日である同月10日のJASDAQにおける本件株式の終値は161円（小数点以下を四捨五入、以下株価および株価平均につき同じ）、同日までの過去1か月間の終値単純平均値は159円、過去3か月間の終値単純平均値は163円、過去6か月間の終値単純平均値は177円であった。

　Y社は、C社設立前から、本件取引について法律事務所を法務アドバイザーとして選任し、同法律事務所から、書面等により、Aらとの間で本件取引に関する情報を遮断すべきこと等の指示を受けた。また、Y社は、本件取引の実施に当たり、独立した第三者算定機関Dから、本件株式の1株当たりの株式価値につき、市場株価法で159円から177円、DCF法で248円から274円とする算定報告書（以下、「本件算定報告書」という）を取得していた。第三者算定機関Dは、本件算定報告書において、上記算定は事業の継続を前提としており、企業価値または株式価値の算定に際しては、企業の固有の事情を反映させた収益獲得能力を評価するとともに、客観性を確保する観点から市場取引の動向を考慮する必要があることから、DCF法および市場株価法を採用し

た旨、時価純資産法は、企業の清算価値または再調達原価に基づく資本の再構成に要する評価額の算定に関しては一定の有用性が認められるものの、今回の評価は事業の継続を前提とした収益獲得能力に基づく企業価値または株式価値を算定するものであるため採用しなかった旨説明していた。そこで、C社は、平成27年9月14日、Y社に対し、本件株式の公開買付価格を240円前後とする提案をした。同価格は、直近の同月10日の株価終値である158円に対し、51.9％のプレミアムを付けた額であった。これに対し、Y社は、第三者算定機関Dからの中間報告によれば、DCF法に基づけば、本件株式の1株当たりの価値は248円から279円であり、C社の提案する240円前後の価格は低い水準にあるとして、C社に対し公開買付価格の再考を要請し、これを受けたC社は、同年11月2日、公開買付価格を270円とする再提案を行った。同価格は、同日直近の同年10月30日の株価終値に68.8％のプレミアムを付けた価格であった。また、Y社は、本件公開買付けに先立ち、弁護士1名、Y社社外監査役2名からなる第三者委員会（以下、「本件第三者委員会」という）を設置した。本件第三者委員会は、同年9月9日から同年11月6日までの間に、第三者算定機関Dの中間報告の検討や関係者に対する質疑応答を含む審議を5回にわたり実施し、同年11月10日、本件取引は利害関係参加人の少数株主にとって特段不利益なものであるとは認められない旨を記載した答申書（以下、「本件答申書」という）を提出した。本件第三者委員会は、本件答申書において、第三者算定機関Dの報告書で用いられた算定方法の妥当性についても検討したうえで、本件公開買付価格である270円が、本件株式の直近の終値である同年10月30日の株価に対して68.8％、同日までの1か月間の平均株価に対して69.8％、同日までの3か月間の平均株価に対して65.6％のプレミアムが付加された金額であり、同プレミアム率は過去において実施された公開買付案件において付加されたプレミアム率と同水準またはそれ以上のものとなっていることや本件公開買付価格が第三者算定機関の報告書においてDCF法で算定された価格（248円から274円）の最大値に近い数値になっていることなどを考慮して本件公開買付価格等の条件は妥当である旨判断した。

　本件公開買付けの買付期間中に、本件公開買付けに対して買付予定数の下限を上回る応募があり、本件公開買付けは成立した。そして、Y社は、平成28

年2月9日、臨時株主総会（以下、「本件株主総会」という）を開催し、本件株式について、957万6501株を7株に併合し、株式併合の効力発生日は同年3月1日とすることやこれに伴い定款変更をする旨等の議案は可決され、X社が株主として提案したAら取締役の解任を求める議案については否決する旨の決議が成立した。そして、本件株式は同年2月25日に上場廃止となり、本件株式は本件株式併合の効力の発生により、C社以外の株主の保有していた株式は、端株となり、C社以外の株主には本件株式1株につき、本件公開価格と同額の金銭が交付された。

X社は、本件株主総会に先だって、Y社に対し、本件株式併合に反対する旨の反対通知書を送付し、本件株主総会においても、本件株式併合に反対する旨の議決権行使をし、X社の所有する本件株式について、本件公開買付価格が本件株式の純資産額を下回り低廉であると主張して、価格決定申立てを行った。

(b) 判旨

原審（京都地決平成29年6月9日金判1541号43頁）は、買取価格は、1株につき270円として、以下のように判示した。

「Y社において、独立した第三者委員会や専門家の意見を聴くなどして、取引に関する意思決定過程が恣意的になることを排除するための措置が講じられ、本件公開買付けが成立した場合は、特別支配株主による株式売渡請求やY社における株式併合及びその後の端数相当株式任意売却等の端数処理により、本件公開買付けに応募しなかった株主の保有する株式を本件公開買付けに係る買付価格と同額の対価が交付されるようにして、本件株式を取得又は売却する予定である旨が明示されているなど、一般に公正と認められる手続により上記公開買付けが行われた場合には、上記公開買付価格は、上記取引を前提として、Y社の買収側である取締役と少数株主との利害が適切に調整された結果が反映されたものであると評価することができるというべきであり、上記公開買付価格は、本件株式の取得日又は株式併合後の株式買取請求日等の端数処理までの期間はある程度予測可能であることを踏まえて、上記取得日又は株式買取請求日等までに生ずべき市場の一般的な価格変動についても織り込んだ上で定められているということができる。

したがって、このような場合には、本件取引の基礎となった事情に予期しない事情がない限り、本件株式の買取価格を本件公開買付価格と同額とするのが相当であるというべきである。」

「前記意思決定過程が恣意的になることを排除するための措置や公正と認められる手続は実質的にこれが行われることを要すると解すべきところ、本件においては、本件取引の各過程において前記認定のとおり利害関係参加人の株主に対する情報開示が行われ、また、C社及びY社は、本件公表時から、本件公開買付けがY社の代表取締役が出資した会社による買収であって、いわゆるMBOの一環として行われるものであることや本件公開買付けの背景・目的・内容及び本件公開買付後に予定されている手続を公表し、これを前提に実施した本件第三者委員会の諮問の答申結果や第三者算定機関による株価算定評価等の利益回避措置についても説明したうえで本件取引を実施しており、これらの公表内容に鑑みると、本件取引においては株主に対しては十分な情報開示がなされていると考えられること、前記イ（イ）認定のとおり、Y社において意見を聴いた本件第三者委員会や第三者算定機関であるDは、本件株式の価値や本件公開買付価格について、合理性が認められる算定方法等により実質的な検討を行って評価を行っていること、本件公開買付けにおけるMからの当初の買付価格の提案額は240円前後であったが、Y社がDの中間報告を踏まえて、公開買付価格の再考を求めた結果、本件公開買付価格である270円となったことなどの本件公開買付価格の決定に至る経緯等に加え、本件公開買付価格が、本件公開買付公表前日の終値である161円に対し67.7％、同日までの過去1か月間の終値単純平均値である159円に対し69.8％、同日までの過去3か月間の終値単純平均値である163円に対し65.6％、同日までの過去6か月間の終値単純平均値である177円に対し52.5％のプレミアムがそれぞれ付加された価格であり、Dの市場株価法による本件株式価値算定額の上限を上回り、DCF法による算定結果の中間値である261円も上回る価格であり、本件公開買付価格が本件公表時の市場価格の動向やDによる算定結果に照らして特段不合理とも認められないことなどの事情を考慮すると、本件取引においては、実質的にも、意思決定過程において恣意性を排除する措置が講じられ、公正と認められる手続が行われたと認められるというべきである。」

「X社は、Y社の平成27年9月末日時点での1株当たりの純資産額は488円47銭であるとした上で、「公正な価格」の算定に当たっては少なくとも純資産価値を基準とすべきところ、本件公開買付価格である270円は上記1株当たりの純資産額を下回っているから「公正な価格」とはいえない旨主張する。

しかし、Y社は、本件取引後も事業を継続することを予定しており、解散ないし清算することは予定していないことから、「公正な価格」の算定において、解散ないし清算を前提とした純資産方式を採用することは相当ではない。

また、Y社は上場会社であり、通常その株式の客観的価値は市場株価に反映されているということができるところ、Y社の純資産額は従前から開示されており、本件株式の市場株価は、当該純資産額をも織り込みながら形成されていたものである。そして、本件公開買付価格は、当該市場価格を前提として、本件株式の取得日又は株式併合後の株式買取請求日等の端数処理までの期間はある程度予測可能であることを踏まえて、上記取得日又は株式買取請求日までに生ずべき市場の一般的な価格変動についても織り込んだ上で定められているということができる。

したがって、本件において1株当たりの純資産額が「公正な価格」の下限を画するということはできない。」

大阪高裁も、原審の決定を引用し、本件公開買付け等の取引が一般に公正と認められる手続により行われていることを肯定している。

(C) 東京高決平成31年2月27日金判1564号14頁、東京地決平成30年1月29日金判1537号30頁

(a) 事案の概要

本件は、Y社（日本生命保険相互会社、利害関係参加人）によるA社（三井生命保険株式会社）の子会社化の一環として、A社の発行済株式の全部を対象とした公開買付け（以下、「本件公開買付け」という）に続く特別支配株主の株式売渡請求に対して、X社（申立人・抗告人）が法179条の8第1項に基づき、自己が保有するA社の普通株式の売買価格決定を求めた事案である。

X社は、シンガポールの投資会社であり、Y社によるA社発行株式取得日

である平成 28 年 3 月 11 日時点において、A 社の普通株式 2127 万 6500 株（以下、「本件株式」という）を保有していた。Y 社は、生命保険業を主たる目的とした、基金の総額を 1 兆 3000 億円とする相互会社である。A 社は、生命保険業を主たる目的とし、資本金の額を 1672 億 8001 万円とする株式会社である。A 社は、非上場会社であるが、株式会社に組織変更した後、株主が多数となったことから、有価証券報告書の提出義務（金融商品取引法 24 条 1 項 4 号、金融商品取引法施行令 3 条の 6 第 4 項）を負っていた。また、A 社では、剰余金の配当および残余財産の分配について優先し、議決権がない A 種株式および B 種株式並びに普通株式を発行していた。なお、Y 社は、本件公開買付けまで、A 社の普通株式、A 種株式および B 種株式のいずれも有していなかった。

　A 社は、平成 27 年 3 月、Y 社から打診を受け、両社の経営統合（以下、「本件経営統合」という）に向けた協議を開始した。その際に、A 社は、B 法律事務所を法務アドバイザーに選任し、証券会社 C 社を財務アドバイザーに選任した。A 社は、同年 6 月初旬、Y 社から、普通株式 1 株当たりの買付価格を 490 円（以下、「本件当初価格」という）とする提案を受けた。そこで、A 社が C 社に助言を求めたところ、C 社は、A 社に対し、本件当初価格は試算結果（類似会社比較法で普通株式 1 株当たり 343 円から 740 円、DDM 法で普通株式 1 株当たり 330 円から 666 円）のレンジ内であるが、レンジの中央値を下回る金額であるから、Y 社に対し、買付価格の引上げを求めていくべきであると助言した。また、B 法律事務所は、A 社に対し、Y 社との交渉においては、シナジーやコントロール・プレミアムを十分に加味すべきであると主張するよう助言した。それらの助言を踏まえ、A 社は、Y 社に対し、更なる値上げを求め、C 社は、同年 6 月中旬、Y 社の財務アドバイザー E 社に対し、本件当初価格の根拠についての説明を求めた。E 社からの説明を受けた C 社は、A 社に対し、本件当初価格は A 社の株主の理解を得ることが困難であるため、Y 社に対しては、この価格では本件経営統合の検討を前に進めることはできないとの姿勢を明確にし、買付価格の再考を求めるのが効果的である旨助言した。これを受けて、A 社は、Y 社に対し、本件当初価格からの引上げを要求したが、Y 社側からは本件当初価格の引上げは難しい旨の説明が繰り

返された。A社は、同年8月上旬、Y社に対し、本件当初価格の引上げを再度求めたところ、同月中旬、Y社から、A社の普通株式の買付価格を本件買付価格（普通株式1株当たり560円）にまで引き上げる旨の提案を受けた。また、C社も、E社から、本件買付価格は本件当初価格にプレミアムを上乗せしたものであり、これ以上の引上げの余地は一切ないとの連絡を受けた。これを受けて、C社は、A社に対し、直近の市況等を踏まえて更新されたA社の普通株式の株式価値の試算結果（類似会社比較法で297円から648円、DDM法で354円から687円）からは、本件買付価格は、これらの試算結果のレンジの中央値を上回っていること、これまでの交渉経緯や直近の株式市場の状況を踏まえると、これ以上の買付価格の引上げは難しいと思われること等を報告した。また、Y社は、同月下旬、A社の筆頭株主であるF銀行に対しても本件買付価格を提示したところ、F銀行は、A社に対し、本件買付価格であれば受入れ可能である旨の連絡をした。

　Y社とA社は、平成27年9月11日、Y社が、A社の発行済株式の全部を対象として、本件株式1株の買付価格を560円で本件公開買付けを実施するなどして経営統合をする旨の基本合意（以下、「本件基本合意」という）を締結し、本件公開買付けに応募しなかった少数株主を本件買付価格と同額でスクイーズアウトする手続（以下、「本件スクイーズアウト手続」という）を実施し、その後、A社の属するDグループに属する会社がA社の株式の合計15％程度を取得する旨を公表した。

　Y社は、平成27年11月9日から同年12月21日まで、本件公開買付けを実施した。その結果、A社のA種株式およびB種株式を普通株式に転換したとみなした場合の株式数は5億7543万2699株の応募があり、買付予定数の下限（4億3978万5136株）を上回ったことから、本件公開買付けが成立した。そして、本件公開買付けによって取得されたA種株式及びB種株式が普通株式へ転換された結果、Y社は、A社の総株主の議決権の96.34％を保有するに至った。Y社は、A社の総株主の議決権の10分の9以上を取得したことから、本件スクイーズアウト手続として、平成28年1月27日、A社の取締役会における承認決議を経て、本件公開買付けに応募しなかったA社の株主に対し、法179条1項に基づき、同年3月11日を取得日として、その有する対

象会社の普通株式の全部を1株当たり560円で売り渡すことを請求した。

これに対し、X社は、平成28年3月8日、法179条の8第1項に基づき、本件株式の売買価格決定の申立てをし、本事案では独立した第三者委員会が設置されておらず、フェアネス・オピニオンも取得されていない等の事情があるため、手続の公正を欠くこと等を主張した。

(b) 判旨

原審は、売買価格は、1株につき560円とした。

「……本件売渡請求は、Y社とA社の間の本件経営統合契約を前提として、Y社によるA社の発行済株式の全部を対象とする公開買付けに引き続き実施されたものであるところ、Y社は、本件経営統合ないし本件公開買付けに至るまで、A社の株式を一切保有しておらず、A社との間に何らの資本関係がなかったことが認められる。

相互に特別の資本関係がない会社間において、一方の会社が他方の会社と経営統合するための手続として株式の公開買付けを行い、その後に当該会社の株式について会社法179条1項に基づく特別支配株主による株式売渡請求をして、当該会社の株式の全部を取得する場合においては、いわゆる独立当事者間において企業間取引がされた場合と同様に、それぞれの会社において忠実義務を負う取締役が当該会社及びその株主の利益にかなう契約内容や買付価格を決定することが期待できるというべきである。そして、公開買付けに応募しなかった株主の保有する株式も公開買付けに係る買付け等の価格と同額で取得する旨が明示されているなど、一般に公正と認められる手続により経営統合の手段たる公開買付けが行われ、その後に公開買付けに係る買付価格と同額で株式売渡請求がされた場合には、株主が公開買付けに応じるか否かを適切に判断することが期待できる以上、上記の手続において基礎となった事情に予期しない変動が生じたなどの特段の事情がない限り、裁判所は、株式売渡請求に係る株式の売買価格を公開買付けに係る買付価格と同額とするのが相当である。

……また、このような理は、公開買付けの対象となる株式が市場株価を有する上場株式である場合のみならず、非上場株式である場合にも等しく当てはまるというべきである。」

「……本件経営統合及び本件買付価格の交渉に関し、A社は、①リーマンシ

ョック等の影響によって財務基盤が毀損し、他社との連携統合等も含めた検討をしていたところ、Y社から、本件経営統合に向けた協議の打診を受け、②本件公開買付けに関する協議及び交渉に当たり、法務アドバイザー、財務アドバイザー及びアクチュアリー・ファームといった外部の専門家から助言を得ながら、Y社が提示した買付価格の妥当性を検討し、③Y社との間で、上記打診から本件経営統合契約の締結に至るまで約7か月間に渡り、本件買付価格を含む取引条件の交渉をし、④Y社から、普通株式の買付価格を本件当初価格とするなどの提案を受けたものの、財務アドバイザーや法務アドバイザーの助言を受けて本件当初価格の引上げを求め、その結果、本件買付価格への引上げに成功し、⑤その後も、Y社に対し、更なる価格の上乗せを要請したが、本件買付価格は複数の財務アドバイザーによる株式価値の算定結果のレンジ内にあることが確認され、財務アドバイザーからこれ以上の価格の引上げは難しいとの報告を受け、さらに、X社を除く主要株主からも本件買付価格を含む本件経営統合について前向きな返答を得、Y社の財務アドバイザーから買付価格の更なる引上げが困難であるとの見解を得たことなどから、本件買付価格を応諾するに至ったものである。

　これらの事情に照らせば、本件公開買付けは、A社とY社との間で、A社の一般株主にも配慮した買付価格の模索も含め、実質的な交渉が行われて実施されるに至ったものと評価することができる。

　……そして、本件公開買付けの実施に関しても、⑥A社は、本件基本合意の締結後、直ちに、A社の発行済株式の全部を対象とする本件公開買付けを実施し、その後、本件スクイーズアウト手続が実施される予定であることや、本件再取得を行う方向で協議していることといった重要事項を公表し、⑦本件経営統合契約の締結後、Y社は、直ちに、本件買付価格、公開買付期間、決済の開始日、買付予定数の下限、本件公開買付けが成立した場合には本件買付価格と同額でキャッシュ・アウトされること、本件再取得に関する方針といった、本件公開買付けへの応募の可否を検討するために必要と考えられる事項を公表し、⑧Y社とA社は、本件公開買付けに先立ち、公開買付届出書と意見表明報告書をそれぞれ提出し、本件買付価格の決定に当たって参考にした双方の複数の財務アドバイザーによるY社の普通株式の価格の算定過程とその結

果を開示した上、⑨Y社は、30営業日の公開買付期間を定めて本件公開買付けを実施し、⑩その結果、A種株式及びB種株式を普通株式に転換したと見なした場合の株式数5億7543万2699株の応募があり、買付予定数の下限4億3978万5136株を上回り、本件公開買付けが成立している。

　これらの事情に照らせば、本件公開買付けに当たっては、A社の株主が本件公開買付けに応じるか否かの判断に必要となる情報が適時かつ適切に開示されており、また、当該判断に必要な期間も十分に確保されていたということができる。

　……以上によれば、本件公開買付け及びその後の本件スクイーズアウト手続は、一般に公正と認められる手続により行われたということができる。」

　また、本決定は、以下のように判示し、売買価格は1株につき560円としている。

　「公開買付けに応募しなかった株主の保有する株式も公開買付けに係る買付け等の価格と同額で取得する旨が明示されているなど、一般に公正と認められる手続により経営統合の手段たる公開買付けが行われ、その後に公開買付けに係る買付価格と同額で株式売渡請求がされた場合には、株主が公開買付けに応じるか否かを適切に判断することが期待できる以上、上記の手続において基礎となった事情に予期しない変動が生じたなどの特段の事情がない限り、裁判所は、株式売渡請求に係る株式の売買価格を公開買付けに係る買付価格と同額とするのが相当である。」

　「…上記考え方が公開買付けの対象となる株式が非上場株式である場合にも、いわゆる独立当事者間における取引については等しく当てはまると考えるべきことは、前記1のとおり引用する原判決説示のとおりである。」

2　価格の決定 or 市場価格

(1)　ジュピター事件最高裁決定の枠組み

(A)　レックス事件最高裁決定田原補足意見との関係

　ジュピター事件最高裁決定以前においては、裁判所は、キャッシュ・アウトにおける株主の保有する株式の取得価格の算定方法につき、レックス事件最高

裁決定における田原補足意見に従い、取得価格とは公正な価格をいい、公正な価格は①MBOが行われなかったならば株主が享受し得る価値と（以下、「客観的価値」という）、②MBOの実施によって増大が期待される価値のうち株主が享受してしかるべき部分（以下、「プレミアム」という）とを合算して算定していた。[28]そして、裁判所は、①客観的価値については、原則として、直近の市場株価を基に算定し、②プレミアムについては、手続の透明性・公正性および価格の相当性が認められれば、公開買付けの結果を尊重するとされていた。[29]

これに対して、ジュピター事件最高裁決定においては、一般に公正と認められる手続により公開買付けが行われ、その後に公開買付け等の価格と同額で全部取得条項付種類株式を取得した場合には、取引の基礎となった事情に予期しない変動が生じたと認めるに足りる特段の事情がない限り、裁判所は、取得価格を公開買付け等の価格と同額とするのが相当であるとし、取得価格の算定方法につき①客観的価値と②プレミアムについてそれぞれ算定したうえでそれらを合算していない。

ジュピター事件最高裁決定は、なぜ、レックス事件最高裁決定における田原補足意見に従った取得価格の算定を行わなかったのであろうか。

ジュピター事件においては、①客観的価値の算定に際して、10月公表後の株価については10月公表の影響を受けているため使用できず、また、10月公表前の株価については本件取得日から9か月以上前のものであり、市場全体の動向として、株価が上昇傾向にあったことから、過去の株価の平均のみから取得日における株式の①客観的価値を算出できないという問題点があった。そこで、原々審は、回帰分析により、過去の株価から、取得日における①客観的価値を算定し、その上で、客観的価値の25％を②プレミアムとしている。基準日における客観的価格を算定する際に、回帰分析の方法により補正をして株価を算定すること自体は、判例により、裁判所の裁量の範囲内として認められている。[30]そして、原々審は、回帰分析による予測株価の平均値に際して、2月公表前1か月間ではなく、本件取得日前1か月間を用いている。学説上は、公開

---

28) 髙原知明「判解」ジュリ1503号89頁。
29) 鈴木謙也「株式取得価格決定申立事件の審理についての一考察」東京大学法科大学院ローレビュー9号172〜176頁。

買付け後に全部取得条項付種類株式を用いてキャッシュ・アウトを行う場合に、公開買付価格と取得価格が同額であることが確定していて、裁判所が事後的に取得日における株価の補正を行うと、公開買付け後に、市場全体で株価が上昇した場合、公開買付けに応じなかった株主は、確実に公開買付価格以上で当該会社の株式を買い取ってもらうことが可能となり、企業価値を高める望ましいキャッシュ・アウトの公開買付けに十分な応募が集まらず、結果として、キャッシュ・アウトが失敗するという問題点が指摘されていた。[31]

また、田原補足意見の枠組みに従うと、単純に公表日前の一定期間の株価の平均を①客観的価値とすると公開買付価格を上回ってしまう場合に、不明確な理由から平均をとる期間・手法を変える、あるいは恣意的に市場価格以外のものを根拠に否定することにつながり、価格決定のルールを不透明にするだけであると指摘もなされており、[32]市場価格のみによる取得価格の算定方法の限界も明らかになっていた。

ジュピター事件最高裁決定は、学説の指摘については言及していないが、ジュピター事件最高裁決定における枠組みによれば、株式市場全体が上昇傾向にあった場合であっても、手続の公正性が認められると、公開買付価格＝取得価格となり、学説が指摘する問題点を回避することが可能となる。もっとも、ジュピター事件においても、レックス事件最高裁決定の田原補足意見に従い、①客観的価値につき、回帰分析を用いて、本件取得日前の1か月間ではなく、2月公表前1か月間の株価の平均とすることで、当該事案においては学説が指摘するような問題点を回避することも可能であったように思えるが、最高裁は、

---

30) インテリジェンス事件（東京高決平成22年10月19日判タ1341号186頁、最決平成23年4月26日判時2120号126頁）、田中650〜651頁。回帰分析については、田中亘編著『数字でわかる会社法』（有斐閣、2013）256頁〔森田果〕、池谷誠「わが国訴訟における回帰分析の利用と課題──近時の事案を振り返って──」商事法務2110号26頁参照。

31) 田中亘「総括に代えて──企業再編に関する若干の法律問題の検討」土岐敦司・辺見紀男編『企業再編の理論と実務──企業再編のすべて』（商事法務、2014）222頁、藤田友敬「公開買付前置型キャッシュアウトにおける公正な価格──最決平28・7・1と公開買付後の市場動向を勘案した『補正』の可否」資料版商事法務388号49〜50頁。この点につき、補正を認めると、いわば一種の有利なプット・オプションを無償で得たに等しい結果になるとの指摘もなされている（江頭880頁（注4））。

32) 松中学「JCOM最高裁決定と構造的な利益相反のある二段階買収における『公正な価格』」商事法務2114号6頁。

そのようなことを行っていない。最高裁としては、以下で述べるとおり、株式買取請求の場合の買取価格について判示したテクモ事件との整合性を重視しているように思われる。

(B) テクモ事件との整合性

株式買取請求の場合の株式の買取価格については、テクモ事件最高裁決定（最決平成24年2月29日民集66巻3号1784頁：詳細については第3編第3章第2節参照）では、シナジー効果その他の企業価値の増加が生じない場合以外の場合の「公正な価格」は、「原則として、株式移転計画において定められていた株式移転比率が公正なものであったならば当該株式買取請求がされた日においてその株式が有していると認められる価格をいうものと解するのが相当である」とし、また、「相互に特別の資本関係がない会社間において、株主の判断の基礎となる情報が適切に開示された上で適法に株主総会で承認されるなど一般に公正と認められる手続により株式移転の効力が発生した場合には、当該株主総会における株主の合理的な判断が妨げられたと認めるに足りる特段の事情がない限り、当該株式移転における株式移転比率は公正なものとみるのが相当である」として、独立当事者間の場合には、手続の公正が認められると、裁判所は独自は組織再編条件について独自に審査せず、当事会社の判断を尊重している[33]。レックス事件最高裁決定における田原補足意見は、公正な価格を算定する上での考慮要素は、取得価格と買取価格とでは、必ずしも一致するとは限らないとしている。ジュピター事件最高裁決定は、相互に資本関係がある会社間においても、手続が公正であれば、裁判所は、組織再編条件について当事者間の判断を尊重することとしている。そのため、ジュピター事件最高裁決定は、手続が公正であれば、テクモ事件最高裁決定の枠組みと同様に、取得価格について当事者間の判断を尊重することとなっている[34]。したがって、ジュピター事件最高裁決定としては、機能が同様の価格決定手続の判断方法の平仄を合せる点を重視しているといえる。

---

33) 田中647〜649頁参照
34) 高原・前掲注28) 90頁参照。

(2) ジュピター事件決定後の価格決定の枠組み

ジュピター事件最高裁決定によれば、多数派株主が公開買付けを行った後に全部取得条項付種類株式を用いたキャッシュ・アウトを行った場合、①一般に公正と認められる手続により公開買付けが行われ、②公開買付価格と同額で全部取得条項付種類株式を取得した場合には、③取引の基礎となった事情に予期しない変動が生じたと認めるに足りる特段の事情がない限り、裁判所が算定する株式の取得価格は公開買付価格と同額となることになる。そして、ジュピター事件最高裁本決定では、①〜③までの要件が認められている。もっとも、ジュピター事件最高裁決定では、①から③についてのあてはめが十分に行われておらず、とりわけ、①の要件についてどのような事情があれば満たされるのかが明らかではない。そこで、①から③の要件について、以下でより具体的に検討した上で、少数派株主としては、どのような主張立証を行うべきかについて言及することとする。

(A) ①一般に公正と認められる手続

まず、ジュピター事件最高裁決定の法廷意見からは、①一般に公正と認められる手続の認定に際して、独立した第三者委員会を設置したこと、独立した株価算定機関から株式価値算定書を取得したこと等の手続面を形式的に審査するのか、それとも手続面について実質的に審査し、また、価格の形成過程までも審査するか否かについてが明らかではない。この点につき、ジュピター事件最高裁決定における小池補足意見では、「一般に公正と認められる手続が実質的に行われたか否か、買付価格がそのような手続を通じて形成された公正な価格といえるか否かを認定することを要し、それが認定される場合には、原則として、公正な手続を通じて形成された取引条件である買付け等の価格を尊重」するとされており、手続面の実質的な審査と、価格の形成過程までの審査を要求

---

35) 一般に公正と認めらえる手続の内容は、法廷意見からは必ずしも明らかではないとされ、テクモ事件最高裁決定の示す独立当事者間の手続の公正さを担保する要素として、MOM 条項と第三者委員会について検討するものとして、福島洋尚「二段階買収による完全子会社化と手続の公正性——JCOM および前後の裁判例を手掛かりとして」『上村達男先生古稀記念公開会社法と資本市場の法理』（商事法務、2019）572〜573 頁。

している。また、ジュピター事件最高裁決定後の前掲大阪地決平成29年1月18日では、恣意的意思決定排除措置がとられていた否かについて、具体的に検討し、前掲大阪高決平成29年11月29日も、意思決定過程が恣意的になることを排除するための措置や公正と認められる手続は実質的に行われることを要するとしている。さらに、前掲大阪地決平成29年1月18日では、恣意的措置排除措置がとられていたことを認めつつ、恣意的措置排除措置が具体的にどのように機能したか明らかではないとして、株価算定書や市場株価に対するプレミアムを参考に公正な価格と認めた。また、前掲東京高決平成31年2月27日においても、公開買付価格の形成過程について、言及した上で、公正な手続か否かについて判断している。[36] 以上のように、ジュピター事件最高裁決定における小池補足意見やその後の裁判例の動向に着目すると、裁判所が①一般に公正な手続と認定するためには、第三者委員会を設置したか否か等の手続面についての形式的な審査のみではなく、手続面について実質的に審査をし、また、価格の形成過程まで審査するものといえよう。[37] そのため、少数派の株主としては、公開買付価格＝公正な価格とされないためには、設置された第三者委員会の構成員や審理期間といった外形的な事情について不適切な点を主張立証するのみならず、手続面が実質的に行われていないことや価格形成過程が公正でないことを主張立証することによって、裁判所に手続面の審査のみならず価格面の審査も促すことができることになろう。少数派株主としては、手続が価格形成に影響を及ぼしていないことを示すためには、積極的に、対象会社や買収会社に関連資料の提出を要求し、場合によっては、相手方に対しては文書提出命令（非訟事件手続法53条1項、民事訴訟法223条1項）、第三者に対しては文書送付嘱託（非訟事件手続法53条1項、民事訴訟法226条）を申立てることになろう。

---

36) 東京高決平成31年2月27日金判1564号14頁の事案では、他の下級審裁判例の事案と異なり、買収者と対象会社との間に資本関係がないため構造的な利益相反関係がなく、第三者委員会を設置しておらず、また、独立した株価の算定機関より算定書を取得していなくても、手続の公正さが認められている。

37) 学説上も、「一般に公正と認められる手続」が行われた否かについては、手続を実質的に判断すべきとする指摘（田中亘「ジュピターテレコム事件最高裁決定が残した課題」金判1500号1頁）や買収者との交渉過程や対象会社の意思決定の過程が重要となるとする指摘（松中・前掲注32）11頁）がなされている。

価格の形成過程が積極的に公正とまでは言えない場合には、ジュピター事件最高裁決定後の前掲大阪地決平成29年1月18日は、株価算定の価格や公開買付公表前の市場価格とプレミアム率を参考に、公開買付価格自体の合理性を判断し、結果として公開買付価格＝裁判所の決定する取得価格としている[38]。したがって、少数派株主としては、価格の形成過程が積極的には公正とはいえないとの心証を裁判所に抱かせることに成功した際には、レックス事件最高裁決定における田原補足意見の枠組みに従い、価格自体が不公正であることについて主張立証していくことになろう。

　そして、価格の形成過程が公正とはいえず、株価算定書や公開買付公表前の市場価格とプレミアム率を参考に検討しても、公正な価格と認められる一定の幅の範囲外となった場合には、レックス事件最高裁決定における田原補足意見とその枠組みに従った裁判例のように、裁判所は独自に取得価格を算定することになろう[39]。その際には、少数派株主としては、過去の同種の事案におけるプレミアム等を主張立証し、公正な価格の決定を求めることになろう。

　以上より、少数派株主側が手続が公正でないと主張して裁判所にレックス事件最高裁決定における田原補足意見の枠組みでの価格の算定を求めることは困難であろう[40]。

(B) ②公開買付価格と同額で全部取得条項付種類株式を取得した場合の要件
　次に、②公開買付価格と同額で全部取得条項付種類株式を取得するとの要件は、二段階買収の際の強圧性を防止するために必要とされている[41]。②の要件が満たされていなかった場合には、公開買付けと後続のキャッシュ・アウト手続を一体視することができず、裁判所は、キャッシュ・アウトの効力発生日における公正な価格を算定すべきで、公開買付け後の株式市場動向等を勘案した「補正」をすることになるとの指摘がなされている[42]。

　そこで、少数派株主としては、二段階買収の際の強圧性が生じるような事情

---

38) 松中・前掲注32) 10頁、伊藤靖史「判批」判評704号16頁参照。
39) 受川環大「判批」新・判例解説 Wacth20号154頁。
40) 拙稿「判批」税務事例49巻8号90頁。
41) 松中・前掲32) 4頁。
42) 藤田・前掲注31) 55頁（注30)。

があれば、②の要件が満たされないと主張することになろう。その際には、後掲経済産業省「公正なM&Aの在り方に関する指針―企業価値の向上と株主利益の確保に向けて―」（2019年6月28日）45頁以下が参考となる。

(C) ③取引の基礎となった事情に予期しない変動が生じたと認めるに足りる特段の事情

ジュピター事件最高裁決定は、取引の基礎となった事情に予期しない変動が生じたと認めるに足りる特段の事情があった場合には、公開買付価格＝裁判所の決定する取得価格とはならないとし、ジュピター事件最高裁決定の事案における市場全体の株価上昇については、特段の事情に該当しないとしている。どのような事情が特段の事情に該当するか否かを判断する際には、小池裁判官の補足意見において指摘されているように、少数派株主の多数や株式市場における動向が参考になる。

(D) ジュピター事件最高裁決定の射程

多数派株主が公開買付けを前置したキャッシュ・アウトを行う場合としては、全部取得条項付種類株式を用いたキャッシュ・アウトの他に、株式併合（法180条1項）を用いたキャッシュ・アウト、特別支配株主の株式等売渡請求（法179条1項）を用いたキャッシュ・アウトがある。いずれのキャッシュ・アウト手法においても、価格に不満の株主には、裁判所における価格決定での救済が認められており、その際には、統一的な枠組みでの判断が求められている。そのため、ジュピター事件最高裁決定の射程は、多数派株主が公開買付けを行った上で行う他のキャッシュ・アウト手法を用いた価格決定の事案にも及ぶと解されている[43]。そして、実際、株式併合を用いたキャッシュ・アウトの価格決定の事案である大阪高決平成29年11月29日金判1541号35頁においても、ジュピター事件最高裁決定の枠組みが用いられている。

非上場会社が公開買付けを行った上でキャッシュ・アウトを行った場合に、ジュピター事件最高裁決定の射程が及ぶがかが問題となったのが、東京高決平

---

43) 藤田・前掲注31) 48、49頁（注1)、受川・前掲注39) 154頁、松中・前掲注32) 2頁、高原・前掲注28) 90頁。

成31年2月27日金判1564号14頁、東京地決平成30年1月29日金判1537号30頁である。当該事案において、キャッシュ・アウトの対象会社は非上場会社ではあるが有価証券報告書の提出義務を負っており、公開買付けを前置したキャッシュ・アウトが可能となっていた。かかる事案においては、東京高裁は、ジュピター事件最高裁決定の枠組みは、公開買付けの対象となる株式が市場株価を有する上場株式である場合のみならず、非上場株式である場合にも等しく当てはまるというべきであるとしている。

3　特別委員会（第三者委員会）の重要性

(1) キャッシュアウトにおける特別委員会と公正なM&Aの在り方に関する指針

　MBOや支配株主による従属会社の買収においては、構造上、利益相反関係が生じる。すなわち、MBOを行う取締役は、一般株主（少数派株主）より、可能な限り安く株式を取得することを望み、また、支配株主による従属会社の買収において、従属会社の取締役は、従属会社の一般株主から可能な限り安く株式を取得したいとの親会社の意向に背くことはできず、一般株主より安く株式を取得することを望むことになる。そのような場合には、対象会社の一般株主の利益のために、買収者と交渉する者が不在となってしまうことになりかねない。そこで、そのような場合において、本来取締役会に期待される役割を補完又は代替し、公開買付価格等の意思決定過程の公正さを担保し、場合によっては、少数派株主のために買収者と実質的な交渉をすることを期待されているが特別委員会である。

　第三者委員会については、経済産業省が平成19年9月4日に公表した「企業価値の向上及び公正な手続確保のための経営者による企業買収（MBO）に関する指針」（以下、「MBO指針」という）や金融商品取引所の規則（有価証券上場規程441条の2）においても言及がなされている。また、近時、公表された公正なM&Aの在り方に関する研究会「公正なM&Aの在り方に関する指針―企業価値の向上と株主利益の確保に向けて―」[44]（以下、「本指針」という）においても、特別委員会について言及がなされている。本指針は、M&A

に新たな規制を課す趣旨ではなく、わが国の企業社会におけるベストプラクティスの形成に向けた公正なM&Aの在り方を示すものとされているが、裁判所は、価格決定手続においても、本指針を参考にすると考えられることから、裁判実務上は重要な指針といえよう。[45]

そこで、以下で、最新の本指針について概説しながら、キャッシュ・アウトにおける特別委員会の重要性について解説していくこととする。

(2) 特別委員会の機能と役割

特別委員会は、構造的な利益相反の問題が対象会社の取締役会の独立性に影響を与え、取引条件の形成過程において企業価値の向上及び一般株主利益の確保が適切に反映されないおそれがある場合において、本来取締役会に期待される役割を補完し、または代替する独立した主体として任意に設置される合議体である。[46]

特別委員会は、独立性を有する者で構成され、企業価値の向上および一般株主の利益を図る立場から、M&Aの是非や取引条件の妥当性・手続の公正性について検討および判断を行うことにより、取引条件の形成過程における構造的な利益相反の問題および情報の非対称性の問題に対応し、企業価値を高めつつ一般株主にとってできる限り有利な条件で当該M&Aが行われることを目指して合理的な努力が行われる状況を確保する機能を有する。[47] 特別委員会は、「第三者委員会」などといわれることもあるが、買収者および対象会社・一般株主に対して中立の第三者的な立場ではなく、対象会社および一般株主の利益を図る立場に立って当該M&Aについて検討や判断を行うことが期待されるものであり、企業等不祥事における第三者委員会とは位置付けを異にする。[48]

特別委員会は、①対象会社の企業価値の向上に資するか否かの観点から、

---

44) 経済産業省ウェブサイト〈https://www.meti.go.jp/press/2019/06/20190628004/20190628004_01.pdf〉、越智晋平・行廣侑真「『公正なM&Aの在り方に関する指針──企業価値の向上と株主利益の確保に向けて──』の概要」NBL1151号18頁。
45) 本指針・前掲注44) 2頁。
46) 本指針・前掲注44) 19頁。
47) 本指針・前掲注44) 19頁。
48) 本指針・前掲注44) 19頁（注27）。

M&A の是非について検討・判断するとともに、②一般株主の利益を図る観点から、(ⅰ) 取引条件の妥当性および (ⅱ) 手続の公正性について検討・判断する役割を担うことになる。[49]

② (ⅰ) 取引条件の妥当性については、(a) 企業価値を高めつつ一般株主にとってできる限り有利な条件で M&A が行われることを目指して合理的な努力が行われる状況を確保すること、および (b) 株式価値算定内容と、その前提とされた財務予測や前提条件等の合理性を確認することを通じて、検討することが求められ、② (ⅱ) 手続の公正性については、当取引条件の公正さを手続的に担保するために、いかなる公正性担保措置をどの程度講じるべきかの検討を行うことが期待されている。[50]

② (ⅰ) 取引条件の妥当性のうち価格の合理性については、キャッシュアウトの場面において少数派株主が最大の関心を有する事項であり、とりわけ、具体的な検証が必要となろう。ジュピター事件最高裁決定後の大阪高決平成29年11月29日金判1541号35頁においては、手続が形式的に行われていることのみならず、実質的に手続が行われるようになることが求めており、特別委員会で実質的な検証がなされてないと、裁判所は手続のみから価格の公正性さを認定できないことになるため、価格決定手続を想定すると、十分に検証することが求められる。そして、特別委員会においては、手続が公正に行われているかについて、十分検証し、手続の公正性について疑義がある場合には、直ちにその点を指摘し、是正を求めることが必要となろう。価格の合理性について検討する際には、株価算定機関から算定書を基に議論することになるが、② (b) のとおり、その財務状況や前提条件の検討が必要となる。

(3) 本指針における特別委員会の実務

(A) 特別委員会設置の時期

特別委員会を M&A における早期の段階から関与させることにより、取引条件の形成過程全般にわたって公正性を担保する機能を果たさせることとなるため、対象会社が買収者から買収提案を受けた場合には、可及的速やかに、特

---

49) 本指針・前掲注44) 20頁。
50) 本指針・前掲注44) 20頁。

別委員会を設置することになる。そして、特別委員会が設置された時点で既に取引条件等が事実上決定し、これを覆すことが困難な状態に至っているなど、特別委員会を設置する意義が実質的に失われることとなる事態は避けるべきであろう。[51]

(B) 特別委員会の委員構成と選定プロセス

まず、特別委員会は、独立性を有する委員で構成されることによって、構造的な利益相反の問題を解消する機能を有し、また、特別委員会に対する一般株主の信頼の礎となるものであるため、委員となる者は高度な独立性を有することが求められる。[52]

具体的には、特別委員会の委員となる者には、①買収者からの独立性および②当該M&Aの成否からの独立性が求められる。[53]そして、独立性の有無は、個別の事案ごとに、委員候補者と買収者や対象会社との関係や当該M&Aとの関係等の具体的状況を踏まえて実質的に判断すべきものと考えられている。[54]①の要件については、会社法上の社外性の基準（法2条15号イ）も踏まえると、少なくとも過去10年内に支配会社の役職員であったことがない者であることが望ましい。また、②に疑義が生じる例としては、当該M&Aが成立することにより、委員候補者が成功報酬を受領する場合である。[55]

次に、特別委員会は、構造的な利益相反の問題による影響を排除する観点から、社外者、すなわち社外取締役、社外監査役または社外有識者で構成することになる。

特別委員会の役割より、独立性を有する社外取締役がいる場合、原則として、その中から委員を選任することが望ましく、社外監査役は、社外取締役が少数の場合に、社外取締役を補完するものであり、また、外部有識者は、M&Aに関する専門性を補うために選任するものである。[56]

---

51) 本指針・前掲注44) 21頁。
52) 本指針・前掲注44) 22頁。
53) 本指針・前掲注44) 22頁。
54) 本指針・前掲注44) 22頁。
55) 本指針・前掲注44) 22頁注34。
56) 本指針・前掲注44) 23～25頁。

特別委員会の設置の有無、権限や職責の設定及び委員の選定については、構造的な利益相反の問題による影響を受けるおそれを可及的に排する観点から、対象会社の独立社外取締役や独立社外監査役がこれらのプロセスに主体性を持って実質的に関与することになる。[57]

(C) 交渉過程への関与

特別委員会は、対象会社と買収者との間の買収対価等の取引条件に関する交渉過程に実質的に関与することが望ましいとされている。[58]

具体的な方法としては、①特別委員会が取引条件の交渉を行う権限の付与を受け、自ら直接交渉を行うこと、または②交渉自体は対象会社の担当役員やプロジェクトチーム等の社内者やアドバイザーが行い、特別委員会は方針を決定し、適時に状況報告を受け、重要な局面で意見を述べ、指示や要請を行うことなどにより、取引条件に関する交渉過程に実質的に影響を与え得る状況を確保することが考えられる。[59]

大阪高決平成29年11月29日金判1541号35頁や大阪地決平成29年1月18日金判1520号56頁においては、特別委員会ではないが、対象会社自身が買収者と、価格について交渉し、値上げに成功しており、裁判所は、それらについても価格形成過程が公正であったと認める事情としている。裁判所における価格決定において、特別委員会が交渉したという事情は価格形成過程の公正性を肯定する事情となろう。

(D) アドバイザー等と情報の取得

まず、特別委員会がその役割を十分に果たす上では、手続の公正性や企業価値評価に関する専門的知見に基づき検討・判断することが必要となるため、特別委員会が信頼して専門的助言を求めることができる財務アドバイザー・第三者評価機関や法務アドバイザーが必要となる。[60]

---

57) 本指針・前掲注44) 25頁。
58) 本指針・前掲注44) 25頁。
59) 本指針・前掲注44) 25〜26頁。
60) 本指針・前掲注44) 26頁。

具体的な方法としては、①特別委員会が自らのアドバイザー等を選任すること、②対象会社の取締役会が選任したアドバイザー等が高い専門性を有しており、独立性にも問題がない場合など、特別委員会として当該アドバイザー等を信頼して専門的助言を求めることができると判断した場合には、そのアドバイザー等を活用することである。②の場合には、対象会社の取締役会が選任したアドバイザー等が特別委員会に対して一般株主の利益よりも買収者側の利益やM&Aの成立を優先した助言や情報提供を行う可能性について懸念があることを踏まえて、対象会社の取締役会が選任したアドバイザー等により提供される専門的助言の信頼性を担保する工夫が求められる[61]。

次に、特別委員会の各委員が対象会社に対する秘密保持義務に服していることを前提に、特別委員会が、一般株主に代わり、非公開情報も含めて重要な情報を入手し、これを踏まえて、M&Aの是非や取引条件の妥当性についての検討・判断がなされる状況を確保することになる[62]。

(E) 報酬

委員に対して支払う報酬は、その責務に応じた適切な内容・水準とすることになる[63]。

元々支払いが予定されていた役員報酬には、委員としての職務の対価が含まれていない場合も想定され、そのような場合には、別途、委員としての職務に応じた報酬を支払うことを検討することになる[64]。

(4) 特別委員会の取扱いと社内検討体制

まず、特別委員会を設置した場合も、特別委員会が会社法上の機関ではない以上、通常、M&Aへの賛否等については、最終的には取締役会において意思決定を行うこととなる。その際には、取締役会は、特別委員会の設置の趣旨にかんがみ、これを最大限尊重して意思決定を行うことになろう[65]。取締役会が特

---

61) M&A指針案 26〜27 頁。
62) M&A指針案 27 頁。
63) M&A指針案 27 頁。
64) M&A指針案 27〜28 頁。
65) M&A指針案 28 頁。

別委員会の判断内容と異なる判断を行うこう事態に至った場合には、特別委員会の設置の趣旨にかんがみ、取締役会はその理由について十分な説明責任を果たすことになろう[66]。

次に、対象会社の取締役会における M&A の賛否等についての決議においては、対象会社における取引条件の形成過程において構造的な利益相反の問題による影響を排除する観点からは、議決の段階だけでなく、その前の検討・交渉段階から、個別の M&A の具体的状況に応じて、「特別の利害関係を有する取締役」も含む一定の利益相反性を有する取締役等をその過程から除外するなど、可能な限り買収者から独立した立場で検討・交渉等を行うことができる体制を対象会社の社内に構築することになる[67]。その際、独立した特別委員会が設置され、有効に機能している場合には、検討・交渉過程等から除外する取締役等の範囲に関して、過去に買収者の役職員であったという一事をもって全て除外すべきであるとまで考える必要はなく、十分な検討・交渉等を行うことが可能な取締役等を確保するという観点から、例えば、現に買収者の役職員を兼任する取締役等を除外すれば足りるとの指摘もなされている[68]。

---

66) M&A 指針案 28 頁。
67) M&A 指針案 29 頁。
68) M&A 指針案 29 頁。

第4編
少数株主権と個別株主通知

I 個別株主通知の意義

　株券電子化制度の下、振替株式の株主名簿の名義書換は、「総株主通知」を受けた場合に行われるが（振替法151条、152条）、総株主通知は、原則として年2回しか行われない。そのため、株式譲渡について、株主名簿への記載または記録を株式会社その他の第三者に対する対抗要件とする法130条1項を適用すると、総株主通知が実施されるまでの間に振替株式を取得した者は、振替株式の譲渡につき対抗要件を具備することができず、総株主通知が実施されるまで株主権を行使することができなくなってしまう。

　そこで、振替法は、振替株式についての「少数株主権等」の行使については、法130条1項を適用しないものと定め（振替法154条1項）、振替機関から振替株式発行会社に対する「個別株主通知」を要求することとした（同条3項）。

　個別株主通知は、株主が会社に対し少数株主権等を行使するとき、直近上位機関（株主が口座を開設している証券会社等。振替法2条6項）を経由して振替機関に対し申出を行うことにより、振替機関が会社に対し、その株主の氏名・住所や保有株式の種類・数等の事項を通知する制度である。

　株主が少数株主権等を行使しようとする場合、直近上位機関を経由して振替機関に対する個別株主通知の申出を行い、振替機関から会社に個別株主通知が

---

1) 「振替株式」とは、株券不発行会社の株式（譲渡制限株式を除く）で、振替機関が取り扱うものである（振替法128条1項）。ここにいう「振替機関」とは、振替業を営む者として主務大臣の指定を受けた株式会社であり（同法2条2項、3条）、株式会社証券保管振替機構（以下、「証券保管振替機構」という）がこれに当たる。振替機関である証券保管振替機構は、その業務規程において定められた株式等を取り扱うこととなっており（同法11条1項1号）、上場株式等がこれに当たる（株式等の振替に関する業務規程6条1項等）。
2) 「総株主通知」とは、振替株式の株主として会社に対して権利を行使すべき者を確定するため、振替機関が会社に対し、一定の日の振替口座簿に記載された株主の氏名・住所や保有株式の種類・数等の事項を通知する制度である（振替法151条1項）。総株主通知を行わなければならない場合については、同項に規定されており、会社が基準日を定めたとき（1号）と事業年度の開始日から起算して6か月が経過したとき（4号）の年2回実施されるのが通常である。
3) 「少数株主権等」とは、「会社法124条1項に規定する権利」を除く株主の権利である（振替法147条4項）。すなわち、会社が基準日を定めた場合の基準日株主を権利行使者とする権利としてその内容を定めたもの（法124条1項2号）を除く株主権を指す。「少数株主権等」への該当性が問題となりうるものについては、本編Ⅲにおいて検討する。

された後、4週間が経過する日までの間に権利を行使しなければならない（振替法2条2項、振替法施行令40条）。実務上、株主が口座管理機関に持つすべての口座の記録を集約するための事務手続を要するため、会社に個別株主通知がされるのは、標準的な通知日程では、株主が個別株主通知の申出をした日の4営業日後である。[4]

---

[4] 証券保管振替機構「個別株主通知のご案内」（平成29年4月）3頁。〈https://www.jasdec.com/download/ds/annai_kobetu.pdf〉

II 個別株主通知の法的性質

　振替法154条2項を文言どおり解釈すると、振替株式についての少数株主権等は個別株主通知がされた後でなければ行使することができないことになり、個別株主通知が少数株主権等の権利行使要件であるとも思われる[5]。

　しかし、個別株主通知は、少数株主権等の行使について、株主名簿に代わるものと位置付けられているから（振替法154条1項）、株主名簿の記載または記録（法130条1項）と同様に、自己が株主であることを会社に対抗するための対抗要件である[6]。

---

[5] このように解すると思われるものとして、山下友信他「株券不発行制度に関する論点と対応〔上〕」商事法務1705号26頁〔野村修也発言〕がある。

[6] 最決平成22年12月7日民集64巻8号2003頁、江頭201頁注(6)、大野晃宏ほか「株券電子化開始後の解釈上の諸問題」商事法務1873号51頁、類型別会社訴訟II 953頁。
　　ここにいう対抗要件は、行使しようとする株主権との関係での「株式保有要件の充足」を対抗するための要件である。株主名簿の名義書換が対抗要件とされる場合、株主名簿の記載が株式保有要件の充足を判断する基準となるのに対し、個別株主通知が対抗要件とされる場合、振替口座簿の記録等の内容が株式保有要件の充足を判断する基準となる。ここで重要な事実は、少数株主権等の行使時点で振替口座簿の記録等の更新が行われて株式保有要件を充足していたか否かである。個別株主通知の通知内容には、振替口座簿における株式数の増減の数及びその記録がされた日などの履歴が含まれているから（振替法154条3項1号、129条3項6号。前掲注1の業務規程154条8項1号、同施行規則204条は、その通知対象期間を「申出受付日の前日から起算して6か月と28日前の日から申出受付日の前日まで」と定めている）、会社は、少数株主権等の行使後に個別株主通知がされた場合でも、少数株主権等が行使された時点での株式保有要件の充足の有無を知ることが可能である。そのため、本編「IV　個別株主通知の時的限界」で検討するように、更新が行われた振替口座簿の記録等の内容を会社に伝達する行為である個別株主通知は、少数株主権等の行使より後れて行われたとしても、それにより会社にとって不利益と考えられる事態が生じない限りは、許されると解すべきである。

III　個別株主通知の要否

1　全部取得条項付種類株式の取得価格決定申立権（法172条1項）——必要

　最決平成22年12月7日民集64巻8号2003頁（メディアエクスチェンジ事件[7]）は、「会社法172条1項所定の価格決定申立権は、その申立期間内である限り、各株主ごとの個別的な権利行使が予定されているものであって、専ら一定の日（基準日）に株主名簿に記載又は記録されている株主をその権利を行使することができる者と定め、これらの者による一斉の権利行使を予定する同法124条1項に規定する権利とは著しく異なるものであるから、上記価格決定申立権が社債等振替法154条1項、147条4項所定の「少数株主権等」に該当することは明らかである。」と判示し、個別株主通知を要するものと判断した。[8]

　この最高裁判決を受け、上記価格決定申立権は、実務上、「少数株主権等」として個別株主通知を要するものと取り扱われている。

---

[7]　本件は、振替株式について法172条1項に基づく価格決定申立てを受けた株式会社が、裁判所における株式価格決定申立事件の審理において、申立人の株主性を争った場合における個別株主通知の要否が問題となった事案である。

[8]　同事件の原決定（東京高決平成22年2月18日金判1360号23頁）は、法172条1項所定の価格決定申立権を有する「株主」とは、定時株主総会の基準日のみならず、全部取得条項付種類株式の会社による取得の基準日においても株主であることを要するから、両基準日（定時株主総会の基準日及び取得の基準日）のいずれにおいても株主であることが価格決定申立権の行使の要件の一部を構成するとの前提に立ち、上記価格決定申立権は、「会社法124条1項に規定する権利」又は少なくともこれに関する規定を類推適用すべき権利であって、振替法154条1項、147条4項にいう「少数株主権等」に該当せず、個別株主通知を要しないと判断した。この原決定等を契機として、法172条1項所定の価格決定申立権は「会社法124条1項に規定する権利」に含まれるため、学説上、「少数株主権等」に当たらないとする否定説も見られるようになった（鳥山恭一「判比」法セミ665号119頁、川島いづみ「判比」金判1343号5頁等）。

2 株式の種類についての定款変更決議等に反対する株主の株式買取請求権（法116条1項）——必要[9]

(1) 株式買取請求

　最決平成24年3月28日金判1392号28頁（ACデコール事件[10]）は、「会社法116条1項所定の株式買取請求権は、その申立期間内に各株主の個別的な権利行使が予定されているものであって、専ら一定の日（基準日）に株主名簿に記載又は記録されている株主をその権利を行使することができる者と定め、これらの者による一斉の権利行使を予定する同法124条1項に規定する権利とは著しく異なるものであるから、上記株式買取請求権が社債等振替法154条1項、147条4項所定の「少数株主権等」に該当することは明らかである。」と判示し、個別株主通知を要するものと判断した。

　法116条1項所定の株式買取請求権については、申立期間内に各株主による個別の権利行使が予定されているものとして、少数株主権等に該当すると解釈することに、上記最高裁決定以前より、学説上も特段異論はなかった[11]。

　組織再編等に反対する株主による株式買取請求権（法785条1項、797条1項、806条1項、469条）も、同様に少数株主権等に該当する[12]。

---

[9]　平成26年の会社法改正に伴って成立した整備法の下では、株主が振替株式について株式買取請求をしようとする場合には、買取口座を振替先口座とする振替の申請をしなければならないこととされている（社債、株式等の振替に関する法律155条3項）。そのため、会社は、買取口座への振替がされたこと及び当該振替の申請をした者を確認することができれば、株式買取請求をした者が株主であることを確認することができることから、個別株主通知を求める実益はないとも考えられる。しかし、株式買取請求が少数株主権等の行使に当たること、会社の負担において株主であることを確認しなければならないのは相当でないことなどから、個別株主通知が必要と解されている（一問一答平成26年316頁）。

[10]　本件は、振替株式について法116条1項に基づく株式買取請求を受けた株式会社が、法117条2項に基づく価格決定の申立てに係る事件の審理において、同請求をした者の株主性を争った場合における個別株主通知の要否が問題となった事案である。

[11]　山田真紀「判解」最高裁判所判例解説民事篇平成24年度（下）439頁、吉本健一「判比」金判1407号4頁等。

[12]　組織再編等に株主総会決議を要する場合の事前の反対通知（法785条2項1号イ等）については、準法律行為（意思の通知）であること、及び、それ自体は権利行使としての性格を持つものではないことから、個別株主通知は不要である（浜口厚子「少数株主権等の行使に関する振替法上の諸問題」商事法務1897号35頁）。

(2) 買取価格決定の申立て

一方、効力発生日から30日以内に株主との間で価格協議が調わず、買取価格決定の申立て（法117条2項）がされた場合については、この申立てが少数株主権等に該当するものとして改めて個別株主通知を要するか否かが問題となり得る。この問題について、株式買取請求と買取価格決定の申立てとは別個のものであって、両者それぞれに個別株主通知を要するとの見解もある。[13]

しかし、買取価格決定の申立ては、既に行使された株式買取請求権に関し、株主と会社との間の協議が調わない場合に具体的な買取価格の決定を求めるものであり、株式買取請求権から派生する権利として、改めて個別株主通知を要することはないという見解が有力であった。[14]

上記最高裁決定は、個別株主通知がされないことにより株式買取請求が不適法となる旨判示していることから、買取価格決定の申立てを別個の少数株主権等と見るのではなく、改めて個別株主通知をする必要がないとの立場に立っているものと評されている。[15]

3　役員の解任の訴え（法854条）──必要

株主が役員の解任の訴えを提起するためには、役員の職務執行に関し不正の行為または法令・定款に違反する重大な事実があったにもかかわらず、株主総会において解任議案が否決されたことが必要である（法854条1項柱書）。そのため、この訴えを提起しようとする株主は、自ら議題提案権（法303条）または総会招集権（法297条）を行使することにより、当該議案の総会への付議を要することが多い。この場合、議題提案権および総会招集権は少数株主権等[16]（振替法147条4項）に当たり、これらについて個別株主通知を要することから、改めて解任の訴えの提起につき個別株主通知を要するか否かが問題となり得る。

---

13) コンメ18巻129頁〔柳明昌〕。
14) 類型別会社非訟110頁、浜口・前掲注12) 37頁等。
15) 山田・前掲注11) 440頁。
16) 江頭399頁。

解任の訴えを提起する株主は、議題提案権や総会招集権を行使した株主と同一の株主である必要はなく[17]、両者が一致するとは限らない。

また、上記2の反対株主による株式買取請求権行使と買取価格決定の申立てとの関係とは異なり、議題提案権等と解任の訴えは、権利の性質・内容が著しく異なっているから、後者が前者から派生する権利と考えることも相当でない。

したがって、役員の解任の訴えについては、個別株主通知が必要である。

4　代表訴訟における提訴請求（法847条1項）および多重代表訴訟における提訴請求（法847条の3第1項）

(1) 代表訴訟における提訴請求──必要

株主代表訴訟の対象となる責任について、株主が株式会社に対し、会社が当該責任を追及する訴訟を提起することを請求する権利は、各株主の個別的な権利として行使されるものであるから、少数株主権等に該当し、振替株式の株主が当該提訴請求をする場合には、個別株主通知が必要である[18]。

(2) 多重代表訴訟における提訴請求──不要

これに対し、多重訴訟の対象となる責任について、最終完全親会社等の株主がその完全子会社に対し、当該子会社が当該責任を追及する訴訟（特定責任追及の訴え）を提起することを請求する権利は、少数株主権等に該当せず、振替株式を発行する当該親会社の株主が当該提訴請求をする場合、個別株主通知をする必要はないと解されている[19]。

振替法147条4項の「少数株主権等」とは、法124条1項に規定する権利を除く株主の権利であり、あくまでも株主たる地位に基づく当該株式の発行会社に対する権利をいう。

特定責任追及の訴えの提訴請求は、最終完全親会社等の株主がその完全子会社に対して行使する権利であって、株主たる地位に基づく当該株式の発行会社

---

17) 新版注釈6巻75頁〔今井潔〕。
18) 一問一答平成26年182頁。
19) 一問一答平成26年182頁。

（最終完全親会社等）に対する権利ではない。

　また、実際上も、親会社の株主が個別株主通知をしたとしても、当該個別株主通知は親会社に対してされ、子会社に対してはされないから、子会社に対する関係では全く意味がない。[20]

　したがって、特定責任追及の訴えの提訴請求は、少数株主権等には該当せず、振替株式を発行する最終完全親会社等の株主が特定責任追及の訴えの提起を請求する場合、個別株主通知を行う必要はないものと解されている。

5　議題提案権および議案通知請求権（法303条、305条）――必要

　大阪地判平成24年2月8日判時2146号135頁は、「会社法303条1項及び同法305条1項所定の株主提案権は、株主総会の日の8週間前までに、各株主ごとの個別的な権利行使が予定されているものである。これは、専ら一定の日（基準日）に株主名簿に記載又は記録されている株主をその権利を行使することができる者と定め、これらの者による一斉の権利行使を予定する同法124条1項に規定する権利とは著しく異なる。したがって、上記株主提案権が社債等振替法154条1項、147条4項所定の「少数株主権等」に該当することは明らかである。」と判示し、個別株主通知を要するものと判断した。

　この裁判例は、全部取得条項付種類株式の取得価格決定申立権についての個別株主通知の要否が問題となった前掲最決平成22年12月7日と同様の理由付けにより、株主提案権が少数株主権等に該当すること判示しており、この結論に異論はみられない。[21]

6　議案提案権（法304条）、質問権（法314条）――不要

　株主総会における議案提案権や質問権は、それら自体は基準日を定めて行使

---

[20]　大野晃宏他「株券電子化開始後の解釈上の諸問題」商事法務1873号53頁。同じ理由により、子会社の株主名簿の閲覧請求（法125条4項5項）や子会社の取締役会議事録の閲覧請求（法371条5項6項）など、親会社の株主の子会社に対する権利行使についても、個別株主通知は不要と考えられる。

[21]　立法担当者も、株主総会の議題等の提案権を少数株主権等の具体例の一つとして挙げている（始関正光編著『Q&A 平成16年改正会社法　電子公告・株券不発行制度』（商事法務、2005）243頁）。

される権利ではないが、株主総会の議場において行使されるものであることから、基準日を定めた権利と不可分一体の権利と評価される。そのため、これらの権利は少数株主権等に該当せず、権利行使について個別株主通知を要しないと解されている[22]。

7 特別支配株主の株式等売渡請求権（法179条）——不要

特別支配株主が株式等売渡請求をするためには、その特別支配株主が、対象会社に対し株式等売渡請求をする旨等を通知する時およびその承認を受ける時（法179条の3第1項）並びに売渡株式等の全部を取得する取得日（法179条の9第1項）において、議決権保有要件をみたしていなければならない。

対象会社は、これらの時点において特別支配株主が議決権保有要件をみたしていることを、株主名簿の記載や、振替機関等から特別支配株主または対象会社に提供された特別支配株主の振替口座の情報（振替法277条）等により確認することとなる。特別支配株主が有する対象会社の株式が振替株式である場合でも、株式等売渡請求は、特別支配株主と売渡株主等との間の売買取引であって、対象会社に対する「株主の権利」の行使（同法147条4項）ではないので、特別支配株主は、株式等売渡請求をするにあたって個別株主通知をする必要はないと解されている[23]。

8 簡易組織再編等の通知・公告に対し反対する旨の株主通知（法206条の2第4項、468条3項、796条3項）——必要

この通知は、準法律行為（意思の通知）にすぎないが、少数株主権等の行使に当たると解すべきである。通知または公告から2週間以内に反対株式数が一定数に達した場合には簡易組織再編をすることができないという法的効果が生じるところ、個別株主通知を受けないと、会社は、反対する旨の通知者が株主か否か判断できず、法定数の株式の株主が簡易合併等に反対であるか否かを算定できないからである[24]。

---

22) 葉玉匡美・仁科秀隆監修『株券電子化ガイドブック〔実務編〕』（商事法務、2009）30頁、浜口・前掲注12）35頁。

23) 一問一答平成26年（第2版）260頁（注2）。

406

9 役員等の責任を一部免除する取締役会決議に対する株主の異議（法426条3項）——必要

　定款の定めに基づく役員等の責任免除（法426条1項）について、総株主の議決権の100分の3以上の議決権を有する株主が所定の期間内に異議を述べたときは、会社は当該役員の責任免除をすることができなくなる（同条7項）。この株主の異議は、基準日株主を権利行使者とするものではなく、役員等の責任免除を制限する株主権として少数株主権等に該当する。[25]

10 単元未満株主による株式買取請求権（法192条、193条）——不要

　単元未満株式の買取請求権は、少数株主権等に該当するが、実務上、株主はその権利行使に際して自己が口座を有する直近上位機関に発行会社への取次ぎを請求することとされており、直近上位機関において株主確認および買取株式数の残高確認が行われる。そのため、対抗要件（個別株主通知）を具備していない買取請求権の行使を認めても、会社に実質的なリスクが生じることはないと考えられる。こうした事情から、個別株主通知がされなくても買取請求権の行使を認める取扱いがされている。[26]

11 各種書類の閲覧・謄写請求権——必要／不要

　実務上、定款や計算書類等EDINETにおいて開示されている資料等の閲覧・謄写請求権については、少数株主権等に該当するものの、個別株主通知を不要とする取扱いも考えられる。[27]

　一方、株主名簿の閲覧・謄写請求権は、株主全体の法益に関わっており、請求株主の便宜だけを考慮すればよいものではないから、発行会社としては、個別株主通知の手続を経ていることを確認することはもとより、現実の権利行使

---

24) 江頭201頁注（5）。
25) 浜口・前掲注12）36頁。
26) 全国株懇連合会編『全株懇モデルⅠ　定款・株式取扱規程モデルの解説、自己株式の理論と実践』（商事法務、2016）117頁。

時に株主であるかどうかを情報提供請求権（振替法 277 条）の行使等により確認することが必要となろう。[28]

---

27) 商事法務研究会編『株主総会白書（2018 年版）ガバナンス型総会への確かな歩み』（旬刊商事法務 2184 号、商事法務、2018）87 頁では、各種書類の閲覧・謄写請求にあたっての個別株主通知の取扱いについて、「すべての書類につき個別株主通知を要求した（要求することとしている場合も含む）」が回答会社全体の 49.0％と最も多く、次いで「一定の書類については個別株主通知がなくても請求に応じた（応じることとしている場合を含む）」が 41.9％であり、後者のうち個別株主通知を不要とした書類は、定款、株式取扱規則、附属明細書が多かったことなど、詳細なデータが報告されている。

28) 全国株懇連合会編・前掲注 26）116 頁。

Ⅳ　個別株主通知の時的限界

　振替株式についての少数株主権等は、「個別株主通知がされた後」、政令で定める期間である4週間が経過する日までの間でなければ行使することができないと規定されている（振替法154条2項、振替法施行令40条）。実務上、少数株主権等を行使しようとする株主としては、この規定に従い、その行使前に個別株主通知の申出を行うのが鉄則である。[29]

　しかし、以下に個別に検討するとおり、個別株主通知の対抗要件としての性格等に照らし、少数株主権等の行使に後れて通知がされたとしても許容される場合がある。

1　全部取得条項付種類株式の取得価格決定申立権（法172条1項）——審理終結時まで

　前掲最決平成22年12月7日は、個別株主通知が少数株主権等を行使する際の会社に対する対抗要件であることを指摘した上で、「そうすると、会社が裁判所における株式価格決定申立て事件の審理において申立人が株主であることを争った場合、その審理終結までの間に個別株主通知がされることを要し、かつ、これをもって足りるというべきである」と判示した。

　個別株主通知の法的性質を対抗要件と解する以上、有効な個別株主通知を欠く状態で申立てがされた場合であっても、申立てが直ちに不適法とされるものではなく、また、当該申立ての手続において、会社が当該少数株主権等を行使

---

29)　実務上、少数株主権等の行使が会社に対する請求の形で行われる場合については、会社は、単元未満株式の買取請求など振替機関等を通じた請求であれば、個別株主通知とともに行うことを要求せず、他方、振替機関等を通じない請求については、個別株主通知が未達であれば受理を拒絶するが、振替機関等が個別株主通知の申出株主に対して交付する受付票（株式等の振替に関する業務規程154条4項）が添付されていれば、対抗要件の存在を推定して受理する取扱いをするようである（全国株懇連合会編・前掲注26）114～115頁、江頭202頁注（6））。
　　また、東京地裁商事部の運用では、個別株主通知をしたことの資料としては振替機関又は口座管理機関から株主に対して交付される個別株主通知をした旨の通知書（前掲注1の業務規程155条4項5号）が確実な資料であることから、原則として当該通知書の提出が求められている（類型別会社訴訟Ⅱ955頁）。

しようとする者の対抗要件の欠缺を争わなければ、対抗要件具備の有無は審理の対象とはならず、会社が争ったときに、当該少数株主権等を行使しようとする者が個別株主通知により対抗要件を具備したことを主張、立証すれば足りることとなる。[30]

2 反対株主による株式買取請求権――審理終結時まで

(1) 株式の種類についての定款変更決議に反対する株主の株式買取請求権（法116条1項）

前掲最決平成24年3月28日は、上記1の取得価格決定申立権と同様に、法116条1項に基づく株式買取請求権についても、「審理終結までの間に個別株主通知がされることを要する」と判示した。その理由は述べられていない。

第1に、株式保有要件の充足性の判断ができない状態で価格協議期間や買取価格決定の申立期間が進行したとしても、それによって会社が不利益を被ることはないと考えられる。[31]すなわち、価格協議は任意の協議を求めるものにすぎず、また、会社がする買取価格決定の申立ても権利であって義務ではないから、会社は、後日、株式保有要件を充足した適法な株式買取請求を受けた場合でも、価格協議をしなければならないわけではなく、また、買取価格決定の申立てをしなければならないわけでもない。会社は、株式保有要件の充足性が曖昧なままであっても、後日個別株主通知がされ買取請求が適法とされる場合に備えて、価格協議をし、また買取価格決定の申立てをすることも可能である。

会社が価格協議を行わなかった結果、株主が裁判所に買取価格決定の申立てをした場合、最終的に裁判所が価格を決定することとなり、しかも効力発生日から60日間の経過後は年6分の法定利息の支払義務を負うこともある（法117条4項）。しかし、これらの事態は、価格協議期間の始期または終期までに個別株主通知がされず、株式保有要件の充足性の判断ができなかったことが

---

[30] 田中秀幸「判解」最高裁判所判例解説民事篇平成22年度（下）754〜755頁。また、この価格決定申立てのように、裁判上の権利行使を要する株主権については、個別株主通知は、当事者適格（原告適格または申立人適格）を基礎付けるものであるから、当事者適格の存否の判断基準時である口頭弁論または審理の終結時までにされる必要があり、かつそれで足りると解される。

[31] 西村欣也「少数株主権等の行使と個別株主通知の実施時期」判タ1387号48頁。

原因で生じるものではない。

　第2に、現行法下（平成26年の会社法改正後）では、株主は、株式買取請求時に買取口座を振替先口座とする振替の申請をしなければならないこととされており（振替法155条3項）、会社は、個別株主通知を受ける前に株式買取請求をした者が株主であることを確認し得る（前掲注9参照）。

　第3に、個別株主通知までに申出から4営業日以上の時間がかかるにもかかわらず、個別株主通知がされる前に株主が株式買取請求権を行使することを認めないとすれば株主の権利を制限してしまう。会社としては、後日個別株主通知がされて株式保有要件を満たすことが確認できることを条件として、上記株式買取請求を認めることが可能である。[32]

　個別株主通知の対抗要件としての性格に加え、以上の事実も考慮すると、その時的限界は、会社法117条2項に基づく買取価格決定の申立てに係る事件の審理終結時と解される。

(2) 組織再編等における反対株主の株式買取請求権、振替新株予約権の買取請求権

　合併、会社分割、株式交換・移転等に反対する株主による株式買取請求権（法785条1項、797条1項、806条1項等）、事業譲渡に反対する株主による株式買取請求権（法469条）、および、振替制度の対象とされる新株予約権の買取請求権（法787条1項、808条1項）についても、上記2（1）の株式買取請求権と同様に、株式又は振替新株予約権の保有要件の充足性について的確な判断ができない状態で価格協議期間や買取価格決定の申立期間が進行したとしても、それによって会社が不利益を被ることはない。また、上記2（1）で述べたその他の理由も、同様に当てはまる。[33]

　このように考えると、上記株式買取請求権に係る個別株主通知の時的限界は、買取価格決定の申立てに係る事件の審理終結時である。

---

32) 玉井裕子編集代表『合併ハンドブック（第3版）』（商事法務、2015）175頁、酒井竜児編著『会社分割ハンドブック（第2版）』（商事法務、2015）285頁、宇野総一郎編集代表『株式交換・株式移転ハンドブック』（商事法務、2015）190頁。

33) 証券発行新株予約権（法236条1項10号、249条3号ニ）以外の新株予約権について、その発行の決定の際に振替制度の対象とすることを定めたもの（江頭804頁）。

(3) 株式併合における反対株主の株式買取請求権（法180条、182条の4）

上記2(1)の株式買取請求権と同様に、株式保有要件の充足性について的確な判断ができない状態で価格協議期間や買取価格決定の申立期間が進行したとしても、それによって会社が不利益を被ることはない。また、上記2(1)で述べたその他の理由も、同様に当てはまる。

したがって、株式併合における反対株主の株式買取請求権に係る個別株主通知の時的限界は、買取価格決定の申立てに係る事件の審理終結時である。

3 役員の解任の訴え（法854条）その他の各種訴え——口頭弁論終結時まで

会社は、訴え提起時に個別株主通知が未了であっても、その審理過程において個別株主通知の欠缺を主張することができ、審理係属中に個別株主通知がされて株式保有要件の充足が明らかになった段階で、然るべき対応をとればよい。また、裁判上の権利行使を要する以上、個別株主通知は、当該株主の原告適格を基礎付けるものであるから、当事者適格の判断基準時である事実審の口頭弁論終結時までにされる必要があり、かつそれで足りる。[34]

したがって、役員の解任の訴えや会社の解散の訴えに係る個別株主通知の時的限界は、事実審の口頭弁論終結時である。

4 総会招集請求権（法297条）——審理終結時まで

取締役は、株主から総会招集請求（法297条1項）を受けた場合、その招集請求に係る株主総会を招集するか否かを検討することとなる。取締役が請求後

---

[34] 前掲注30）参照。個別株主通知がないままされた仮処分申立ての事案について、直ちに当該申立てが不適法となるものではなく、債務者である会社が、債権者が株主であることを認めて対抗要件の具備を争わない場合には、対抗要件の有無は問題とならず、当該申立ては適法となるというべきであるが、債務者である会社が対抗要件の具備を争う場合には、債権者である株主において対抗要件を具備したことを疎明する必要があり、仮処分の決定までに債権者がこの疎明をしない場合には、債権者としての当事者適格を欠くものとして、却下すべきであるとした裁判例もある（東京地決平成21年11月30日金判1338号45頁。類型別会社訴訟II 957頁）。

遅滞なく招集手続を行わないとき、または請求日から原則 8 週間以内の日を株主総会の日とする招集通知を発しなかったときは、裁判所の許可を得て株主自らが株主総会を招集することができる（同条 4 項）。

会社（取締役）としては、株主から総会招集請求を受けた際、個別株主通知が未了であっても、株式保有要件をみたさない不適法な招集請求と扱っておけば足りるから、会社に特段の不利益は生じない。その後、裁判所に総会招集許可の申立てがされた後、審問期日までに、会社は個別株主通知の欠缺を主張することができ、審理係属中に個別株主通知がされて株式保有要件の充足が明らかになった段階で、招集手続を行えばよい。

したがって、総会招集請求に係る個別株主通知の時的限界は、総会招集許可申立事件の審理終結時である。[35]

ただし、総会招集許可申立事件の審理は、比較的形式的に行われ、1 回の期日で終了するのが通常であるから、株主としては、速やかに個別株主通知の申出をしておく必要がある。

5 総会検査役の選任請求権（法 306 条）、業務執行に関する検査役の選任請求権（法 358 条）——審理終結時まで

会社は、総会検査役の選任または業務執行に関する検査役の選任の申立時に個別株主通知が未了であっても、その審理過程において個別株主通知の欠缺を主張することができ、審理係属中に個別株主通知がされて株式保有要件の充足が明らかになった段階で、然るべき対応をとればよい。

したがって、これらの請求に係る個別株主通知の時的限界は、審理終結時である。

ただし、総会検査役の選任申立事件の審理は、比較的形式的に行われ、1 回の期日で終了するのが通常であるから、株主としては、速やかに個別株主通知の申出をしておく必要がある。

---

35) 西村・前掲注 31) 49 頁。

6 議題提案権および議案通知請求権（法303条、305条）——株主総会の日の8週間前まで

　株主が取締役に対し、議題を提案し、自らが提案する議案の要領を株主に通知するよう請求することができるのは、「株主総会の日の8週間前まで」である。一方、取締役会設置会社の株主総会の招集通知は、株主総会の日の2週間前までに書面又は電磁的方法によりされなければならない（法299条）。そうすると、取締役が招集通知の内容を決定し、招集通知書を作成して発送するための準備期間は、上記の「8週間前」から「2週間前」を差し引いた6週間ということになる。株主総会の8週間前までに個別株主通知がされず、招集通知発送期限である株主総会の2週間前の日の直前になって個別株主通知が来た場合、会社（取締役）がその段階で株主提案の議題および議案の要領を反映させた招集通知を作り直して発送しなければならないとすれば、会社の事務処理に不便を強いることとなる。

　したがって、議題提案権および議案通知請求権に際しての個別株主通知は、その行使に後れてされたとしても、株主総会の日の8週間前までであれば許される。しかし、同日を過ぎると、会社に招集通知等の準備期間が実質的に短縮されてしまうという不利益を与えることとなるから許されない。[36]

7 会計帳簿閲覧請求権（法433条）その他の各種書類の閲覧・謄写請求権、違法行為差止請求権（法360条、422条）——裁判外の請求の場合は現実の権利実現時まで、裁判上の請求の場合は審理終結時または口頭弁論終結時まで

　これらの株主権については、裁判外での権利行使と裁判上の権利行使のいずれも可能であるところ、会社、取締役または執行役が権利行使を受けた際、個別株主通知が未了であっても、株式保有要件をみたさない不適法な請求と扱っておけば足りるから、会社（取締役、執行役）に特段の不利益は生じない。後日、個別株主通知がされて株式保有要件の充足が明らかになった段階で、然る

---

[36] 仁科秀隆「メディアエクスチェンジ株式価格決定申立事件最高裁決定の検討」商事法務1929号13頁、西村・前掲注31）50～51頁。

べき対応をとればよい。

したがって、これらの請求に係る個別株主通知の時的限界は、裁判外の請求の場合は現実の権利実現時までであり、裁判上の請求の場合は審理終結時または事実審の口頭弁論終結時である。[37]

8 代表訴訟における提訴請求（法847条1項）――口頭弁論終結時まで

会社は、株主から提訴請求（法847条1項）を受けた場合、その提訴請求に係る責任追及訴訟を提起するか否かを検討することとなる。会社が60日の提訴期間内に提訴しないときは、株主自らが会社のために責任追及訴訟を提起することができる（同条3項）。

個別株主通知が、この60日の提訴期間より後れて行われた場合、会社は、提訴するか否かの検討期間が短縮されるという不利益を被るようにも思われる。

しかし、会社が提訴請求に係る責任追及訴訟を提起するか否かは、株主が株式保有要件を充足した適法な提訴請求をしたか否かによって左右されるものではない。会社は、提訴請求が適法か否かにかかわらず、対象役員に対する責任追及訴訟を提起することができ、反対に提訴しないこともできる。また、個別株主通知がされないまま代表訴訟が提起されたとしても、それによって会社に不利益が生じることはない。

したがって、提訴請求に係る個別株主通知の時的限界は、代表訴訟の事実審の口頭弁論終結時である。[38]

9 簡易組織再編等の通知・公告に対し反対する旨の株主通知（法206条の2第4項、468条3項、796条3項）――通知・公告から2週間経過時まで

反対株式数の算定時が通知または公告の日から2週間経過時であると解されることから、個別株主通知もその2週間のうちに行われる必要がある。

ただし、前述のとおり個別株主通知がされるのはその申出から4営業日後以

---

37) 西村・前掲注31) 51頁。
38) 西村・前掲注31) 49～50頁。

降であるから、上記2週間のうちにされる個別株主通知によっては、厳密には2週間経過時の正確な反対株式数を把握することはできない。会社としては、判断が微妙なケースでは情報提供請求権（振替法277条）の行使により株式保有数を確認することが考えられる。[39]

10　役員等の責任を一部免除する取締役会決議に対する株主の異議（法426条3項）――異議申出期間の終期経過時まで

　会社は1か月以上の異議申出期間を定めて公告または通知をしなければならないこととされており（法426条3項）、反対株式数の算定時はその所定期間の経過時と解されるから、個別株主通知もその所定期間のうちに行われる必要がある。ただし、上記9と同様、その所定期間のうちにされる個別株主通知によっては、正確な反対株式数を把握することができないという問題点がある。したがって、判断が微妙なケースでは情報提供請求権（振替法277条）の行使により株式保有数を確認することが考えられる。

---

[39]　浜口・前掲注12) 40頁（注10）。

編集・執筆者一覧

〔編集・執筆〕

上田　純子　愛知大学教授
　　　　　　編集、第2編第2章Ⅱ・Ⅲ
植松　　勉　弁護士
　　　　　　編集、第3編第1章Ⅳ4、第2章Ⅱ4、
松嶋　隆弘　日本大学教授・弁護士
　　　　　　編集、第1編、第3編第1章Ⅳ1

〔執筆〕　※執筆順

山本　将成　常葉大学講師（専任）
　　　　　　第2編第1章Ⅰ
山田　尚武　弁護士
　　　　　　第2編第1章Ⅱ
網谷　　威　弁護士
　　　　　　第2編第1章Ⅲ
千手　崇史　近畿大学専任講師
　　　　　　第2編第2章Ⅰ
上原　孝太　弁護士
　　　　　　第2編第2章Ⅳ
戸髙　広海　弁護士
　　　　　　第2編第3章Ⅰ
服部　滋多　弁護士
　　　　　　第2編第3章Ⅱ
近藤　　亮　弁護士
　　　　　　第2編第3章Ⅲ
續　　孝史　弁護士

第 2 編第 4 章

大久保拓也　日本大学教授

第 3 編第 1 章 I

福原　竜一　弁護士

第 3 編第 1 章 II

古橋　　将　弁護士

第 3 編第 1 章 III

本井　克樹　弁護士

第 3 編第 1 章 IV 2

沖　　隆一　弁護士

第 3 編第 1 章 IV 3

金田　充広　明星大学常勤教授

第 3 編第 2 章 I

深山　　徹　弁護士

第 3 編第 2 章 II 1

秋山　健人　弁護士

第 3 編第 2 章 II 2

遠藤　啓之　弁護士

第 3 編第 2 章 II 3

鬼頭　俊泰　日本大学准教授

第 3 編第 3 章 I

金澤　大祐　日本大学専任講師

第 3 編第 3 章 II

林　　康弘　弁護士

第 4 編

少数株主権等の理論と実務

2019年10月20日　第1版第1刷発行

編著者	上田　純子
	植松　　勉
	松嶋　隆弘
発行者	井村　寿人

発行所　株式会社　勁草書房

112-0005　東京都文京区水道 2-1-1　振替 00150-2-175253
（編集）電話 03-3815-5277／FAX 03-3814-6968
（営業）電話 03-3814-6861／FAX 03-3814-6854
理想社・中永製本

©UEDA Junko, UEMATSU Tsutomu,
MATSUSHIMA Takahiro 2019

ISBN978-4-326-40368-4　Printed in Japan

JCOPY〈出版者著作権管理機構　委託出版物〉
本書の無断複製は著作権法上での例外を除き禁じられています。
複製される場合は、そのつど事前に、出版者著作権管理機構
（電話 03-5244-5088、FAX 03-5244-5089、e-mail: info@jcopy.or.jp)
の許諾を得てください。

＊落丁本・乱丁本はお取替いたします。
http://www.keisoshobo.co.jp

丸橋透・松嶋隆弘 編著
資金決済法の理論と実務　　　　　　　　　4,800 円

民事証拠収集実務研究会 編
民事証拠収集
―相談から執行まで　　　　　　　　　　　3,700 円

喜多村勝德
契約の法務（第 2 版）　　　　　　　　　　3,300 円

喜多村勝德
損害賠償の法務　　　　　　　　　　　　　3,500 円

第二東京弁護士会情報公開・個人情報保護委員会 編
AI・ロボットの法律実務 Q&A　　　　　　3,500 円

松尾剛行
最新判例にみるインターネット上の
名誉毀損の理論と実務（第 2 版）　　　　　5,500 円

松尾剛行
最新判例にみるインターネット上の
プライバシー・個人情報保護の理論と実務　3,700 円

――――――――――――――――――――勁草書房刊

＊表示価格は 2019 年 10 月現在。消費税は含まれておりません。